Barcelone

Damien Simonis
Sophie Le Mao-Hofnung

LONELY PLANET PUBLICATIONS
Melbourne • Oakland • London • Paris

Barcelone
2ᵉ édition française – Mai 2001
Traduit de l'ouvrage *Barcelona* (2nd edition)

Publié par
Lonely Planet Publications 1, rue du Dahomey, 75011 Paris

Autres bureaux Lonely Planet
Australie Locked Bag 1, Footscray, Victoria 3011
États-Unis 150 Linden St, Oakland, CA 94607
Grande-Bretagne 10a Spring Place, London NW5 3BH

Photographies
Toutes les photos publiées dans ce guide sont disponibles
auprès de notre agence photographique Lonely Planet Images
(e-mail : lpi@lonelyplanet.com.au).

Photo de couverture
Cheminées de Gaudí, Casa Milà (Jenny Jones)

Traduction de
Élisabeth Kern

Dépôt légal
Mai 2001

ISBN 2-84070-190-1
ISSN 1242-9244

Imprimé par Hérissey (France)

Table des matières – texte

2 Table des matières – Texte

CARTES COULEUR   VOIR PAGES DE FIN

LÉGENDES DES CARTES   VOIR DERNIÈRE PAGE

Les auteurs

Damien Simonis
Diplômé de langues, reporter et secrétaire de rédaction pour différents journaux australiens, Damien, qui est né à Sydney, a quitté l'Australie en 1989. Il a alors vécu, travaillé et surtout beaucoup voyagé en Europe, au Moyen-Orient et en Afrique du Nord. Depuis 1992, il a participé à la rédaction des guides *Jordan, Syria, Egypt & the Sudan, Maroc, North Africa, Spain* et *The Canary Islands*. Il a également travaillé à la mise à jour, aux recherches et à la rédaction des guides *Madrid, Tuscany, Florence* et *Venice*. A peine le présent livre avait-il été remis aux mains de l'équipe éditoriale que déjà Damien s'attelait à *Catalunya & the Costa Brava*. Lorsqu'il n'est pas sur la route, Damien vit à Stoke Newington, en plein cœur de Londres.

Sophie Le Mao-Hofnung
Après des études de lettres et d'histoire à la Sorbonne, Sophie fait un tour dans l'édition et de multiples détours, notamment en Amérique latine, avant de rejoindre pour 6 ans l'équipe du bureau parisien de Lonely Planet. Aujourd'hui indépendante, elle continue de collaborer activement à l'édition de ses guides de voyage préférés. Sa méthode pour préparer de nouvelles échappées belles est simple : elle lit quotidiennement à Simon et à Sacha, ses enfants, les plus beaux récits venus des quatre coins du monde.

Un mot des auteurs
Damien Simonis. Pour moi, Barcelone est devenue une sorte de deuxième foyer. Je dois beaucoup à Michael van Laake et à Susan Kempster. Susan, surtout, m'a offert le gîte alors que je passais d'un logement à l'autre, ce à un stade crucial de mon projet. Plus d'une fois, elle m'a sauvé de mes propres erreurs. Quant à Michael, entre autres gentillesses, il a assuré la garde de l'invincible Renault dit Gnomo chaque fois que je devais quitter la ville.

Le reste de l'équipe du Carrer de San Pere més alt (Paloma, Ferran et Montse) m'a toujours accueilli à bras ouverts, tandis que Silvia Folch m'a hébergé au tout début du projet, avant de mettre le cap sur l'Inde et une vie meilleure.

Gràcies aussi aux autres amis pour les bons moments passés et à venir : Loreta, Rocio Vázquez, Annabel Rodríguez, Caroline Diaz et les autres. Chacun m'a apporté ses idées à un moment ou un autre. Merci à Adrian Walton pour ses tuyaux très utiles sur la vie nocturne de Barcelone. Dès la tombée du jour, je bénéficiais de l'aide précieuse et spontanée de Geoff Leaver-Heaton, David et Jane Ellis,

Max et Mel dans cette quête toujours renouvelée de lieux propices au rire et à la danse. Bravo pour l'ambiance et les gueules de bois !

Je n'oublie pas la maison de campagne de Solsona : merci à Mike "Papillon" et à ses complices pour ces mémorables soirées bucoliques où le gin ne manquait pas.

Merci enfin à Jen Loy (États-Unis), Leonie Mugavin (Australie) et Didier Buroc (France), de Lonely Planet, pour leur aide sur les tarifs aériens.

Sophie Le Mao-Hofnung. Un restaurateur de Barcelone m'a dit : "Nous, Catalans, et vous, Français, avons en commun la capacité au cours d'un repas de ne parler quasiment que de cuisine, de recettes et de souvenirs d'autres repas, ce qui nous fait passer aux yeux de bien d'autres, au mieux, pour des originaux, au pire, pour des obsessionnels". En tout cas, un grand merci à toutes les personnes rencontrées au cours de ce séjour qui, en dignes comparses de Pepe Carvalho, parlent si bien de leur passion pour la bonne chère. Toute ma reconnaissance à Jordi, incomparable révélateur de sa ville et si cher compagnon. Toutes mes pensées à Sylvie : si ce n'est pas cette fois-ci que aurons partagé les bonnes tables, tu n'auras, avec Guillem et Anna, cessé de m'accompagner.

A propos
de l'ouvrage

La première édition et la seconde édition de ce livre ont été réalisées par Damien Simonis. Pour l'édition française, Sophie Le Mao-Hofnung a revu et enrichi le chapitre *Où se restaurer*.

Un mot de l'éditeur

La coordination éditoriale de cet ouvrage a été réalisée par Michel Mac Leod. La maquette a été créée par Rapha, sous l'œil aiguisé de Philippe Maitre.

Nous remercions Sarah Mathers pour la préparation du manuscrit ; Claude Albert, Chantal Boos et Béatrice Dumestre pour leur collaboration au texte ; Cécile Bertolissio et Régis Couturier pour leur contribution tous azimuts ; Bénédicte Houdré pour son travail d'indexation ; ainsi que Didier Buroc pour le courrier des lecteurs.

La réalisation des cartes est due à Angie Watts et Gadi Farfour. L'adaptation des cartes en français a été réalisée par Zab (Isabelle) Chipot, avec l'assistance de Caro Sahanouk. Paul Edmunds s'est chargé des tableaux climatiques. Les illustrations sont issues du crayon de Mick Weldon, Jane Smith et Francis Degras. Adam McCrow est l'auteur de la couverture, dont la version française est due à Soph' Rivoire.

Nous remercions tout particulièrement Quentin Frayne qui a mis tous ses talents linguistiques au service du chapitre Langue.

Un grand merci, enfin, à au bureau anglais de Lonely Planet ; à Helen Papadimitriou et Graham Imeson ; ainsi qu'à toute l'équipe de Lonely Planet Images, de Melbourne pour leur collaboration constante avec le bureau français.

Remerciements

Merci à tous les voyageurs qui, ayant utilisé l'ancienne édition, ont pris le temps de nous écrire. Nous nous excusons par avance de tout nom mal orthographié.

Annabelle, Vicky Anderson, James Barrett, Alain Bassoul, Michel Bérard, S. Bishop, Jim et Helen Braden, Elizabeth Braun, Leon de Caluwe, H Cawood, Lesley Cornforth, Katherine Coventry, Leanne Currie-McGhee, Kerry Daly, Celia Davey, Charlotte Deboute, Alexandra De Marco, E. De Palma, Brigitte Depiere, Solange Deseille, Shannon Dixon, Rachel Eisner, Clotilde Ély, Laurence Elijah, Audre Engleman, Stephen Esrati, M. Fairmont, Esther Feretto, Tony Fernando, Valérie Fobe, David Forshaw, Jordi Garcia, Nick Garland, Jason Gedmin, Bruce Gibson, Françoise Gomio, Alistair J. Grant, Kevin Grisell, Iker Guimaraes, Anais Haas, M. Hammond, Mairi Herbert, Erin Hodkinson, Tessa Hyams, Fred Kellalib, Philipp Kinkelin, Dawn de Kock, Kathleen Korosi, Chris Leighton, Steve Levine, Yue Ling, Jez Lugg, Jose M. Malagarriga, Campbell Mars, Xavier Martin, Susan Mitra, Sebastian Mock, Karli Nabours Palermo, Carol Nelson, Francisca Nijkamp, Jenny Peat, Jessica Perkins, Allan Petrie, Pierre-Henri Puech, D. Quintano, Hans Reedijk, Jens Reimer, Georges Remion, Christophe Renard, Margot Rosanes-Csuka, Sophie Roucoules, Laurent Rousseau, Sandrine Roussel, Nick Salt, Caroline de Santerre, Francesca Sarandrea, Crystal Sauve, L. Schubert, Sue Sedwell, Boy Eng Seng, Budh Singh, Mark Stallings, Barbara Stevenson, Andy Stokes, Jordan Susselman, Paul Tomlinson, Agnès Vair, Dirk Wellens, Agnès Wendlinger, Brian Williams, Cheryl Wisniewski, Cindy Wolfsen, Katie Zuzeck.

Avant-propos

LES GUIDES LONELY PLANET

Tout commence par un long voyage : en 1972, Tony et Maureen Wheeler rallient l'Australie après avoir traversé l'Europe et l'Asie. A cette époque, on ne disposait d'aucune information pratique pour mener à bien ce type d'aventure. Pour répondre à une demande croissante, ils rédigent le premier guide Lonely Planet, un fascicule écrit sur le coin d'une table.

Depuis, Lonely Planet est devenu le plus grand éditeur indépendant de guides de voyage dans le monde, et dispose de bureaux à Melbourne (Australie), Oakland (États-Unis), Londres (Royaume-Uni) et Paris (France).

La collection couvre désormais le monde entier, et ne cesse de s'étoffer. L'information est aujourd'hui présentée sur différents supports, mais notre objectif reste constant : donner des clés au voyageur pour qu'il comprenne mieux les pays qu'il visite.

L'équipe de Lonely Planet est convaincue que les voyageurs peuvent avoir un impact positif sur les pays qu'ils visitent, pour peu qu'ils fassent preuve d'une attitude responsable. Depuis 1986, nous reversons un pourcentage de nos bénéfices à des actions humanitaires.

Remises à jour. Lonely Planet remet régulièrement à jour ses guides, dans leur totalité. Il s'écoule généralement deux ans entre deux éditions, parfois plus pour certaines destinations moins sujettes au changement. Pour connaître l'année de publication, reportez-vous à la page qui suit la carte couleur, au début du livre.

Entre deux éditions, consultez notre journal gratuit d'informations trimestrielles *Le Journal de Lonely Planet* ou le Minitel 3615 lonelyplanet (1,29 F/mn), où vous trouverez des informations de dernière minute sur le monde entier. Sur notre nouveau site Internet www.lonelyplanet.fr, vous aurez accès à des fiches pays régulièrement remises à jour. D'autres informations (en anglais) sont disponibles sur notre site anglais www.lonelyplanet.com.

Courrier des lecteurs. La réalisation d'un livre commence avec le courrier que nous recevons de nos lecteurs. Nous traitons chaque semaine des centaines de lettres, de cartes postales et d'e-mails, qui sont ajoutés à notre base de données, publiés dans notre journal d'information ou intégrés à notre site Internet. Aucune information n'est publiée dans un guide sans avoir été scrupuleusement vérifiée sur place par nos auteurs.

Recherches sur le terrain. Nos auteurs recueillent des informations pratiques et donnent des éclairages historiques et culturels pour

Lonely Planet s'adresse en priorité aux voyageurs indépendants qui font la démarche de partir à la découverte d'un pays. Nous disposons de multiples outils pour aider tous ceux qui adhèrent à cet esprit : guides de voyage, guides de conversation, guides thématiques, cartes, littérature de voyage, journaux d'information, banque d'images, séries télévisées et site Internet.

mieux appréhender le contexte culturel ou écologique d'un pays.

Les auteurs ne séjournent pas dans chaque hôtel mentionné. Il leur faudrait en effet passer plusieurs mois chacune des villes ; ils ne déjeunent pas non plus dans tous les restaurants. En revanche, ils inspectent systématiquement ces établissements pour s'assurer de la qualité de leurs prestations et de leurs tarifs. Nous lisons également avec grand intérêt les commentaires des lecteurs.

La plupart de nos auteurs travaillent sous le sceau du secret, bien que certains déclinent leur identité. Tous s'engagent formellement à ne percevoir aucune gratification, sous quelque forme que ce soit, en échange de leurs commentaires. Par ailleurs, aucun de nos ouvrages ne contient de publicité, pour préserver notre indépendance.

Production. Les auteurs soumettent leur texte et leurs cartes à l'un de nos bureaux en Australie, aux États-Unis, au Royaume-Uni ou en France. Les secrétaires d'édition et les cartographes, eux-mêmes voyageurs expérimentés, traitent alors le manuscrit. Trois à six mois plus tard, celui-ci est envoyé à l'imprimeur. Lorsque le livre sort en librairie, certaines informations sont déjà caduques et le processus se remet en marche...

ATTENTION !

Un guide de voyage ressemble un peu à un instantané. A peine a-t-on imprimé le livre que la situation a déjà évolué. Les prix augmentent, les horaires changent, les bonnes adresses se déprécient et les mauvaises font faillite. Gardez toujours à l'esprit que cet ouvrage n'a d'autre ambition que celle d'être un guide, pas un bréviaire. Il a pour but de vous faciliter la tâche le plus souvent possible au cours de votre voyage.

N'hésitez pas à prendre la plume pour nous faire part de vos expériences.

Toutes les personnes qui nous écrivent sont gratuitement abonnées à notre revue d'information trimestrielle le *Journal de Lonely Planet*. Des extraits de votre courrier pourront y être publiés. Les auteurs de ces lettres sélectionnées recevront un guide Lonely Planet de leur choix. Si vous ne souhaitez pas que votre courrier soit repris dans le Journal ou que votre nom apparaisse, merci de nous le préciser.

Envoyez vos courriers à Lonely Planet, 1 rue du Dahomey, Paris 75011
ou vos e-mails à : bip@lonelyplanet.fr
Informations de dernières minutes : www.lonelyplanet.fr et www.lonelyplanet.com

COMMENT UTILISER VOTRE GUIDE LONELY PLANET

Les guides de voyage Lonely Planet n'ont pour seule ambition que d'être des guides, pas des bibles synonymes d'infaillibilité. Nos ouvrages visent à donner des clés au voyageur afin qu'il s'épargne d'inutiles contraintes et qu'il tire le meilleur parti de son périple.

Contenu des ouvrages. La conception des guides Lonely Planet est identique, quelle que soit la destination. Le chapitre *Présentation du pays* met en lumière les divers facettes de la culture du pays, qu'il s'agisse de l'histoire, du climat ou des institutions politiques. Le chapitre *Renseignements pratiques* comporte des informations plus spécifiques pour préparer son voyage, telles que les formalités d'obtention des visas ou les précautions sanitaires. Le chapitre *Comment s'y rendre* détaille toutes les possibilités pour se rendre dans le pays. Le chapitre *Comment circuler* porte sur les moyens de transport sur place.

Le découpage du reste du guide est organisé selon les caractéristiques géographiques de la destination. Vous retrouverez toutefois systématiquement la même trame, à savoir : centres d'intérêt, possibilités d'hébergement et de restauration, où sortir, comment s'y rendre, comment circuler.

Présentation des rubriques. Une rigoureuse structure hiérarchique régit la présentation de l'information. Chaque chapitre est respectivement découpé en sections, rubriques et paragraphes.

Accès à l'information. Pour faciliter vos recherches, consultez le sommaire en début d'ouvrage et l'index détaillé à la fin de celui-ci. Une liste des cartes et une "carte des cartes" constituent également des clés pour se repérer plus facilement dans l'ouvrage.

L'ouvrage comporte également une carte en couleur, sur laquelle nous faisons ressortir les centres d'intérêt incontournables. Ceux-ci sont décrits plus en détails dans le chapitre *Renseignements pratiques*, où nous indiquons les meilleures périodes pour les visiter et où nous suggérons des itinéraires. Les chapitres régionaux ouvrent sur une carte de situation, accompagnée d'une liste de sites ou d'activités à ne pas manquer. Consultez ensuite l'index, qui vous renverra aux pages *ad hoc*.

Cartes. Les cartes recèlent une quantité impressionnante d'informations. La légende des symboles employés figure en fin d'ouvrage. Nous avons le souci constant d'assurer la cohérence entre le texte et les cartes, en mentionnant sur la carte chaque donnée importante présente dans le texte. Les numéros désignant un établissement ou un site se lisent de haut en bas et de gauche à droite.

Remerciements
Nous exprimons toute notre gratitude aux lecteurs qui nous ont fait part de leurs remarques, expériences et anecdotes. Leurs noms apparaissent à la fin de l'ouvrage.

Introduction

Si Barcelone était à vendre, elle vaudrait une fortune rien que pour sa situation géographique. Vous êtes à quelques heures en voiture du Sud de la France, des Pyrénées, du petit vent de folie qui souffle en bord de mer sur Sitges (capitale gay de la côte), des églises et monastères romans ou gothiques, de la région viticole de Penedès et des paysages déchiquetés du Nord de la Costa Brava. Ses anciennes rivales, la cité médiévale de Girona au nord et la ville romaine de Tarragona au sud, sont aisément accessibles en une journée d'excursion.

Véritable métropole européenne, lien entre la péninsule sub-pyrénéenne et le cœur de l'Europe occidentale, la capitale catalane est l'une des villes les plus dynamiques et les plus passionnantes du littoral méditerranéen.

Barcelone est-elle espagnole ? Deuxième ville de la péninsule après Madrid, elle reste avant tout la capitale de la région autonome de Catalunya, qui ne fut entièrement intégrée à l'État centralisé qu'en 1714, après sa défaite. Les Catalans cultivent un particularisme qui est loin d'être seulement linguistique. Les *Polacos* ("Pollacks") suscitent parfois un mélange d'envie et de suspicion de la part de leurs voisins plus au sud : ils sont à l'Espagne ce que les Écossais sont au Royaume-Uni.

Les Romains n'ont pas eu le coup de foudre pour Barcino, la cité romaine qui l'a précédée. A tort, vraisemblablement. Le Moyen Age a légué à Barcelone un héritage architectural gothique parmi les plus riches d'Europe.

Certes, le déclin de son rayonnement sur le monde méditerranéen et le renforcement du pouvoir central à Madrid inaugurent une longue période d'assoupissement, particulièrement perceptible au niveau artistique. Mais les *modernistas* (modernistes) vont entrer en scène. Sous la conduite d'Antoni Gaudí, ils propulsent Barcelone en tête des hauts lieux de l'Art nouveau. Rien ne lui est comparable dans le monde. Certains des plus grands artistes du XXᵉ siècle y ont vécu, tels Picasso et Miró, sans oublier Dalí, né à Figueras et qui passa la plus grande partie de sa vie à Port-Lligat.

Mais Barcelone ne se réduit pas à ses monuments et à ses œuvres d'art. Elle a organisé avec le succès que l'on sait les Jeux olympiques de 1992. En dehors du sport, on y trouve mille et une occupations, à commencer par les plaisirs du palais. Les plats catalans se classent parmi les meilleurs de la cuisine espagnole. Le vin de la région de Penedès (à une demi-heure en voiture au sud-ouest de Barcelone) accompagne souvent de délicieux fruits de mer ; on y produit aussi une version locale de champagne très prisée, le *cava*.

Ici, on dîne rarement avant 23h. Ensuite, la soirée ne fait que commencer. C'est l'heure de la tournée des cafés. La concentration de ces établissements dans le centre-ville comme dans de nombreux *barris* n'égale pas tout à fait celle de Madrid, mais ne se retrouve nulle part ailleurs en Europe. Au petit matin, les oiseaux de nuit trouveront encore refuge dans certains bars et discothèques.

L'été, la *feste* bat son plein. La frénésie s'empare de certains quartiers de la ville une semaine durant. On vit au rythme des orchestres, des concours et des traditionnels défilés de géants, de grosses têtes et de démons (*gegants, capgrossos* et *dimonis*). Fin septembre, au moment des *Festes de la Mercè*, les dragons cracheurs de feu se livrent à une folle course au feu (*correfoc*) à travers les ruelles de la ville .

Barcelone est actuellement au top du hit parade des villes d'Europe. Partout, s'ouvrent de nouveaux bars, cafés et restaurants, et la municipalité se livre à une réhabilitation accélérée des quartiers défavorisés. La ville arrive heureusement à garder son côté diamant à l'état brut, mais l'ambiance "hippie chic" qui règne dans le centre n'est pas sans rappeler l'East Village ou certains hauts-lieux du Londres branché, comme Shoreditch, et semble installée pour durer.

Si José María Aznar, le Premier ministre espagnol, a raison de clamer haut et fort que "*España va bien*", sa formule vaut plus encore pour "Barna".

Présentation de Barcelone

HISTOIRE

L'histoire de la deuxième ville d'Espagne remonte bien plus loin que celle de Madrid, sa rivale castillane. A diverses reprises, elle faillit accéder au premier rang, mais ses espoirs et ses ambitions furent trop souvent brisés par des événements extérieurs.

Pendant des siècles, Barcelone est restée dans l'ombre de villes et de puissances plus importantes. Devenue à la fin du haut Moyen Âge le siège d'un puissant empire marchand en Méditerranée, elle ne réussit néanmoins pas à égaler la grandeur de ses principales concurrentes.

Avec le rattachement du royaume aragonais-catalan à la Castille à la fin du Moyen Age, Barcelone s'est trouvée non seulement reléguée au second rang derrière Madrid, le nouveau centre de l'empire espagnol, mais aussi doublée par des cités, comme Séville, devenues plus influentes au sein du royaume.

Malgré les événements douloureux, les guerres civiles, les révoltes contre Madrid et le désastre de 1714, son optimisme tenace lui a permis d'avoir plusieurs fois des sursauts de croissance et d'activité. Ainsi, à la fin du XIXᵉ siècle, Barcelone occupa le devant de la scène économique et incarna l'espoir du pays, rongé par la pauvreté, mal gouverné et miné par d'incessants conflits internes.

Avec la défaite des Républicains dans la guerre civile, Barcelone se trouva une fois de plus écartée. Intraitable, le général Franco resta sourd aux désirs d'indépendance des Catalans et supprima officiellement l'usage du catalan, ce qui eut pour effet de dégrader un peu plus les rapports entre le Caudillo et la majorité des Barcelonais.

En 1975, la mort du dictateur fut accueillie avec un soulagement manifeste. Lorsque, trois ans plus tard, le processus d'autonomie s'est amorcé, Barcelone a retrouvé une nouvelle vie.

La Barcelone protohistorique

La région actuelle de Barcelone était probablement habitée avant l'arrivée des Romains en Espagne, en 218 av. J.-C. On ignore néanmoins qui l'aurait habitée et si une implantation urbaine a ou non existé avant cette date.

Les monnaies pré-romaines découvertes dans la région laissent à penser que la tribu celtibère des Laietani s'y serait établie. En 1991, les restes de 21 cadavres furent découverts Carrer de Sant Pau, dans le quartier d'El Raval. Ils dataient de quelque 4000 ans avant J.-C. A l'époque, semble-t-il, la majeure partie d'El Raval formait une baie et une tribu du néolithique vivait sur la petite butte appelée Plaça de Sant Jaume.

D'autres indices laissent supposer l'établissement d'un camp vers 230 av. J.-C. par le Carthaginois Hamilcar Barca. Il est tentant de penser que le père d'Hannibal ait pu donner son nom à la ville. D'après les fouilles archéologiques, la colline de Montjuïc aurait été l'emplacement choisi par les prédécesseurs des Romains.

En plein centre du vieux Barcelone, le Carrer d'Hèrcules (rue d'Hercule) rend hommage au héros de la mythologie qui aurait, selon la légende, fondé Barcelone au cours de ses nombreux exploits. Mais personne ne prend vraiment cette version au sérieux.

La fondation romaine

Le cœur de la colonie romaine de Barcelone deviendra la cité médiévale, aujourd'hui connue sous le nom de Barri Gòtic. Les Romains ont fondé leur ville autour du mont Taber, une petite butte où fut érigé le seul temple que l'on connaisse. Les vestiges de la muraille, des colonnes du temple et des tombes montrent l'importance et la vitalité de cette colonie qui avait pour nom Barcino. Mais Tarraco (Tarragona), au sud, et l'ancien comptoir grec d'Empúries, au nord, occupèrent une place bien plus considérable. Tarraco fut élevée au rang de capitale de la province romaine d'Hispania Citerior.

Il fallut deux siècles aux Romains pour soumettre entièrement la péninsule Ibérique. Si les colonies grecques et carthaginoises ont peu résisté, les tribus celtibères, plus combatives, ont opposé une vive résistance. Toutefois, la région de Barcelone connut globalement une occupation paisible et, en 15 av. J.-C., Auguste, magnanime, accorda à la ville le titre de Colonia Julia Augusta Faventia Pia. Si l'on en croit le poète latin Ausone, entre autres témoins, Barcelone était prospère, appuyant principalement son économie sur la pêche et la production agricole de l'arrière-pays. Les huîtres étaient, semble-t-il, largement consommées.

Les invasions barbares

L'Empire romain vacillant, l'Hispania (nom donné par Rome à la péninsule Ibérique) ne tarda pas à en ressentir les effets. Au IVe siècle, Barcino dut se protéger derrière sa muraille dont il ne reste aujourd'hui que des vestiges, les envahisseurs francs l'ayant littéralement mise à sac, annonçant les divers assauts barbares qui allaient suivre. En 415, les Wisigoths, peuple relativement romanisé, arrivèrent dans la région sous la conduite d'Athaulf qui établit très provisoirement leur capitale à Barcelone, avant de la transférer à Toletum (Toledo). A peine plus que quelques centaines de milliers en Hispania, les Wisigoths n'en constituèrent pas moins la classe dirigeante, soutenus par la noblesse hispano-romaine et les autorités ecclésiastiques de la chrétienté naissante.

La conquête éclair
par les musulmans

En 711, l'émir Tariq débarqua à la tête des Sarrasins à Gibraltar (la "Montagne de Tariq" en arabe). Dès la mort du prophète Mahomet en 632, l'islam n'eut de cesse d'étendre son domaine depuis l'Arabie pour bâtir un empire. Les musulmans traversèrent l'Asie Mineure et toute l'Afrique du Nord, soumettant et convertissant les populations.

En Espagne, Tariq trouva un "État" wisigoth si miné par les querelles intestines qu'il n'eut aucun mal à conquérir la totalité de la Péninsule. Les Maures remontèrent jusqu'en France, où les Francs stoppèrent leur progression à Poitiers en 732.

Barcelone tomba sous la domination musulmane, mais pour une courte durée. On connaît malheureusement peu de choses de cette période. La ville est mentionnée dans de nombreuses chroniques arabes, mais il semble que les musulmans se soient vite résignés à installer une ligne de défense le long de l'Èbre, au sud. Le roi franc Louis le Pieux, fils de Charlemagne, s'empara alors de Barcelone en 805.

Les Carolingiens établirent une véritable organisation politique et administrative avec un réseau de comtés à la périphérie de l'empire franc. A leur tête furent placés des vassaux, les *comtes* (comtes), originaires des tribus locales. Barcelone devint ainsi une ville frontière dans la Marche d'Espagne (ou Marche des Francs). Cette zone tampon au sud des Pyrénées était destinée à maintenir les musulmans et autres envahisseurs à distance et à servir éventuellement de tremplin pour des offensives ultérieures.

Un début hirsute
ou l'arrivée du "Poilu"

Les plaines et les montagnes au nord-ouest et au nord de Barcelone étaient habitées par un peuple, les Catalans (bien que ce terme ne soit mentionné dans les documents qu'à partir du Xe siècle). Ils parlaient le catalan (qui inclut de nombreux dialectes), un idiome très proche de la langue d'oc ou la lingua franca post-latine du sud de la France.

Si la Marche d'Espagne était en théorie contrôlée par les Francs, le véritable pouvoir appartenait aux comtes (eux-mêmes souvent d'origine franque) qui régissaient chacun leur territoire. L'un d'eux, fils de Sunifred d'Urgell, portait le curieux nom de Guifré el Pelós, ou Guifred (ou Guilfré) le Poilu – selon la légende, il était simplement velu là où d'autres sont glabres !

Aidé de ses frères, il conquiert avec succès tous les bastions catalans voisins, dont Barcelone, bourg de campagne jouissant d'une certaine renommée. Ainsi, Guifré el Pelós entra-t-il en 878 dans la légende de la Catalunya. Il fut à l'origine de nombreuses fondations religieuses à Barcelone (dont aucune n'a survécu) et en Catalunya (dont certaines existent encore de nos jours) et s'assura judicieusement le concours bénévole des seules personnes capables d'écrire à l'époque : les ecclésiastiques. Cette période marqua le début d'un genre littéraire : les chroniques assurant le panégyrique du prince. Si la Catalunya peut revendiquer le statut de nation, l'honneur du hirsute Guifré en fut sans conteste le "père".

Guifré et ses successeurs immédiats demeurèrent les vassaux des Francs, du moins en théorie. Néanmoins, Guifré le Poilu fut le premier à établir en Catalunya un pouvoir proprement catalan. Après avoir pris le pouvoir, il s'empressa d'obtenir l'approbation des Francs en se faisant adouber par leur roi et nommer comte de Barcelone. Aujourd'hui, nombreux sont ceux qui évoquent Barcelone comme la *ciutat comtal*, la cité des comtes.

Les comtes de Barcelone

A la fin du Xe siècle, la Casal de Barcelona (la maison comtale de Barcelone) était le premier de plusieurs comtés (dont les dirigeants avaient tous entre eux des liens de parenté) qui allaient bientôt constituer une seule principauté indépendante, recouvrant la plus grande partie de la Catalunya actuelle, à l'exception du Sud, ainsi que le Roussillon (aujourd'hui français).

Elle fut le seul "État" chrétien de la péninsule Ibérique à ne pas tomber sous le joug de Sancho III de Navarra au début du XIe siècle. Le dernier assaut des musulmans eut

Né dans le sang

Guifré el Pelós fonda la Casal de Barcelona plus ou moins avec le consentement de ses suzerains francs. Mais à quoi bon une nouvelle entité politique sans un drapeau ? L'Histoire aussi bien que l'anecdote s'accordent à faire un récit particulièrement gratifiant de l'origine des couleurs nationales catalanes (apparemment, l'histoire qui suit et plusieurs versions différentes commencèrent à circuler aux alentours du XVIe siècle).

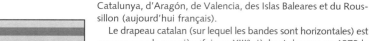

Appelé à combattre l'infidèle aux côtés des Francs, le fougueux Guifré fut mortellement blessé sur le champ de bataille. L'empereur des Francs, Charles le Chauve, fut si ému par la loyauté de son vassal qu'il décida de le récompenser dignement. Embarrassé de voir que l'étincelant bouclier doré de Guifré était dépourvu d'armoiries, le vieux roi carolingien dessina de ses doigts, trempés dans le sang frais de Guifré, quatre lignes verticales, *les quatre barres*, sur le bouclier.

Voilà pour l'anecdote. Les premières armoiries catalanes connues sont celles du sceau du comte Ramon Berenguer IV, en 1150. Toutefois, on distingue le même signe héraldique (considéré comme le quatrième plus ancien d'Europe) sur le cercueil de Ramon Berenguer II, mort en 1082 et inhumé dans la cathédrale de Girona. Le blason deviendra plus tard celui de la Corona de Aragón, la couronne d'Aragón formée en 1137 de la réunion des principautés de

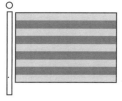

Catalunya, d'Aragón, de Valencia, des Islas Baleares et du Roussillon (aujourd'hui français).

Le drapeau catalan (sur lequel les bandes sont horizontales) est apparu pour la première fois au XIIIe siècle et devenu en 1979 le symbole officiel de la région autonome moderne de Catalunya. On a créé en 1932 un symbole similaire au blason, mais de forme ovale. Il représente aujourd'hui la Generalitat, le gouvernement régional. Les armes des États de la Corona de Aragón reprenaient jadis aussi la même combinaison de couleurs.

lieu en 985, lorsque le calife de Cordoue, Al-Mansur, effectua un raid sur Barcelone. La ville fut incendiée et ceux parmi ses habitants qui échappèrent au massacre furent transférés à Córdoba en tant qu'esclaves.

Les Francs n'avaient jamais prêté main forte aux comtes de Barcelone (en dépit d'appels à l'aide répétés) pour repousser Al-Mansur. Ceux-ci refusèrent désormais de reconnaître la souveraineté franque, décision que les Carolingiens ne contestèrent jamais. Ainsi, une nouvelle entité, la "Catalunya", commença à acquérir une reconnaissance tacite en Europe.

Dans toute l'Espagne, comtés, principautés et royaumes s'affrontaient pour s'assurer la domination sur un plan local ou sur la péninsule. Il était fréquent de voir des seigneurs de guerre musulmans s'allier à des chefs chrétiens dans des querelles ou se combattre mutuellement. De ces conflits, et plus particulièrement des querelles internes au califat de Cordoue, les comtes de Barcelone tirèrent finalement un riche profit. L'important butin provenant de ces campagnes de guerre allait être employé à bon escient…

C'est en effet grâce à l'argent musulman que le comte Ramon Berenguer Iᵉʳ (1035-1076) put acheter les comtés de Carcassonne et de Béziers, au nord du Roussillon. Barcelone allait d'ailleurs conserver des ambitions sur la France pendant plus de deux siècles – elle alla même jusqu'à détenir un territoire qui s'étendait vers l'est jusqu'à la Provence. Sous le règne de Ramon Berenguer III (1082-1131), la Catalunya se dota de sa propre flotte, et le commerce maritime se développa. Ce fut la grande époque de l'art roman catalan et de ses fresques magistrales. Voir la section *Arts* plus loin dans ce chapitre.

Un mariage de raison ?

En 1137, Ramon Berenguer IV (1131-1162) épousa Petronilla, la jeune héritière du trône d'Aragón. Par cette alliance avec son immédiat voisin à l'ouest, le royaume d'Aragón, la maison de Barcelone allait faire connaître à la Catalunya son âge d'or. L'État aragonais-catalan, qui deviendra la Corona de Aragón (couronne d'Aragón), fut gouverné par des *comtes-reis* (comtes-rois), un titre royal certes pour les comtes mais qui marque bien la séparation des deux royaumes, chacun conservant leurs droits particuliers (en grande partie) et leurs nationalités. Néanmoins, le destin de la Catalunya se trouva ainsi lié à celui du reste de la péninsule.

Dans les années 1140, Don Ramon reprit aux musulmans le Sud de la Catalunya, amorçant un changement radical dans la politique d'expansion catalane.

Lorsque Alfons II (1164-1196, ou Alfons I du point de vue catalan), le fils de Don Ramon et petit-fils d'Alfons I d'Aragón, prit le titre de roi d'Aragón (comme le feront ses successeurs), des troubles se faisaient déjà ressentir. La dynastie catalane se heurtait de plus en plus souvent à la noblesse aragonaise, qui voyait d'un œil favorable les efforts de la Castille voisine à poursuivre la Reconquista chrétienne de l'Espagne occupée par les Maures. Elle finit par reconnaître le titre royal de façon officielle lors du traité signé par Alfons II en 1179.

Des problèmes territoriaux plus pressants allaient toutefois occuper la dynastie catalano-aragonaise. En 1213, Pere II (1196-1213) mourut à la bataille de Muret, défait par l'armée de Simon de Montfort. Dès lors, Barcelone dut abandonner à la France pratiquement toutes ses possessions au nord des Pyrénées.

L'Empire méditerranéen

Le coup porté par la France amena le royaume d'Aragón à revoir sa stratégie. Refusant de laisser toute la gloire de la Reconquista aux Castillans, Jaume Iᵉʳ (1213-1276) entreprit de son côté quelques missions spectaculaires.

Bien que son port peu profond et envasé s'y prêtât avec difficulté, l'importance acquise par Barcelone aurait dû faire d'elle la base espagnole du commerce maritime en Méditerranée, alors en grande partie chasse gardée de cités italiennes comme Gênes, Pise et Venise et de leurs homologues d'Afrique du Nord. Lorsque les

L'histoire du droit catalan

L'obstination des nationalistes catalans modernes à séparer la Catalunya du reste de l'Espagne peut sembler quelque peu exagérée aux yeux d'un observateur extérieur, mais nullement d'un Catalan, surtout Barcelonais. Elle n'est pas sans fondement au regard de l'histoire.

À l'époque de la Casal de Barcelona se mit en place un système de gouvernement et de législation de type féodal, sans grand rapport avec les modèles plus centralisés et absolutistes élaborés au cours des siècles suivants dans la Castille reprise aux musulmans. Du point de vue linguistique et politique, la Catalunya s'est toujours rapprochée de la France et les Catalans ont largement partagé la destinée de l'Europe post-carolingienne.

La coexistence de lois romaines et wisigothiques et le début de la féodalité a donné lieu à l'apparition, aux alentours de 1060, d'un code féodal, les *Usatges de Barcelona*, qui fut enrichi jusqu'au milieu du XIIIᵉ siècle.

Le féodalisme pesait alors de tout son poids sur les classes inférieures de la société médiévale. Les chevaliers se souciaient avant tout de chevalerie, tandis qu'au-dessus d'eux, la classe dirigeante des comtes, ducs et seigneurs s'occupait de prélever de lourds impôts sur des paysans exploités ne disposant pratiquement d'aucun droit. Les Usatges définirent les droits et devoirs du prince et des seigneurs envers leurs sujets.

Ces textes furent rédigés par des experts juridiques imprégnés de droit romain et des droits coutumiers en usage. S'il ne fait aucun doute qu'ils protégèrent les vassaux des excès féodaux, l'objectif visé par le comte de Barcelone à travers ces lois était avant tout d'exercer un meilleur contrôle sur la noblesse, en se posant comme l'arbitre suprême.

Certains articles du code ne pouvaient être plus clairs quant à l'intention des comtes de Barcelone de mettre au pas toute la noblesse catalane : "… qu'aucun des magnats ci-après ne se permette d'aucune manière de punir des criminels… ou de bâtir un nouveau château contre le prince…" (article 73).

La justice de cette époque paraît évidemment un peu rude aujourd'hui : "… qu'ils (les dirigeants) rendent justice comme il leur semble bon : en coupant les mains et les pieds, en arrachant les yeux, en mettant les hommes en prison pendant longtemps et, finalement, en les

vents étaient favorables, les vaisseaux faisaient facilement route par les Islas Baleares qui, ceci dit, étaient occupées par les riches Maures d'Afrique du Nord qui en avaient fait leur base de ravitaillement et de piraterie.

Jaume Iᵉʳ mit du temps à convaincre la noblesse aragonaise de l'intérêt qu'il y avait à s'emparer des Baléares pour intensifier les échanges commerciaux. En 1229, animé d'une sorte de ferveur divine, il réunit dans une expédition les flottes de Tarragona, de Barcelone, de Marseille et d'autres ports. Jaume Iᵉʳ visait l'annexion de Mallorca, ce qu'il obtint. Six ans plus tard, il prit le contrôle d'Ibiza et de Formentera. Poussé par

les Aragonais, il entreprit aussi la conquête terrestre de Valencia, qui ne put être menée à bien qu'en 1248, au terme de seize ans d'âpres combats. Cette activité favorisa l'expansion de Barcelone. Jaume Iᵉʳ fit élever une nouvelle enceinte qui décupla les dimensions de la ville intra-muros.

Mallorca devint un centre commercial de grande importance puis, rapidement, un bastion de la culture catalane, ce qui ne l'empêcha pas de s'affranchir de 1276 à 1343.

Les années 1280 marquèrent une nouvelle étape dans l'édification de l'empire maritime. Le fils de Jaume Iᵉʳ, Pere III (1240-1285), annexa la Sicile en 1282. Pere avait épousé la fille du gouverneur de

L'histoire du droit catalan

pendant si nécessaire." Elle n'épargnait pas non plus la gent féminine : "En ce qui concerne les femmes, que les dirigeants rendent justice en leur coupant le nez, les lèvres, les oreilles et les seins, et en les condamnant au bûcher si nécessaire…"

Dans de nombreux cas, l'absence de preuve signifiait pour le prévenu qu'il ne pouvait compter que sur les serments ou la violence. Une série d'articles établissait la valeur des serments des individus en termes monétaires et selon leur statut. Par exemple, "les serments des paysans possédant un domaine qu'ils travaillent avec un attelage de bœufs seront pris en compte, jusqu'à un montant de sept sous d'argent". Le serment d'un chevalier était évalué en pièces d'or, bénéficiant de la présomption douteuse que son rang lui conférait davantage de noblesse et de probité.

Si le serment n'était pas suffisant, il restait alors la "bataille judiciaire" ou le jugement par l'épreuve. La première impliquait de se battre en duel (soi-même ou par personne interposée, selon les circonstances), et la seconde se caractérisait par des actes de torture dans de l'eau bouillante ou glacée.

Les accusations d'adultère (que seuls les hommes étaient en droit de formuler) étaient généralement résolues par un duel (par personne interposée) ou par l'épreuve de l'eau bouillante (dans le cas des paysans). "Si la femme est victorieuse, que son mari la garde dans l'honneur et lui accorde une compensation…" !

Si les Usatges amélioraient le lot des classes inférieures sur le plan juridique, ces lois étaient loin d'être parfaites : "Si un paysan est victime d'un préjudice corporel ou de dégâts sur sa propriété ou son fief, il ne doit en aucune façon s'aviser de se venger… Mais lorsqu'il subit un préjudice, qu'il mette un terme à cette affaire en se conformant aux ordres de son seigneur" (article 95). Les serfs, on s'en doute, n'étaient même pas pris en compte.

Les Usatges de Barcelone reçurent une large approbation dans les territoires qu'occupèrent par la suite les Catalans et demeurèrent un pilier du système juridique sous la Corona de Aragón. Au XVIᵉ siècle, ils servirent de modèle historique à ce qui allait devenir la Constitución de Catalunya. En 1714, la défaite infligée aux Catalans par Felipe V à la fin de la guerre de succession d'Espagne mit un terme à cette situation, bien que les Usatges fassent encore aujourd'hui partie de l'héritage juridique de la région.

Sicile, un Hohenstaufen hostile au gouvernement angevin de Charles d'Anjou (soutenu par le pape). Le lundi de Pâques, les Français furent massacrés par les Siciliens soutenus par Pere III. La maison d'Aragón succéda aux Angevins sur le trône de Sicile.

En 1287, Menorca, l'île la plus à l'est des Baleares, n'eut pas cette chance et tomba sous la coupe d'Alfons II à l'issue d'une lutte sanglante. La plupart des habitants ayant été massacrés ou réduits en esclavage, l'île resta en grande partie déserte pendant toute la durée de son occupation. Malte, Gozo et Athènes furent prises également, mais pour une courte durée. A la différence de la Sardaigne acquise en 1324, la Corse

ne se soumit jamais tout à fait. Un siècle plus tard, en 1423, Naples passa à son tour sous le contrôle des Catalo-Aragonais.

En dépit des nombreuses pertes humaines et des dépenses de guerre, cette époque représenta l'âge d'or de Barcelone. Grandiose fleuron du royaume arago-catalonais, la cité était désormais le siège d'un empire marchand florissant. L'Ouest de la Méditerranée devenu un immense lac catalan, les échanges se développèrent rapidement, non seulement avec les territoires occupés, mais également avec l'Afrique du Nord (par l'intermédiaire de laquelle Barcelone domina le commerce de l'or en Afrique) et dans une moindre mesure avec les pays du Levant.

La montée du Parlement

Les comtes de la Casal de Barcelona, puis les comtes-rois de la Corona de Aragón avaient pris l'habitude de ne pas résider en permanence à Barcelone. D'abord confiée à un vicomte, l'administration locale de la cité changea de mains au XIIe siècle.

Les patriciens prirent part à la gestion des affaires de la cité. Mais en 1249, la constitution juridique de Barcelone atteignit son apogée lorsque Jaume Ier nomma quatre citoyens à la charge de conseillers des fonctionnaires royaux. L'idée fit son chemin, et en 1274 le Consell dels Cents Jurats (Conseil des Cent Jurés) forma une sorte de collège électoral au sein duquel fut nommé un corps exécutif de cinq *consellers* (conseillers) chargés de diriger les affaires municipales.

En 1283, les Corts Catalanes se réunirent pour la première fois. Ce conseil législatif de Catalunya, (un organisme similaire siègeait en Aragón et à Valencia) se composait de représentants de la noblesse, du clergé et de grands marchands chargés de faire contrepoids au pouvoir royal. Les Corts Catalanes siégèrent tout d'abord une fois par an, puis tous les trois ans. Ils disposaient d'un secrétariat permanent appelé Diputació del General ou Generalitat, dont le siège est toujours le Palau de la Generalitat sur la Plaça de Sant Jaume.

L'influence des Corts et du Consell s'accrut au fur et à mesure que le commerce se développa et qu'ils jouèrent un rôle plus important dans le prélèvement des taxes et la distribution des richesses. Pour faire face à des besoins financiers croissants, les comtes-rois d'Aragón s'appuyèrent de façon grandissante sur les intermédiaires barcelonais et catalans qui étaient les mieux représentés au sein de ces deux corps oligarchiques.

La classe bourgeoise intermédiaire, qui contribuait de plus en plus à la richesse de la ville et de l'État, éprouvait un certain ressentiment d'être tenue à l'écart du pouvoir. Suite à des révoltes et à des manifestations fomentées ici et là dans les rues de Barcelone, la ville se retrouva globalement divisée en deux factions : la Biga, le parti des

dirigeants ("la poutre maîtresse"), et la Busca, l'opposition ("le petit bout de bois" ou "la mèche" à laquelle le pouvoir royal donnait occasionnellement un coup de pouce, afin de contrôler les institutions). Si Barcelone fut le théâtre de violences à l'instar des autres villes du Moyen Age, les troubles furent endigués avec fermeté.

La Generalitat et le Consell dels Cents perdurèrent jusqu'à l'abrogation des droits locaux par le roi Bourbon Felipe V en 1714.

Entre-temps, sa fortune issue du commerce permit à Barcelone d'ériger les édifices gothiques somptueux qui parent encore aujourd'hui la ville, telles la cathédrale, la Capella Reial de Santa Àgata et les églises de Santa Maria del Pi et de Santa Maria del Mar, construites à la fin du XIIIe siècle et au début du XIVe. Le roi Pere IV (1336-1387) fit édifier les impressionnants Reials Drassanes (arsenaux royaux) et élargir l'enceinte de la ville pour englober cette fois le faubourg d'El Raval à l'ouest de La Rambla.

Le déclin et la domination castillane

L'empire commença à épuiser la Catalunya. Les guerres maritimes avec Gênes, la résistance en Sardaigne, l'essor de l'Empire ottoman et la perte du commerce de l'or finirent par vider ses coffres. Le commerce périclita. Au XIVe siècle, la peste noire et la famine dépeuplèrent Barcelone de la moitié de sa population. En 1391, le quartier juif fut rasé et la communauté décimée.

En 1410, la mort de Martí Ier (1395-1410), dernier descendant de la dynastie fondée par Guifré el Pelós, laissa le royaume sans héritier. C'est ainsi qu'entra en scène la nouvelle dynastie castillane : une réunion de délégués des Corts dut procéder à l'élection de Fernando Ier (Ferran pour les Catalans) de Antequera, un prince castillan de la maison de Trastámara, sur le trône d'Aragón. Cette désignation, qualifiée de "Compromiso de Caspe" (1412), fut une véritable compromission manigancée par la noblesse aragonaise soucieuse de se soustraire à l'influence catalane. Sous le règne de Fernando et de ses successeurs, les Catalans eurent le sentiment d'être exploités au profit des Castillans. La rébellion fomentée en 1462 contre le roi Joan II (1458-1479) se termina en 1473 par un siège qui laissa Barcelone exsangue.

En 1479, Fernando II, fils de Joan II, succéda à son père sur le trône aragonais et son mariage avec Isabel, reine de Castile, réunit les deux plus puissantes monarchies d'Espagne. Tout comme la Catalunya avait été rattachée à l'Aragón, elle l'était maintenant à la Castille.

Les Catalans furent ainsi absorbés dans l'État castillan. Ils conservèrent jalousement leurs institutions et leurs droits du mieux qu'ils purent. Sur le plan juridique, la Catalunya n'avait jamais cessé d'être une entité distincte au sein du royaume aragonais-catalan. Aussi, plutôt que d'affronter directement la question, les rois catholiques Fernando et Isabel mirent en place la terrible Inquisition à Barcelone. Or, ce qui subsistait de l'activité commerciale à Barcelone dépendait grandement des *conversos*, les juifs officiellement convertis au christianisme, cible toute désignée de l'Inquisition. Les Barcelonais supplièrent les autorités royales de s'interposer, mais en vain. Les conversos quittèrent la ville et Barcelone fut réduite à l'indigence.

Qui plus est, les Rois catholiques interdirent aux Catalans de commercer directement avec les nouvelles colonies implantées aux Amériques. Tous les échanges devaient passer par les ports castillans, récemment enrichis, de Sevilla et de Cádiz. Si l'Espagne connut un brillant essor sous le règne des Habsbourg, Carlos Ier (Charles Quint, 1516-1556) et son fils Felipe II (1556-1598), la Catalunya se retrouva plus que jamais sous la coupe du vice-roi de Madrid et continua à décliner.

Appauvrie, ulcérée par les exigences financières croissantes de la couronne, la Catalunya se révolta au XVIIe siècle contre cette castillanisation forcée. Elle se déclara "république" indépendante sous la protection française du cardinal de Richelieu, lors de la Guerre dels Segadors (guerre des Moissonneurs, 1640-1652). Villes et campagnes furent dévastées et Barcelone, assiégée, dut finalement rendre les armes. Sept ans plus tard, quand la France et l'Espagne mirent fin aux hostilités, Louis XIV et Felipe IV signèrent le 7 novembre 1659 le traité des Pyrénées qui coûta à l'Espagne plusieurs territoires catalans – le Roussillon et certaines parties de la Cerdanya.

La guerre de succession d'Espagne

L'Age d'or espagnol s'achevait et la Catalunya continuait son déclin. Lorsque le dernier Habsbourg, Carlos II, mourut en 1700, sans héritier désigné, la France imposa au trône d'Espagne le second petit-fils de Louis XIV, duc d'Anjou, le futur Felipe V. Les Catalans eussent peut-être préféré le fils de l'empereur d'Autriche, l'archiduc Charles, mais ils ne s'opposèrent pas vraiment à la montée de Philipe d'Anjou sur le trône. En revanche, l'absolutisme et le centralisme dont fit preuve Felipe V menaçaient leur indépendance. Aussi rejoignirent-ils l'Angleterre, la Hollande, plusieurs États germaniques, le Portugal et la Maison de Savoie en décidant d'appuyer l'Autriche. En 1702, la guerre de la succession d'Espagne éclatait. Mais le traité d'Utrecht, en 1713, laissa Felipe V sur le trône.

N'attendant rien de ce roi, qui avait déjà pris le contrôle de Valencia et de l'Aragón, Barcelone prit le parti de résister à ses troupes. Le siège final commencé en mars 1713 s'acheva le 11 septembre 1714 par la reddition de la ville.

Felipe V abolit la Generalitat, érigea un gigantesque fort, la Ciutadella, pour commander Barcelone et interdit l'enseignement et l'écriture du catalan. Le peu qui restait des possessions de la Catalunya fut réparti entre les grandes puissances : Menorca revint aux Britanniques en 1713, Naples et la Sardaigne à l'Autriche et la Sicile à la Maison de Savoie.

Un nouvel essor

Les Barcelonais concentrèrent leurs efforts tout au long du XVIIIe siècle sur l'industrie et le commerce.

La levée de l'interdiction de commercer avec l'Amérique, en 1778, fut l'amor? d'un grand tournant pour Barce? Quelques marchands entreprenant?

déjà envoyé des vaisseaux outre-Atlantique afin de traiter directement avec les colonies – ce qui était encore théoriquement interdit. Les premiers contacts s'étant soldés par un succès commercial, le libre échange stimula l'économie. A Barcelone même, la croissance s'avéra modeste mais soutenue. La présence de petites entreprises favorisait l'embauche et procurait des richesses. Les salaires augmentèrent peu à peu. Un souci d'urbanisation se fit jour et l'on créa en 1753 un nouveau quartier ouvrier au quadrillage régulier, La Barceloneta.

Dans cette Barcelone pré-industrielle, l'activité reposait encore sur les manufactures (notamment les fabriques d'indiennes) et la révolution industrielle (qui misait au départ sur le commerce du coton avec l'Amérique) n'avait pas encore pris son essor. Barcelone et le reste de l'Espagne allaient affronter d'autres tourments. La première incursion française eut lieu en 1793-1795, mais l'armée révolutionnaire échoua. Ce n'était que le prélude des guerres napoléoniennes. Celle d'Espagne, qui fit endurer mille souffrances à Barcelone et à la Catalunya, dura de 1808 à 1814, date à laquelle les Français furent repoussés (Barcelone fut la dernière ville aux mains des Français, qui l'évacuèrent en septembre).

Barcelone aborda les années 1830 en se tournant vers les industries du vin, du liège et du fer. Des bateaux à vapeur sortirent des chantiers navals dès le milieu des années 1830. Et la première ligne de chemin de fer espagnole fut inaugurée en 1848 entre Barcelone et Mataró.

Toutefois, l'industrialisation progressive ne favorisa pas toutes les classes sociales. Même si les salaires étaient plus élevés qu'à Madrid, les familles ouvrières vivaient dans des conditions d'insalubrité et d'exiguïté croissantes. La malnutrition, le manque de soins et la maladie étaient alors la norme dans les quartiers ouvriers et les émeutes étaient fréquentes. En règle générale, celles-ci furent réprimées sans grand ménagement ; le soulèvement de 1842 fut même écrasé dans le sang.

Par ailleurs, la population augmentait de 28% par an. Un concours visant à agrandir la ville fut lancé en 1859. En 1869, le plan de l'architecte Ildefons Cerdà fut retenu pour l'Eixample (l'Extension). Quadrillage régulier entrecoupé de jardins publics et de parcs, ce quartier venait se greffer sur la vieille ville, au nord de la Plaça de Catalunya. Il devint (et reste encore dans une large mesure) le quartier le plus recherché par les investisseurs immobiliers, mais les espaces verts ont été sacrifiés pour répondre à la poussée démographique. La bourgeoisie s'offrit de somptueuses demeures, construites pour la plupart dans le style moderniste (l'Art nouveau catalan), et finança la construction d'immeubles de rapport, encourageant des talents inconnus jusqu'alors, tel Antoni Gaudí.

Sur sa lancée, la ville accueillit l'Exposition universelle de 1888, qui la laissa pratiquement au bord de la faillite, faute, notamment, d'une aide financière de Madrid. Un peu plus d'un an avant l'ouverture, les travaux d'excavation des bâtiments de l'exposition n'avaient toujours pas commencé, mais tout fut achevé avec seulement dix jours de retard. Bien que l'exposition ait drainé plus de deux millions de visiteurs curieux, elle ne reçut pas l'attention internationale que certains avaient escomptée.

Néanmoins, Barcelone avait enfin acquis un rang à l'échelle mondiale. Modifier le paysage de la ville étant entré définitivement dans les habitudes, la Rambla de Catalunya et l'Avinguda del Paral furent percées en 1888. Le curieux Monument a Colom et l'Arc de Triomf virent également le jour cette même année.

La Renaixença

Durant quasiment la seconde moitié du XIXe siècle, Barcelone bénéficia d'une paix relative, sans rester inactive sur le plan politique. Cette sérénité et la richesse croissante apportée par sa réussite commerciale contribuèrent à ranimer l'intérêt pour tout ce qui était catalan.

Le mouvement qu'on a appelé la Renaixença (Renaissance) a reflété cette confiance en soi retrouvée qui marqua les années 1890. L'esprit ambiant était à la fois tourné vers le passé et vers l'avenir. Politiciens et intellectuels, après un examen approfondi des institutions et des lois de l'ancienne Catalunya, en réclamèrent le rétablissement. La langue catalane fut à nouveau parlée dans les classes moyennes et supérieures. Ainsi naquit une nouvelle littérature catalane.

En 1892, l'Unió Catalanist (Union catalaniste) se constitua pour exiger le rétablissement des Corts Catalanes dans un manifeste connu sous le nom de *Bases de Manresa*.

Ce fut probablement dans le monde de l'art que l'expression de cette Renaissance catalane se manifesta avec le plus de dynamisme. Berceau du modernisme, version catalane de l'Art nouveau, Barcelone bourdonnait d'activité, quand la plus grande partie de l'Espagne ne connaissait pas la moindre nouveauté artistique. La capitale catalane constituait un des centres de l'avant-garde et entretenait des liens étroits avec Paris. C'est là que Picasso déploya ses ailes de jeune artiste en fréquentant le célèbre café de la bohème, Els Quatre Gats.

1898

Année d'épouvante ! En cette fin de siècle, l'industrie textile et la minoterie formaient la colonne vertébrale de l'industrie catalane, mais une grande partie de la richesse barcelonaise venait des dernières possessions espagnoles à l'étranger, notamment Cuba et Puerto Rico. Un premier soulèvement cubain en faveur de l'autonomie se transforma rapidement en un mouvement indépendantiste qui allait avoir raison de ce qui subsistait de l'"empire" espagnol.

Plutôt que de satisfaire partiellement aux revendications, Madrid opta pour la manière forte. Lorgnant ces territoires depuis un certain temps, les États-Unis se posèrent aussitôt en anges gardiens des mouvements d'indépendance. Des troubles avaient par ailleurs éclaté aux Philippines. L'Espagne pouvait-elle vaincre la puissance américaine dans un affrontement naval ? Le gouvernement espagnol n'hésita pas, mais la flotte, mal équipée, fut presque intégralement coulée au large de Cuba et des Philippines à l'issue de deux cuisantes défaites. Les anciennes colonies espagnoles revinrent aux États-Unis.

Pour Barcelone, la nouvelle était catastrophique. De nombreuses familles dont toute la richesse reposait sur ces colonies se retrouvèrent ruinées du jour au lendemain. Lorsque l'armée espagnole en déroute rapatria ses troupes, les quais de Barcelone se remplirent de soldats rongés par la faim et la maladie, de retour chez eux, mais sans le moindre espoir d'avenir. Les dernières années du siècle virent de gros nuages noirs obscurcir une fois de plus l'horizon.

Le chaos

Le prolétariat de Barcelone augmentait : la population totale passa de 115 000 habitants en 1800 à plus de 500 000 en 1900, puis à plus d'un million en 1930. Cette croissance avait débuté au début du siècle dernier avec l'arrivée massive d'immigrants appauvris, venus des campagnes catalanes, suivis par les paysans d'autres régions d'Espagne.

La ville devint un actif foyer d'anarchistes, de Républicains, d'indépendantistes d'origine bourgeoise, de policiers terroristes et de *pistoleros*. Madrid ne pouvait pas ne pas intervenir dans ce cocktail dangereusement explosif (pour plus de détails sur cette période, lisez *La Ville des Prodiges* d'Eduardo Mendoza).

Dans les années 1890, une bombe posée par des anarchistes fit une vingtaine de morts au Liceu, l'opéra sur La Rambla. En 1909, on soupçonna encore les anarchistes d'être à l'origine de la fameuse Setmana Tràgica (semaine tragique) où, ulcérée par une nouvelle mobilisation des Barcelonais décidée par Madrid pour aller rétablir l'ordre au Maroc, la foule saccagea 70 édifices religieux. En représailles, de nombreux ouvriers furent exécutés.

En 1914, Solidaritat Catalana créa la Mancomunitat de Catalunya, sorte de parlement fantôme, qui réclamait la création d'un État catalan au sein d'une fédération espagnole.

A l'issue de la Première Guerre mondiale, le syndicalisme se développa de manière intensive. Le mouvement mené par la Confederación Nacional del Trabajo (CNT), anarchiste, regroupait près de 80% des ouvriers de la ville. Pendant les grandes grèves des années 1919 et 1920, certains patrons allèrent jusqu'à embaucher des hommes de main pour éliminer des responsables syndicaux. Après son coup d'État de septembre 1923, le général Miguel Primo de Rivera imposa une dictature. Il s'opposa à la fois au nationalisme catalan de la bourgeoisie et au radicalisme de la classe ouvrière, interdisant la CNT et la Mancomunitat, et fit fermer le club de football de Barcelone, puissant symbole du catalanisme. En revanche, il soutint l'organisation de la seconde Exposition Universelle de Barcelone, qui se déroula à Montjuïc en 1929.

Un début de statut national

A la chute de Primo de Rivera en 1930, la ferveur contenue des éléments les plus radicaux de Catalunya éclata. Dans les jours qui suivirent la formation de la seconde République d'Espagne en 1931, les nationalistes catalans de gauche (Esquerra Republicana de Catalunya – ERC), conduits par Francesc Macià et Lluís Companys, proclamèrent la Catalunya république au sein d'une "fédération ibérique" imaginaire. Madrid les pressa aussitôt d'accepter un État espagnol unitaire. Mais, en 1932, la Catalunya s'était dotée d'un nouveau gouvernement régional qui reprit son ancien titre de Generalitat.

Son premier président, Francesc Macià, mourut en 1933. Lluís Companys, son successeur, tenta dès l'année suivante d'obtenir une quasi-indépendance en proclamant "l'État catalan de la République fédérale espagnole". Madrid répondit par le bombardement des bureaux de la Generalitat et de l'hôtel de ville de Barcelone. La Generalitat fut fermée, et ses membres condamnés à trente-cinq ans de prison. Lorsque le Front populaire espagnol et les gauches catalanes remportèrent les élections générales de février 1936, ils furent libérés, et la Generalitat restaurée. La Catalunya bénéficia alors, brièvement, d'une réelle autonomie. Le président Companys entreprit des réformes foncières et organisa des olympiades à Barcelone pour contrebalancer l'organisation officielle des Jeux olympiques à Berlin.

Mais la situation échappait rapidement à tout contrôle. Dans toute l'Espagne, la gauche et la droite semblaient se préparer à un affrontement inévitable. Les anarchistes (et leur syndicat CNT) et les socialistes (représentés par l'Unión General de Trabajadores) s'alignèrent sur la gauche, les premiers se montrant les plus virulents dans leur soutien à la révolte. Le camp adverse regroupait quelques factions mécontentes parmi les forces armées (dont le général Francisco Franco était une figure de proue), un mélange de royalistes et de conservateurs battus aux élections de 1936, ainsi que le mouvement extrémiste de la Falange de José Antonio Primo de Rivera (fils de l'ex-dictateur).

La guerre civile

Le 17 juillet 1936, un jour avant l'ouverture prévue des olympiades de Barcelone, un soulèvement armé au Maroc déclencha la guerre civile espagnole. Se ralliant à Franco, la caserne de Barcelone marcha sur la ville, mais se heurta aux anarchistes qui avaient pris les armes et à la police restée fidèle au gouvernement.

Très vite, les troupes de Franco s'emparèrent de la majeure partie du Sud et de l'Ouest de l'Espagne. La Galicia et la Navarra, au nord, tombèrent également. Une grande partie de l'Est et du Nord industrialisé se rangea aux côtés de Madrid et de la République. Une fois enrayées les premières offensives lancées coup sur coup contre Madrid, les deux camps s'installèrent dans l'horreur d'une guerre civile qui allait durer pratiquement trois ans.

La plus grande partie de l'armée appuya le coup d'État de Franco, dont les forces contrôlèrent bientôt l'économie en occupant la majorité des régions d'agriculture et d'élevage.

A la fin de 1936, l'Allemagne d'Hitler et l'Italie de Mussolini avaient reconnu la légitimité de Franco et lui fournissaient des armes, des soldats, des forces de frappe aériennes et de l'argent frais.

Le camp des Républicains était soutenu par les forces aériennes et navales (ces dernières se montrèrent d'une inefficacité sidérante), ainsi que par les industriels du pays. Les Républicains avaient la sympathie de la France, mais l'Occident décida de rester en dehors du conflit et bloqua même les approvisionnements militaires au nom de la "neutralité". Seule l'Union soviétique de Staline envoya des conseillers militaires et du matériel. Cette assistance ne fut néanmoins jamais suffisante et coûta à la nation l'intégralité de ses réserves en or. Les idéalistes Brigades internationales contribuèrent principalement à la défense de Madrid, mais illustrèrent de façon criante le problème essentiel de la République, à savoir les luttes internes.

En fin de compte, ce fut l'idéologie qui anéantit les chances des Républicains. Alors que les anarchistes radicaux voulaient poursuivre la révolution sociale à n'importe quel prix, les communistes, de plus en plus durs et militants, dont le premier objectif était ostensiblement de gagner la guerre, déployèrent une énergie considérable à supprimer les anarchistes, et même les socialistes modérés – autrement dit, leurs propres alliés ! Et de fait, ces luttes internes furent pour Franco l'un de ses plus grands atouts.

La guerre à Barcelone

La guerre civile finit par faire éclater l'alliance des classes catalanes. Pendant près d'un an, Barcelone fut dirigée par des anarchistes et par la milice trotskiste du POUM (Partido Obrero de Unificación Marxista – Parti ouvrier d'unification marxiste), Companys n'occupant que symboliquement la fonction de président. Les propriétaires des usines et les militants de droite fuirent la ville. Les syndicats s'emparèrent des usines et des services publics, les hôtels et les demeures particulières furent transformées en hôpitaux et en écoles, tout le monde revêtit des vêtements d'ouvriers, les bars et les cafés furent collectivisés, les trams et les taxis repeints en rouge et noir (couleurs des anarchistes), les voitures particulières disparurent des rues, et l'on ignora même les sens uniques, considérés comme des relents de l'ancien système.

Les anarchistes, d'origines assez disparates, comptaient dans leurs rangs aussi bien de doux idéalistes que des militants purs et durs qui dressaient des listes de personnes à éliminer, organisaient des tribunaux irréguliers, abattaient des prêtres, des moines et des religieuses (plus de 1 200 d'entre eux furent massacrés dans la province de Barcelone pendant la guerre civile) et incendiaient ou saccageaient les églises. C'est la raison pour laquelle tant d'églises de Barcelone sont aujourd'hui aussi étrangement vides.

Lorsque les anarchistes commencèrent à rejoindre les gouvernements républicains catalan et espagnol, l'atmosphère révolutionnaire se dissipa quelque peu et, sous l'influence soviétique, le partit Socialista Unificat de Catalunya (PSUC, parti communiste catalan) gagna davantage de pouvoir. En mai 1937, Companys ordonna à la police de s'emparer du central téléphonique de la Plaça de Catalunya tenu par les anarchistes. Après trois jours de violents combats de rue, opposant surtout anarchistes et communistes, au cours desquels près de 1 500 personnes trouvèrent la mort, les anarchistes demandèrent un cessez-le-feu. Ils furent bientôt désarmés, de même que les militants du POUM.

A l'automne 1937, Barcelone devint la capitale nationale des Républicains, lorsque le gouvernement se fut exilé à Valencia. La ville essuya un premier bombardement en mars 1938. Au cours des trois premiers jours, on dénombra 670 tués ; puis les chiffres furent gardés secrets. L'été 1938, la bataille de l'Ebro – dernier grand affrontement de la guerre –, près de Tortosa, dans le Sud de la Catalunya, marqua la défaite des Républicains. Barcelone se retrouvait sans défense. Les combattants et les gouvernements républicains catalan et espagnol se joignirent aux civils qui fuyaient vers la France – 500 000 personnes environ – et la ville tomba aux mains des nationalistes le 25 janvier 1939.

Au moins 35 000 personnes furent éliminées au cours des purges qui s'ensuivirent. Celles-ci se poursuivirent jusque dans les années 50. Arrêté en France par la Gestapo en août 1940, Lluís Companys fut remis à Franco et fusillé en secret le 15 octobre sur la colline de Montjuïc. Il est resté célèbre pour avoir crié "Visca Catalunya !" (Vive la Catalogne !) juste avant de mourir.

L'ère franquiste

Franco n'attendit pas que la guerre soit terminée pour abolir une nouvelle fois la Generalitat. Il accomplit cet acte symbolique dès 1938.

Après Companys, le gouvernement catalan en exil eut à sa tête Josep Irla (ancien ERCMP) qui resta en place jusqu'en mai 1954. Le très charismatique Josep Tarradellas le remplaça après que le parlement en exil se fut réuni au Mexique, et ce jusqu'après la mort du Caudillo.

Pendant ce temps, Franco entreprit un vaste programme de castillanisation de la Catalunya. Il interdit l'usage du catalan dans les lieux publics et fit rebaptiser l'ensemble des villes, des villages et des rues en espagnol. La publication de livres en catalan fut de nouveau autorisée à partir du milieu des années 40, mais l'espagnol resta la langue officielle dans l'enseignement ainsi qu'à la radio, à la télévision et dans la presse.

Dans les années 40, l'opposition anarchiste se manifesta en posant des bombes et en procédant à des exécutions ici et là. Puis, dans les années 50, elle se traduisit par des manifestations et des grèves massives mais pacifiques. En 1960, le public de la salle de concerts du Palau de la Música Catalana entonna, en présence de Franco, un air catalan interdit. Parmi les meneurs figurait un jeune banquier catholique, Jordi Pujol, qui fut condamné à deux ans de prison. Pujol allait devenir président de la Catalunya dans la période post-franquiste.

Sous Franco, un important changement social fut provoqué par l'arrivée d'un flot d'immigrants fuyant les régions d'Espagne plus pauvres, notamment l'Andalousie, pour venir travailler en Catalunya. Dans les années 50 et 60, 750 000 personnes environ s'installèrent à Barcelone et presque autant dans le reste de la région. La plupart vivaient dans des conditions épouvantables. Si certains firent des efforts pour apprendre le catalan et s'intégrer le mieux possible à la société locale, la majorité des nouveaux arrivants allèrent former des poches de population de langue espagnole dans les quartiers ouvriers les plus pauvres de la ville. Au tout début, nombreux furent ceux qui vécurent dans de simples baraquements, ou même dans des grottes, travaillant de longues heures pour un salaire misérable et se débrouillant avec les moyens du bord. L'ensemble de l'Espagne endura de terribles souffrances après-guerre puis connut un essor économique dans les années 60, dont bénéficièrent quelque peu ces nouveaux venus.

L'après-franquisme

En 1975, deux ans après la mort du dictateur, Josep Tarradellas fut invité à Madrid par le nouveau chef du gouvernement Adolfo Suárez, afin de négocier le dossier catalan dans le cadre d'une politique d'autonomie régionale. Peu de temps après, les Barcelonais fêtèrent la Diada (défaite du 11 septembre 1714) par une immense marche à travers la ville en faveur de l'autonomie. On a avancé le chiffre d'un million de manifestants.

Dix-huit jours plus tard, le roi Juan Carlos Ier décrétait le rétablissement de la Generalitat de Catalunya et reconnaissait Josep Tarradellas comme son président. Le jour où il put enfin rentrer à Barcelone, Tarradellas ne prononça que trois mots : "*Ja soc aquí*" (Me voici enfin).

La nouvelle Constitution espagnole promulguée en 1978 a scellé une politique d'autonomie non seulement pour la Catalunya, mais pour toutes les régions d'Espagne. Bien que les revendications indépendantistes des Basques et des Catalans aient été historiquement les plus fortes, les architectes de la Constitution ne voulurent rien laisser au hasard. Et plutôt que de risquer de déplaire à certaines régions qui, inévitablement, finiraient par réclamer à leur tour un statut semblable, il fut décidé d'entreprendre un programme échelonné de régionalisation dans tout le pays.

En Catalunya, une commission d'experts avait déjà préparé à la hâte un statut d'autonomie en 1977, que vint entériner le sceau royal en 1979. Le nationaliste catalan Jordi Pujol, élu comme successeur de Tarradella, en avril 1980, a conservé depuis lors la présidence de la Generalitat.

Le renouveau catalan

Pujol s'est engagé dans une guerre d'usure constante avec Madrid afin d'acquérir davantage de pouvoirs. La Catalunya a d'ailleurs effectué des avancées considérables dans ce domaine et contrôle différents secteurs, tels que la police locale, l'éducation, le commerce, le tourisme, l'agriculture, les hôpitaux, la Sécurité sociale, la culture, etc. En 1966, la Catalunya obtint avec d'autres régions le droit de percevoir un tiers de l'impôt national sur les revenus.

Les nationalistes de Pujol ont perdu de leur influence sur Madrid lorsque le Partido Popular, parti de centre-droite de José María Aznar, a remporté à la majorité absolue les élections de mars 2000.

En dehors de la politique, le grand événement de la Barcelone post-franquiste a été sans conteste le succès des jeux Olympiques de 1992, qui ont marqué la reprise de grands travaux et apporté une nouvelle vie à des quartiers comme celui de Montjuïc, où se sont déroulées les manifestations les plus prestigieuses. Le front de mer, auparavant peu engageant, a été également réaménagé et dispose à présent de promenades, de plages, de marinas, de restaurants, d'activités de loisirs et de nouveaux ensembles d'habitation.

Si les jeux sont aujourd'hui sortis des esprits, ils ont donné à la ville une impulsion dont elle continue de ressentir les effets bénéfiques. De gigantesques projets de réhabilitation sont en cours dans le centre-ville et l'image de Barcelone ne cesse de gagner en prestige. Une récente enquête fait d'elle l'une des destinations privilégiées des Britanniques amateurs d'escapades, juste après New York, Paris et Amsterdam. Pour l'année 2000, British Airways a même déclaré que la capitale catalane avait supplanté Paris en voyageurs transportés. Si Jordi Pujol peut regretter que la Catalunya

soit trop peu connue en dehors des frontières espagnoles, il n'est plus nécessaire, en revanche, de présenter Barcelone.

GÉOGRAPHIE

Barcelone s'étend du Sud-Ouest au Nord-Est le long de la côte catalane dans ce qu'on appelle la Pla de Barcelona (plaine de Barcelone), située à mi-chemin entre la frontière française et la province de Valencia. L'altitude moyenne de cette plaine s'élève à 4 m au-dessus du niveau de la mer. Le relief se distingue par deux éminences : le mont Taber, cœur de la cité romaine (15 m) et, au sud-ouest, la colline de Montjuïc (173 m).

La ville s'est développée le long de la côte car elle se trouve bloquée côté terre par la chaîne Serralada Litoral, connue sous le nom de Serra de Collserola entre le Riu Besòs et le Riu Llobregat. Le point culminant de cette chaîne, le Tibidabo (512 m), surplombe toute la ville.

Comme toutes les métropoles européennes, Barcelone a, petit à petit, englobé les villages alentour. Badalona au nord-est et L'Hospitalet au sud-ouest constituent les limites de la municipalité. Mais, dans la réalité urbaine, vous aurez du mal à savoir où se trouve cette frontière.

Le Llobregat prend sa source dans les Pyrénées et se jette dans la Méditerranée, au sud de L'Hospitalet. El Prat de Llobregat et l'aéroport de Barcelone se trouvent sur la rive sud du fleuve. Au nord, le Besòs délimite en partie l'agglomération urbaine.

CLIMAT

Méditerranéen, le climat de Barcelone se définit par des hivers frais et des étés chauds. Le mois le plus torride est juillet, suivi d'août. Le thermomètre peut monter jusqu'à 37°C. La mer garantit humidité et brise marine, dont vous ne manquerez pas, par grosse chaleur, de ressentir les bienfaits (notamment si vous logez en bord de mer).

En plein cœur de l'hiver (notamment en février), le thermomètre descend jusqu'à 6 ou 7°C. En mars, la température se réchauffe. Il peut néanmoins être agréable de se rendre à Barcelone en janvier car c'est un mois assez ensoleillé, même s'il ne fait pas très chaud.

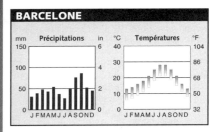

BARCELONE

Précipitations

Températures

En règle générale, les fortes précipitations ont lieu en automne et en hiver. En septembre et en octobre, les orages sont fréquents.

Barcelone reçoit les vents des Pyrénées et connaît donc de petits coups de froid. Ainsi, en avril, le temps est variable. Mai est peut-être l'un des mois les plus plaisants de l'année, avec un temps clair et frais.

ENVIRONNEMENT

Barcelone connaît les problèmes de pollution de toute métropole. Même si la circulation et le stationnement sont limités dans le centre, la capitale catalane est saturée de voitures. L'air n'y est donc pas très sain, même si les brises marines viennent balayer un peu les gaz d'échappement.

Question baignade, l'eau n'est pas très attirante, mais les plages se sont beaucoup améliorées depuis les Jeux olympiques. L'activité dans le port de Barcelone est intense. Il ne faut donc pas s'attendre à une eau transparente, mais rien ne vous empêche de vous baigner comme vous verrez le faire beaucoup de gens.

Le problème des ordures n'est pas résolu. Certes, la collecte séparée du papier, du verre et des boîtes de conserve est organisée par l'intermédiaire de grands containers colorés répartis dans toute la ville. Mais leur utilisation dépend de la discipline de chacun et il est fréquent de voir des monticules d'ordures empilés autour... Attention où vous mettez les pieds, notamment dans les rues étroites du Barri Gòtic, car les déjections canines sont légion.

Comme dans de nombreuses villes d'Espagne, la vie nocturne est très animée à Barcelone. Les longues soirées d'été sont une invitation aux terrasses des cafés et des bars

(*terrasses/terrazas*). Au milieu de cette joyeuse animation, musiciens et artistes des rues improvisent leurs spectacles. C'est fabuleux quand on est de passage, mais peut-être moins lorsqu'on habite sur place ! Les nuisances sonores sont incontestablement un sérieux problème dans toute la ville. Circulation bruyante, ramassage des ordures tard dans la nuit, recours intensif aux sirènes et aux klaxons... le cocktail a de quoi mettre les nerfs en boule.

INSTITUTIONS POLITIQUES

En 1977, un décret royal a rétabli la Generalitat de Catalunya, le Parlement régional catalan. Les pouvoirs du gouvernement autonome sont définis dans les statuts de la Constitution nationale de 1978 et par l'Estatut d'Autonomia (statut de décentralisation), reconnu officiellement par le roi en 1979. Plaça de Sant Jaume, dans le centre de Barcelone, le Palau de la Generalitat abrite le gouvernement autonome, appelé Govern.

La Generalitat dispose de larges pouvoirs en matière d'éducation, de santé, de commerce, d'industrie, de tourisme et d'agriculture. Aujourd'hui, l'enseignement se fait presque entièrement en catalan, alors que sous le franquisme, son usage était réduit à une pratique purement orale.

Les premières élections régionales après la mort de Franco ont porté au pouvoir la coalition nationaliste de centre droit de Jordi Pujol, Convergència I Unió (CiU), en mars 1980. Toujours présent, le CiU ne défend pas l'idée d'une indépendance totale, mais cherche constamment à renforcer l'autonomie de la Catalunya. Une minorité de Catalans se range néanmoins derrière le parti indépendantiste Esquerra Republicana de Catalunya (ERC, la gauche républicaine de Catalogne), qui n'a obtenu que 8 à 10% des voix lors des dernières élections. Il n'existe pas de parti équivalent à l'ETA basque et l'ERC réprouve la violence.

En général, les Espagnols considèrent les Catalans comme un peuple séparatiste et de surcroît irrémédiablement catalophone ! Si l'on regarde comment les choses se passent à l'*Ajuntament* (hôtel de ville), on voit que tout n'est pas si simple. L'Ajuntament (qui fait géographiquement face au Palau de la Generalitat) est traditionnellement tenu par les socialistes. Or, bien que le Parti Socialista de Catalunya (PSC) soit tout aussi partisan de la décentralisation que les autres formations politiques en Catalunya, son approche demeure modérée. Aussi, à la différence des habitants des provinces catalanes proches du CiU, les Barcelonais (de tradition en partie anarchiste) se rallient en majorité au PSC, qui aligne sa politique sur celle du principal parti socialiste espagnol, le Partido Socialista Obrero Español (PSOE).

Jusqu'en 1997, le très populaire Pascual Maragall était l'*alcalde* (maire) de l'Ajuntament. Le dynamisme de Barcelone lui doit vraisemblablement beaucoup car il a su tourner sa ville vers l'avenir. Joan Clos, qui lui a succédé, est sans doute moins charismatique mais il semble tenir tout autant à ce que la ville garde le vent en poupe. Pujol rencontre pour sa part de plus en plus de difficultés à maintenir le cap. Aux élections régionales d'octobre 1999, il a bien failli perdre le pouvoir avec le CiU – Maragall étant à deux doigts de l'éjecter de son siège de président.

Les choses se sont encore aggravées en mars 2000, lorsque le Partido Popular (PP) de centre-droite a remporté des élections nationales avec une majorité absolue, plaçant José María Aznar au poste de Premier ministre et gommant l'influence dont jouissait encore Pujol au parlement espagnol. Pour la première fois en un siècle, un parti national (ou *españolista*) de centre-droite (le PP) a bien failli déloger la droite nationaliste catalane (représentée par le CiU) en devenant le premier parti de Catalunya.

Les élections pour l'Ajuntament et la Generalitat ont lieu tous les quatre ans. Elles sont libres et s'effectuent au suffrage universel direct. Les élus de chaque chambre votent ensuite pour désigner le président de la Generalitat et l'alcalde.

Au niveau administratif, Barcelone est divisée en dix *districtes*. Chacun possède son propre *ajuntament* (conseil local).

ÉCONOMIE

Barcelone est connue pour être une ville commerçante et industrielle dynamique. Les origines de sa culture marchande remontent au XVIe siècle. Le développement industriel barcelonais commença au XVIIIe siècle avec la naissance de petites fabriques d'indiennes.

Ce n'est toutefois qu'au milieu du XIXe siècle que l'industrie de la ville démarra réellement. La métallurgie et l'ingénierie deviennent vite ses points forts : en 1836, le premier bateau à vapeur sort de ses chantiers navals et les premiers trains espagnols sont fabriqués à Barcelone.

Mais dans un contexte commercial très protectionniste, la perte, en 1898, de ses débouchés américains oblige la capitale catalane à ne plus compter désormais que sur ses échanges intérieurs au sein de l'Espagne. Assez pauvre en matières premières, Barcelone passe alors derrière Bilbao (País Vasco) et Oviedo (Asturias) pour l'industrie minière, notamment du fer, et de transformation.

Dans les années 50 et 60, des centaines de milliers d'immigrants, fuyant la pauvreté du reste de l'Espagne, ont afflué à Barcelone, pensant y trouver un emploi… Leurs conditions de vie furent souvent misérables, mais la plupart d'entre eux finirent par grossir les rangs du prolétariat barcelonais.

Après des revers de fortune, Barcelone est aujourd'hui un pôle économique de première importance. 24,4% des exportations espa-

Des adresses pas vraiment Net...

Le sentiment nationaliste en Catalunya a trouvé une nouvelle expression avec l'avènement de l'ère Internet. Au cours de la campagne électorale de mars 2000, le quotidien *El País* notait que bon nombre de partis nationalistes (en Catalunya, mais aussi dans d'autres régions autonomes, comme le Pays Basque ou la Galice) refusaient d'employer le suffixe ".es" (pour "Espagne") dans leurs sites et adresses e-mail. La plupart ont préféré adopter ".com" ou ".org". L'un des candidats, Xavier Trias, a même inscrit dans son programme politique l'instauration du nouveau suffixe ".ct", pour "Catalunya".

gnoles provenaient de Catalunya en 1999 et l'agglomération barcelonaise abrite les trois quarts de l'industrie catalane. Le textile occupe une place de premier choix, tout comme l'industrie du cuir et celle des produits chimiques, pharmaceutiques et cosmétiques. L'industrie lourde et la métallurgie, d'abord installées dans le quartier de La Barceloneta, puis à Poble Nou, se sont éloignées du centre au cours des dernières décennies.

Le constructeur automobile espagnol Seat a vu le jour juste à l'extérieur de Barcelone (à Martorell). La compagnie fabrique toujours des voitures, mais elle est en partie détenue par le groupe allemand Volkswagen qui envisageait au milieu des années 1990 d'en arrêter la production. La conjoncture semble aujourd'hui meilleure : les Seat se vendent bien à l'étranger et de plus en plus sur des marchés aussi éloignés que l'Australie.

En Catalunya, le secteur des services emploie 60% de la population active, l'industrie, 36% et l'agriculture, 4%. Le tourisme représente 14% du PIB de la ville. En 1999, les hôtels de Barcelone ont accueilli 3,3 millions de visiteurs, qui se divisent en parts égales entre touristes et hommes d'affaires. Avec l'essor de la ville, le chiffre des visiteurs connaît une progression constante depuis quelques années.

Mais tout n'est pas rose pour autant. Si les salaires augmentent de 2% chaque année, les loyers et l'immobilier ont pour leur part augmenté respectivement de 17,5% et 11% pour la seule année 1999.

A l'échelle européenne, l'emploi se porte plutôt bien en Catalunya. Selon les statistiques, le nombre de sans-emploi à Barcelone s'élève environ à 9,71% de la population active, alors qu'il atteint 15,01% à l'échelle nationale. Le gouvernement espagnol ne comptabilise quant à lui que les personnes officiellement inscrites au chômage, ce qui donne 6,1% dans la capitale catalane, contre 9,1% sur la totalité du territoire espagnol. Le taux de chômage a régulièrement baissé dans le pays depuis le milieu des années 90 et le nombre de sans-emploi en Catalunya est le plus faible depuis les années 70. En revanche, l'inflation y est plus forte (3,5%) que dans le reste du pays (2,9%).

POPULATION ET ETHNIES

La municipalité même de Barcelone abrite 1,5 million d'âmes. Toutefois l'agglomération, composée de villages qui seront tôt ou tard absorbés par la ville, compte 2,8 millions d'habitants. La population totale de la Catalunya s'élève à 6,09 millions (39,8 millions pour l'Espagne) et apparaît légèrement plus âgée (de deux ans) que la moyenne nationale. L'âge moyen dans la région est de 39 ans et demi. Enfin, la croissance de la population demeurerait nulle si la métropole ne recevait un flot constant d'immigration.

Cette croissance démographique est propre au XXe siècle, plus particulièrement aux décennies qui ont suivi la guerre civile, lorsque la pauvreté dans les autres régions de l'Espagne a poussé plus de 750 000 personnes à venir travailler à Barcelone et dans ses environs. Le plus gros de cet exode date de la fin des années 60, et l'on estime alors à 25% les immigrants d'origine catalane, à environ 30% les Andalous, à 11% ceux venus des deux Castille, à 7% ceux de l'Extremadura, et à 6% ceux en provenance de Galicia et d'Aragón. De 1950 à 1975, ce n'est pas moins de 1,4 million d'Espagnols qui ont élu domicile en Catalunya. Ce qui explique que le castillan est autant parlé que le catalan à Barcelone.

Officiellement, la communauté étrangère de Barcelone est estimée à 43 000 résidents, mais, en fonction de la population flottante, ce chiffre est à revoir très nettement à la hausse. Les immigrés d'Amérique latine (en particulier du Pérou, de République dominicaine et d'Argentine) représentent 36% de ce chiffre. Les résidents européens (principalement des Britanniques, des Allemands, des Français et des Italiens) arrivent en deuxième position avec 34%. Viennent ensuite les Asiatiques (18,6%, surtout des Philippins), puis les Africains (11,4%, pour la plupart Marocains). On estime que 2,4% de la population de Catalunya est d'origine étrangère.

Une étude récente a établi que cette population de migrants a permis à l'économie régionale de réaliser un bénéfice annuel net de 73 milliards de pesetas. Cette étude vient contredire les craintes de certains de voir les étrangers prendre les emplois locaux et vider les caisses de la municipalité.

SYSTÈME ÉDUCATIF

En Espagne, chaque région gère son propre système éducatif, bien qu'il existe des lignes directrices globales au niveau national. En Catalunya, le corps enseignant représente 1,3 million de personnes, de la maternelle à l'université.

Les efforts de la Generalitat pour encourager l'usage du catalan font que cette langue devient de plus en plus courante dans l'éducation. Certains redoutent même de voir le castillan relégué au second rang dans les écoles.

A certains égards, l'enseignement universitaire pose un problème plus complexe. Dans l'idéal, la Generalitat souhaiterait remédier à la coexistence du catalan et du castillan à l'université, mais cela impliquerait un recrutement universitaire purement catalan. En effet, si le catalan devait devenir l'unique langue d'enseignement, les universitaires des autres régions ne pourraient plus venir enseigner en Catalunya !

La question de l'analphabétisme n'est pas complètement résolue en Catalunya, comme dans le reste de l'Espagne et dans de nombreux pays occidentaux. L'analphabétisme touche 3,3% de la population catalane (la moyenne nationale est de 3,9%) surtout parmi la population âgée.

ARTS
Peinture et sculpture

Les primitifs catalans. La Catalunya a été un centre actif de production picturale au Moyen Age. Nombre d'artistes anonymes ont peint des fresques, des retables et autres pièces religieuses pour les églises romanes, puis gothiques. Seul un petit nombre eut droit aux honneurs. Inspiré par l'école de Sienne, Ferrer Bassá (vers 1290-1348) est considéré comme l'un des premiers maîtres catalans et le créateur du style italo-gothique. Seuls témoignages qui restent de son art, les fresques du Monestir de Pedralbes révèlent un réalisme sans concession.

La période suivante est marquée par un "style international", notamment dans l'œuvre de Bernat Martorell (1400-1452), un maître du clair-obscur qui s'affirma au milieu du XVe siècle. L'école flamande commence

alors à exercer une influence croissante sur la peinture catalane. Des peintres comme Jaume Huguet (1415-1492) en empruntent le réalisme sombre qu'ils éclairent par des fonds d'or chers aux Espagnols. Le chef-d'œuvre de Huguet, le *Sant Jordi*, est présenté au Museu Nacional d'Art de Catalunya. Une autre œuvre signée Huguet est visible au Museu Frederic Marès. Pour plus de détails, reportez-vous au chapitre *A voir et à faire*.

Ce musée abrite par ailleurs une impressionnante collection de sculptures sur bois du Moyen Age. Des artistes, anonymes pour la plupart, installés en Catalunya dès le XIIe siècle, sculptaient des images religieuses pour les églises de plus en plus nombreuses. Même si les représentations de saints et de personnages figurent parmi leurs œuvres, c'est surtout le Christ en croix et la Vierge Marie tenant Jésus sur ses genoux qui prédominent. Les églises romanes demeuraient pour leur part privées de décorations sculptées dans la pierre, mais cette habitude a changé peu à peu avec l'apparition du style gothique. C'est dans les sarcophages de personnages importants que l'on trouve les plus raffinées d'entre elles.

A grands traits, on peut différencier les deux grandes périodes médiévales. La période romane est la grande période des fresques dans les édifices religieux. Les artistes de l'époque gothique chercent quant à eux à insuffler plus de vie à leurs personnages, qui se libèrent des deux dimensions didactiques que leur avait imposées l'art roman. Les représentations de la période romane visaient à traduire un détachement des difficiles contingences terrestres auxquelles étaient soumis les malheureux qui venaient précisément admirer ces œuvres. Si cette caractéristique demeure présente dans la peinture et la sculpture gothiques, les auteurs s'attachent cependant à animer de sentiments les visages de leurs personnages.

Le déclin et le XIXe siècle. Entre la fin de la période médiévale et le XIXe siècle, la Catalunya ne connut ni peintres de génie, ni sculpteurs exceptionnels. Barcelone ne vit s'épanouir aucun El Greco, Velázquez, Zurbarán, Murillo ni Goya.

Au milieu du XIXe siècle, le réalisme s'imposait à la peinture. Il atteignit sans doute son zénith avec Marià Fortuny (1838-1874). Des œuvres de ce peintre et de ses contemporains sont exposées au Museu Nacional d'Art Modern de Catalunya. La plus célèbre (et la plus grande) est la version officielle de la *Batalla de Tetuán* (1863), en Afrique du Nord, où l'armée espagnole l'emporta haut la main sur un ennemi marocain en piètre état.

Le modernisme. Au cours des siècles, une inspiration plus intime s'est développée dans la peinture au détriment des grands thèmes épiques. C'est dans ce contexte qu'apparaît à la fin du XIXe siècle la nouvelle génération d'artistes qu'on appelle les modernistes. Très proches des avant-gardistes parisiens, les modernistes catalans s'orientent vers une interprétation plus libre des personnages comme des scènes qu'ils peignent. Ils cherchent moins à rendre la "réalité" telle qu'ils l'observent qu'à lui donner une interprétation subjective et à la couler dans leurs fantasmes. Les deux têtes d'affiche de ce mouvement sont le riche amateur Ramon Casas (1866-1932) et Santiago Rusiñol (1861-1931). Grandes figures de la bohème catalane au tournant du XXe siècle, ces deux peintres n'ont pourtant pas connu une grande destinée.

Le noucentisme. Vers 1910, un mouvement culturel plus conservateur vint prendre la relève du modernisme qui s'essoufflait. Son propos était comparable : promouvoir la culture catalane, mais, sur le plan purement artistique, le noucentisme rejoignait une inspiration plus classique. Il privilégiait un retour à la clarté et à la "lumière de la Méditerranée" par rapport à ce que certains considéraient comme le symbolisme obscur des modernistes.

Dès 1917, une nouvelle vague de noucentistes vint remettre en question ces notions, qui commençaient à faire figure de carcan artistique. A l'évidence, leurs œuvres subissaient en partie l'influence de peintres comme Cézanne. Joachim Sunyer (1874-1956) et Isidre Nonell (1876-1911) comptaient parmi les plus célèbres d'une nuée d'artistes noucentistes qui, comme ce fut le cas pour leurs prédécesseurs modernistes, tombèrent vite dans l'oubli, submergés par de véritables génies de la peinture.

Picasso. Pablo Ruiz Picasso (1881-1973) est né à Málaga, en Andalucía. A 9 ans, il fait déjà des croquis. Après un séjour à La Coruña, en Galice, sa famille s'installe à Barcelone en 1895. Son père a obtenu un poste de professeur d'art à l'Escola de Belles Artes de la Llotja (aujourd'hui la Bourse) où il inscrit son fils. C'est donc en Catalunya et à Barcelone que Picasso a développé son style et où il va passer les dix années suivantes de sa vie, à peindre et à dessiner sans relâche.

Petit à petit, il va s'affranchir du style académique pour faire montre d'une grande diversité dans son propre style et d'une verve inhabituelle dans le mouvement de son pinceau. Envoyé en 1897 à l'Escuela de Bellas Artes de San Fernando de Madrid par son père, le jeune Picasso s'ennuie et préfère étudier les grands maîtres au Prado ou chercher dans les rues matière à étudier. De retour en Catalunya, il passe six mois à la campagne

Le talent précoce de Picasso lui fit rejoindre les cercles intellectuels progressistes de Barcelone.

avec son ami Manuel Pallarès dans la bucolique Horta de Sant Joan. Il affirmera plus tard que c'est là qu'il a appris tout ce qu'il savait. A Barcelone, Picasso a vécu et travaillé dans le Barri Gòtic et c'est dans le Barri Xinès qu'il a découvert la misère humaine. Dès 1900, Picasso retrouve l'élite de l'avant-garde et de la pensée catalane à l'Els Quatre Gats, la fameuse taverne des modernistes. Il y organise une exposition et, la même année, effectue son premier voyage à Paris. Lorsqu'il s'installe définitivement en France, en 1904, il s'est déjà forgé un premier style.

Picasso était un esprit libre, toujours en mouvement. Étonnamment doué pour la peinture, il s'illustra aussi brillamment dans la sculpture, les arts graphiques, l'art céramique. En 1907, *Les Demoiselles d'Avignon* (1907) marque sa rupture avec l'art figuratif en introduisant une fausse perspective, qui conduira ensuite au cubisme. Au milieu des années 20 se produit une nouvelle rupture : Picasso "entre en" surréalisme. Son œuvre la plus célèbre, *Guernica*, toile complexe représentant l'horreur de la guerre, fut exécutée en 1937, quelques semaines après le bombardement aérien par les Allemands de la petite ville basque de Gernica.

Picasso fut un artiste prolifique avant comme après la Seconde Guerre mondiale. Jusqu'au jour de sa mort en 1973, il n'a cessé de peindre, sculpter, dessiner, graver des eaux-fortes ou réaliser des céramiques.

Joan Miró. Quand Picasso arrive à l'âge de 13 ans à Barcelone, Joan Miró (1893-1983) est un bambin du Barri Gòtic. Miró a ainsi passé un tiers de sa vie dans sa ville natale, avant de partager son temps entre la France, la campagne de Tarragona puis Mallorca.

Comme Picasso, Miró suit les cours de l'Escola de Belles Artes de la Llotja. Réservé, Joan Miró n'envisage pas d'office une carrière artistique et fait des études de commerce. Toutefois, dès 1915, il réalise une série de paysages qui trahissent l'influence de Cézanne, et des portraits qui rappellent la naïveté des fresques romanes.

De 1919 au début des années 30, Miró passe ses hivers à Paris et l'été dans sa ferme familiale de Montroig, au sud de la côte cata-

MICK WELDON

L'œuvre de Miró se caractérise par l'utilisation de couleurs primaires et des formes réduites à leur essence

lane. A Paris, il côtoie la bande des Picasso, Hemingway, Joyce…, fréquente écrivains et artistes du groupe surréaliste et se fait remarquer par son exposition de 1925. Le chef-d'œuvre de cette période réaliste est *La Masia* (le mas).

Au début des années 30, Miró traverse une crise artistique, rejetant provisoirement la peinture en faveur du collage et d'autres techniques. C'est ce qu'il a appelé "l'assassinat de la peinture". La guerre d'Espagne, pressentie par le peintre, le révulse. En témoigne la série tourmentée de lithographies intitulée *Barcelona*.

C'est pendant la Seconde Guerre mondiale, dans sa retraite normande de Varengeville, haut lieu du surréalisme, que toute la poétique de Miró va s'épanouir et ses thèmes définitifs émerger. Ce sont les femmes, les oiseaux (le lien entre la terre et les cieux), les étoiles (le monde des cieux inaccessible, source d'imagination) et une sorte de réseau entre tous ces niveaux du cosmos. Apparaît le Miró que la plupart des gens connaissent : combinaisons de lignes et de figures symboliques dans des couleurs primaires, formes réduites à leur essence.

Enfin, dans les années 60 et 70, Miró consacre plus de temps à la sculpture et aux arts textiles. En 1956, il part vivre à Mallorca, la patrie de son épouse Pilar Juncosa, où il meurt en 1983.

Dalí. Salvador Dalí i Domènech (1904-1989) a passé vraisemblablement peu de temps à Barcelone, et ce n'est pas ici qu'il faut chercher à voir ses œuvres. Mais comment ne pas citer cet artiste né et mort à Figueres, où il a laissé son plus majestueux héritage artistique, le Teatre-Museu Dalí.

Dès l'âge de 13 ans, il prend des cours de dessin. A 18 ans, la presse de Barcelone le présente comme un artiste plein d'avenir. Cette même année 1922, il s'inscrit à l'Escuela de Bellas Artes de San Fernando où, comme Picasso, il va acquérir une parfaite maîtrise technique. Mais c'est la vie madrilène qui va le plus compter pour lui car il y fréquente alors le poète Federico García Lorca et le futur cinéaste Luis Buñuel.

1929 marque un tournant dans sa vie quand il rencontre à Cadaqués le poète Paul Éluard et son épouse russe Gala. Coup de foudre : Dalí se précipite à Paris pour retrouver celle qui deviendra sa muse, Gala. Il se joint alors au groupe surréaliste, peint énormément, notamment le célébrissime *El Gran Masturbador* (1929, aujourd'hui à Madrid au Centro de Arte Reina Sofía).

Dans les années 30, Salvador et Gala retournent à Port Lligat sur la côte catalane nord. Jusqu'à la guerre, ils vont y recevoir nombre d'artistes et de personnalités à la mode, dans des fêtes mémorables. De 1940 à 1948, ils vivront en France et aux États-Unis. Exclu du mouvement surréaliste dès 1934, Dalí fait un apparent retour aux racines classiques, mais sa peinture garde son style marqué du sceau de visions hallucinatoires. Dalí s'essaye aussi au théâtre et au cinéma, principalement sur des décors, de même qu'à l'écriture. Il déploie un tel génie publicitaire pour entretenir son prestige (voire son mythe) et son compte en banque que le poète André Breton, le pape du surréalisme, le surnomme "Avida Dollars" (anagramme de Salvador Dalí).

MICK WELDON

Salvador Dalí — peintre surréaliste prolifique, cabotin et génial promoteur de sa propre image

De retour à Port Lligat en 1948, Dalí donne des réceptions de plus en plus somptueuses et démesurées. La réputation de croqueuse de (jeunes) hommes de Gala n'est plus à faire. En 1979, la vie prend un nouveau tournant : Gala meurt et Dalí s'isole. Dix ans plus tard, à sa mort, il est enterré (selon sa volonté) dans le Teatre-Museu qu'il a aménagé dans le vieux théâtre au centre de Figueres. C'est là qu'est exposée la plus importante collection de ses œuvres (reportez-vous au chapitre *Excursions* pour cette visite incontournable).

Les contemporains. Face à ces trois génies de l'art contemporain, d'autres artistes font parfois pâle figure ou passent tout simplement inaperçus. C'est ainsi que le riche travail d'Antoni Tàpies (né en 1923) n'a pas reçu toute l'attention qu'il mérite. On peut voir une bonne partie de son œuvre à la Fundació Antoni Tàpies (reportez-vous au chapitre *A voir et à faire*). Au début de sa carrière, qui commença au milieu des années 40, il s'est beaucoup adonné aux auto-portraits, mais s'est également essayé aux collages, utilisant toutes sortes de matériaux allant du riz au bois. Cet emploi de matières premières variées en vue de donner à ses œuvres des textures particulières et une profondeur caractérise son style encore aujourd'hui. Dans une œuvre de 1994 intitulée *Duat*, il a même accroché des volets à sa "toile". Il continue à créer de façon prolifique et est considéré comme l'un des artistes les plus importants du pays.

Pour avoir une idée de la création catalane strictement contemporaine, nous vous conseillons de faire un tour à la galerie d'art MACBA (reportez-vous au chapitre *A voir et à faire*). Les artistes barcelonais sont nombreux et productifs dans tous les domaines. Citons notamment Susana Solano (née en 1946), Xavier Grau (né en 1951), Sergi Aguilar (né en 1946), Joan Hernàndez Pijuan (né en 1931), Ignasi Aballí (né en 1958), Jordi Colomer (né en 1962), Cristina Fontsaré Herraiz (née en 1969), José Luis Pastor Calle (né en 1971), Laia Solé Coromina (née en 1976) et Mercè Roura i Molas (née en 1977).

La sculpture moderne dans les rues.
Barcelone aime l'avant-garde et vous découvrirez, au détour de vos promenades, différentes sculptures contemporaines. Ce sera peut-être la *Dona i Ocell* de Miró, dans le parc dédié à l'artiste, ou *Peix* de l'architecte contemporain Frank Gehry sur le front de mer Vila Olímpica.

Aurez-vous le coup de foudre pour la *Barcelona's Head* de Roy Lichtenstein (carte 6, sur le Moll de la Fusta (tout près de Maremàgnum, sur le front de mer) ou pour l'immense *El Gat* de Fernando Botero, Carrer del Portal de Santa Madrona, derrière les Drassanes (carte 6) ? Tout est question de goût, mais qu'importe, la variété est là.

Le monument le plus étrange ressemble à une sorte d'assemblage de containers carrés avec des ouvertures penchées sur la plage de La Barceloneta. Cette œuvre de Rebecca Horn s'appelle *Homenatge a la Barceloneta* (Hommage à La Barceloneta, 1992).

Architecture
Le nom de Gaudí vient immédiatement à l'esprit lorsqu'on évoque Barcelone et son architecture. Mais le génie de cet architecte

avant-gardiste s'est aussi nourri des monuments du passé. Plus que la colonie romaine, cité d'importance modeste, c'est la Barcelone médiévale qui reste étonnamment vivante, et plus particulièrement la ville gothique, construite sur les monuments romans. De cet héritage gothique, l'un des plus importants d'Europe, les modernistes (*modernistas*) de la fin du XIXe siècle et du début du XXe siècle ont tiré les leçons, tant dans leurs conceptions architecturales que dans les techniques de construction.

La Barcelone antique.
Barcino fut construite sur le plan classique des cités romaines traversées de part et d'autre par deux voies perpendiculaires. Le forum s'étendait plus ou moins à la place de l'actuelle Plaça de Sant Jaume et la ville couvrait à peine plus de 10 hectares.

C'est surtout la Barcelone du IVe siècle qui se dessine plus précisément pour nous par sa muraille ceinte de 70 tours. D'importants vestiges, dont la tour et les remparts, sont visibles *in situ* dans le parcours souterrain accessible depuis le sous-sol du Museu d'Història de la Ciutat. Citons encore les colonnes d'un temple ou la petite nécropole découverte Plaça de la Vila de Madrid.

L'art roman.
Il reste peu de traces du passé roman de Barcelone. La ferveur bâtisseuse à l'époque gothique, véritable âge d'or de Barcelone, a eu raison petit à petit du goût roman au profit d'une architecture plus spectaculaire. Mais, si l'occasion se présente à vous, un petit voyage dans le Nord de la Catalunya vous fera découvrir sous quelle forme typiquement régionale s'est développé cet immense mouvement architectural de l'Occident chrétien qu'est l'art roman.

On doit aux artisans lombards du Nord de l'Italie les premiers grands monuments de Catalogne. Vous reconnaîtrez ces édifices à leur style dépouillé, tant à l'extérieur qu'à l'intérieur. Seuls les remaniements tardifs ont pu altérer cette simplicité extrême. Les formes carrées (comme ces grands clochers), rectangulaires ou anguleuses confèrent une allure austère aux églises romanes que viennent seulement adoucir quelques courbes, celle d'une voûte en berceau, d'une abside (et de ses absidioles – on en compte jusqu'à cinq), des arcs et arcatures qui caractérisent toutes les ouvertures.

Le portail central et les ouvertures sont surmontés d'arcs simples. Lorsque les techniques de construction permettent un peu plus d'audace, l'arc du portail central se multiplie en plusieurs arcs concentriques, les voussures. Puis, à partir du XIe siècle, les voussures s'ornent de sujets sculptés.

L'Església de Sant Climent à Taüll, dans le Nord-Ouest de la Catalunya, est l'un des témoignages les plus élégants de cet art roman catalan. Mais c'est loin d'être le seul. Dans le Nord de la Catalunya, la Vieille Catalogne, on ne dénombre pas moins de 2 000 églises romanes. Le chef-d'œuvre de ce premier art roman est l'Església de Sant Vicenç, dans la citadelle qui domine Cardona (à 1 heure de voiture au nord-ouest de Barcelone). La sculpture romane s'est pleinement épanouie au XIIe siècle. L'une de ses œuvres majeures est le portail de l'église du monastère Santa María de Ripoll, au nord de Barcelone, la composition sculptée romane la plus étonnante que vous verrez en Catalunya.

A Barcelone même, vous n'apercevrez que quelques rares vestiges romans. Dans la Catedral, la Capella de Santa Llúcia, qui date du XIIIe siècle, a survécu, de même qu'une partie des portes du cloître. L'ancien monastère bénédictin de Sant Pau del Camp conserve le charme de son église du XIIe siècle et de son petit cloître roman. Au hasard de vos promenades, vous découvrirez d'autres vestiges romans à travers la ville. Les inconditionnels d'art roman prendront la ligne de train FGC qui mène, au nord, jusqu'au monastère de Sant Cugat del Vallès. Bien qu'une grande partie de l'ensemble architectural roman ait été englobée plus tard dans une construction gothique, le cloître du XIIe siècle et le clocher de style roman lombard n'en restent pas moins de parfaits exemples de l'art abouti de cette période. L'art wisigothique préroman y a aussi laissé quelques traces.

Sculpture et peinture romanes ont connu en Catalogne un développement exceptionnel, à travers églises et monastères. Et c'est à Barcelone précisément que ces œuvres romanes de toute la Catalunya sont rassemblées, au Museu Nacional d'Art de Catalunya, de renommée mondiale.

L'art gothique. Cette architecture élancée est née sur les chantiers de construction de la région parisienne au XIIe siècle, pour se répandre très vite dans toute l'Europe chrétienne. A Barcelone, son émergence coïncide avec le règne de Jaume Ier et la reconquête des Baléares, Mallorca et Ibiza, de même qu'avec l'apparition d'une classe bourgeoise de marchands et la naissance d'un empire commercial. L'extension du commerce apporta les richesses nécessaires pour financer cette grande vague de constructions coûteuses et longues que furent les monuments gothiques.

L'architecture gothique doit ses prouesses au développement des techniques de construction. L'introduction de voûtes sur croisée d'ogives et d'arcs boutants remplaçant petit à petit les contreforts permit aux ingénieurs de bâtir des édifices plus élevés et plus clairs qu'ils ne l'avaient jamais été. L'arc brisé (qui exerce, sur ses supports, des poussées moindres que l'arc en plein cintre) devint la règle, y compris pour les ouvertures : de grandes roses laissent ainsi entrer pleinement la lumière à l'intérieur de ces imposants édifices. Pensez à la précarité des conditions de vie et de travail des artisans qui travaillaient à ces énormes projets, et vous imaginerez aisément ce sentiment d'intimidation que les grandes cathédrales, une fois terminées, faisaient naître chez le commun des mortels.

Le style gothique catalan a néanmoins ses caractéristiques propres. L'ornementation y occupe une place plus limitée que dans le Nord de l'Europe et la grande originalité du gothique catalan réside dans la priorité donnée à la largeur de l'édifice plutôt qu'à sa hauteur. Quand les cathédrales du Nord de l'Europe pointent vers le ciel, celles du Sud s'assoient plutôt solidement sur des contreforts, étirant au maximum le dessin de leurs voûtes.

Parfait exemple de cette caractéristique, la salle gothique du Palau Major, la Saló del

Le carnaval à Barcelone est toujours une débauche de couleurs et de musiques. Des *Gegants* (géants) et des *capgrossos* (grosses têtes) défilent dans la ville, embrasée par le *correfoc* (feu roulant)

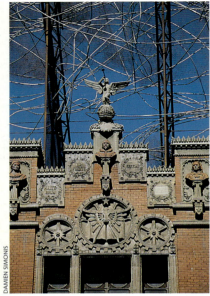

La Fundació Antoni Tàpies et son toit sans loi

Drapeau catalan sur le Palau de la Generalitat

L'Església de Santa Maria del Pi et sa rosace

L'Arc de Triomf moderniste de Josep Vilaseca

Le Monument a Colom domine le port

Tinell, allonge ses voûtes sur plus de 15 m, les plus larges qui aient jamais été construites sans renfort. Autre exemple : les Drassanes (arsenaux), l'énorme chantier naval de la Barcelone médiévale (qui abrite aujourd'hui le Museu Marítim).

Comme l'architecture civile, les églises catalanes se distinguent par une forme plus ramassée qu'ailleurs en Europe, mais aussi par la conquête d'un espace latéral plus vaste. Il vous suffit d'entrer dans Santa María del Mar ou dans Santa María del Pi pour le comprendre. Comme si les longues nefs, hautes et étroites, de nombreuses églises gothiques européennes avaient inspiré aux Catalans plus de claustrophobie que d'enthousiasme. Autre particularité espagnole, manifeste ici comme dans toute la péninsule : la présence d'un *coro*, stalles placées au centre de la nef principale (et non autour du maître-autel, dans le chœur). Celui de la Catedral en est un bon exemple.

Autre différence notable : passées les Pyrénées, point de flèche ni de pinacle. Le toit des clochers est souvent plat, ou presque. Certaines exceptions confirment néanmoins la règle, comme la façade principale de la Catedral de Barcelone qui, avec ses trois flèches dentellées, n'est pas sans rappeler Chartres ou Cologne.

C'est au milieu du XIVe siècle, sous le règne de Pere III, que les plus grands édifices de Barcelone ont vraisemblablement été érigés. Et pourtant, si les coffres de la ville étaient pleins et l'empire méditerranéen à son apogée, une série de désastres — famine, épidémies de peste et pogromes — a laissé la ville exsangue. Ce fut pourtant une grande époque de construction avec les multiples chantiers de la Catedral, des Drassanes, de la Bourse de Llotja, de la Saló del Tinell, de la Casa de la Ciutat (siège de l'Ajuntament) et d'un bon nombre d'édifices de moindre importance, sans oublier une partie des remparts de la ville. A la fin du siècle, les églises Santa María del Pi et Santa María del Mar étaient terminées, tout comme la Catedral, que beaucoup considèrent comme le plus beau des grands monuments gothiques de Barcelone par l'harmonie de ses proportions.

Les constructions d'inspiration gothique se sont poursuivies à Barcelone bien plus tard qu'ailleurs en Europe. La ville semble même y avoir trouvé l'expression de son âme. Des siècles plus tard, les architectes ressentaient encore toute l'influence gothique dans leur travail. Cela se remarque, par exemple, au siège de la Generalitat. Au début du XVe siècle, l'architecte Marc Safont fut chargé de dessiner ce qui est aujourd'hui la partie la plus ancienne du Palau de la Generalitat de la Plaça de Sant Jaume, entièrement gothique. Un siècle plus tard, en pleine Renaissance, les agrandissements réalisés appartiennent encore largement à la tradition gothique, même si apparaissent ici ou là certains éléments Renaissance (comme l'assez décevante façade principale, sur la Plaça de Sant Jaume).

Dans le quartier de La Ribera, Carrer de Montcada doit plus son existence à une volonté d'urbanisation médiévale tardive qu'à une extension urbaine spontanée. En fin de compte, cette rue fut vite bordée d'hôtels particuliers appartenant à la bourgeoisie des XVe et XVIe siècles. Un grand nombre abrite aujourd'hui des musées, des galeries d'art... où, derrière l'austérité des façades gothiques, on découvre d'agréables cours et des escaliers décorés.

La majeure partie de l'héritage gothique de Barcelone se trouve bien sûr dans la Ciutat Vella. Mais d'autres témoignages existent au-delà de la vieille ville, par exemple au Monestir de Pedralbes dans le *barri* (quartier) de Sarrià, village distinct de la ville jusqu'en 1921.

La Renaissance et le baroque. Le fort attachement des Barcelonais au gothique, auquel s'ajoutèrent les revers de fortune de la ville ayant conduit à un déclin du développement urbain, ont, semble-t-il, fermé Barcelone aux extravagances qui marquèrent la Renaissance et la période baroque ailleurs en Europe. Les quelques modestes exemples de baroque que compte la ville sont généralement des éléments de décoration plutôt que de construction et constituent des ajouts à des édifices gothiques préexistants.

Les modernistas

Prononcez le mot Barcelone, on vous répond Gaudí. Né en 1852 à Reus, mort à Barcelone en 1926 victime d'un tramway, Antoni Gaudí (prononcez "gaaudi" en insistant sur le i final) apprit de son père chaudronnier le travail du métal. Diplômé d'architecture en 1878, il a très vite personnifié un mouvement architectural d'une telle ampleur qu'il a totalement métamorphosé Barcelone en l'espace d'une quarantaine d'années, entre 1880 et les années 1910.

Le modernisme touche tous les domaines de l'art catalan dès les années 1880. Il révèle un désir impétueux de trouver à tout prix une expression novatrice au moment où l'optimisme est général. C'est la Belle Époque à Barcelone, comme dans la majeure partie de l'Europe occidentale, malgré la perte de Cuba et des Philippines en 1898 et un climat urbain explosif dans la première décennie du XXe siècle. D'ailleurs, le modernisme n'est pas un mouvement isolé en Europe. Ses équivalents, en France et en Grande-Bretagne, sont l'Art nouveau et le *modern style*, en Italie le *stile Liberty*, en Allemagne le *Jugendstil* (style de la jeunesse), en Autriche le style *Sezession* (Sécession).

Le terme moderniste a quelque chose de trompeur. En effet, il suggère l'adoption de nouveaux moyens de construction et/ou de décoration, et le rejet des anciens. Dans un sens, rien n'est plus faux. Avec Gaudí, les architectes modernistes cherchent une partie de leur inspiration dans le passé. Attachés à faire la synthèse des styles gothique, islamique (mudéjar) et Renaissance, ils vont en transcender les règles pour créer des assemblages nouveaux et imprévus. Avec des matériaux principalement traditionnels, les modernistes innovent en jouant sur leur utilisation.

Ce retour aux sources leur permet de donner à des valeurs éternelles une nouvelle expression dans un univers contemporain. Bien entendu, d'un bâtiment moderniste à l'autre, cette réinterprétation du passé est plus ou moins évidente.

A Barcelone et en Catalunya, on trouve des éléments modernistes, même mineurs, dans près de 2 000 édifices. Mais l'œuvre de Gaudí, elle, a largement dépassé les limites de la Catalunya. Plusieurs facteurs ont contribué au succès du modernisme : la coexistence d'architectes de talent, la présence de commanditaires-mécènes, le lancement du grand projet d'expansion urbaine de Barcelone, à savoir le quartier de l'Eixample. Ni l'argent ni l'espace ne manquaient, d'où cette intense production architecturale.

Le mouvement moderniste doit aussi à la *Renaixença* catalane, où une certaine élite intellectuelle redécouvre l'héritage catalan sous différentes formes, tant politiques que linguistiques. Les nationalistes catalans souhaitaient le rétablissement des droits autonomes de la région et ce fut aussi l'époque où s'affirma une littérature typiquement catalane. Enfin, la bourgeoisie barcelonaise avait aussi compris que la capitale catalane faisait son entrée sur la scène mondiale. En 1888, Barcelone ne fut-elle pas la première ville d'Espagne à organiser une Exposition universelle ?

Les trois génies

A la différence de Gaudí, qui ne fut qu'architecte, Lluís Domènech i Montaner (1850-1923) et Josep Puig i Cadafalch (1867-1957) ont été de fervents et actifs nationalistes catalans. Tout en menant sa carrière d'architecte, Puig i Cadafalch a joué un rôle politique important et même présidé, de 1916 à 1923, la Catalana Mancomunitat.

Si l'on fait une analyse comparative rapide de quelques œuvres de ces trois architectes, on se rend vite compte qu'il n'existe pas de définition unique de l'architecture moderniste. Plus Gaudí pousse loin ses recherches, plus il forme une figure à part dans ce mouvement. Et lorsqu'il entreprend la Sagrada Familia, symbole de Barcelone, il entre dans une sorte de retraite mystique, vivant en reclus au cœur du chantier.

Au-delà de l'inspiration gothique visible au premier coup d'œil, on découvre très vite le reflet de sa vision personnelle du monde dans les parties du monument réalisées avant sa mort. Fin observateur de la nature, Gaudí était fasciné par les perspectives harmonieuses des formes qu'elle crée, notamment parce que la ligne droite si présente en architecture n'apparaît quasiment jamais. Pourquoi ne pas chercher à imiter ces formes végétales et minérales si complexes mais si parfaites ? Pour les étudier et faire ses calculs, Gaudí utilisa des modèles de fils lestés avec des gouttes de plomb (dont un exemple est présenté dans le mini-musée situé à l'étage de La Pedrera). Son œuvre, qu'il veut parfaite au sens des maîtres du Moyen Age, réunit deux dimensions : spirituelle (des formes qui s'élèvent vers les cieux) et terrestre (des motifs pleins de vie inspirés de la nature).

Cette force de la nature se retrouve dans la Casa Milà (La Pedrera) et la Casa Batlló, où aucune ligne droite n'apparaît (pour en savoir plus, reportez-vous au chapitre *A voir et à faire*). Mais comparez la seconde à sa voisine, la Casa Amatller, construite par Puig i Cadafalch, et vous comprendrez en quoi les deux modernistes diffèrent. Chez Puig, la ligne droite est maîtresse. Sa façade s'inspire du passé et son pignon en escalier rappelle les villes hanséatiques. Mais la céramique vitrifiée vient rompre cette impression et en fait un édifice novateur d'une grande beauté. Même retour aux sources gothiques chez Domènech i Montaner qui ne copie pas les formes du passé, mais les réinterprète comme le montrent le Castell dels Tres Dragons (café-restaurant construit pour l'Exposition universelle de 1888 et siège actuel du Museu de Zoologia) ou l'Hospital de la Santa Creu i Sant Pau. Tant sur le plan architectural que décoratif, Domènech a travaillé à sa façon. Au Castell dels Tres Dragons, les ouvertures empruntent davantage au style néoclassique, alors que l'on retrouve des notes islamiques dans les détails. En revanche, le Palau de la Música Catalana, linéaire de construction, mais à la décoration très souple, se rapproche plus des formes recherchées par Gaudí.

La courbe traduit le mouvement, donc la vie. Cette idée a énormément influencé la pensée de l'Art nouveau en Europe.

Matériaux et décoration

Les techniques traditionnelles et artisanales furent remises à l'honneur par les modernistes. Ce style d'avant-garde a pour matériaux la brique brute dans les murs, le fer et l'acier apparents dans les charpentes, le verre, la céramique et la mosaïque dans la décoration. C'est d'ailleurs dans le décor que le modernisme s'affirme le plus. Les artisans appelés sur les chantiers, dignes héritiers des corporations médiévales, savent parfaitement bien ce que l'on peut faire et ce que l'on ne peut pas faire avec. Et, pour des matériaux nouveaux comme l'acier et le fer forgé, le savoir-faire est le même. Soucieux de sauvegarder ces techniques, Gaudí fit du chantier de la Sagrada Familia un véritable laboratoire et enseigna même sur place ces techniques ancestrales.

L'utilisation exclusive du fer apparaît à cette époque. Les grandes halles de Barcelone, comme le Mercat de la Boqueria, l'ancien Mercat del Born (qui devrait être transformé en bibliothèque) et le Mercat de Sant Antoni, furent construites pour protéger les denrées du soleil par leurs grandes voûtes de fer. Mais, au-delà de cet aspect pratique, ces architectures métalliques inscrivent dans l'espace la modernité de Barcelone qui a su choisir des matériaux nouveaux pour ses lieux publics.

Le sculpteur Eusebi Arnau (1864-1934), formé à Rome, fut une des figures maîtresses des arts décoratifs modernistes. Il fut appelé à travailler sur les plus grands chantiers modernistes de Barcelone, tant à l'extérieur qu'à l'intérieur. On lui doit notamment le décor de l'Hospital de la Santa Creu i Sant Pau ou celui de certains monuments du Parc de la Ciutadella. Il est également intervenu dans la décoration du Palau de la Música Catalana, du restaurant Fonda Espanya dans El Raval, de la Casa Amatller et d'autres encore.

Nombre de décorateurs qui travaillaient sur des bâtiments moins prestigieux appliquèrent rapidement les idées avant-gardistes. C'est ainsi que certaines devantures de Barcelone deviennent modernistes, comme la Casa Quadros (sur La Rambla), signalée par son dragon chinois et ses parapluies de bronze. Parfois moins hardies mais tout aussi modernistes, de nombreuses boutiques suivent la vague, notamment les pharmacies (par exemple, Carrer de València 256 et Carrer de Mallorca 312) et les boulangeries (par exemple, Antiga Casa Figuras, La Rambla 83).

Où regarder

Vous ne saurez peut-être pas où donner de la tête. Il faudrait un guide entier pour répertorier toutes les empreintes modernistes de Barcelone. Dans le chapitre *A voir et à faire*, nous vous proposons un itinéraire pour découvrir les principaux bâtiments (surtout concentrés dans l'Eixample et alentour, bien qu'il y ait quelques exceptions). Nous en mentionnons d'autres de moindre renommée. Et les chefs-d'œuvre font l'objet d'une rubrique plus loin dans ce chapitre. Les offices du tourisme peuvent vous fournir, entre autres, des brochures dont les cartes détaillées situent une grande majorité de sites. Ces édifices modernistes constituent pour beaucoup des habitations privées et/ou des bureaux, aussi est-il souvent difficile d'en découvrir l'architecture et la décora-

Parmi les constructions baroques les plus importantes (mais néanmoins limitées), figurent l'Església de la Mercè, sanctuaire de la statue médiévale de Mare del Déu de la Mercè (Notre-Dame-de-la-Miséricorde, sainte patronne de Barcelone avec Sainte-Eulalie), l'Església de San Felip Neri et l'Església de Betlem (édifice jésuite en grande partie détruit pendant la guerre civile, puis reconstruit). Citons aussi la cour du Palau Dalmases, Carrer de Montcada, dont la structure gothique d'origine fut remodelée.

Le modernisme. Au sujet de ce déchaînement soudain de fantaisie, bref mais remarquable, qui s'empara des artistes et des architectes de Barcelone durant les années 1880 pour s'essouffler dès 1910, reportez-vous à la section spéciale en couleur *Les modernistas*.

L'après-modernisme. Avant même la mort de Gaudí, qui survint en 1926, le modernisme avait fait long feu. Après la Grande Guerre notamment, on y voit un style dépassé, voire décadent et malsain.

Tandis que dans les beaux-arts et la littérature d'autres courants viennent prendre la relève, l'architecture connaît un passage à vide. Durant l'entre-deux-guerres, les édifices néo-classiques et néo-baroques essaiment dans les villes. Au lendemain de la guerre civile, l'argent se fait rare ; le temps ou l'envie de réaliser de belles œuvres architecturales manquent aussi. C'est l'époque des immeubles de bureaux ou d'habitation, conçus dans un esprit réaliste et utilitaire, singulièrement dépourvus d'attrait aux yeux du commun des mortels.

La Barcelone contemporaine. C'est "la cité des architectes" pour reprendre le titre de l'étude de Llàtzer Moix, *La Ciudad de los Arquitectos*, sur l'architecture et le design contemporains à Barcelone.

Pour préparer les jeux Olympiques (1992), plus de 150 architectes ont travaillé d'arrache-pied à près de 300 bâtiments et monuments ! Le secteur de Port Olímpic (carte 1) que dominent la tour Mapfre et celle de l'Hotel Arts, n'est pas particulière-

ment réussi, mais il faut reconnaître que les choses étaient bien pires avant.

Depuis, l'activité s'est un peu calmée, mais les Barcelonais n'en demeurent pas moins des bâtisseurs.

Le World Trade Centre, aujourd'hui en grande partie terminé et opérationnel, est présenté comme le plus grand centre commercial de tous les ports d'Europe et un édifice de la "dernière génération".

Le Teatre Nacional de Catalunya, mi-néo-classique, mi-moderne, est l'œuvre de l'équipe de Ricard Bofill. De l'autre côté de la rue, l'Auditori Municipal de Rafael Moneo compte aujourd'hui parmi les premiers auditorium de musique classique de la ville.

A peine ces projets achevés, Barcelone s'attaque au Forum culturel mondial de 2004. Sans savoir encore avec précision de quoi sera fait ce prochain grand événement, la capitale profite à nouveau de l'occasion pour s'embellir. La zone entre Port Olímpic et le Riu Besós va devenir un nouveau quartier résidentiel de front de mer, et ce que l'on appelle Front Marítim, le long du rivage, accueillera des jardins, un zoo marin, des hôtels, un champ de foire, de nouvelles habitations et une marina. L'Avinguda Diagonal s'étendra ainsi sans interruption de Pedralbes à la mer.

Le nouveau centre commercial de la Plaça de Catalunya, El Triangle, a ouvert ses portes en 1999. Ses espaces de bureaux comptent parmi les plus chers de la ville.

Non seulement l'aéroport va être équipé d'une troisième piste d'atterrissage, mais le Riu Llobregat, tout près de là, va faire l'objet d'un vaste programme de réaménagement écologique de la zone.

Littérature

Premiers témoignages. Les plus anciens manuscrits que nous connaissons en catalan remontent au XIIe siècle. Ce sont des textes juridiques, économiques, historiques ou religieux. Il s'agit de la traduction en langue vernaculaire d'une partie du code pénal wisigothique, le *Liber Iudicorum*, et des *Homilies d'Organyà*, œuvre religieuse.

Le premier grand écrivain de la Catalunya fut Ramon Llull (1235-1315), qui délaissa le latin et le provençal au profit du catalan. Ses deux œuvres les plus connues sont *El Llibre de les Bèsties* et *El Llibre d'Amic i Amat*, la première étant une critique allégorique de la société féodale, la seconde une série de petits textes destinés à la méditation quotidienne – toutes les deux en partie inspirées d'œuvres islamiques.

A la fin du XIIIe siècle, le comte-roi Jaume Ier, aussi écrivain à ses heures, nous a laissé un ouvrage autobiographique rare, le *Llibre dels Feyts* (Livre des Actions). Parmi les chroniqueurs, Ramon Muntaner (1265-1336) fit l'hagiographie des grands de son temps dans sa *Crónica*.

Segle d'Or. Le "siècle d'or" de la littérature catalane fut le XVe siècle. La poésie catalane connut sa première heure de gloire avec le Valencien Ausiàs March (1400-1459). Délaissant le style des troubadours, celui-ci a forgé une tradition poétique catalane. Son style tourmenté et très personnel inspire encore aujourd'hui les poètes catalans.

Les Catalans considèrent que le premier roman européen est un roman de chevalerie que Cervantes glissa dans la bibliothèque de son Don Quichotte comme le meilleur livre au monde. C'est le *Tirant lo Blanc* de Joanot Martorell (vers 1405-1465), chevalier émérite dont les œuvres sont nourries de batailles sanglantes, de guerres, de politique, de sexe… autant de thèmes qui perdurent au fil des siècles. On citera aussi des écrivains moins connus, tels Bernat Metge (XIVe siècle), Roís de Corella ou Jaume Roig.

La Renaixença. La littérature catalane déclina rapidement après le XVe siècle. Elle subit un coup mortel après la guerre de succession d'Espagne, lorsque Barcelone dut se rendre en 1714. Vainqueur, le roi Bourbon Felipe V interdit la langue catalane, qui entra dans la clandestinité et le silence pendant deux siècles.

Mais l'économie naissante du début du XIXe siècle favorisa un renouveau social et littéraire qui poussa les Catalans, notamment les intellectuels, écrivains et artistes, à s'intéresser à tout ce qui était catalan. Ainsi vit le jour la Renaixença (Renaissance) de la litté-

rature catalane, dont la première œuvre emblématique date de 1833. C'est le poème *A la Pàtria*, une œuvre écrite à Madrid par le poète Carles Aribau (1798-1862).

A partir de 1859, la reprise des concours de poésie en catalan, les Jocs Florals, jette la lumière sur une poésie qui serait sinon restée dans l'ombre. Cette renaissance atteint son apogée avec le poète Jacint Verdaguer (1845-1902) dont *L'Atlandida* (1877) est une œuvre épique difficile à décrire. Pour les contemporains de l'auteur, ce poème consacre le catalan comme véritable langue littéraire. Verdaguer fut un exemple pour certains écrivains, notamment le dramaturge Àngel Guimerà (1845-1924) et le romancier Narcís Oller (1846-1930) dont *La Febre d'Or* (1893) décrit le monde fragile des spéculateurs, véritables rois de toute cette période d'expansion de Barcelone.

Modernisme et noucentisme. Le ténor de la littérature moderniste fut le poète Joan Maragall (1860-1911). Également remarquable, Víctor Català (1873-1966), qui n'était autre qu'une dame du nom de Caterina Albert, s'illustra par un roman mystérieux, *Solitud*, ou comment une jeune femme partie vivre dans les Pyrénées avec son mari perd toutes ses illusions.

Eugeni d'Ors (1881-1954), plus journaliste, critique et commentateur social qu'écrivain, fut l'une des figures de proue du noucentisme (plus conservateur que le modernisme), et Carles Riba (1893-1959), le poète le plus important de cette époque.

Jusqu'à nos jours. L'un des principaux écrivains du XXe siècle à écrire en catalan, Mercé Rodoreda (1909-1983), a raconté dans *Paloma* (1938), son premier roman à succès, l'histoire d'une jeune fille séduite par son beau-frère. Après la guerre civile, Rodoreda partit en exil et publia en 1962 un de ses ouvrages les plus connus (traduit en plusieurs langues), *Plaça del Diamant*, où elle décrit la vie à Barcelone pendant la guerre vue par une ouvrière.

Après la victoire de Franco en 1939, le prolifique Josep Pla (1897-1981) passa plusieurs années à l'étranger. Il écrivait en

Entre Borges et Barcelone, rien ne va

Quiconque a déambulé à travers les rues animées de la Barcelone moderne aura du mal à imaginer que l'on puisse trouver cette ville détestable.

Pourtant, l'écrivain Jorge Luis Borges, figure élégante de Buenos Aires, visita l'Espagne avec sa famille en 1920 et ne semble pas avoir été emballé par ce qu'il y trouva. Si sa correspondance révèle un certain dédain pour ce pays ("si fruste... si triste"), elle fait état d'une répugnance mêlée de haine pour Barcelone, où il séjourna quelque temps au mois de mai. "Barcelone est une ville désagréable, écrit-il dans une lettre. Je serais même tenté d'ajouter que c'est la pire de toute la péninsule : affreuse, vulgaire et stridente."

L'architecture moderniste évoque à ses yeux le style que l'on s'attend à trouver dans une maison de tolérance. L'écrivain ne se montre pas plus tendre envers les intellectuels catalans. Il nourrit même un dédain particulier envers son homologue Eugeni d'Ors : "Il est peut-être logique, écrit-il, qu'un homme ridicule soit particulièrement bien placé pour expliquer l'essence d'une chose aussi artificielle et absurde que le catalanisme néoclassique..."

catalan comme en castillan, et son œuvre va des récits de voyage à la fiction en passant par l'histoire. Son œuvre complète représente quarante-six volumes.

Depuis la mort de Franco, la littérature en catalan s'est considérablement développée. Néanmoins, certains grands écrivains de Catalunya préfèrent écrire en espagnol.

Juan Goytisolo (né en 1931) a fait ses débuts dans le camp des néo-réalistes pour s'orienter ensuite vers un style moins narratif dans ses œuvres les plus récentes, telles *Señas de Identidad* et *Juan sin Tierra*. Jaime Gil de Biedma (1929-1990), l'ami de Goytisolo, fut l'un des poètes les plus influents de Catalunya, et de toute l'Espagne, au XXᵉ siècle.

José Luis Sampedro (né en 1917 à Barcelone), est l'auteur de romans faciles d'accès. Professeur d'économie structurelle (sic) et ancien sénateur, il a abordé des sujets multiples, traités avec humanisme, et force ses lecteurs à la réflexion. Il considère *Octubre, Octubre* comme son testament. Dans son dernier roman, *El Amante Lesbiano*, il fait voler en éclats des comportements sociaux passant pour des données immuables aux yeux de certains.

Jorge Semprún (né en 1923) a perdu sa maison et sa famille pendant la guerre civile, puis a été déporté dans un camp de concentration pour ses activités dans la Résistance française pendant la Seconde Guerre mondiale. Il écrit principalement en français. Son premier roman, *Le Grand Voyage*, compte parmi l'un des meilleurs.

Eduardo Mendoza (né en 1943) est le grand narrateur de Barcelone. Son passionnant roman *La Ciudad de los Prodigios* (La Ville des prodiges) se déroule dans la ville entre l'Exposition universelle de 1888 et celle de 1929. Avec sa sœur Cristina, Mendoza a également écrit *Barcelona Modernista*.

Terenci Moix (né en 1942) est un chroniqueur et écrivain à succès qui rédige généralement en castillan (mais pas exclusivement). Son œuvre, très populaire, analyse dans le détail la société espagnole. *Lleonard o el Sexo de los Ángeles* fut un grand succès. Moix a aussi publié plusieurs romans historiques.

L'action de *Momentos Decisivos*, troisième roman de Félix de Azúa (né en 1944), se situe à Barcelone, ville natale de l'auteur, dans les années 60, soit juste avant le passage de la dictature franquiste à la démocratie. Selon Azúa, c'est au cours de ces années "opaques" qu'ont vu le jour les idées qui allaient sortir l'Espagne de sa torpeur.

Enrique Vila-Matas (né en 1948) a conquis des admirateurs bien au-delà des limites de sa Barcelone natale. Ses romans ont été traduits en une douzaine de langues. Dans sa dernière œuvre en date, *Battleby y Compañía*, un écrivain convaincu que les créations modernes sont insipides traverse une crise et se sent happé par le néant.

Montserrat Roig (1946-1991) a beaucoup écrit (principalement en catalan) durant sa courte vie, que ce soit des textes journalistiques ou de la fiction. Citons entre autres *Ramon Adéu*, *El Temps de les Cireres* et *L'Hora Violeta*.

Manuel Vázquez Montalbán (né en 1939) compte parmi les auteurs les plus prolifiques de la ville. Pepe Carvalho, le héros qui mène l'enquête dans ses romans, a acquis une notoriété certaine.

Ana María Moix (née en 1947) a remporté un grand succès en 1970 avec *Julia*, qui a été primé. Elle est ensuite restée silencieuse jusqu'en 1985, année de parution de son recueil de nouvelles *Las Virtudes Peligrosas*, qui porte un regard caustique sur la société.

Quim Monzó (né en 1952) a publié plus d'une dizaine de volumes (en catalan) d'essais et de chroniques. Son œuvre variée est toujours marquée par son esprit mordant et un certain goût pour la pornographie. Il a révisé ses meilleurs textes pour les publier dans un recueil intitulé *Vuitanta-sis Contes,* en 1999.

Carlos Castañer (né en 1960) possède un talent prometteur. Dans *Museo de la Soledad*, ses personnages mènent des existences empreintes de mélancolie qui les conduisent dans ce musée très étrange.

Théâtre

Barcelone est probablement la scène la plus dynamique d'Espagne, même si les *Madrileños* (Madrilènes) le contestent. Dans le sillage de la Renaixença, le théâtre purement catalan a été remis sur les rails. A la fin du XIXe siècle, le dramaturge Àngel Guimerà, grand nationaliste catalan, fut le principal architecte de ce renouveau.

Troupe loufoque entre toutes, La Fura dels Baus transforme l'espace théâtral (souvent un entrepôt) en une sorte d'hystérie collective où le public fait partie intégrante de l'acte théâtral pendant une heure de spectacle déroutant, parfois dérangeant. Cette troupe turbulente trouve ses racines dans le théâtre de rue de la fin des années 70 dont elle a conservé les caractéristiques : le propos provocateur est roi, le public est instamment invité à verser une

obole… le tout dans un jeu de scène prodigieux soutenu par de véritables prouesses techniques.

Autre grand nom à Barcelone, la troupe Tricicle réunit trois mimes remarquables, un spectacle que tout un chacun peut apprécier sans comprendre le catalan. Els Comediants et La Cubana remportent aussi un grand succès qui n'est pas étranger à la fraîcheur des improvisations du théâtre de rue.

Le talentueux metteur en scène Josep Maria Flotats, qui a longtemps travaillé en France, a été un grand nom du théâtre catalan, connu et acclamé dans toute l'Europe. En désaccord avec la Generalitat, il a quitté la direction du Teatre Nacional de Catalunya en 1997. Il s'est installé à Madrid : début 2000, il a déclaré qu'il se sentait devenu *madrileño*.

Star montante du théâtre à Barcelone, le metteur en scène Roger Bernat (né en 1968) est un enfant terrible dont la compagnie, General Elèctrica, se produit dans les meilleurs théâtres, mais laisse parfois l'establishment assez perplexe, notamment lorsqu'on lui donne à voir dans un spectacle une véritable scène d'amour physique.

Musique

Traditionnelle. Les vers chantés par les troubadours du Moyen Age, complaintes de l'amour courtois inspirées de la tradition française, relèvent à la fois du domaine de la musique et de celui de la littérature (l'une des premières de l'Europe méditerranéenne). Mais c'est plus le provençal que le catalan qui en a constitué la langue.

La tradition musicale la plus solide a survécu sous la forme populaire des *havaneres*, chansons nostalgiques et chants de marins hérités de Cuba. Ils rappellent ces années où les Catalans ont commercé avec Cuba et y ont vécu. Bien après la perte de Cuba en 1898, la tradition *havanera* est restée tenace à Barcelone et le long des côtes catalanes, comme un souvenir mélancolique. Les havaneres reviennent au goût du jour dans certaines villes côtières où ont lieu des veillées de *cantada de havaneres*, comme à Calella, sur la Costa Brava.

Baroque. Le Catalan Jordi Savall s'attache à redécouvrir et à faire connaître à travers l'Europe les compositeurs baroques et pré-baroques. Né à Igualada en 1941, Savall a fait ses classes musicales au conservatoire de Barcelone. Avec l'aide de la soprano Montserrat Figueras, son épouse, et de musiciens d'autres pays, il est parvenu à sensibiliser nos oreilles aux harmonies médiévales, Renaissance et surtout baroques. Jordi Savall a fondé en 1987 La Capella Reial de Catalunya et formé deux ans plus tard l'ensemble baroque Le Concert des Nations. Le film *Tous les matins du monde* (1991) est un bon exemple de son travail.

Classique. La contribution de l'Espagne au monde de la musique classique est relativement marginale. Mais, patrie de quelques compositeurs hors pair, la Catalunya est l'exception qui confirme la règle.

L'un des plus connus est probablement Isaac Albéniz (1860-1909), pianiste talentueux né à Camprodon, qui s'est tourné vers la composition.

Né à Lleida, le pianiste Enric Granados i Campina (1867-1926) a donné ses premiers récitals au début de ce siècle et a créé le conservatoire de Barcelone en 1901. Il a également composé un grand nombre de pièces pour piano, dont *Danzas Españolas, Cantos de la Juventud* et *Goyescas*.

Parmi les autres compositeurs-interprètes catalans importants, citons Eduard Toldrà et Frederic Mompou.

Lyrique. La plus grande voix de Barcelone est Montserrat Caballé. Née à Gràcia en 1933, la soprano a fait ses débuts à Bâle en 1956. Quatre ans plus tard, sa ville natale l'acclame au Gran Teatre del Liceu et, en 1965, elle reçoit sa consécration au Carnegie Hall de New York. Elle reste l'une des plus grandes sopranos au monde. L'autre voix exceptionnelle de Catalunya, celle du ténor Josep (José) Carreras (né en 1946), a également conquis le monde entier.

Contemporaine. Une grande partie de la musique moderne la plus représentative de l'Espagne doit beaucoup à la *movida* vécue par Barcelone au lendemain de la mort de Franco, cette effervescence et ce débordement de vie nocturne qui saisirent les rues de l'Espagne au début des années 80.

Tête d'affiche pendant des années, le groupe rock El Último de la Fila, excellent duo de Barcelone, a décidé de quitter la scène en 1997. Los Fresones Rebeldes est un sextuor de jeunes qui se détache agréablement de la mode techno.

Les Mojinos Escozíos se qualifient eux-mêmes de "gros, affreux et lourds à mourir". Trois d'entre eux sont sévillans, les deux autres, catalans, et ils vivent tous près de Barcelone. Ce sont les dernières coqueluches du heavy rock, un genre assez suivi dans toute l'Espagne.

Le *Rock Català* (rock catalan) ne diffère guère du rock anglo-saxon, mis à part qu'il est chanté en catalan par des groupes locaux sachant répondre aux goûts de leur région. Parmi les plus populaires, citons Els Pets (l'un des meilleurs groupes de la région), The Mad Makers, Ja T'ho Diré, Sopa de Cabra, Lax'n'Busto, Whiskyn's, Les Pellofes Radioactives, Fes-te Fotre, Glaucs, No Nem Bé, Dr Calypso, In Extremis (de Lleida), Obrint Pas, Baked Beans, Gore's Romance, Zea Mays et Antónia Font.

Lluís Llach fait partie des auteurs-interprètes de l'ancienne génération. C'est sans doute le nom le plus connu de la pop catalane. Gossos rassemble quatre musiciens qui chantent du folk-rock dans le style Crosby, Stills & Nash. Depuis août 1998, le concert annuel de Senglar est le grand rendez-vous des amateurs de rock catalan. En 2000, il s'est tenu fin juin à Montblanc, mais le lieu et la date peuvent changer. Renseignez-vous à partir de juin.

Danse

Contemporaine. Barcelone est la capitale de la danse contemporaine en Espagne, mais elle n'est pas pour autant un foyer de création chorégraphique comparable à Paris, Bruxelles ou même Madrid.

Ramon Oller, sans aucun doute l'un des plus grands chorégraphes de la ville, travaille avec la troupe la plus solidement établie du pays, Metros. Sa danse trouve ses racines dans une technique relativement formelle. Il existe quatre autres troupes importantes à voir : Cesc Gelabert (dirigée par le chorégraphe du même nom), Mundazas (Àngels Margarit), Lanonima Imperial (Juan Carlos García) et Mal Pelo (Maria Muñoz et Pep Ramis).

Cinéma

En décembre 1896, le cinématographe Lumière s'installa dans le Salón Fotográfico Napoleón pour projeter un premier film de courte durée devant un public admiratif. Les frères Lumière reçurent les honneurs de la presse barcelonaise. Ainsi, la capitale catalane n'avait pas manqué les premiers pas du septième art. Deux ans plus tard la première salle ouvrait sur La Rambla.

En 1932, le président de la Generalitat Francesc Macià inaugura les premiers studios d'Espagne pour réaliser du "parlant". Un an plus tard, la Metro Goldwyn Mayer disposait d'un studio de doublage à Barcelone. Avant la guerre civile, *El Fava d'en Ramonet* fut probablement le seul succès cinématographique en catalan à passer sur les écrans.

Après la victoire de Franco, c'est à Madrid que se fit la quasi-totalité de la production cinématographique, un mélange de propagande et de sentimentalisme excessif. En 1952, un petit groupe de Catalans produisit un film en catalan intitulé *El Judes*, mais il fut interdit.

En 1956, l'Escola de Barcelona commença à réaliser des films expérimentaux, dont certains ont vu le jour. Les cinéastes comme Vicente Aranda (né en 1926) y ont fait leurs premières armes. Aranda devint célèbre avec *Amantes* (1991), qui se déroule dans le Madrid des années 50. Trois ans plus tard, Aranda réalisait *La Pasión Turca*.

En fait, le monde cinématographique catalan n'est guère actif. Depuis la mort de Franco, il n'y a plus d'interdits quant aux thèmes et le catalan est autorisé, mais le centre du cinéma espagnol reste Madrid. Sachant que même les plus grands du septième art européen (Grande-Bretagne, France et Italie) ont du mal à sauvegarder leur production nationale face à Hollywood, il n'est pas très surprenant que l'industrie catalane ait des problèmes, malgré les subventions de la Generalitat.

Le plus grand nom du cinéma catalan est sans doute José Juan Bigas Luna (né en 1946), dont la carrière témoigne d'un intérêt constant pour l'érotisme. Son *Angoixa* (Angoisse) fut un succès international. On lui doit également la mise en scène de la comédie populaire *Jamón Jamón* en 1992, son plus bel effort en plus d'une décennie.

Grand nom du théâtre et du cinéma catalans, Ventura Pons (né en 1945) a réalisé *Morir (o No)* en 2000, constitué de sept histoires qui se terminent toutes par une mort, avant de se rejoindre en une seule,

---

On la danse tous en rond...

La danse catalane par excellence est la *sardana*, qui plonge ses racines dans la région d'Empordà, à l'extrême nord de la Catalunya. Plus sobre que le flamenco, elle n'est pas sans ressembler à d'autres danses folkloriques du pourtour méditerranéen.

Placés en cercle, les danseurs se donnent la main et attendent que la dizaine de musiciens qui les accompagnent commencent à jouer. La musique débute par le flabiol, une petite flûte de bois. Lorsque les autres instruments se joignent à elle, les danseurs se mettent en branle : une série de pas à droite, un pas en arrière, puis la même chose à gauche. Plus la musique "chauffe", plus les pas se font complexes, plus les danseurs sautent haut et lèvent les bras. Puis ils reviennent peu à peu aux pas initiaux et recommencent. Si d'autres personnes veulent les rejoindre, on les intègre à la ronde sans s'arrêter et la danse continue.

A Barcelone, vous avez de bonnes chances de voir des danseurs de sardana à midi devant la cathédrale. Autres possibilités : le samedi à 18h30 et le mercredi à 19h. L'été, ces horaires varient parfois et en août, vos seules chances d'en voir consistent à assister aux festes locales (comme la Festa Major de Gràcia).

où personne ne meurt. Depuis ses véritables débuts en 1989, Ventura Pons a réalisé près d'un film par an.

C'est en grande partie à Barcelone (en particulier autour du Palau de la Música Catalana) que Pedro Almodóvar a tourné *Todo Sobre Mi Madre* (Tout sur ma mère), qui décrocha le Golden Globe Award en 1999.

Daniel Calparsoro (né en 1968) s'attache plutôt à la noirceur du monde. Son quatrième et dernier film, *Asfalto*, s'intéresse à des aspects moins engageants de la vie quotidienne dans les bas-fonds de Madrid. Ses autres œuvres, irrégulières mais prometteuses, sont tout aussi violentes. L'actrice Laura Maña (née en 1968) est passée derrière la caméra, assurant en 2000 l'écriture et la mise en scène de *Sexo por Compasión*, un film primesautier où une femme bien intentionnée entreprend de reconquérir son mari en couchant avec tous ses voisins.

Sergi López (né en 1965) est un acteur qui monte. Son dernier succès était un film français, *Une liaison pornographique* (2000), dans lequel deux personnes s'engagent dans une une relation purement physique et finissent par s'éprendre l'une de l'autre.

En 2000, c'est à Barcelone qu'on été remis pour la première fois les Goya, version espagnole des Oscars.

SOCIÉTÉ ET CULTURE

Les Catalans ont quelque peu la réputation d'être réservés. Que ce soit vrai ou non, les Barcelonais sont en règle générale tolérants et courtois.

Personne ne s'attend vraiment à ce que vous parliez catalan. Si vous parlez espagnol ou que vous n'en connaissiez que quelques mots, vous serez généralement très bien accueilli.

Pour les Barcelonais, les *"por favor"* incessants ne font pas partie du code des bonnes manières. Dans les bars et lieux publics, vous entendrez probablement les gens les plus respectables dire simplement "donnez-moi…". Mais il est en revanche de bon ton de saluer l'assemblée d'un *"bon dia/buenos días"* général lorsque vous entrez quelque part et de dire *"adéu/adiós"* en sortant. Ce n'est pas obligatoire, mais c'est courant.

Discrets, les Barcelonais privilégient la vie privée et n'invitent pas souvent chez eux. Ils aiment la vie publique et nocturne, mais de façon un peu moins ostentatoire que dans le Sud de l'Espagne.

Pas d'impair !

La façon la plus classique de se saluer entre hommes et femmes ou entre femmes est de s'embrasser. Les hommes se serrent la main, ce qui est de règle dans les relations professionnelles.

Dans de nombreux bars, jeter ses déchets (papier, cure-dents, mégots de cigarette, etc.) par terre n'a rien d'impoli puisque tout sera balayé en fin de journée. Attention ! ce n'est pas valable partout. Avant de le faire, jetez un coup d'œil discret sur le sol et regardez ce que font les autres.

Désormais, sur les plages comme à la piscine, vous croiserez autant de femmes en maillots deux-pièces que seins nus. Cette évolution des mœurs ne pose aucun problème aux Barcelonais.

Sévices sur animaux

La corrida remporte moins de suffrages à Barcelone qu'ailleurs en Espagne, mais elle reste néanmoins un sport très populaire dont la cruauté ne peut être mise en doute et qui suscite des débats passionnés.

Pour les aficionados, il s'agit d'un art, où un virtuoso se livre à un acte de courage exemplaire qui se termine généralement par la mort honorable du taureau : un sort plus enviable que l'abattoir, vous diront-ils. Ses adversaires, pour leur part, sont tout bonnement écœurés par le spectacle.

Pour en savoir plus sur les corridas, reportez-vous à la rubrique *Manifestations sportives* du chapitre *Où sortir*.

RELIGION

Les Espagnols sont en grande majorité catholiques, les Barcelonais aussi, du moins en théorie. Car il existe à Barcelone une forte tradition socialiste et anarchiste, donc anticléricale.

De la fin du XIXe siècle jusqu'après la guerre civile, on brûlait facilement les églises.

Les deux plus importantes vagues d'incendies ont eu lieu en 1909, pendant la fameuse Setmana Tràgica, et en 1936, lorsque la guerre civile a éclaté. Sous Franco, le catholicisme fut rétabli comme religion d'État. L'Église joua un rôle prépondérant dans la société, bien que cela fût moins marqué à Barcelone, où une bonne partie de la population était "rouge".

En septembre 1998, l'Église a violemment contre-attaqué lorsqu'il a été question d'assouplir la législation sur l'avortement. Cette réaction s'est ressentie à Barcelone comme ailleurs. Ainsi, la motion déposée aux Cortes (Parlement espagnol) a été rejetée à une voix près. Nombre de théologiens de la péninsule Ibérique, et étrangers (en Europe comme aux États-Unis), reprochent à la hiérarchie catholique espagnole son conservatisme sur les questions sexuelles, d'avortement, de divorce et autre sujets similaires, et craignent que son refus de la modernité n'éloigne un peu plus les Espagnols de la prière.

LANGUE

Le catalan et l'espagnol (ou plus exactement le *castellano*, ou castillan) ont tous deux un statut légal équivalent à Barcelone. En raison d'une forte immigration en provenance d'autres régions d'Espagne, vous entendrez parler le second au moins autant que le premier dans la ville. Cet état de fait pourrait bien changer dans les prochaines années, mais même s'il limite ses efforts à l'espagnol, le visiteur se verra plutôt bien reçu. Le français est très peu parlé à Barcelone, l'anglais à peine plus répandu, quoique la jeune génération commence à se débrouiller dans cette langue. Dans les hôtels et les restaurants, même moyens, vous devriez parvenir à vous faire comprendre dans l'une ou l'autre de ces langues. Efforcez-vous néanmoins d'intégrer quelques notions de catalan ou d'espagnol, vous ne regretterez pas cet investissement. Pour cela, reportez-vous au chapitre *Langue*.

Renseignements pratiques

QUAND PARTIR

La période idéale pour se rendre à Barcelone se situe entre le printemps et le début de l'été. En règle générale, le climat est alors agréable, la fréquentation touristique raisonnable et l'animation de la cité bat son plein. Mieux vaut, en revanche, éviter le cœur de l'été (notamment de mi-juillet à fin août) : les résidents s'empressent de prendre leurs congés et abandonnent leur ville et sa chaleur étouffante aux *guiris* (visiteurs étrangers).

En septembre, la ville retrouve son rythme habituel, la chaleur est moins étouffante et le nombre de touristes diminue. Cependant, le climat peut être capricieux, chaud un jour, pluvieux le lendemain. Sachez enfin que les vraies pluies arrivent en octobre.

L'hiver, la vie urbaine paraît plus calme qu'en été et vous pourrez profiter des lieux sans trop de monde. Les températures sont généralement douces mais le froid peut parfois se révéler piquant (vous ne regretterez pas une chambre avec chauffage), soyez donc prévoyant.

ORIENTATION

Le littoral de Barcelone s'étend grosso modo du nord-est au sud-ouest. De nombreuses rues ont été dessinées parallèlement ou perpendiculairement à cet axe.

Au nombre des principales artères figurent : la Gran Via de les Corts Catalanes, qui traverse la ville parallèlement à la côte ; l'Avinguda Meridiana, qui trace une ligne (presque) droite vers le nord ; l'Avinguda del Paral.lel (construite le long du parallèle 41° 44', d'après la légende), qui se prolonge sous d'autres noms et qui serait perpendiculaire à la Meridiana si les deux avenues se croisaient ; enfin, l'Avinguda Diagonal, qui part de Pedralbes, traverse toute la ville en direction de la côte.

Barcelone est formée de dix municipalités. La Ciutat Vella, la vieille ville, est elle-même divisée en *barris/barrios* (quartiers). Les visiteurs s'intéressent en priorité aux six secteurs suivants.

La Rambla et la Plaça de Catalunya

L'axe central de la ville est La Rambla. Orienté nord-ouest, ce boulevard long de 1,25 km part de Port Vell (le vieux port) et remonte pour atteindre la Plaça de Catalunya, qui marque la frontière entre la Ciutat Vella et la partie plus récente de la ville.

Montjuïc et Tibidabo

Les collines de Montjuïc et de Tibidado constituent deux excellents repères pour vous orienter. Montjuïc, la plus petite des deux, se situe à environ 700 m au sud-ouest de La Rambla. Tibidado se trouve à 6 km au nord-ouest du haut de La Rambla. C'est le point culminant d'une rangée de collines boisées qui dominent la ville.

La Ciutat Vella

Dédale de rues étroites et de bâtiments centenaires abritant nombre d'habitations modestes ou de qualité moyenne, la Ciutat Vella s'étend de part et d'autre de La Rambla. A l'est, bat son cœur : le Barri Gòtic (le quartier gothique). C'est ici que la Barcelone médiévale a vu le jour, sur l'ancien site romain. El Raval, parfois un peu glauque, s'étend à l'ouest de La Rambla, tandis que La Ribera se trouve au nord-est du Barri Gòtic, au-delà de la Via Laietana.

Le front de mer

Port Vell abrite un superbe aquarium moderne et deux marinas. A son extrémité nord-est, La Barceloneta est le vieux quartier des marins et des pêcheurs. C'est ici que commencent les plages et une promenade pédestre de 1 km qui vous mènera au nord-est vers le Port Olímpic, construit pour les Jeux de 1992.

L'Eixample

Au sommet de La Rambla, la Plaça de Catalunya ouvre sur le quartier de l'Eixample (el Ensanche en espagnol) dont elle marque la limite. Dans ce dédale de rues droites, symbole de l'extension de Barcelone au XIXe siècle, vous trouverez la plupart des bâtiments d'architecture *modernista* de la ville (dont, bien sûr, La Sagrada Família), ainsi que les magasins et les hôtels les plus luxueux. Deux avenues principales et parallèles, Passeig de Gràcia et Rambla de Catalunya, partent de la Plaça de Catalunya en direction du nord-ouest. La partie ouest de Passeig de Gràcia porte le nom de L'Esquerra (la gauche) de l'Eixample, la partie est celui de La Dreta (la droite) de l'Eixample.

Gràcia

Au-delà de l'Eixample, vous quittez le centre de Barcelone. Ces anciens villages autrefois extra-urbains ont, pour certains d'entre eux, conservé le charme d'antan. Au-delà de la grande Avinguda Diagonal, à la frontière nord du centre du quartier de l'Eixample, Gràcia est un enchevêtrement de rues étroites et de petites places où habite une population diverse. Les vendredi et samedi soir sont suffisamment animés pour que vous envisagiez d'y passer un moment. Au nord s'étend le Parc Güell conçu par Gaudí.

Principaux terminaux de transport

L'aéroport se situe à El Prat de Llobregat, à 14 km au sud-ouest du centre. L'Estació Sants (carte 4), gare centrale, se trouve à 2,5 km à l'ouest de La Rambla, à l'extrême ouest de l'Eixample. La principale gare routière, l'Estació del Nord (carte 1), se trouve à 1,5 km au nord-est de La Rambla (métro Arc de Triomf). Consultez également le chapitre *Comment s'y rendre*.

CARTES

Les offices du tourisme distribuent gratuitement des cartes de la ville et des transports tout à fait satisfaisantes. Plus pratique encore, la carte Michelin n°40 *Barcelona* (5,75 €) s'accompagne d'un index des rues très complet (Michelin n°41), qui porte le prix à 7,25 €. De nombreuses échoppes sur La Rambla proposent des cartes à des prix très variables.

Pour un long séjour à Barcelone, il peut être judicieux de faire l'acquisition de la *Guía Urbana Barcelona* publié par Editorial Pamias (12 €). Toutes les rues y sont répertoriées et des informations diverses y figurent. Sinon, le *Guía Urbana de Barcelona*, édité par GeoPlaneta, fera l'affaire (10,25 €).

OFFICES DU TOURISME
Sur place

L'Oficina d'Informació de Turisme de Barcelona (carte 6 ; ☎ 906 30 12 82, ou ☎ 93 304 34 21 de l'étranger), Plaça de Catalunya 17-S (en sous-sol), est une mine de renseignements sur la ville et peut aussi vous aider à trouver un hébergement. Il est ouvert tous les jours de 9h à 21h.

Il existe un autre office du tourisme dans l'*Ajuntament* (hôtel de ville, carte 6), Plaça de Sant Jaume, ouvert du lundi au samedi de 10h à 20h, le dimanche et les jours fériés jusqu'à 14h.

L'office du tourisme régional (carte 2 ; ☎ 93 238 40 00) est installé au Palau Robert, un bâtiment néo-classique de la fin du XIXe, Passeig de Gràcia 107. Il ouvre du lundi au samedi de 10h à 19h, le dimanche de 10h à 14h30. Vous y trouverez une abondante documentation, de même que des supports audio-visuels. Il abrite une librairie et un bureau du Turisme Juvenil de Catalunya (où l'on peut se procurer les cartes Euro<26 ; voir plus loin le paragraphe *Cartes Jeune, cartes d'étudiant et d'enseignant*). Les beaux jardins qui s'étendent à l'arrière offrent une aire de repos agréable.

Turisme de Barcelona, situé à Estació Sants (carte 4), ne couvre que Barcelone. Il est ouvert tous les jours de 8h à 20h (fermeture à 14h le week-end et les jours fériés d'octobre à mai).

Un office du tourisme (☎ 93 478 05 65) attend les voyageurs dans le hall des arrivées UE de l'aéroport du lundi au samedi de 9h30 à 20h, le dimanche jusqu'à 15h (15h30 en été). Il fournit des renseignements sur toute la Catalunya. L'autre bureau de l'aéroport (☎ 93 478 47 04), situé dans la zone des arrivées internationales, pratique les mêmes horaires.

Pour connaître les manifestations organisées et vous procurer des places, rendez-vous au centre d'informations artistiques du Palau de la Virreina, La Rambla de Sant Josep 99 (carte 6 ; ☎ 93 301 77 75).

Des hébergements sont proposés par téléphone au ☎ 93 304 32 32 ou sur Internet sur www.deinfo.es/barcelona-on-line.

Il existe deux numéros d'appel proposés par la Generalitat pour se renseigner sur Barcelone (☎ 010) ou sur toute la Catalunya (☎ 012). Certains opérateurs parlent anglais, mais ils se cantonnent le plus souvent au catalan et au castillan. Ils trouvent souvent réponse à des questions complexes.

Enfin, une ligne nationale d'informations touristiques répond aux questions dans diverses langues. Elle peut s'avérer utile si vous appelez d'une autre ville d'Espagne. Appelez le ☎ 901 30 06 00 tous les jours de 9h à 18h pour des renseignements d'ordre général en espagnol, anglais ou français.

A l'étranger

Les antennes de l'Oficina Española de Turismo à l'étranger vous renseigneront utilement sur Barcelone :

Belgique
(☎ 02-280 19 26, fax 230 21 47, bruselas@tourspain.es) Avenue des Arts 21, B-1040 Bruxelles
Site web : www.tourspain.be

Canada
(☎ 416-961 3131, fax 961 1992, toronto@tourspain.es) 2 Bloor St West, Suite 3402, Toronto M4W 3E2
Site web : www.tourspain.toronto.on.ca

France
(☎ 01 45 03 82 57, fax 01 45 03 82 51, paris@tourspain.es) 43, rue Decamps, 75784 Paris, Cedex 16
Site web : www.espagne.infotourisme.com

Italie
(☎ 06 678 31 06, fax 06 679 82 72, roma@tourspain.es) Via del Mortaro 19, interno 5, 00187 Rome

Portugal
(☎ 21-357 1992, lisboa@tourspain.es) Avenida Sidónio Pais 28-3° Dto, 1050 Lisbonne

Suisse
(☎ 022-731 11 33, fax 731 13 66) 15 rue Ami Lévrier n°2, 1201 Genève

A Paris, ne manquez pas de vous rendre à la Maison de la Catalogne (☎ 01 40 46 84 85), 4 cour du Commerce Saint-André, 75006 Paris, qui abrite l'office du tourisme de Catalogne. C'est un lieu agréable qui comporte un restaurant, un café, une boutique d'artisanat et une salle d'exposition. Vous trouverez sur place des cartes et de nombreuses brochures culturelles et touristiques.

En Belgique, vous pouvez contacter le ☎ 02-732 1260, Avenue des Cerisiers 15, Bruxelles.

AGENCES DE VOYAGES

Barcelone ne compte pas parmi les destinations européennes proposées à prix discount. Il est néanmoins possible de trouver des tarifs raisonnables vers les grandes villes occidentales, et même vers les États-Unis. Commencez par les agences référencées ci-dessous, mais comparez aussi avec d'autres.

usit Unlimited (carte 5 ; ☎ 93 412 01 04), Ronda de l'Universitat 16, vend des billets d'avion, de train et de bus à tarifs jeunes ou étudiants. Cet organisme possède un bureau à l'office du tourisme Turisme Juvenil de Catalunya, Carrer de Rocafort 116-122 (carte 4, métro Rocafort). Autre membre du dynamique groupe usit, Viatgi (carte 4 ; ☎ 93 317 50 98) se trouve Ronda de l'Universitat 1.

Viajes Wasteels, à la station de métro Catalunya (carte 5) propose elle aussi des tarifs jeunes et étudiants.

Halcón Viatges est une chaîne d'agences de voyages sérieuse où l'on trouve parfois des tarifs intéressants. L'agence située Carrer de Pau Claris 108 (carte 2) compte parmi les 28 réparties à travers la ville. Le groupe possède une centrale nationale de réservations téléphoniques au ☎ 902 30 06 00.

FORMALITÉS COMPLÉMENTAIRES

Visa

L'Espagne compte parmi les 15 pays signataires des accords de Schengen, en vertu desquels tous les pays de l'Union européenne (sauf le Royaume-Uni et l'Irlande), ainsi que l'Islande et la Norvège, ont aboli les contrôles sur leurs frontières intérieures à la fin de l'année 2000.

Les pays de l'Union européenne (UE) concernés sont l'Autriche, la Belgique, le Danemark, la Finlande, la France, l'Allemagne, la Grèce, l'Italie, le Luxembourg, les Pays-Bas, le Portugal et la Suède. Tout résident d'un pays signataire peut passer dans un autre sans visa. En outre, les ressortissants d'un certain nombre d'autres pays, dont le Royaume-Uni, le Canada, l'Irlande, le Japon, la Nouvelle-Zélande et la Suisse, peuvent séjourner sans visa jusqu'à 90 jours comme touristes dans les pays de la zone Schengen.

D'autres nationalités, comme les Australiens, les Israéliens et les Américains, bénéficient du même droit. En revanche, tout ressortissant étranger à l'UE entrant en Espagne pour des raisons autres que touristiques (pour étudier ou travailler, par exemple) doit contacter un consulat espagnol pour savoir si un visa spécifique est nécessaire. Si vous n'appartenez à aucun des pays mentionnés ci-dessus, renseignez-vous auprès du consulat le plus proche de chez vous.

Le visa de tourisme classique délivré par les consulats espagnols est le visa Schengen, valable 90 jours maximum. Un tel visa délivré par le consulat d'un autre pays lié par les accords de Schengen sera généralement valable dans tout pays signataire. Toutefois, certains pays imposent des restrictions à telle ou telle nationalité. Renseignez-vous avant de partir.

Pour obtenir un visa, présentez-vous personnellement au consulat. Les demandes adressées par courrier ne sont pas traitées.

Prorogation de visas et résidence. Les visas Schengen ne sont pas prorogeables. Les ressortissants de l'UE, de Norvège et d'Islande peuvent en principe entrer en Espagne et en sortir à leur guise. S'ils souhaitent y demeurer plus de 90 jours, ils doivent faire une demande de carte de séjour (*tarjeta de residencia*) au cours du premier mois de séjour. La procédure est assez longue.

Les personnes d'une autre nationalité qui souhaitent séjourner plus de 90 jours doivent elles aussi obtenir une carte de résident. Pour elles, c'est un véritable parcours du combattant qui commence avec la demande de visa de résidence, à déposer au consulat espagnol du pays d'origine. Commencez les formalités bien à l'avance.

Assurance voyage

Même si les frais médicaux sont couverts par des accords bilatéraux (voir la rubrique *Santé* un peu plus loin), il vous faudra être assuré contre le vol, la perte de vos billets ou les modifications de dernière minute (annulations de billet, etc.). Vérifiez la couverture de votre police d'assurance locale et de votre carte de crédit. Il se peut que vous n'ayez pas besoin d'une autre assurance voyage. Toutefois, dans la plupart des cas, la couverture secondaire est limitée et contient de nombreuses exceptions stipulées en petits caractères. Pour partir l'esprit tranquille, rien ne vaut une bonne assurance voyage.

Permis de conduire

Les permis de conduire délivrés par les États de l'UE sont reconnus sur tout le territoire de l'UE. Si le vôtre provient d'un autre pays, il faut en principe demander un permis international à votre automobile club avant le départ. En pratique, le permis de conduire d'origine suffit généralement.

Reportez-vous à la rubrique *Voiture et moto* du chapitre *Comment s'y rendre* pour savoir quels documents et polices d'assurance sont nécessaires pour circuler en Espagne.

Cartes d'auberges de jeunesse

Une carte HI (Hostelling International) ou une carte d'auberge de jeunesse de votre pays en cours de validité est exigée dans presque toutes les auberges appartenant au réseau HI, y compris à Barcelone. Vous pouvez vous en procurer une dans la plupart des auberges HI d'Espagne ; elle sera valable jusqu'au 31 décembre de l'année d'achat. Vous la réglerez en payant 1,80 € par nuit passée dans une auberge, jusqu'à avoir acquitté 11 €. Les personnes résidant légalement en Espagne pour plus d'un an peuvent se procurer une carte espagnole d'auberges de jeunesse au prix de 6 €.

Cette carte est également délivrée par la Xarxa d'Albergs de Catalunya (☎ 93 483 83 63), située dans les bureaux du Turisme Juvenil de Calalunya, Carrer de Rocafort 116-122 (carte 4, métro Rocafort).

Cartes jeune, cartes d'étudiant et d'enseignant

C'est le moyen de bénéficier de réductions intéressantes sur les voyages, dans certains musées ou attractions touristiques et pour de multiples loisirs.

L'International Student Identity Card (ISIC), pour les étudiants à temps complet, et l'International Teacher Identity Card (ITIC), pour les enseignants à temps complet, sont délivrées par plus de 5 000 organismes à travers le monde. Parmi eux, figurent STA Travel, usit Campus, Council Travel et d'autres grandes agences de voyages pour étudiants. Pour en savoir plus, reportez-vous au chapitre *Comment s'y rendre*.

Toute personne âgée de moins de 26 ans peut obtenir une carte GO25 ou Euro<26, qui donne droit aux mêmes réductions que la carte ISIC et est en principe délivrée par les mêmes organismes. La carte Euro<26 est appelée Under 26 Card en Angleterre et au Pays de Galles, Carnet Joven Europeo en Espagne (et Carnet Jove en Catalunya). Pour plus de détails, contactez usit Campus (☎ 0870 240 1010), 52 Grosvenor Gardens, Londres SW1W0AG, ou consultez le site Web www.usitcampus.co.uk. En Espagne, la carte Euro<26 est délivrée par divers organismes de jeunesse comme le Turisme Juvenil de Catalunya, à Barcelone (voir ci-dessus le paragraphe *Cartes d'auberges de jeunesse).*

Photocopies

Avant de partir, prenez la précaution de photocopier tous vos documents importants : passeport, visa, cartes de crédit, assu-

rance de voyage, billets d'avion, de bus et de train, permis de conduire, etc. Confiez à un proche restant sur place un exemplaire de chaque document et emportez le double avec vous, séparé des originaux.

Il existe une autre façon d'enregistrer tous les détails de ces documents vitaux avant le départ : le coffre-fort de voyage en-ligne de Lonely Planet, une solution plus sûre que de glisser des photocopies dans votre sac. C'est la meilleure option si vous visitez un pays où l'accès à Internet est facile. Protégé par un mot de passe, votre coffre-fort reste accessible à tout moment. Vous pouvez le créer gratuitement sur www.ekno.lonelyplanet.com.

AMBASSADES ET CONSULATS

Il est important de savoir ce que votre ambassade (celle du pays dont vous êtes ressortissant) peut ou ne peut pas faire pour vous en cas de problème. En règle générale, elle ne vous sera d'aucun secours si vous avez commis une infraction.

N'oubliez pas que vous êtes soumis aux lois du pays que vous visitez. Votre ambassade ne vous témoignera aucune sympathie si vous vous retrouvez en prison à la suite d'un acte délictuel, même si celui-ci n'est pas jugé répréhensible dans votre pays d'origine.

En cas de réel problème, vous pourrez bénéficier d'une assistance, mais seulement une fois les autres recours épuisés. Si vous devez repartir d'urgence, n'espérez pas de billet retour gratuit : l'ambassade part du principe que vous êtes assuré. Les victimes de vol se retrouvent sans papiers ni argent bénéficieront peut-être d'une aide pour obtenir un nouveau passeport, mais non d'un prêt pour poursuivre leur voyage

Certaines ambassades conservaient autrefois du courrier pour des voyageurs, d'autres mettaient à disposition une petite salle de lecture avec des quotidiens du pays. Aujourd'hui, le service de poste restante n'est plus guère proposé et les journaux en libre lecture sont généralement périmés.

Ambassades et consulats d'Espagne

Voici une liste des ambassades espagnoles dans certains pays :

Andorre

(☎ 82 00 13) Carrer del Prat de la Creu 34, Andorra la Vella

Canada

(☎ 613-747 2252, spain@docuweb.ca), 74 Stanley Avenue, Ottawa, Ontario K1M 1P4 *Consulats* : Toronto (☎ 416-977 1661), Montréal (☎ 514-935 5235)

France

(☎ 01 44 43 18 00, ambespfr@mail.mae.es), 22, av. Marceau, 75008 Paris Cedex 08

Pays-Bas

(☎ 070-364 38 14, embespnl@mail.mae.es), Lange Voorhout 50, 2514 EG La Hague

Portugal

(☎ 21-347 2381, embesppt@mail.mae.es), Rua do Salitre 1, 1250 Lisbonne

Suisse

(☎ 031-352 04 12), Kalcheggwed 24, 3006 Berne

Consulats à Barcelone

La plupart des pays possèdent des représentations diplomatiques en Espagne, mais toutes les ambassades ont leur siège à Madrid, la capitale. A Barcelone, les consulats sont généralement ouverts du lundi au vendredi de 9h, ou 10h, à 13h, ou 14h. L'annuaire donne leurs coordonnées à la rubrique *Consulat/Consulado*.

Belgique

(carte 2 ; ☎ 93 467 70 80), Carrer de la Diputació 303

Canada

(carte 2 ; ☎ 93 215 07 04), Passeig de Gràcia 77

France

(carte 5 ; ☎ 93 270 30 00), Ronda de l'Universitat 22B 4rt

Suisse

(carte 3 ; ☎ 93 330 92 11), Gran Via de Carles III 94

Ambassades à Madrid

Voici les adresses de quelques ambassades (*embajadas* dans l'annuaire) à Madrid :

Canada

(☎ 91 431 45 56), Calle de Núñez de Balboa 35

France

(☎ 91 310 11 12), Calle del Marquès Ensenada 10

Portugal

(☎ 91 561 78 00), Calle del Pinar 1 *Consulat* : (☎ 91 577 35 38), Calle Lagasca 88

Tunisie

(☎ 91 447 35 16), Plaza de Alonso Martínez 3

DOUANE

Les personnes en provenance de pays ne faisant pas partie de l'Union européenne (UE) sont autorisées à importer, en duty free, une bouteille d'alcool, une bouteille de vin, 50 ml de parfum et 200 cigarettes.

Les autorisations de duty-free pour les voyages entre pays de l'UE ont été supprimées en 1999. Si vous voyagez d'un pays de l'UE à un autre avec des articles non-détaxés achetés dans des magasins normaux, vous êtes autorisé à transporter 90 litres de vin, 10 litres d'alcool, une quantité illimitée de parfum et 800 cigarettes.

QUESTIONS D'ARGENT

Le mieux est de disposer à la fois de chèques de voyage et d'une carte de crédit.

Monnaie nationale

L'euro est la monnaie officielle de l'Espagne depuis le 1er janvier 2002 et remplace totalement la peseta depuis le 1er mars. La nouvelle monnaie se compose de 7 billets de 5, 10, 20, 50, 100, 200 et 500 euros, de tailles et de couleurs différentes, et de 8 pièces de 1, 2, 5, 10, 20 et 50 cents, ainsi que de 1 et 2 euros.

Ce guide ayant été actualisé pendant la période de transition, il se peut que certains prix soient modifiés par le passage à l'euro.

Taux de change

pays	unité	euro
Canada	1 $CAN	0,71 €
Suisse	1 FS	0,68 €

Change

Vous pouvez changer des espèces ou des chèques de voyage dans presque toutes les

Police – qui fait quoi ?

Pour l'ensemble des voyageurs respectueux de la loi, les policiers espagnols représentent plus une aide qu'une menace. S'il arrive que des fouilles volantes soient effectuées dans le but de trouver de la drogue, elles sont néanmoins peu fréquentes.

Il existe trois principales catégories de policía : la Guardia Civil, la Policía Nacional, la Policía Local (appelée quelquefois Policía Municipal). Si vous avez besoin de contacter la police, n'importe laquelle fera l'affaire, bien que les agents de la Policía Local soient souvent les plus serviables. Où que vous soyez dans le pays, composez le ☎ 091 pour la Policía Nacional ou le ☎ 092 pour la Policía Local. En Andalousie, le ☎ 062 correspond souvent, mais pas toujours, à la Guardia Civil. D'autres numéros, ainsi que les adresses des commissariats principaux, sont indiqués dans les rubriques sur les villes.

Guardia Civil. Les gardes en uniforme vert ont pour principale responsabilité la surveillance des routes, des campagnes, des villages et des frontières internationales.

Policía Nacional. Elle est chargée de couvrir les villes, grandes ou petites. Une partie de ces policiers portent un uniforme bleu, tandis que le reste du contingent se charge de tâches administratives dans des comisarías ressemblant à des bunkers.

Policía Local ou Policía Municipal. Ces forces dépendent des conseils des villes et des agglomérations et s'occupent d'affaires mineures : le stationnement, la circulation et les arrêtés municipaux. Leur uniforme est bleu et blanc.

banques ou bureaux de change, dans les stations de bus, dans les gares et à l'aéroport. En règle générale, ce sont les banques qui proposent les meilleurs taux, avec une légère différence de l'une à l'autre. De nombreuses banques sont équipées de distributeurs automatiques de billets, appelés *caixers/cajeros* en catalan/espagnol.

Les banques foisonnent à Barcelone, notamment autour de la Plaça de Catalunya et sur La Rambla.

Les bureaux de change (nombreux sur La Rambla et dans le centre) sont en principe signalés par l'enseigne *canvi/cambio* (change). Généralement ouverts plus longtemps dans la journée, ils proposent un service plus rapide que les banques, mais pratiquent des taux de change moins intéressants. Ceux d'American Express sont meilleurs, mais vérifiez toujours dans plusieurs endroits.

Les chèques de voyage bénéficient souvent d'un taux de change un peu plus avantageux que les espèces, mais sont soumis à des commissions plus élevées.

Quel que soit l'endroit où vous changer de l'argent, renseignez-vous auparavant sur le montant de la commission et assurez-vous que les taux affichés correspondent bien à ceux pratiqués.

Les commissions varient selon les banques, elles peuvent être différentes pour les chèques de voyage et les espèces, comme elles peuvent dépendre du nombre de chèques ou du montant de la transaction. La commission moyenne est de 3%, avec un minimum moyen de 1,80 € à 3 €, mais qui peut atteindre 6 € ou 12 €. Les bureaux qui affichent "sans commission" proposent parfois un taux de change bas (là encore, American Express est une exception).

L'agence American Express (carte 2 ; ☎ 93 415 23 71 ou 93 217 00 70, fax 93 217 19 50), Passeig de Gràcia 101, dispose d'un distributeur automatique d'espèces pour les détenteurs de cartes American Express. Le bureau ouvre du lundi au vendredi de 9h30 à 18h, et le samedi de 10h à 12h. American Express dispose d'une seconde agence, La Rambla dels Caputxins 74 (carte 6), qui est ouverte de 9h à 24h tous les jours d'avril à septembre. Le reste de l'année, elle ouvre de 9h à 20h30 du lundi au vendredi et de 10h à 19h le samedi (sauf entre 14h et 15h).

Espèces. Évitez d'emporter des liasses de billets (il est plus sûr d'utiliser des chèques de voyage ou une carte de crédit). Les pickpockets ne manquent pas. Veillez néanmoins à conserver à part quelques espèces en cas de perte de vos chèques de voyage ou de votre carte de crédit.

Vous aurez bien sûr besoin d'espèces pour les transactions quotidiennes (de nombreuses petites pensions, restaurants et magasins n'acceptent ni les chèques de voyages ni les cartes de crédit).

Chèques de voyage. Grâce à ce système, votre argent est assuré en cas de perte ou de vol. La plupart des banques et bureaux de change vous donneront des espèces en échange. American Express et Thomas Cook sont largement répandus. Pour le remboursement des chèques de voyage American Express, vous pouvez appeler le ☎ 900-99 44 26 de n'importe où en Espagne.

Le fait que vos chèques soient libellés dans la monnaie du pays où vous les avez achetés n'a pas d'importance : les bureaux de change espagnols convertissent les monnaies les plus courantes. Il vaut mieux que la valeur de vos chèques soit relativement importante afin d'économiser les frais de commission par chèque.

Il est très important de conserver dans deux endroits distincts vos chèques, d'une part, et votre reçu initial d'achat ainsi que les numéros d'émission, d'autre part, et de noter le numéro de ceux que vous avez écoulés.

N'oubliez pas vos papiers d'identité lorsque vous allez changer des chèques de voyage.

Cartes de crédit et cartes de débit. Votre carte bancaire servira à de nombreux règlements (notes de restaurant ou d'hôtel, à partir d'une certaine somme, longs trajets de train…) comme pour le retrait d'espèces dans les distributeurs. Les cartes les plus courantes sont Visa, MasterCard, Eurocard, American Express, Cirrus, Plus, Diners Club et JCB.

Les cartes bancaires offrent aussi l'avantage de taux de change plus intéressants, même si l'on comptabilise les frais de transactions à l'étranger et les crédits de caisse (généralement 1,5%, mais parfois s'ajoutent des frais par retrait).

Un grand nombre de banques espagnoles, même dans les petites villes et les villages, disposent de distributeurs. Néanmoins, certains n'acceptent plus les cartes étrangères après minuit.

Avant de partir, renseignez-vous sur les modalités d'utilisation de votre carte à l'étranger, sur la procédure à suivre pour signaler la perte de votre carte et pour son remplacement, sur les limites de retraits/dépenses, et assurez-vous que votre code confidentiel personnel sera accepté.

C'est American Express qui assure de la façon la plus efficace le remplacement d'une carte égarée. Pour ce faire, appelez le ☎ 902 37 56 37 ou 91 572 03 03 (Madrid) à toute heure. Signalez toujours immédiatement la perte d'une carte, en composant l'un des numéros suivants : pour Visa, ☎ 900 97 44 45 ; pour MasterCard/Eurocard, ☎ 900 97 12 31 ; pour Diners Club, ☎ 91 547 40 00 (Madrid).

Virements internationaux. Pour recevoir de l'argent de l'étranger, quelqu'un doit vous l'envoyer par le biais d'une banque ou d'un service de virements comme Western Union ou MoneyGram (service de Thomas Cook) vers une banque locale ou le correspondant du service de virements.

Pour vous renseigner sur les services et les bureaux de Western Union, appelez le ☎ 900-63 36 33 ; l'appel est gratuit de n'importe où en Espagne. Pour MoneyGram, contactez le ☎ 900-20 10 10.

Les virements télégraphiques interbancaires coûtent en moyenne entre 18 et 24 € et prennent environ une semaine. Western Union et MoneyGram remettent en principe l'argent à son destinataire dans les 10 minutes qui suivent son envoi. L'expéditeur paie une commission proportionnelle au montant envoyé.

Il est également possible de se faire envoyer de l'argent par American Express.

Sécurité

Gardez sur vous un minimum d'argent. Si vous disposez d'un coffre-fort à l'endroit où vous logez, utilisez-le. Si vous devez laisser de l'argent dans votre chambre, divisez et répartissez vos valeurs dans des "cachettes" différentes.

Dans la rue, la pochette ou la ceinture-portefeuille dissimulées sous les vêtements sont idéales. Une banane attire l'attention.

Parmi les grandes métropoles d'Europe, Barcelone est classée numéro un au palmarès des vols de cartes bancaires (et l'auteur de ce guide sait de quoi il parle pour en avoir fait les frais !). Faites attention !

Coût de la vie

Barcelone est la seconde ville d'Espagne. La vie est chère selon les standards locaux, mais de façon générale, les touristes d'Europe du Nord trouvent les prix raisonnables. Le coût du logement, de la nourriture et des transports est moins élevé qu'au Royaume-Uni ou en France. Un voyageur particulièrement économe s'en sortira avec un budget de 24 € à 30 € par jour. À condition de descendre dans les hôtels les moins chers, de renoncer aux restaurants, musées ou bars, et de beaucoup marcher.

Pour un budget plus confortable, comptez 42 € par jour, avec 15 € pour le logement, 4,25 € pour le petit déjeuner (café, jus de fruit et une pâtisserie), de 6 à 8,50 € pour le déjeuner, 1,80 € de transport en commun (deux voyages en métro ou en bus), 6 € d'entrée de musée et 6 € pour un dîner simple. Il vous restera un peu d'argent pour un verre ou deux.

Avec 150 € par jour, vous pouvez séjourner dans les hôtels les plus luxueux, faire bombance aux meilleures tables de Barcelone et même louer une voiture pour une excursion de quelques jours à l'extérieur de la ville.

Comment faire des économies. Évitez les hautes saisons touristiques (Noël, Pâques, été), où la plupart des prix des chambres flambent. Une carte jeune ou une carte d'étudiant, ou encore un document prouvant que vous avez plus de 60 ans, vous permettent de bénéficier de réductions intéressantes sur des tarifs de voyage, sur les billets d'entrée de certains musées ou spectacles (reportez-vous à la rubrique *Cartes jeune, cartes d'étudiant et d'enseignant*, plus haut dans ce chapitre). Les musées et les attractions touristiques offrent parfois un accès gratuit.

Pourboires et marchandage

Dans les restaurants, les prix indiqués sur le menu sont censés inclure le service d'après la loi. Les pourboires sont donc une question d'appréciation personnelle. La plupart des clients laissent un peu de monnaie s'ils sont satisfaits : 5% de la note représentent une somme honnête. Il est courant de laisser quelques pièces dans les bars et les cafés. Les porteurs dans les hôtels sont généralement contents de recevoir 1 €.

Si vous séjournez longtemps dans un même lieu, vous pouvez demander une réduction.

Taxes et remboursement

La taxe sur la valeur ajoutée (TVA) se dit IVA ("i-ba", *impuesto sobre el valor añadido*). Pour les tarifs des hôtels et des restaurants, l'IVA de 7% est généralement comprise dans le prix affiché, mais pas toujours. L'IVA sur les biens de consommation s'élève à 16%. La location de voiture est grevée d'une taxe de 7 à 16%. Pour vérifier si le prix inclut l'IVA, posez la question : "*Está incluido el IVA ?*" ("L'IVA est-elle comprise ?").

Les visiteurs peuvent prétendre à un remboursement de l'IVA à 16% sur des achats de plus de 90 € effectués dans n'importe quel magasin, s'ils exportent les articles hors de l'UE dans les trois mois qui suivent. Demandez un formulaire de remboursement faisant apparaître le prix et l'IVA payés pour chaque article, de même que le nom du vendeur et celui de l'acheteur. Puis présentez ce document au guichet des douanes pour le remboursement de l'IVA lorsque vous quittez l'Espagne. Vous devrez présenter votre passeport et votre carte d'embarquement. L'officier y apposera un tampon et vous vous ferez rembourser dans une banque située dans le hall de départ. A l'aéroport de Barcelone, le guichet de remboursement se trouve dans la banque La Caixa, dans le Terminal B. Sinon, vous pouvez utiliser l'enveloppe qui vous est fournie pour vous faire rembourser par virement ou par chèque.

POSTE ET COMMUNICATIONS
Poste

En règle générale, on achète les timbres dans des *estancs/estancos* (échoppes signalées par l'enseigne "Tabacs/Tabacos" en lettres jaunes sur fond marron), ainsi que dans les *Correus i Telègrafs/Correos y Telégrafos* (bureaux de poste).

La poste principale (carte 6 ; ☎ 902-19 71 97), Plaça d'Antoni López, en face du Port Vell. Du lundi au samedi de 8h à 21h30, on trouve des timbres, un service de poste restante (guichets n°7 et 8) et différentes informations.

La poste dispose aussi d'un service public de fax, comme beaucoup de magasins et de bureaux en ville.

Autre grand bureau de poste pratique, celui de Carrer d'Aragó 282 (carte 2), au niveau du Passeig de Gràcia, accueille le public du lundi au vendredi de 8h30 à 20h30, et le samedi de 9h30 à 13h. Quant aux petits bureaux de quartier, ils ouvrent en général du lundi au vendredi de 8h à 14h uniquement.

Tarifs postaux. L'envoi d'une carte postale ou d'une lettre jusqu'à 20 g coûte 0,45 € à destination des autres pays européens, 0,70 € pour l'Amérique du Nord et 1,10 € pour l'Australie ou l'Asie. Le prix d'un aérogramme est de 0,50 €, quelle que soit la destination.

Comptez un supplément de 1 € pour un courrier international en *certificado* (recommandé). Le service *urgente* raccourcit le délai d'acheminement de deux à trois jours pour 1,40 € de plus à l'international. Comptez 1,45 € de plus pour envoyer un courrier urgente en certificado.

Le système de Postal Exprés, parfois appelé Express Mail Service (EMS), est plus rapide que le service urgente d'un ou deux jours, mais beaucoup plus cher. Il fait appel à des sociétés de livraison express

pour les envois internationaux. L'envoi d'un paquet de 1 kg maximum revient à 24,60 € à destination d'un pays de l'UE ou de la Norvège, et à 48 € à destination de l'Amérique du Nord.

Envoyer du courrier. Il est tout aussi sûr de poster votre courrier dans les boîtes aux lettres jaunes situées dans la rue (*bústies/buzones*) que dans les bureaux de poste. L'acheminement du courrier ordinaire pour l'Europe de l'Ouest prend au maximum une semaine. Pour l'Amérique du Nord, prévoyez un délai maximal de dix jours, et pour l'Australie et la Nouvelle-Zélande, jusqu'à deux semaines.

Recevoir du courrier. Comptez les mêmes délais pour la réception du courrier que pour l'envoi.

Le courrier en poste restante peut vous être adressé à la *lista de correos*. Il sera distribué à la poste principale, à moins qu'un autre bureau n'ait été spécifié. N'oubliez pas votre passeport lorsque vous allez retirer votre courrier.

Les détenteurs d'une carte ou de chèques de voyage American Express peuvent bénéficier du service de courrier gratuit à l'agence principale de Barcelone (voir la rubrique *Questions d'argent* ci-dessus).

Services de livraison express. La plupart des coursiers internationaux ont des représentants à Barcelone. United Parcel Service (UPS, ☎ 900-10 24 10), par exemple, dispose d'un bureau à l'angle d'Avinguda Diagonal et de Carrer de Fra Luis de Granada (carte 3). DHL (☎ 902-12 24 24) possède un bureau situé à l'Hospitalet de Llobregat.

Téléphone

Vous n'aurez aucun mal à passer vos appels nationaux ou internationaux des cabines téléphoniques bleues que l'on voit partout. Elles acceptent les pièces, les cartes téléphoniques (*tarjetas telefónicas*) vendues par la compagnie nationale du téléphone Telefónica et, dans certains cas, certaines cartes de crédit. Les tarjetas telefónicas ont

Trouver une adresse

Même si l'on a les bonnes coordonnées d'un lieu, il n'est pas toujours aisé de trouver l'adresse correspondante. Si votre pension se tient C/de Montcada 23, 3°D Int, juste à côté d'Av Marqués, il vous faudra déchiffrer les abréviations. A Barcelone, les choses se compliquent encore car certaines personnes vous donneront la version d'une adresse en catalan tandis que d'autres vous la donneront en castillan. Voici une liste des abréviations les plus courantes :

Av ou Avda	Avinguda/Avenida	Pl, Pza ou Pa	Plaça/Plaza
Bda	Baixada/Bajada	Pt ou Pte	Pont/Puente
C/	Carrer/Calle	Rbla	Rambla
Cí ou C°	Camí/Camino	Rda	Ronda
Ctra, Ca ou Ca	Carretera	s/n	*sense numeració/*
Cró/Cjón	Carreró/Callejón		*sin número* (sans
Gta	Glorieta (rond-point		numéro)
	important)	Tr ou Trav	Travessera
Pg ou P°	Passeig/Paseo	Trv	Travessia/Travesía
Ptge/Pje	Passatge/Pasaje	Urb	Urbanització/
Plc/Plz	Placeta/Plazuela		Urbanización

Les abréviations suivantes sont indiquées lorsqu'il y a plusieurs appartements, *hostales*, bureaux, etc., dans un immeuble. Elles sont souvent utilisées ensemble, par exemple 2°C ou 3°I Int :

Ent	Entresuelo (entresol)	Int	*interior* (un appartement
Pr	Principal (rez-de-chaussée)		ou un bureau situé dans
1°	1er étage		un bâtiment mais ne don-
2°	2e étage		nant sur aucune rue et
C	*centre/centro* (milieu)		ouvrant en général sur un
D	*dreta/derecha* (à droite)		patio intérieur ou une
Esq, I ou Izq	*esquerra/izquierda* (à		cage d'escalier ; le
	gauche)		contraire est Ext, *exterior*)

Si vous avez pour coordonnées Apartado de Correos 206 (abrégé en Apdo de Correos 206 ou même Apdo 206), ne vous fatiguez pas à sillonner les rues, il s'agit d'une boîte postale.
Les noms de rue sont eux aussi souvent abrégés. Carrer de Madrid (littéralement la rue de Madrid) est souvent inscrit tout simplement Carrer Madrid. Dans le langage parlé, le terme Carrer disparaît souvent. C'est ainsi que vous entendez souvent Comte d'Urgell pour Carrer del Comte d'Urgell.

une valeur de 6 ou 12 € (la plus onéreuse bénéficie, à titre de promotion, d'un supplément de crédit de 0,60 €). Comme les timbres postaux, vous pouvez vous les procurer dans les bureaux de poste et les *estancs/estancos*.

Cependant, en règle générale, passer un appel d'un bar ou d'un café, ou même de votre hôtel revient moins cher que d'une cabine publique.

Il existe des bureaux de téléphone et de fax à la gare Estació Sants (ouverts tous les jours sauf le dimanche de 8h30 à 21h30) et à la gare routière Estació del Nord.

Tarifs téléphoniques. Comme partout en Europe, le coût des appels téléphoniques baisse progressivement en Espagne. Vous pouvez passer trois types d'appel : metropolitana (local), provincial (vous appelez dans la province) et interprovincial (national). Les appels à partir d'une cabine publique coûtent 35% plus cher qu'à partir d'un téléphone privé.

La tarification d'un appel dépend de l'heure à laquelle vous le passez. Il existe trois plages horaires. Le tarif Punta, le plus cher, s'applique de 8h à 17h du lundi au vendredi et de 8h à 12h le samedi. Le tarif Normal s'applique de 17h à 22h du lundi au vendredi. Le reste du temps, les heures sont à tarif Reducida (réduit).

Un appel local de 3 minutes dans une cabine revient à 0,15 € environ. Comptez 0,40 € pour un autre endroit de la province et 0,65 € pour une autre province d'Espagne.

Deux appels s'appliquent aux appels internationaux : Normal et Reducida – ce dernier étant le même que pour les appels nationaux. Un appel de 3 minutes vers l'Europe au tarif normal et à partir d'une cabine téléphonique revient à environ 1,40 €. Pour l'Amérique du Nord, comptez 1,70 € par minute.

Les numéros espagnols commençant par ☎ 900 sont gratuits. Ceux commençant par ☎ 902 coûtent 0,45 € les 3 minutes. Pour joindre un correspondant sur son portable (numéros commençant par 6), il faut compter environ 1,40 € les 3 minutes.

Cartes téléphoniques à tarifs réduits. Certaines cartes téléphoniques vous permettent de bénéficier de réductions sur les appels internationaux passés à partir d'une cabine. Après avoir acheté la carte, vous appelez un numéro vert et suivez les instructions qu'on vous donne. Comparez les tarifs proposés, si possible, avant d'acheter une carte. Les centres téléphoniques offrant des tarifs bon marché se multiplient dans Barcelone, surtout dans les secteurs comptant une forte population immigrée, comme El Raval. Ces tarifs ne sont toutefois pas toujours intéressants. Le centre situé à l'angle de Carrer de la Riera Alta et de Carrer de la Lluna se révèle une bonne adresse (carte 6).

Appels nationaux. Il n'existe pas d'indicatifs de zone en Espagne. Il suffit de composer les neuf chiffres qui forment le

Téléphones mobiles

L'espagne utilise le sytème GSM 900/1 800, compatible avec le reste de l'Europe, mais pas avec l'Amérique du Nord, qui a opté pour le système GSM 1 900 (certains téléphones GSM 1 900/900 fonctionnent toutefois en Espagne). Si vous disposez d'un téléphone GSM, renseignez-vous auprès de votre fournisseur de service sur son utilisation en Espagne et faites attention aux appels acheminés par l'international (qui reviennent très cher pour des appels "locaux").

Il est possible de louer un téléphone en Espagne, mais le jeu n'en vaut pas la chandelle. Vous pouvez acheter un téléphone correct, fonctionnant avec des cartes, pour environ 60 €, avec un crédit téléphonique de 24 € (parfois plus) offert.

numéro complet. On trouve encore d'anciens panneaux sur lesquels les deux ou trois premiers chiffres sont indiqués comme indicatif de zone (le 93 par lequel commencent tous les numéros de Barcelone correspondait à un indicatif de zone jusqu'en 1998).

Composez le ☎ 1009 pour parler à un opérateur national, de même que pour un appel en PCV (*una llamada por cobro revertido*). Pour les renseignements, composez le ☎ 1003 ; l'appel coûte environ 0,35 € à partir d'une cabine.

Appels internationaux. L'indicatif pour les appels internationaux est le ☎ 00. Pour obtenir un correspondant à l'étranger, composez l'indicatif, puis, après la tonalité, l'indicatif du pays, l'indicatif de zone si nécessaire et enfin le numéro souhaité.

Les appels internationaux en PCV sont simples : composez le ☎ 900 suivi du code du pays désiré : Belgique (00 32), Canada (00 15), France (00 33), Suisse (00 41).

Les codes pour les autres pays sont parfois affichés dans les cabines. Vous tomberez directement sur un opérateur dans le pays appelé. Vous pouvez aussi utiliser des cartes à composition directe, comme la carte France Telecom (renseignements depuis la France auprès du numéro vert ☎ 0 800 10 20 40).

Si, pour une raison ou pour une autre, vous ne trouvez pas ci-dessus les informations que vous désirez, vous pouvez appeler le ☎ 1008 (pour les appels en Europe) ou le ☎ 1005 (pour le reste du monde).

Pour les renseignements internationaux, composez le ☎ 025.

Appeler Barcelone de l'étranger

Appeler Barcelone de l'étranger. Le code de l'Espagne est le ☎ 34. Composez ensuite votre numéro à neuf chiffres.

Fax

En général, les principaux bureaux de poste disposent d'un service de fax : l'envoi d'une page revient à environ 2,10 € en Espagne, 6,70 € en Europe, et de 12,60 à 15 € à destination des autres pays. Toutefois, vous trouverez souvent des tarifs moins élevés dans les magasins ou bureaux affichant "Fax Público".

E-mail et accès Internet

Avant votre départ, vous pouvez vous créer une adresse gratuite auprès d'un portail. Il vous suffira de vous connecter sur ce site, depuis un cybercafé par exemple, pour envoyer ou recevoir vos e-mails.

Cybercafés. Des dizaines d'endroits, allant des cafés aux magasins d'informatique, offrent un accès Internet à Barcelone (tous fermés le dimanche, semble-t-il). Voici quelques adresses :

easyEverything
Ronda de l'Universitat (carte 5). Le lieu propose 300 terminaux et des offres imbattables, comme 1,20 € les 6 heures en ligne si vous commencez entre 6h et 9h (pour cette somme, vous vous connecterez plutôt 45 minutes le reste du temps). Il est tenu par l'homme d'affaires grec qui a lancé la compagnie aérienne économique easyJet. Il ouvre 24h sur 24 et vous servira café et viennoiseries pour recharger vos batteries.

Conéctate
(carte 2 ; ☎ 93 467 04 43), Carrer de Pau Claris. Un endroit du même genre que le précédent, également ouvert 24h sur 24, où le tarif est de 1,20 € l'heure.

El Café de Internet (carte 2 ; ☎ 93 302 11 54, cafe@cafeinternet.es), Gran Via de les Corts Catalanes 656 (reportez-vous au chapitre *Où se restaurer* – L'Eixample). Vous vous connecterez au tarif de 3,60 € la demi-heure (4,80 € l'heure pour les étudiants).

Cybermundo
(carte 5 ; ☎ 93 317 71 42), Carrer Bergara 3. Il est ouvert de 9h à minuit tous les jours. Vous pairez 4,75 € l'heure, ou 2,40 € avant 16h.

Café Insòlit
(carte 5 ; ☎ 93 225 81 78 , bar.internet@insolit.es), situé dans le centre commercial du front de mer Maremàgnum. Il est ouvert jusqu'à 24h presque tous les soirs et jusqu'à 5h le vendredi et le samedi. Surfer une heure sur le Net revient à 6 €.

Café Interlight
(carte 2 ; ☎ 93 301 11 80), Carrer de Pau Claris 106. L'heure coûte 4,20 €, la demi-heure 2,40 €.

Pere Noguera Ciberclub Internet
(carte 5 ; ☎ 93 442 11 04), Carrer de Sant Pau 124.

Cyber Play
(carte 2 ; ☎ 93 454 02 31), Carrer de Mallorca 204.

Inet.Center
(carte 6 ; ☎ 93 268 73 55), Plaça de Ramon Berenguer el Gran 2. Il ouvre de 10h30 à 21h et possède une antenne Carre de Sardenya 306 (carte 2).

INTERNET

Si vous souhaitez obtenir des informations de dernière minute, connectez-vous au site de Lonely Planet : www.lonelyplanet.fr. Des rubriques complètent utilement votre information : mises à jour de certains guides entre deux éditions papier, catalogue des guides, courrier des voyageurs, actualités en bref et fiches pays. Profitez aussi des forums pour poser des questions ou partager vos expériences avec d'autres voyageurs. Vous pouvez consulter également le site de Lonely Planet en anglais (www.lonelyplanet.com).

De nombreux sites sont multilingues (catalan, castillan, anglais, français…). En voici quelques uns, susceptibles de vous intéresser :

All About Spain

Un site varié qui propose des informations sur tout, des fiestas aux hôtels, ainsi que les pages jaunes des tour opérateurs dans le monde qui organisent des voyages en Espagne.
www.red2000.com

Barcelona

Ce site Web est administré par l'Ajuntament et donne de nombreuses informations sur la ville.
www.bcn.es

Barcelona Hoy

Très complet et en espagnol uniquement, ce site est l'un des meilleur. Il fournit notamment des listings fouillés, des informations générales et des liens avec des pages jaunes ou blanches.
www.barcelonahoy.com

Barcelona On Line

C'est le plus pratique des sites Web sur Barcelone. Il réunit aussi bien des informations générales sur la Catalogne et sur l'Espagne que de nombreuses adresses de restaurants, bars, discothèques, magasins, informations touristiques, musées, climat. Vous trouverez accès aux sites Web des journaux et magazines espagnols et catalans, des informations concernant les transports, etc. Vous pouvez également vous connecter sur des groupes de discussion.
www.deinfo.es/barcelona-on-line

Generalitat de Catalunya

La Generalitat présente ici différentes pages de l'histoire et de la culture de la Catalunya.
www.gencat.es

Infobarn

Ce site officiel de Turisme de Barcelona réunit des informations sur les sites touristiques, les restaurants et autres attraits de Barcelone. L'actualité de la ville est suivie en détails. Vous pouvez contacter l'organisme par e-mail : central@infobarna.com.
www.barcelonaturisme.com

Internet Cafe Guide

Sur ce site, vous pouvez obtenir une liste des cafés Internet à Barcelone (et en Espagne). La mise à jour n'est pas très au point, mais c'est un début (voir la rubrique *Cybercafés* ci-dessus).
www.netcafeguide.com

RENFE

C'est le site de la compagnie nationale espagnole des chemins de fer. À consulter pour les horaires, les billets et les offres spéciales.
www.renfe.es

TMB

Tout ce que vous voulez savoir, et peut-être ne pas savoir, sur le système de transports en commun de Barcelone.
www.tmb.net

Turespaña

Le site officiel de l'Office de tourisme d'Espagne. Il offre beaucoup d'informations générales sur le pays et des liens intéressants.

Turisme Juvenil de Catalunya

Ce site vous permet d'obtenir des informations sur le Xarxa d'Albergs officiel de la Generalitat, qui regroupe la plupart des auberges de jeunesse HI de Barcelone et de Catalunya.
www.gencat.es/tujuca/hometuju.htm

Viapolis.Com

Choisissez une ville sur ce site espagnol (ici, Barcelone) et vous accéderez à de nombreux listings.
www.viapolis.com

LIBRAIRIES
Librairies spécialisées

En France
Librairie espagnole, 72, rue de Seine, 75006 Paris (☎ 01 43 54 56 26)
Ediciones Hispano-Americanas, 26, rue Monsieur-le-Prince, 75006 Paris
(☎ 01 43 26 03 79)

En Belgique
Punta y Coma, Rue Stevin 117, 1000 Bruxelles
(☎ 2-230 10 29)

En Suisse
Albatros, 5, rue Théodore-Lissignol, 1201 Genève (☎ 22-27 31 75 43)

Librairies de voyage

En France, vous trouverez également un vaste de choix de cartes et de documentation dans les librairies suivantes :

Ulysse, 26, rue Saint-Louis-en-l'Île, 75004 Paris, ☎ 01 43 25 17 35 (fonds de cartes exceptionnels)
L'Astrolabe, 46, rue de Provence, 75009 Paris, ☎ 01 42 85 42 95
Au vieux Campeur, 2, rue de Latran, 75005 Paris, ☎ 01 43 29 12 32
Itinéraires, 60, rue Saint-Honoré, 75001 Paris, ☎ 01 42 36 12 63, Minitel 3615 Itinéraires, http://www.itineraires.com
Planète Havas Librairie, 26, avenue de l'Opéra, 75001 Paris, ☎ 01 53 29 40 00
Voyageurs du monde, 55, rue Sainte-Anne, 75002 Paris, ☎ 01 42 86 17 38
Ariane, 20, rue du Capitaine A. Dreyfus, 35000 Rennes, ☎ 02 99 79 68 47
Géorama, 22, rue du Fossé des Tanneurs, 67000 Strasbourg, ☎ 03 88 75 01 95

Barcelone à lire

Vous trouverez ci-dessous une liste sélective de titres ayant trait à la Catalogne et à sa capitale, disponibles en français.

Histoire et société

André (Jean-Louis), Del Moral (Jean-Marie)
Barcelone : cité catalane (Chêne, 1996)

Caballero (Oscar), Ouvry-Vial (Brigitte)
Barcelone : baroque et moderne : l'exubérance catalane (Autrement, 1986)

Hughes (Robert)
Barcelone, la ville des merveilles : histoire et civilisation (Albin Michel, 1992)

Thomas (Hugh)
La Guerre d'Espagne : juillet 1936-mars 1939 (Laffont, coll. Bouquins, 1999)

Sanchez (Alejandro)
Barcelone 1888-1929 : modernistes, anarchistes, noucentistes ou la Création fiévreuse d'une nation catalane (Autrement, 1992)

Littérature

Écrivains catalans :

Goytisolo (Juan)
Juan sans terre (Points/Seuil, 1996)
Pièces d'identité (Gallimard, 1991)

March (Ausiàs)
Chants de mort (Corti, 1999). Une nouvelle traduction de l'œuvre du créateur de la poésie catalane
Chants d'amour et de mort (la Différence, 1994)

Martorell (Joanot)
Tirant le Blanc (Gallimard, 1997)

Mendoza (Eduardo)
Le Mystère de la crypte ensorcelée (Seuil, 1998)
La Vérité sur l'affaire Savolta (Seuil, 1998)
La Ville des prodiges (Seuil, 1988)

Mercé Roca (Maria)
La Casa Gran (Métailié, 1997)
Basse Saison (Métailié, 1995)

Moix (Ana María)
La Métamorphose de Walter (Actes sud, 1989)

Monzó (Quim)
L'Ampleur de la tragédie (J. Chambon, 1996)

Pla (Josep)
Le Cahier gris : un journal (J. Chambon, 1992)

Rodoreda (Mercè)
La Place du diamant (Gallimard, 1996)

Roig (Montserrat)
Le Chant de la jeunesse (Verdier, 1993)

Sales (Joan)
Gloire incertaine (Gallimard, 1962)

Sampedro (José Luis)
Octobre, octobre (Corti, 1998)
Le Sourire étrusque (Métailié, 1997)

Semprún (Jorge)
Le Grand Voyage (Gallimard, coll. Folio, 1972)

Vazquez Montalban (Manuel)
Sabotage olympique (10-18, 1999). Les aventures du célèbre privé barcelonais, Pepe Carvalho, sont disponibles, en poche, dans la collection 10-18

Écrivains étrangers :

Orwell (George)
Hommage à la Catalogne : 1936-1937 (Ivrea, 1982).

Tóibín (Colm)
Désormais notre exil (Flammarion, 1993)

Beaux livres

Bureau (Jérôme)
Le Grand Livre des J.O., Barcelone 92 (Calmann-Lévy, 1992)

Güell (Xavier)
Guide Gaudí : l'exaltation de Barcelone (F. Hazan, coll. Les Guides visuels, 1991).

Montaner (Josep Maria)
Barcelone (Taschen, 1997)

Cuisine

Vazquez Montalban (Manuel)
Les Recettes de Pepe Carvalho : essai gastronomique (Bourgois, 1996). Les recettes du détective catalan et gastronome.

Géothèque, 10, place du Pilori, 44000 Nantes, ☎ 02 40 47 40 68

Géothèque, 6, rue Michelet, 37000 Tours, ☎ 02 47 05 23 56

Hémisphères, 15, rue des Croisiers, BP 99, 14000 Caen, ☎ 02 31 86 67 26

L'Atlantide, 56, rue Saint-Dizier, 54000 Nancy, ☎ 03 83 37 52 36

Les Cinq Continents, 20, rue Jacques-Cœur, 34000 Montpellier, ☎ 04 67 66 46 70

Magellan, 3, rue d'Italie, 06000 Nice, ☎ 04 93 82 31 81

Ombres Blanches, 48, rue Gambetta, 31000 Toulouse, ☎ 05 34 45 53 38

Au Canada

Ulysse, 4176 rue Saint-Denis, Montréal (☎ 514-843 9882)

Tourisme Jeunesse, 4008, rue Saint-Denis, Montréal (☎ 514-844 0287)

Ulysse, 4, bd René Lévesque Est, Québec G1R2B1 (☎ 418-654 9779)

Librairie Pantoute, 1100, rue Saint-Jean Est, Québec (☎ 418-694 9748)

En Belgique

Peuples et Continents, rue Ravenstein 11, 1000 Bruxelles (☎ 2-511 27 75)

Anticyclone des Açores, rue des fossés aux loups 34B, 1000 Bruxelles (☎ 2-217 52 46)

En Suisse

Artou, rue de Rive, 1204 Genève (☎ 22 818 02 40)

Artou, 18, rue de la Madeleine, 1003 Lausanne (☎ 21 323 65 56)

JOURNAUX ET MAGAZINES

Presque tous les titres des quotidiens et magazines européens sont distribués dans les kiosques du centre, en particulier sur La Rambla. *Le Monde, The International Herald Tribune, The Times, The Economist, Der Spiegel…* sont présents.

Presse nationale espagnole

Les principaux quotidiens espagnols appartiennent à des mouvances politiques : *ABC* représente la droite conservatrice, *El País* le PSOE (Parti socialiste ouvrier espagnol) et *El Mundo* est un journal de gauche plus radical qui se vante de faire éclater les scandales politiques. *El País* se distingue par la qualité de sa couverture de l'information nationale et internationale.

Marca, entièrement consacré au sport, est l'un des quotidiens qui a le plus fort tirage.

Presse locale

El País comprend un supplément quotidien consacré à la Catalunya, mais Barcelone dispose également d'une presse locale active. *La Vanguardia* et *El Periódico* sont les deux principaux quotidiens locaux en castillan. Le second publie une version en catalan qui a été primée. Le quotidien catalan le plus nationaliste est *Avui*.

Publications utiles

La bible des distractions à Barcelone est le magazine hebdomadaire castillan *Guía del Ocio* (0,75 €), qui sort le jeudi et répertorie presque tous les événements musicaux, cinématographiques, artistiques… Vous le trouverez dans la plupart des kiosques. Mentionnons également *La Agenda de Barcelona* (1,35 €).

Business Barcelona (1,20 €), mensuel économique en anglais, comporte souvent d'excellents articles sur la vie commerciale de la ville. Il est en vente à la librairie Come In.

RADIO ET TÉLÉVISION
Radio

Le réseau national espagnol Radio Nacional de España (RNE) possède plusieurs stations : RNE 1 (738 AM, 88.3 FM à Barcelone) traite d'information générale et des questions d'actualité ; RNE 3 (98.7 FM) se consacre à la musique pop et rock ; RNE 5 (576 AM) est spécialisée dans le sport et les loisirs . Les stations de rock et de pop les plus écoutées sont 40 Principales (93.9 FM), Onda Cero (89.1 FM) et Cadena 100 (100 FM).

Si vous désirez écouter du catalan, réglez la fréquence sur Catalunya Ràdio (102.8 FM) ou Ràdio Espanya Catalunya (94.9 FM). Il existe également de nombreuses radios locales.

L'émission American InRadio est diffusée sur 107.6 FM les lundi, mardi, mercredi et vendredi de 21h à 22h.

Télévision

La télévision espagnole comprend sept chaînes : deux chaînes publiques, Televisión Española (TVE1 et La 2), trois chaînes privées (Antena 3, Tele 5 et Canal Plus), la chaîne régionale publique de Catalunya (TV-3) et une autre chaîne catalane, Canal 33. La plupart des habitants captent également la chaîne municipale, Barcelona TV.

Les journaux télévisés sont généralement satisfaisants et, au hasard des programmes, vous pouvez de temps en temps tomber sur un film ou un documentaire intéressant. Cependant, l'antenne est surtout occupée par des feuilletons (beaucoup provenant d'Amérique latine), des talk-shows et des émissions de variétés pas toujours du meilleur goût.

De nombreux foyers et les meilleurs hôtels reçoivent la télévision par satellite et ont accès à l'éventail habituel : CNN, Eurosport, etc.

Systèmes Vidéo
Les télévisions et la plupart des cassettes enregistrées en vente en Espagne utilisent le système PAL (phase alternating line) commun à certains pays d'Europe occidentale mais incompatible avec le système français SECAM ou le système NTSC utilisé en Amérique du Nord et au Japon.

PHOTO ET VIDÉO
Matériel
Vous trouverez aisément la plupart des grandes marques de pellicules. Le développement est rapide et généralement de bonne qualité. Une pellicule (36 poses, 100 ISO) coûte environ 3,60 € et peut être développée pour environ 7,50 € (plus si elle est développée le jour même), mais vous obtiendrez souvent de meilleurs tarifs si vous en faites développer deux ou trois en même temps. Pour un film diapositives (*diapositivas*), comptez environ 4,20 € et 4,80 € pour le développement.

Il existe de nombreux laboratoires en ville et presque tous proposent le développement en une heure, diapositives comprises. Panorama Foto dispose de sept magasins, dont un Passeig de Gràcia 2 (carte 5), qui vendent également des cassettes vidéo vierges.

Conseils techniques
Pour améliorer vos prises de vue, vous pouvez consulter les conseils pratiques de Richard I'Anson, photographe de renommée internationale, dans son ouvrage en anglais *Travel Photography : A Guide to Taking Better Pictures*, publié par Lonely Planet. Cette brochure en couleur est conçue pour vous accompagner partout.

Sécurité à l'aéroport
Appareil photo et pellicule seront probablement passés dans les machines à rayons X de l'aéroport. Ceci ne devrait pas endommager votre pellicule, mais vous pouvez demander une inspection manuelle si vous avez un doute. Autre solution : vous procurer dans un magasin spécialisé une pochette en plomb pour pellicules.

HEURE LOCALE
L'Espagne est à l'heure GMT plus une heure en hiver, et GMT plus deux heures pendant la période d'heure d'été (du dernier dimanche de mars au dernier dimanche d'octobre). C'est-à-dire que l'Espagne vit à la même heure que la France et la plupart des pays ouest-européens.

ÉLECTRICITÉ
Le courant électrique à Barcelone est de 220 V, 50 Hz, comme dans le reste de l'Europe continentale. Plusieurs pays hors Europe (comme les États-Unis et le Canada) utilisent du 60 Hz, par conséquent les appareils avec un moteur électrique (comme un lecteur de cassettes ou de CD) provenant de ces pays risquent de ne pas bien fonctionner. Il est préférable d'utiliser un adaptateur.

Les prises ont deux fiches arrondies, comme dans le reste de l'Europe continentale.

POIDS ET MESURES
On utilise le système métrique en Espagne.

BLANCHISSAGE/NETTOYAGE
Les laveries automatiques sont assez rares à Barcelone. Au Lavomatic, Carrer del Consolat de Mar 43-45 (carte 6), comptez 3,60 € pour laver 7 kg de linge et 0,65 € pour 5 minutes de séchage. Le Lavomatic

dispose d'un autre point service Plaça de Joaquim Xirau 1 (carte 6).

Au Wash'N Dry, à l'angle de Carrer de Torrent de l'Olla et Carrer Ros de Olano, dans Gràcia (carte 2), il vous en coûtera 4,20 € pour laver 8 kg de linge et 0,60 € pour 6 minutes de séchage. La laverie ouvre de 7h à 22h.

La Lavandería Tigre, Carrer d'En Rauric 20 (carte 6), dans le Barri Gòtic, vous rendra en quelques heures 3 kg de linge lavé, séché, plié moyennant 5,50 € (8,25 € pour 7 kg). La laverie est ouverte tous les jours sauf le dimanche de 8h à 18h30.

TOILETTES

Les toilettes publiques ne sont pas légion, mais on peut utiliser celles des bars et des cafés, même sans consommer. Mieux vaut prévoir du papier hygiénique, car celui-ci fait souvent défaut.

CONSIGNE

L'aéroport dispose d'une consigne, de même qu' Estació Sants, Estació de França et la principale gare routière. Reportez-vous aux chapitres *Comment s'y rendre* et *Comment circuler*.

SANTÉ

Vous ne devriez pas rencontrer de problèmes de santé particuliers en Espagne. Au pire, vous risquez des coups de soleil, une déshydratation ou des petits problèmes d'estomac si vous n'êtes pas habitué à l'huile d'olive.

En matière de santé, l'Espagne a signé des accords avec les autres pays de l'Union européenne. Les citoyens de ces pays doivent se procurer un formulaire E111 auprès de leur caisse d'assurance maladie. Si vous avez besoin de soins médicaux, vous devrez présenter ce formulaire et votre carte de sécurité sociale. Ceci n'est valable que pour les services médicaux publics espagnols.

Toutefois, il est prudent de souscrire une assurance voyage. Celles qui couvrent les cas de vol, de perte et d'annulation de voyage prennent généralement en charge les frais de soins médicaux privés.

Aucun vaccin n'est requis pour l'Espagne, à moins que vous n'arriviez d'une région à risques (cela concerne généralement la fièvre jaune et l'on peut alors vous demander un certificat de vaccination). Mais veillez à ce que vos vaccinations soient à jour, notamment contre le tétanos, la polio et la diphtérie.

La *farmàcia* la plus proche vous aidera à remédier aux petits soucis courants.

Services médicaux et urgences

Voici les coordonnées de deux hôpitaux disposant d'un service des urgences : l'Hospital Creu Roja (carte 1 ; ☎ 93 300 20 20), Carrer del Dos de Maig 301, et l'Hospital de la Santa Creu i de Sant Pau (carte 1 ; ☎ 93 291 90 00), Carrer de Sant Antoni Maria Claret 167.

Pour les ambulances, appelez le ☎ 061, le ☎ 93 329 97 01 ou le ☎ 93 300 20 20 ; pour les urgences dentaires, le ☎ 93 277 47 47.

Il existe plusieurs pharmacies ouvertes 24h/24 : La Rambla 98 (carte 6), Carrer d'Aribau 62 (carte 4), Passeig de Gràcia 26 (carte 2). Une quatrième, la Farmàcia Saltó, Avinguda de Madrid 222, est éloignée du centre. Pour connaître la pharmacie de garde, composez le ☎ 010. Dans certaines officines ouvertes tard, il faut frapper à un volet pour être servi ; en dehors des heures d'ouverture normales, elles ne traitent que les cas urgents.

Sida

Malgré une baisse des cas de sida et de VIH (idem en castillan) ces dernières années, cette maladie demeure un problème de taille en Espagne. Barcelone n'est pas une exception.

L'Hospital del Mar (carte 5 ; ☎ 93 221 10 10) dispose d'un service de dépistage du sida. Il sera probablement demandé à la plupart des visiteurs étrangers désirant faire un test de se rendre dans une clinique privée (dans ce cas, il se peut que le test ne soit pas couvert par l'assurance).

Si vous souhaitez des informations sur le sida, vous pouvez appeler le service mis en place par la Generalitat au ☎ 93 339 87 56. Il fonctionne du lundi au vendredi de 9h à 17h30.

VOYAGER SEULE

Avec l'afflux de touristes à Barcelone, l'attirance des jeunes Espagnols pour les femmes étrangères s'est émoussée. Aussi, en règle générale, il n'y a pas plus de harcèlement ici que dans d'autres métropoles européennes.

Depuis la mort de Franco, les femmes ont fait une entrée massive sur le marché du travail. Toutefois l'égalité des salaires est loin d'être généralisé. A la maison, les taches ménagères demeurent, même chez les jeunes générations, du ressort des femmes, de même que l'éducation des enfants.

Organismes

L'Institut Català de la Dona (carte 6 ; ☎ 93 495 16 00), Carrer de Portaferrissa 1-3 peut conseiller et orienter sur des questions aussi bien ordinaires (mariage, divorce, problèmes de couple) que difficiles (viol, coups et blessures). Il dispose également de toutes les informations sur les activités sociales, les clubs de femmes, etc.

Ca la Dona (carte 2 ; ☎ 93 412 71 61), Carrer de Casp 38, est le centre névralgique du mouvement féministe de Barcelone. Il compte environ vingt-cinq groupes de femmes et existe depuis 1988.

Le Centre Municipal d'Informació i Recursos per a les Dones (carte 1 ; ☎ 93 291 84 92), Carrer de la Llacuna 161, est un service public d'information. Il publie notamment le *Guia de Grups i Entitats de Dones de Barcelona*, guide très complet sur tous les organismes s'intéressant à la question des femmes dans la ville.

La Comisión de Investigación de Malos Tratos a Mujeres (Commission d'investigation sur les mauvais traitements infligés aux femmes) dispose d'un numéro d'urgence national 24h/24 pour les victimes de violences physiques : ☎ 900-10 00 09.

COMMUNAUTÉ HOMOSEXUELLE

Durant la période franquiste, l'homosexualité était durement réprimée. Aujourd'hui les rapports homosexuels sont légaux en Espagne, et l'âge de consentement est fixé à seize ans (comme pour les hétérosexuels). La Catalunya est allée un peu plus loin en octobre 1998 en introduisant une loi reconnaissant *de facto* les couples gais ou lesbiens. Une loi similaire au niveau national est bloquée aux Cortes par le Partido Popular (PP), conservateur, et il est peu probable que les choses changent tant que ce parti restera au pouvoir. Le droit catalan n'approuve pas le mariage de ces couples et ne leur accorde pas la possibilité d'adopter des enfants.

Le magazine gay *Entiendes* coûte 3 €. Diffusé dans les librairies spécialisées, *Mensual* (3 €) est un mensuel pour hommes qui recense bars, hôtels, saunas et autres lieux homosexuels à travers tout le pays. *Nosotras* est un bi-mensuel destiné aux lesbiennes.

Il existe quelques sites homosexuels espagnols sur Internet. L'association barcelonaise Coordinadora Gai-Lesbiana en édite un de bonne qualité qui couvre l'ensemble du pays : www.pangea.org/org/cgl. Vous trouverez dans les pages "contacts" des listes de bars, de saunas et d'hôtels. Outre les renseignements sur Barcelone, le site vous guide à travers toute la Catalunya et propose des liens concernant d'autres parties du pays. Autre source d'informations, le site Gay in Spain (www.gayinspain.com) est à consulter.

Organismes

Casal Lambda (carte 6 ; ☎ 93 412 72 72), Carrer Ample 5, dans le Barri Gòtic, est un centre homosexuel social, culturel et d'information. Coordinadora Gai-Lesbiana (carte 1 ; ☎ 93 298 00 29, fax 93 298 06 18, cogailes@pangea.org), Carrer de Finlàndia 45, est le principal organisme coordinateur des groupes d'homosexuels et lesbiens de la ville. Certains groupes de lesbiennes, comme le Grup de Lesbianes Feministes se trouvent à Ca la Dona (voir la rubrique *Voyager seule* ci-dessus). Il existe un numéro gratuit d'aide aux homosexuels (qui est également celui de Stop Sida, la ligne d'assistance sida) : ☎ 900-60 16 01.

Le sex-shop homosexuel Sextienda, situé Carrer d'En Rauric 11 (carte 6), dans le Barri Gòtic, distribue une carte répertoriant les bars, les discothèques et les restaurants gais et lesbiens de Barcelone.

VOYAGEURS HANDICAPÉS

Comme beaucoup de villes, Barcelone ne se prête guère aux visites en fauteuil roulant. Certains musées et bureaux sont équipés pour accueillir les personnes handicapées, mais bien des bâtiments, plus anciens, ne disposent même pas d'un ascenseur. Ainsi, accéder aux *hostales* et autres hauts lieux du tourisme relève parfois de l'exploit. Certains transports publics, comme la ligne 2 du métro, quelques lignes de bus et taxis, répondent néanmoins aux besoins des handicapés. Pour plus d'informations à ce sujet, contactez le ☎ 93 486 07 52.

En France, le CNRH (Comité national pour la réadaptation des handicapés, 236 bis, rue de Tolbiac, 75013 Paris, tél. 01 53 80 66 66, cnrh@worldnet.net) peut vous fournir d'utiles informations sur les voyages accessibles. L'APF (Association des paralysés de France, 17, bd Blanqui, 75013 Paris, tél. 01 40 78 69 00, fax 01 45 89 40 56, www.aps-asso.com) est également une bonne source d'information.

VOYAGEURS SENIORS

Les personnes de plus de 60, 63 ou 65 ans bénéficient (selon les endroits) de réductions sur l'entrée de certains sites et parfois sur les transports, sur présentation d'une pièce d'identité. Pensez à demander. Renseignez-vous également avant le départ auprès d'associations ou d'agences de voyages, sur les forfaits et réductions proposés aux voyageurs seniors.

BARCELONE POUR LES ENFANTS

Le fait d'emmener vos enfants avec vous dans des restaurants, hôtels, cafés et autres ne pose généralement pas de problème, même si peu d'habitants sont enclins à sortir au restaurant avec leurs *peques* (petits). Les Catalans ont moins de scrupules que les habitants des pays plus septentrionaux à garder leurs enfants avec eux jusque tard dans la nuit. En été notamment, vous les verrez dans les *festes* locales jusqu'à des heures tardives. Le fait d'emmener des enfants dans des cafés avec terrasse (de préférence dans une zone piétonne) n'est absolument pas un problème.

Que faire avec des enfants

Certains musées semblent avoir été pensés autant pour les enfants que pour les adultes. Le Museu Marítim et le Museu d'Història de Catalunya entrent dans cette catégorie, le premier avec son voyage audiovisuel à travers le temps et le second avec ses différentes animations.

Parmi les activités préférées des enfants figurent le Parc d'Atraccions sur la route de Tibidabo, le zoo, une virée en bateau sur le petit lac artificiel, le *funicular aereo* (funiculaire) entre Montjuïc et La Barceloneta ou encore une promenade dans le port sur l'un des bateaux Golondrina.

Les tunnels sous-marins de L'Aquàrium, le plus grand "zoo" de poissons d'Europe, les laisseront pantois. Et pourquoi ne pas tenter le cinéma Imax à côté ?

En fin d'après-midi, le Teatre Tantarantana propose parfois des spectacles pour enfants.

Avant de partir

En matière de santé, il n'existe aucune précaution particulière à prendre, même si les enfants sont souvent plus affectés que les adultes par la chaleur inhabituelle, les changements de régime alimentaire et de rythme de sommeil, et par le simple fait d'être dans un endroit étranger. Les couches, les crèmes, les lotions, la nourriture pour bébé, etc., se trouvent facilement à Barcelone, mais si vous ne jurez que par une marque précise, mieux vaut l'emporter avec vous.

Le guide *Travel with Children*, publié par Lonely Planet, en anglais seulement, regorge de conseils pratiques, d'anecdotes et d'expériences.

ORGANISMES A CONNAÎTRE

L'Instituto Cervantes (☎ 01 40 70 92 92, 7 rue Quentin-Bauchart, 75008 Paris) qui possède des bureaux dans plus de trente villes au monde, a pour but de promouvoir la langue espagnole ainsi que la culture de l'Espagne et des autres pays hispanophones. Il s'occupe principalement de l'enseignement de l'espagnol ainsi que des services d'information et de documentation.

UNIVERSITÉS

Barcelone compte cinq universités réparties dans la ville. L'enseignement se fait principalement en catalan, aussi les personnes parlant le castillan risquent de rencontrer des difficultés au début. Les étudiants européens à Barcelone sont en majorité présents pour une année, dans le cadre du programme Erasmus. Ils effectuent cette année scolaire au cours de leurs études de premier cycle. Pour les programmes Erasmus et Socrates, renseignez-vous dans votre pays pour de plus amples informations.

La plus ancienne et la plus grande des universités est l'Universitat de Barcelona (☎ 93 402 11 00), qui dispose de deux campus situés Gran Via de les Corts Catalanes 585 (carte 4) et Zona Universitària (carte 1).

Voici la liste des autres établissements :

Universitat politècnica de Catalunya
(carte 1 ; ☎ 93 401 62 00), Avinguda del Doctor Marañón 42 (métro Zona Universitària). Comme son nom l'indique, il s'agit d'une université spécialisée dans les sciences et techniques.

Universitat Pompeu Fabra
(carte 6 ; ☎ 93 542 22 28), Plaça de la Mercè 10-12. Située dans la vieille ville, cette université se consacre aux sciences sociales. Ses locaux sont disséminés dans le centre, notamment près de La Rambla, Plaça de Joaquim Xirau (carte 6).

Universitat Autònomica de Barcelona
(☎ 93 581 10 00), Bellaterra. Cet établissement se trouve à l'extérieur de la ville, près de Sabadell, et n'est pas très fréquenté par les étudiants étrangers.

Universitat Ramon Llull
(☎ 93 253 04 50), Carrer de Sant Joan de la Salle 8. Cet établissement privé est réservé aux étudiants ayant un portefeuille bien garni. Les locaux de la faculté sont répartis dans la ville.

Les étudiants étrangers peuvent obtenir une foule de renseignements sur le logement, les cours de langue, la façon d'acquérir une expérience professionnelle dans des entreprises locales, les activités cultu-

relles, etc., auprès du Punt d'Informació Juvenil (carte 4 ; ☎ 93 483 83 84), Carrer de Calàbria 147.

Centres culturels

British Council
(carte 3 ; ☎ 93 241 99 77), Carrer d'Amigó 83 (station FGC Muntaner). Cours d'anglais, documentation, cycles cinéma et autres manifestations.

Institute for North American Studies
(carte 3 ; ☎ 93 200 24 67), Via Augusta 123 (station FGC Muntaner). Vous trouverez également dans cet établissement du matériel de documentation.

Institut français de Barcelone
(carte 2 ; ☎ 93 209 59 11), Carrer de Moià 8 (métro Diagonal). Il projette des films, organise des concerts et des expositions.

Goethe Institut
(carte 4 ; ☎ 93 292 60 06), Carrer de Manso 24-28. Outre les cours d'allemand et un service de documentation, l'institut organise des conférences, des expositions, des cycles cinéma et autres manifestations culturelles.

Istituto Italiano di Cultura
(carte 2 ; ☎ 93 487 53 06), Passatge de Méndez Vigo 5 (métro Passeig de Gràcia). L'objectif principal de l'institut est d'enseigner l'italien. Il dispose également d'une bibliothèque et organise des conférences et des cycles cinéma.

DÉSAGRÉMENTS ET DANGERS

Barcelone est une ville plutôt sûre, en dépit d'un nombre très élevé de petits délits (notamment de vols).

Avant de partir

Vous pouvez prendre quelques précautions avant même d'arriver à Barcelone. Inscrivez vos nom, adresse et numéro de téléphone à l'intérieur de vos bagages et faites des photocopies de votre passeport, de vos billets d'avion et des autres documents importants dont vous avez besoin. Conservez ces copies dans un endroit distinct des originaux. L'idéal serait d'en laisser également une copie dans votre pays. Ces mesures faciliteront vos démarches en cas de perte ou de vol. Il est également préférable de souscrire une assurance voyage contre le vol et la perte.

Prévention

Mieux vaut prévenir que guérir ! N'emportez pas plus d'argent liquide sur vous que vous ne comptez en dépenser dans la journée ou dans la soirée. Les ceintures ou les pochettes dissimulées sont une bonne solution. Les bananes désignent les touristes comme tels et sont presque une tentation pour les voleurs.

Pertes et vols

Méfiez-vous des pickpockets et des voleurs à l'arraché dans la plupart des endroits touristiques de la ville, notamment sur La Rambla et dans la Ciutat Vella. Le Barri Xinès, la partie basse de La Rambla et la zone autour de Plaça Reial, bien qu'ils aient été assainis ces dernières années, demeurent des endroits à risques.

Les pickpockets s'en donnent à cœur joie dans les lieux très fréquentés comme le parvis de la cathédrale. Les commerçants du quartier viennent d'ailleurs de réclamer une présence policière accrue.

En règle générale, évitez les rues sombres et désertes. Elles peuvent ne présenter aucun danger, mais qui sait ? Heureusement, les quartiers les plus vivants de Barcelone sont généralement très fréquentés la nuit. Restez vigilant dans le métro.

En été, la plage est l'endroit idéal pour les voleurs (surtout à La Barceloneta). Gardez toujours vos affaires à portée de main et de vue. Le fléau des vols prend une telle ampleur que la police locale mène une action spéciale antivols sur la plage chaque été.

Ne laissez aucun objet en évidence dans votre voiture, et mieux encore, n'y laissez rien du tout. Les voitures étrangères et de location sont particulièrement visées. Dans les hôtels et les auberges de jeunesse, utilisez le coffre-fort s'il y en a un. Essayez de ne pas laisser des objets de valeur dans votre chambre. Si vous ne pouvez faire autrement, cachez-les dans vos bagages.

En cas de perte ou de vol, vous devez le signaler à la police et obtenir un document écrit si vous avez l'intention de faire marcher l'assurance. Si votre carte d'identité ou votre passeport disparaît, consultez également votre consulat le plus proche, dès que possible, afin de le faire remplacer.

Objets trouvés

Le numéro de téléphone du principal bureau d'objets trouvés de Barcelone est le ☎ 93 402 31 61. Si vous oubliez un objet dans un taxi, appelez le ☎ 93 223 40 12. Si c'est dans le métro que vous avez perdu quelque chose, essayez le Centre d'Atenció al Client (☎ 93 318 70 74), à la station Universitat (carte 4). Cet organisme fait office de bureau des objets trouvés du métro. Si vous égarez quelque chose à l'aéroport, c'est le ☎ 93 298 33 49 qu'il faut contacter.

URGENCES

Dans toute l'Union européenne, le téléphone d'urgence est le ☎ 112. Il vous permet de joindre tous les services de secours et certains opérateurs parlent plusieurs langues.

Barcelone compte plusieurs polices différentes. La Guàrdia Urbana (police municipale, ☎ 092) est installée La Rambla 43, en face de la Plaça Reial (carte 6). Si vous devez déposer plainte pour vol ou perte de passeport ou autre, rendez-vous au comisaría of the Policía Nacional (☎ 091), Carrer Nou de la Rambla 80 (carte 5).

Le Mossos de Esquadra (☎ 93 300 91 91) est une police catalane qui remplace la Guàrdia Civil (☎ 062) espagnole dans certaines tâches (comme les patrouilles sur les routes). Cette dernière est quant à elle une force de type militaire qui assure différentes missions allant de la sécurité aux patrouilles sur routes.

L'Asistencia al Turista (☎ 93 482 05 26) porte assistance aux visiteurs en cas de problème. Si vous avez été victime d'une agression, n'hésitez pas à contacter également le Servei d'Atenció a la Víctima (carte 1 ; ☎ 900 12 18 84), Carrer de Roger de Flor 62-68.

Pour appeler les pompiers, composez le ☎ 080.

PROBLÈMES JURIDIQUES

En cas d'arrestation, on vous octroiera les services gratuits d'un avocat commis d'office (*abogado de oficio*), mais il se peut qu'il ne parle que catalan et/ou espagnol. Vous êtes également autorisé à passer un appel téléphonique. Si vous appelez votre ambassade ou le consulat, il est probable que la seule chose qu'ils puissent faire est de vous indiquer les coordonnées d'un avocat qui parle votre langue. En cas de procès, les autorités sont tenues de vous fournir un interprète.

Drogues

Les lois en matière de drogue en Espagne ont été renforcées en 1992. La seule drogue légale est le cannabis, et ce uniquement pour un usage personnel, ce qui signifie en très petite quantité. La consommation de toute drogue dans les lieux publics est interdite, toutefois il se peut que vous trouviez dans un bar des personnes qui fument un joint ouvertement. En bref, la discrétion s'impose. Il existe un seuil de tolérance raisonnable pour les personnes qui fument

RENSEIGNEMENTS PRATIQUES

Les mille et une façons de perdre son portefeuille

Le récit des déboires de voyageurs malchanceux qui se sont fait détrousser à Barcelone frappent par le degré d'imagination des voleurs et autres filous. Si cela peut vous consoler, sachez que l'auteur de ces lignes a été lui aussi victime de cette ingéniosité !

Imaginez. Vous déambulez tranquillement sur un trottoir lorsque tout à coup, vous sentez quelque chose comme une fiente d'oiseau atterrir sur votre épaule. Un individu plein de sollicitude, surgi d'on ne sait où un mouchoir à la main, se précipite pour vous aider à faire disparaître la tache. Puis il disparaît à son tour, tout comme – vous allez le constater quelques instants plus tard –, le contenu de vos poches... Quant à la fiente en question, il s'agissait d'un mélange de chocolat et de lait.

Autre stratagème amusant : un malfaiteur se penche juste devant vous (par exemple, sur un escalator, pour ramasser un objet qu'il vient de faire tomber). Distrait par son mouvement, vous le suivez des yeux ; l'instant d'après, hop, plus de portefeuille. Les variantes sur ce thème sont innombrables. Le "touriste" qui vous demande son chemin en est une parmi tant d'autres.

Les pickpockets sévissent dans la rue, dans le métro, aux arrêts de bus... et jusque dans les boîtes de nuit. Ne portez pas de ceinture à billets de banque ou autre dispositif similaire dans ces lieux (à moins qu'ils soient parfaitement dissimulés). Un petit coup de ciseaux suffit...

Malheureusement, des incidents dont les auteurs sont moins inventifs se produisent aussi. Un lecteur a ainsi été agressé par derrière et immobilisé, tandis que l'on déchirait les poches de son pantalon pour les vider. Ce lecteur se promenait seul, à la nuit tombée, dans les rues du Barri Xinès – ce qui n'était pas une très bonne idée.

Dans le même quartier et tard dans la nuit, vous risquez aussi de croiser des demoiselles aux cheveux décolorés et à l'attitude provocante (parfois dotées de voix excessivement graves). Si vous êtes un homme et que ce n'est pas votre jour de chance, l'une de ces créatures pourrait bien poser tout à coup une main vicieuse sur vos parties génitales et vous suggérer avec un sourire édenté d'aller batifoler dans quelque impasse mal éclairée. Et tandis que vous cherchez à vous tirer de cette situation embarrassante avec toute la délicatesse dont vous êtes capable, vous pouvez être pratiquement certain que l'on vous allège de vos biens.

Enfin, si quelqu'un demande à voir votre passeport, ne vous exécutez pas à la hâte. Les seules personnes habilitées à vous demander de le produire sont les hôteliers et la police.

En conclusion, ne paniquez pas, mais restez toujours sur vos gardes !

chez elles, mais il serait imprudent de le faire dans une chambre d'hôtel ou une chambre d'hôtes, et même risqué dans les endroits publics les plus décontractés.

HEURES D'OUVERTURE

La majorité des Barcelonais travaillent du lundi au vendredi de 9h à 14h et de 16h30 ou 17h à 19h30 ou 20h. Les magasins et les agences de voyages sont également ouverts à ces mêmes heures le samedi, bien que certains soient fermés en basse saison. Les grands supermarchés et les grands magasins tels que El Corte Inglés restent ouverts toute la journée, de 9h à 21h en moyenne. Quelques magasins accueillent les clients le dimanche. De nombreuses administrations sont fermées l'après-midi.

Reportez-vous au début de ce chapitre pour les heures d'ouverture des banques et des postes.

JOURS FÉRIÉS ET MANIFESTATIONS ANNUELLES
Périodes de vacances

Les Barcelonais quittent leur ville pour la Setmana Santa (la semaine sainte qui précède Pâques) et, de façon plus massive, au mois d'août. À Pâques, le nombre de touristes compense celui des Barcelonais partis en vacances (les logements sont d'ailleurs au prix fort). En août, Barcelone prend des allures de ville fantôme, quoique les Barcelonais aient maintenant tendance à étaler leurs départs sur juillet et août par tranches de deux semaines.

Les administrations, les banques et de nombreux magasins ferment leurs portes les jours fériés, contrairement aux restaurants, bars et autres, qui restent ouverts, comme la plupart des musées et des sites.

Jours fériés

Barcelone suit le calendrier officiel de l'Espagne : il existe en tout 14 jours fériés officiels par an, certains observés au niveau national, d'autres au niveau local. Lorsqu'un jour férié tombe un peu avant un week-end, les gens aiment faire même le *puente* (pont). Et lorsque plusieurs jours fériés sont proches, ils font l'*acueducto* (l'aqueduc) !

Les sept jours fériés nationaux sont les suivants :

Any Nou/Año Nuevo (Nouvel an)
1er janvier - De nombreuses soirées sont organisées dans les discothèques et les clubs pour la Saint-Sylvestre (Cap d'Any/Noche Vieja). Attendez-vous à payer plus cher qu'en temps ordinaire. Lorsque sonnent les douze coups de minuit, vous êtes censé manger un grain de raisin à chaque coup.

Divendres Sant/Viernes Santo (Vendredi Saint)
Mars/avril – On ne célèbre habituellement pas la Setmana Santa avec la même ferveur que dans le sud de l'Espagne, mais vous en aurez un aperçu le Vendredi saint avec la procession qui part de l'Església de Sant Agustí, dans El Raval, au début de l'après-midi.

En groupes solennels, les membres des différentes fraternités religieuses (*cofradías*) accompagnent l'immense image de la Vierge placée au cœur de la procession (qui remonte ensuite La Rambla et se déploie Plaça de Catalunya). Ils sont vêtus de robes de cérémonie et coiffés de *capilotes* (cagoules au sommet conique).

Le plus frappant, ce sont ces femmes pénitentes, pieds nus et habillées de noir, qui traînent de lourdes croix sur leur dos et des chaînes aux chevilles.

Dia del Treball/Fiesta del Trabajo (fête du Travail)
1er mai – Dans cet ancien bastion anarchiste où aujourd'hui les socialistes gagnent systématiquement les élections municipales, la fête du Travail était autrefois célébrée par de grands défilés. Ce n'est plus qu'un souvenir de nos jours. Il est probable que vous remarquerez à peine qu'il s'agit d'un jour férié, mis à part le fait que tous les bureaux, banques et magasins sont fermés.

L'Assumpció/La Asunción (Assomption)
15 août.

Festa de la Hispanitat/Día de la Hispanidad (fête nationale)
12 octobre – Les Espagnols apprécient ce jour de congé, mais aucune célébration particulière ne marque cette occasion.

La Immaculada Concepció/La Inmaculada Concepción (l'Immaculée Conception)
8 décembre.

Nadal/Navidad (Noël)

25 décembre – C'est une fête qui rassemble les familles autour de bons repas le midi ou la veille, lors du réveillon (*nit de Nadal/nochebuena*).

Le plus étonnant à propos de Noël est la scène de la Nativité que les familles reproduisent traditionnellement chez elles (il y en a une géante Plaça de Sant Jaume également). Les crèches sont bien sûr courantes dans le monde méditerranéen, mais ce qui singularise les crèches catalanes, c'est la présence, aux côtés de l'Enfant Jésus, de Marie, de Joseph et des Rois mages, d'un bonhomme déculotté fort occupé. Les Catalans s'approprient fièrement ce *caganer* (déféqueur), mais s'il s'agit effectivement d'une invention catalane, ce personnage est assez répandu (on en trouve jusque dans les crèches familiales des Canaries).

Outre ces jours fériés nationaux, la Generalitat et l'Ajuntament en accordent d'autres au cours de l'année :

Epifania (Épiphanie) ou El Dia dels Reis/Día de los Reyes Magos (fête des Rois mages)

6 janvier – Date à laquelle les enfants reçoivent traditionnellement leurs cadeaux (ils reçoivent généralement très peu de choses à Noël, voire rien).

Dilluns de Pasqua Florida (lundi de Pâques)

Avril.

Dilluns de Pasqua Granada

Mai-juin, le jour qui suit le dimanche de Pentecôte.

Dia de Sant Joan/Día de San Juan Bautista (Saint-Jean)

24 juin – La nuit qui précède, les Barcelonais descendent dans la rue ou organisent des soirées chez eux et célèbrent la *berbena de Sant Joan*, avec des boissons, des danses et des feux d'artifice. Tous les quartiers de la ville (et toute la Catalunya) s'embrasent : aussi appelle-t-on cette nuit La *Nit del Foc* (nuit du Feu). La pâtisserie que l'on mange spécifiquement lors de ce solstice d'été est la *coca de Sant Joan*, légère variante de la coca de tous les jours.

Diada Nacional de Catalunya

11 septembre – La journée nationale de la Catalunya commémore la reddition de Barcelone devant les troupes espagnoles à la fin de la guerre de la Succession d'Espagne, en 1714.

C'est une journée relativement calme, au cours de laquelle de petits groupes d'indépendantistes s'expriment dans l'indifférence générale.

Festes de la Mercè

24 septembre – Ces quatre jours de festivités intenses débutent juste après la date officielle de la fin de l'été et agissent comme l'ultime détonateur de la folie pré-hivernale qui règne dans toute la ville de Barcelone, bien que la majeure partie des activités se déroule dans le centre de la ville. Nostra Senyora de la Mercè (dont l'image se trouve dans l'église du même nom Plaça de la Mercè, dans La Ribera) a été élevée au rang de co-protectrice de la cité après avoir à elle seule repoussé une invasion de sauterelles en 1637.

En 1714, lors de la guerre de la Succession d'Espagne, alors que Barcelone était vaincue, les anciens, dans un moment d'égarement, ont désigné Notre-Dame commandeur en chef des défenses de la ville (expression éloquente de leur désespoir).

Il s'agit de la *festa major* de la ville, ou Grande Fête. On organise une course de natation dans le port, une course de fond pour amateurs, un grand nombre de concerts gratuits sous les auspices de BAM (Barcelona Acció Musical : voir la rubrique *Manifestations annuelles*, ci-dessous), et un incroyable programme d'événements culturels dans toute la ville et dans de nombreux musées et galeries. Les classiques qui accompagnent généralement une grande festa catalane sont aussi présents : *castellers*, *sardanes*, parades de *gegants* et *capgrossos* (géants et grosses têtes) et une immense *correfoc* (course au feu). La foule se précipite dans les rues et lance des flammes (sans parler des pétards de gros calibre dont sont armés les enfants) sur les démons qui ont été libérés de la Porta de l'Infern (porte de l'enfer), située devant la Catedral.

La course au feu peut être dangereuse et nous vous conseillons de porter de vieux vêtements en coton, ainsi qu'un chapeau pour protéger votre tête, des boules Quiès et des chaussures de sport si vous envisagez de participer à cette folie générale. La chaleur peut être intense, et la tradition qui consistait à lancer de l'eau des balcons sur les participants a été interdite ; il semble que le mélange eau-poudre puisse avoir de telles conséquences imprévisibles.

El Dia de Sant Esteve

26 décembre – Lendemain de Noël, c'est une occasion d'être en famille et de partager un repas de fête.

Manifestations annuelles

Barcelone est peut-être moins portée sur les fêtes que les villes du Sud de l'Espagne, mais elle ne rate pas une occasion d'en ponctuer le calendrier entre les jours fériés officiels. Plusieurs *barris* célèbrent leurs propres *festes majors*. Consultez aussi la rubrique *Jours fériés*, ci-dessus, car certains jours fériés officiels donnent eux-mêmes lieu à de joyeuses célébrations.

Cavalcada dels Reis

5 janvier – La veille de l'Épiphanie (jour férié), les Rois mages "débarquent" à Barcelone, au Moll de la Fusta. Tout au long de leur défilé sur des chars à travers la ville (l'itinéraire varie d'une année sur l'autre), ils lancent des bonbons aux enfants dans la foule.

Festes des Tres Tombs

17 janvier – Point fort de la fête du quartier de Sant Antoni, la cavalcade autour de la Ronda de Sant Antoni en direction de la Plaça de Catalunya descend ensuite La Rambla pour remonter Carrer Nou de la Rambla. Sant Antoni Abat (saint-Antoine l'abbé) serait le patron des muletiers. C'était autrefois l'une des plus grandes fêtes de Barcelone, mais elle a aujourd'hui perdu de son entrain.

Festes de Santa Eulàlia

Février – Sainte Eulalie fut la première patronne de Barcelone. Sa fête coïncide avec la période du carnaval (voir ci-dessous). L'Ajuntament organise alors différentes manifestations culturelles, concerts, spectacles de castellers et défilé de *mulasses* (dragons) dans le corso.

Carnestoltes/Carnaval (carnaval)

Février-mars – Pendant plusieurs jours s'enchaînent défilés costumés et festivités dans de nombreux endroits de la ville. Le carnaval se termine traditionnellement un mardi, quarante-sept jours avant le dimanche de Pâques. On défile, on danse et on fait la fête dans les discothèques et les clubs. Moins exubérant que le carnaval des îles Canaries, celui de Barcelone ne manque néanmoins pas d'ambiance. Comme partout en Espagne, l'Enterrament de la Sardina (l'enterrement de la sardine) clôt les

festivités, le plus souvent à Montjuïc. Ainsi célèbre-t-on la fin de l'hiver.

Dia de Sant Jordi

23 avril – Le jour du saint patron de la Catalunya coïncide avec ce qu'on appelle le jour du Livre. Cette tradition veut que l'homme offre une rose à la femme qui, à son tour, lui fait présent d'un livre. C'est donc la période où sont publiés de nouveaux titres. Sur La Rambla et sur la Plaça de Sant Jaume (où le bâtiment de la Generalitat est ouvert au public) s'installent des stands de livres et des fleuristes.

L'Ou com Balla

Mai-juin – Curieuse tradition qui remonte à plusieurs siècles, l'"Œuf dansant" est une coquille vide qui danse sur le jet d'eau de la fontaine ornée de fleurs du cloître de la Catedral. C'est ainsi que Barcelone célèbre la Fête-Dieu ou fête du Saint-Sacrement (le jeudi qui suit le huitième dimanche après celui de Pâques). Vous pourrez voir d'autres œufs dansants ce jour-là dans la cour de la Casa de l'Ardiaca et dans plusieurs fontaines du Barri Gòtic.

Dia per l'Alliberament Lesbià i Gai

28 juin – Parade et festival homosexuels.

Festa Major de Gràcia

Aux alentours du 15 août – Après les Festes de la Mercè, c'est l'une des plus grandes fêtes de quartier. Les habitants de Gràcia décorent leurs rues (plus d'une douzaine) selon un thème choisi, dans le cadre d'un concours récompensant la rue la plus imaginative de l'année. Ils installent des tables et des bancs à l'extérieur. De tous les quartiers de la ville les Barcelonais affluent pour participer aux festivités. Toutes les places (en particulier Plaça del Sol), tous les carrefours du barri sont investis par des orchestres qui rivalisent d'ingéniosité pour attirer l'attention. Partout dans la rue on trouve à manger. Dans les bars, les boissons coulent à flot… Face à cette effervescence, les résidents de Gràcia vont élire domicile ailleurs s'ils veulent se reposer un peu la nuit.

Festa Major de Sants

Aux alentours du 24 août – Emboîtant le pas à Gràcia, le barri de Sants connaît la même fièvre et la même folie décorative quelques jours plus tard. Si cette fête de quartier n'a ni le passé ni la grandeur de celle de Gràcia, les habitants lui ont donné un deuxième souffle ces dernières années et vous y ressentirez la véritable atmosphère du barri.

Festa Major de la Barceloneta

Septembre-octobre – Les oiseaux de nuit de Barcelone ont à peine le temps de reprendre des forces avant de retourner guincher. Car, à la petite fête de La Barceloneta, on danse bien et l'on boit beaucoup (notamment sur la plage).

Festivals d'art et de musique

Tout au long de l'année, Barcelone accueille plusieurs festivals artistiques. Voici les plus importants :

Sonar

Juin – Les Barcelonais apprécient la musique électronique. Sonar est réputée comme la plus grande manifestation du genre en Europe. Vous y entendrez les derniers morceaux de house, hiphop, trihop, eurobeat et autres nouveautés.

Festival del Grec

De fin juin à août – De nombreux théâtres ferment en été, mais ce programme éclectique (théâtre, danse et musique) prend le relais. Des spectacles ont lieu dans toute la ville, pas seulement dans l'amphithéâtre de Montjuïc (carte 7) dont ce festival tient son nom. Les programmes et les billets sont vendus au Palau de la Virreina, sur La Rambla (reportez-vous à la rubrique *Offices du tourisme*), ainsi qu'à un guichet temporaire installé Avinguda del Portal del Ángel (juste à côté de la Plaça de Catalunya).

BAM

Vers le 24 septembre – Tous les concerts gratuits donnés pendant les Festes de la Mercè (voir ci-dessus) sont organisés par le Barcelona Acció Musical (BAM). Pour la plupart, ils ont pour cadre les places du centre-ville et/ou le front de mer. Lou Reed fut l'invité vedette du BAM 1998.

Festival Internacional de Jazz de Barcelona

De fin octobre à fin novembre – Jazz et blues dans toute la ville.

TOURISME D'AFFAIRES

Pour les Madrilènes, les Barcelonais sont un peu des drogués du travail fastidieux et, de surcroît, des radins. Cela s'explique par le développement industriel de Barcelone au XIXe siècle et l'image de sérieux qu'elle en a tirée, non sans une certaine fierté. D'où l'envie mêlée de dédain que lui porte le reste de l'Espagne.

Cette image a beaucoup servi la capitale catalane au moment où l'Espagne a intégré l'Union européenne et le marché mondial ces dernières décennies. Aujourd'hui, Barcelone jouit d'une grande notoriété tant sur le plan des affaires que sur celui du tourisme. Selon une étude européenne datant de 2000, Barcelone occupe la sixième place parmi les dix premières villes européennes pour ce qui est des affaires, avant Milan et Zürich, par exemple.

Prestations de service

Les hommes d'affaires appelés à travailler à Barcelone provisoirement ou à long terme, comme les créateurs d'entreprises, doivent contacter en premier lieu la délégation commerciale de l'ambassade espagnole (ou du consulat) dans leur pays. Ensuite, ils trouveront à la Cambra Oficial de Comerç, Indústria i Navegació (carte 2 ; ☎ 902 44 84 48, fax 93 416 93 01), Avinguda Diagonal 452, un centre de documentation et une bibliothèque spécialisée dans le commerce, la Llibreria de la Cambra.

La Chambre de commerce propose également certaines prestations de service au Centre de Relacions Empresarials (Centre d'affaires, ☎ 93 478 67 99, fax 93 478 67 05), installé au 1er étage du terminal B de l'aéroport : on y trouve un bureau d'information et des espaces bureaux à louer (avec téléphone, matériel de base et écrans pour des présentations).

Barcelona Activa (carte 1 ; ☎ 93 401 97 77), Gran Via de les Corts Catalanes 890, s'est donnée pour mission l'aide à la création d'entreprise. Elle s'intéresse surtout aux projets espagnols, mais peut aussi vous apporter certaines bases si vous comptez vous installer à Barcelone. Les professions libérales (*autónomos*) peuvent contacter l'Autempresa (☎ 902 20 15 20) pour s'enquérir des formalités nécessaires et de la réglementation fiscale.

Le bureau d'information Fira de Barcelona (reportez-vous au paragraphe suivant) propose des prestations de service (communications, etc.), des salles de réunion et autres locaux aux personnes qui travaillent dans les foires et salons.

Votre ordinateur portable, que vous aviez glissé dans vos valises, ne fonctionne plus ? De nombreuses annonces vantant les mérites de techniciens informaticiens anglophones paraissent dans les magazines gratuits de langue anglaise *Barcelona Metropolitan* ou *Business Barcelona*. Reportez-vous à la rubrique *Journaux et magazines*, plus haut dans ce chapitre.

Expositions et congrès

Avec plus de soixante foires-expositions par an et un nombre croissant de congrès de toutes sortes, Barcelone devient un centre important du commerce international en Europe. Elle occupe le cinquième rang au niveau mondial pour l'organisation de congrès, du fait des coûts réduits qu'elle propose. Le hall d'exposition de la ville, la Fira de Barcelona, affirme que l'organisation d'un congrès coûte 20 % moins cher à Barcelone que dans n'importe quelle autre grande ville d'Europe.

Les salons qui s'y tiennent sont extrêmement variés, allant de la mode à la technologie, des meubles au recyclage, en passant par la bijouterie et les livres.

Le hall d'exposition principal, situé entre Montjuïc et la Plaça d'Espanya, occupe une surface de 90 000 m^2 (sur une surface totale de 224 000 m^2). Afin de faire face à l'expansion de ces dernières années, une annexe de 40 000 m^2, la Fira 2 (Hall n°2) , a été ajoutée au sud-ouest de Montjuïc. Le Palau de Congresos de la Fira 1 peut accueillir jusqu'à 1 650 personnes et il existe de nombreuses petites salles de conférence. La Fira dispose d'un centre d'informations (carte 7 ; ☎ 93 233 20 00) sur la Plaça d'Espanya. Il tient à la disposition des hommes d'affaires et des professionnels participant aux salons quelques équipements de communication.

Autre numéro à composer, si vous souhaitez organiser un congrès à Barcelone, le Barcelona Convention Bureau (☎ 93 368 97 00, fax 93 368 97 01, bcb@barcelonaturisme.com), Rambla de Catalunya 123, vous conseillera utilement.

Salle privée, le Palau de Congressos (☎ 93 364 44 04, comercialpalau@ pcongresos.

com) peut accueillir jusqu'à 2300 personnes. Il s'est ouvert au cours de l'année 2000 aux abords de la ville, dans l'Hotel Rey Juan Carlos I, Avinguda Diagonal 661-671. A Port Vell, les travaux de construction du World Trade Centre se poursuivent, mais une partie du centre est déjà opérationnelle.

TRAVAILLER A BARCELONE

Même si la Catalunya a l'un des taux de chômage les plus faibles d'Espagne, la ville n'est pas le lieu idéal pour chercher du travail. Toutefois, il existe quelques moyens de gagner de quoi subsister (ou presque) une fois sur place.

Démarches administratives

Les ressortissants des pays de l'Union européenne, de Norvège et d'Islande peuvent travailler en Espagne sans visa. Mais, pour un séjour de plus de 90 jours, ils sont tenus de faire une demande de *tarjeta de residencia* (carte de résident) dès le premier mois. Il s'agit d'une procédure laborieuse (voir plus haut les paragraphes *Visa* et *Autres documents* dans *Formalités complémentaires*). Si un employeur vous propose un contrat, il vous aidera généralement à sortir de ce labyrinthe.

Les ressortissants de presque tous les autres pays peuvent obtenir un permis de travail auprès du consulat espagnol de leur lieu de résidence, ou, s'ils envisagent de rester plus de 90 jours, un visa de résident. Il est quasiment impossible d'entreprendre ces démarches sans contrat de travail établi au préalable. Dans tous les cas, vous devez entamer la procédure longtemps à l'avance avant d'arriver à Barcelone. Cela dit, certaines personnes travaillent avec discrétion, sans se soucier de la bureaucratie.

Enseignement des langues

C'est la solution la plus raisonnable à envisager. Un diplôme vous sera d'une aide précieuse (si ce n'est indispensable). Méfiezvous : l'enseignement de l'anglais n'est plus la mine d'or qu'il était il y a quelques dizaines d'années. Aujourd'hui, le premier venu capable d'articuler deux ou trois mots d'anglais cherche à exploiter le filon, si bien que la concurrence est rude. Les professeurs d'anglais sont désormais moins bien payés qu'avant les Jeux olympiques de 1992. Une heure de cours collectif ne rapporte plus que 9,60 à 13,20 €, selon votre expérience et l'école qui vous emploie.

Barcelone regorge d'écoles de langues qui paient des salaires de misère et se soucient peu de la qualité de l'enseignement dispensé. Aussi vous faudra-t-il prospecter. Les écoles sont répertoriées sous la rubrique "Acadèmias de Idiomas" dans les pages jaunes.

Pour faire le tour des possibilités d'enseignement (dans les écoles ou les instituts privés), adressez-vous aux centres culturels étrangers (l'Alliance française, The British Council, etc.), les librairies de langues étrangères (comme Come In), les universités et les écoles de langues. Ces dernières disposent souvent de panneaux d'affichage sur lesquels vous pourrez trouver des offres d'emploi ou afficher votre offre de service.

Théâtre de rue
La Rambla est l'une des plus grandes scènes de théâtre de rue d'Europe, vous pouvez donc tenter votre chance. Toutefois, la route est semée d'embûches. La concurrence est rude et certaines performances sont de grande qualité, mais si vous avez un spectacle original et soigneusement préparé à présenter, c'est l'endroit idéal pour le mettre à l'épreuve.

Les artistes de rue vont aussi devoir jongler avec l'Ajuntament, qui applique désormais un quota (50 artistes maximum peuvent profiter de La Rambla). Il faut déposer une demande d'autorisation si l'on ne veut pas se voir déloger *manu militari* par la police.

Comment s'y rendre

Après Madrid, Barcelone est la seconde plaque tournante de l'Espagne en matière de transports internationaux. La ville est très bien desservie par voie aérienne depuis l'Europe et l'Amérique du Nord. Des lignes régulières de train et de bus, de même qu'une superbe autoroute, relient Barcelone à la France et au reste de l'Europe, et il existe de nombreuses connexions par terre ou par air vers toutes les autres villes espagnoles.

VOIE AÉRIENNE

De multiples compagnies aériennes proposent des vols directs pour Barcelone depuis l'Europe. Comparez les tarifs, surtout si vous comptez faire un bref séjour – il peut être plus intéressant d'acheter un forfait avion/hôtel.

Barcelone n'est pas l'une des destinations vers lesquelles sont proposés les meilleurs forfaits, mais l'on trouve parfois des offres intéressantes pour de brefs séjours au départ de quelques grandes villes européennes. Reportez-vous, plus loin, à la rubrique *Agences de voyages*. Les voyageurs se tournent de plus en plus vers l'Internet pour se procurer des billets à bons prix. La plupart des compagnies aériennes et de nombreuses agences de voyages possèdent des sites web interactifs.

Pour de plus amples renseignements sur la desserte des aéroports, consultez le chapitre suivant.

Taxe d'aéroport

Si les tarifs sont généralement annoncés hors taxes, les taxes d'aéroport sont facturées avec le billet d'avion. Elles varient sans cesse, mais à l'heure où nous écrivons ces lignes, elles vont de 20 € pour la plupart des destinations européennes à 65 € pour les États-Unis.

Les formalités de passeport, quant à elles, sont réduites à leur plus simple expression.

Depuis/vers le reste de l'Espagne

Les vols intérieurs atteignent des prix assez élevés. Ce n'est pas un moyen économique pour aller d'une région de l'Espagne à l'autre. Iberia (☎ 902-40 05 00) et ses petites filiales Iberia Regional-Air Nostrum et Binter Mediterráneo couvrent toutes les destinations et proposent différents prix. Renseignez-vous sur les tarifs spéciaux et les réductions. Les rares vols partant au-delà de 23h bénéficient d'une réduction de 25%. Les passagers âgés de moins de 22 ans ou de plus de 63 ans se voient accorder 25% sur les vols aller-retour, et 20% supplémentaires sur les vols de nuit. Consultez le site web de la compagnie : www.iberia.com.

Pour un aller simple standard entre Madrid et Barcelone, il vous faut débourser de 74 € à 98 €.

Iberia a pour concurrents Spanair (☎ 902-13 14 15, spanair@spanair.es) et Air Europa (☎ 902-40 15 01). Plus importante, la seconde compagnie assure au départ de Barcelone des liaisons régulières pour Madrid, Palma de Mallorca, Málaga et plusieurs autres villes d'Espagne.

Air Europa relie aussi quotidiennement Madrid à Barcelone à raison de trois à huit vols par jour. Le billet aller simple en classe économique (*turista*) vaut environ 63 €. L'aller-retour coûte entre 73 € et 181 €. Les tarifs dépendent des dates de départ et des conditions auxquelles est soumis le billet.

Depuis/vers les îles Canaries

Au départ de Barcelone, Iberia, Air Europa, Spanair et des compagnies de charters desservent Tenerife et Las Palmas (Gran Canaria).

En classe *turista,* un aller-retour Santa Cruz de Tenerife-Barcelone coûte en moyenne de 169 € à 211 €. On peut aussi trouver un tarif charter à 114 €.

Depuis/vers l'Europe francophone

Un séjour bref peut être onéreux, mais si vous restez plus longtemps, voyager par avion s'avère souvent plus intéressant que par d'autres moyens de transport.

France. L'aller-retour Paris-Barcelone excède rarement 305 €. En charter ou en vol à prix réduit, on peut même s'en tirer pour environ 153 €, le tarif le plus courant se situant autour de 229 €.

Au départ de Barcelone, il existe des allers-retours à 240 € en haute saison, à condition de réserver plus de deux semaines à l'avance.

Regional Airlines (☎ 91 401 21 36) relie Barcelone (ou Madrid) à Bordeaux, où l'on peut prendre une correspondance pour d'autres destinations françaises. Cette compagnie s'adresse surtout aux hommes d'affaires. En France, vous pouvez la contacter au ☎ 803 00 52 00. Air Littoral (☎ 803 83 48 34) propose des liaisons Nice-Barcelone. Ces compagnies ne sont pas particulièrement bon marché.

Pour information, les agences de voyages en ligne suivantes proposent des billets d'avion à des prix très concurrentiels juste avant le départ : Dégriftour (3615 DT, www.degriftour.com/fr/), Réductour (3615 RT, www.reductour.fr) et Travelprice (n° Indigo : 0 825 026 028, www.travelprice.fr).

Vous pouvez également vous adresser aux agences de voyages et compagnies suivantes :

Air France
119, avenue des Champs-Élysées, 75008 Paris
☎ 0 802 802 802, 3615/16 AF, www.airfrance.fr
Forum Voyages
28, rue Monge, 75005 Paris
☎ 01 53 10 50 50
Iberia
1, rue Scribe, 75009 Paris
☎ 0 802 07 50 73, 3615 Iberia
Nouvelles Frontières
87, bd de Grenelle, 75015 Paris
☎ 0 825 000 825, www.nouvelles-frontieres.fr
OTU
39 av. Georges-Bernanos, 75005 Paris (☎ 01 40 29 12 12) et dans les CROUS de province.

Voyageurs du Monde
55, rue Sainte-Anne, 75002 Paris
☎ 01 42 86 16 00

Belgique. Les Belges devront compter entre 186 et 261 € pour un aller-retour Barcelone. Bruxelles est la plaque tournante de Virgin Express (☎ 02-752 0505). Des vols quotidiens (jusqu'à sept) desservent Barcelone (☎ 93 226 66 71).

Airstop
28, Wolvengracht, 1000 Bruxelles
☎ 70 23 31 88, www.airstop.be
Connections
Le spécialiste belge du voyage pour les jeunes et les étudiants. Plusieurs agences en Belgique :
Rue du Midi, 19-21, 1000 Bruxelles
☎ 2 550 01 00, 2 512 94 47
Avenue Adolphe-Buyllaan, 78, 1050 Bruxelles
☎ 2 647 06 05
Nederkouter, 120, 9000 Gand
☎ 9 223 90 20
Rue Sœurs-de-Hasque, 7, 4000 Liège
☎ 4 223 03 75, 4 223 60 10
Éole
Chaussée de Haecht, 43, 1210 Bruxelles
☎ 2 227 57 80, fax 2 219 90 73
Iberia
Aéroport Zaventem, comptoir Iberia
☎ 0 802 07 50 73

Suisse. Un aller-retour Genève-Barcelone coûte entre 350 et 450 FS (plus les taxes d'aéroport, de 30 à 40 FS).

Jerrycan
11, rue Sauter, 1205 Genève
☎ 22 346 92 82, fax 22 789 43 63
SSR
Coopérative de voyages suisse. Propose des vols à prix négociés pour les étudiants jusqu'à 26 ans et des vols charters pour tous (tarifs un peu moins chers au départ de Zurich).
20, bd de Grancy, 1006 Lausanne
☎ 21 617 56 27
3, rue Vigner, 1205 Genève
☎ 22 329 97 33

Depuis/vers l'Italie et le Portugal

Le spécialiste italien des tarifs réduits est le CTS (Centro Turistico Studentesco), qui possède des agences dans tout le pays. A Rome, il est installé Via Genova 16 (☎ 06 46791).

COMMENT S'Y RENDRE

Virgin Express (☎ 800 097097) assure un vol quotidien Rome-Barcelone. Les tarifs vont de 62 € à 133 € en aller simple.

Voyager en avion entre Barcelone et Lisbonne revient cher. Iberia, Air Europa et TAP assurent l'aller-retour moyennant 175 € en haute saison.

Depuis/vers le Canada

Regardez les annonces d'agences de voyages dans le *Globe & Mail*, le *Toronto Star* ou le *Vancouver Sun*. Travel CUTS (www.travelcuts.com), appelé Voyages Campus au Québec, est le principal organisme de voyages canadien pour les étudiants.

Travel CUTS
74 Gerrard St East, Toronto ☎ 416-977 0441 Université McGill, 3480 rue McTavish, Montréal ☎ 514-398 0647

Pour les vols longs courriers au départ du Canada, contactez FB On Board Courier Services (☎ 514-631 2077 à Toronto).

Iberia propose des liaisons sans escale avec Barcelone depuis Toronto ou Montréal. D'autres grandes compagnies aériennes européennes pratiquent des tarifs compétitifs à destination de Barcelone *via* d'autres villes d'Europe. En saison creuse, le prix au départ de Montréal s'élève à 620 $C, contre 830 $C au départ de Vancouver. En haute saison, comptez respectivement 1 000 et 1 200 $C, tout en sachant qu'à Montréal, il est possible de trouver moins cher.

Bureaux des compagnies aériennes à Barcelone

Dans l'annuaire, les compagnies aériennes sont répertoriées à la rubrique *Línias Aèries/Líneas Aéreas*. En voici quelques-unes :

Air Europa
aéroport (☎ 902 40 15 01)
easyJet
aéroport (☎ 902 29 99 92)
Iberia
(carte 2 ; ☎ 902 40 05 00 ou 93 401 33 73), Passeig de Gràcia 30

KLM-Royal Dutch Airlines
(☎ 93 215 84 86)
Spanair
aéroport (☎ 902-13 14 15)
TWA
(carte 2 ; ☎ 93 215 84 86), Carrer del Consell de Cent 360
Virgin Express
aéroport (☎ 93 226 66 71)

BUS

Généralement meilleur marché que le train, le bus offre un confort moindre pour effectuer de longs parcours.

La très moderne Estació del Nord, principale gare routière, se situe Carrer d'Alí Bei 80 (carte 1). Son service d'information (☎ 93 265 65 08) fonctionne tous les jours de 7h à 21h. Les consignes automatiques se trouvent à l'extérieur, près des arrêts de bus, et coûtent 3,75 € par 24h.

Quelques services longue distance – notamment les lignes internationales et les rares bus à destination de Montserrat – partent de l'Estació d'Autobusos de Sants, voisine de la gare ferroviaire Estació Sants (carte 4).

Les principales lignes internationales sont assurées par Eurolines/Julià Via (☎ 93 490 40 00) au départ de l'Estació d'Autobusos de Sants, ainsi que par Eurolines/Linebús (tous deux ☎ 93 265 07 00) au départ de l'Estació del Nord.

Pour certaines destinations de la Catalunya, le bus se prend dans d'autres endroits de la ville. Pour ne pas vous tromper, téléphonez à l'office du tourisme ou à l'Estació del Nord, qui vous fourniront toutes les précisions.

Depuis/vers le reste de l'Espagne

On peut rejoindre la plupart des grandes villes espagnoles par bus. Une multitude de compagnies desservent les différentes provinces du pays. La plupart d'entre elles sont néanmoins regroupées sous l'enseigne commune d'Enatcar. Vous pourrez obtenir des renseignements sur les horaires en composant le ☎ 93 245 88 56.

L'Estació del Nord sert de terminus aux destinations énumérées dans le tableau ci-dessous. Lorsque la fréquence des départs quotidiens varie, le chiffre le plus bas correspond en général au dimanche) :

desti-nation	départs quotidiens	durée du trajet	tarif
Almería	2	12 heures 45 à 13 heures 30	43 €
Burgos	2 à 4	7 heures 30	30 €
Granada	3	13 heures à 14 heures 15	47,75 €
Madrid	11 à 18	7 à 8 heures	20,50 €
Salamanca	3	11 heures 30	38,75 €
Sevilla	1 ou 2	16 heures	55 €
Valencia	5 à 10	4 heures 30	17,50 €
Vigo	1 ou 2	15 heures 30	41 €
Zaragoza	11	4 heures 30	10 €

Depuis/vers la Belgique
Le prix moyen d'un aller-retour pour Bracelone se situe entre 100 et 124 €.

Eurolines
50, place de Brouker, 1000 Bruxelles
☎ 2 217 00 25

Starbus Bruxelles
9a avenue Fonsny, 1060 Saint-Gilles
☎ 2 513 41 50, 2 538 20 13

Depuis/vers la France
Eurolines possède des antennes dans plusieurs villes françaises. Sa principale agence se situe à Bagnolet (☎ 08 36 69 52 52), 28 av. du Général-de-Gaulle, mais il en existe une autre dans le centre de Paris (☎ 01 43 54 11 99), 55 rue Saint-Jacques, dans le 5e arrondissement. De Paris, le trajet coûte 62 € (moins de 26 ans) ou 80 €. Au départ de Barcelone, le prix du billet standard s'élève à 72 €.

Depuis/vers la Suisse
Eurolines (☎ 022-732 02 30 à Genève) propose un aller-retour Genève-Barcelone à partir de 187 FS.

TRAIN
La gare principale, qui dessert l'Espagne et l'étranger, est l'Estació Sants, Plaça dels Països Catalans, à 2,5 km à l'ouest de La Rambla (carte 4).

Seuls quelques trains, dont un pour Madrid, utilisent encore l'Estació de França, Avinguda del Marquès de l'Argentera, située à 1 km à l'est de La Rambla (carte 5).

Deux autres gares accueillent les trains longue distance ou régionaux : celle de Catalunya, Plaça de Catalunya (métro Catalunya), et celle de Passeig de Gràcia, à l'angle de Passeig de Gràcia et de Carrer d'Aragó, à 10 minutes de marche au nord de la Plaça de Catalunya (métro Passeig de Gràcia).

Sachez que l'accès aux trains RENFE (Red Nacional de los Ferrocarriles Españoles) se fait par le nord de la Plaça de Catalunya, une entrée distincte de celles du métro et des lignes du FGC. Il en est de même au Passeig de Gràcia, où l'accès au RENFE se trouve à trois pâtés de maisons au nord de l'entrée du métro. Ce qui a de quoi dérouter le voyageur.

Renseignements et billets
Sur la plupart des trajets longue distance, aussi bien sur les lignes nationales qu'internationales, il est conseillé de réserver au moins un ou deux jours à l'avance. Le bureau d'information et de réservation de la RENFE de la gare Passeig de Gràcia est ouvert de 7h à 22h (21h le dimanche). Vous trouverez des consignes automatiques Via (quai) 2.

À l'Estació Sants, les guichets Informació Largo Recorrido renseignent sur tous les trains, sauf sur la desserte de la banlieue. La gare abrite une *consigna* (consigne automatique) ouverte de 5h30 à 23h (2,50 ou 3,75 € par 24h), un office du tourisme, un bureau de téléphone et de fax, une centrale de réservations hôtelières, des bureaux de change ouverts tous les jours de 8h à 21h30 et des distributeurs automatiques de billets.

L'Estació de França dispose d'un service de renseignements sur les liaisons ferroviaires et d'une consigne ouverte de 6h à 23h.

Pour tout savoir sur les trains RENFE, appelez le ☎ 902 24 02 02.

Les horaires des trains sont affichés dans les gares principales. Les heures des arrivées (*arribades/llegadas*) et des départs (*sortides/salidas*) sont indiquées sur de grands panneaux électroniques et sur des écrans TV. Les horaires des grandes lignes sont en général disponibles gratuitement.

Les billets Eurail, InterRail, Europass et Flexipass sont valables sur l'ensemble de la RENFE, le réseau national de chemin de fer.

Les trains espagnols

Différents types de trains sillonnent le réseau ferroviaire espagnol, dont les rails sont plus écartés que dans le reste du monde. Vous pouvez gagner une ou deux heures de voyage en empruntant un train rapide mais attendez-vous à débourser beaucoup plus que pour un train plus lent.

Pour les trajets courts, les grandes villes disposent d'un réseau local appelé *cercanías*. A Barcelone, ces trains portent le nom de *rodalies*.

Sur les longues distances (*largo recorrido*), les trains comportent une première et une seconde classe. Les moins chers et les plus lents d'entre eux, les *regionales*, s'arrêtent en général dans toutes les gares d'une même région (quelques-uns passent d'une région à l'autre). Si vous voyagez à bord d'un *regional exprés*, les arrêts seront moins nombreux.

Tous les trains qui parcourent plus de 400 km sont appelés sevices Grandes Líneas. Parmi eux, figurent les *diurnos* et les *estrellas*, trains classiques inter-régionaux. Les premiers circulent le jour, les seconds la nuit.

Plus rapides, plus confortables et plus chers, les Talgos (Tren Articulado Ligero Goicoechea Oriol) ne desservent que les gares importantes. A leur bord, des écrans de télévision agrémentent le voyage. Le Talgo Pendular en est une version plus aérodynamique qui gagne en vitesse en s'inclinant dans les virages.

Certains Talgos et autres trains modernes assurent des liaisons quasi-directes entre grandes villes. Ce sont les InterCity (et, lorsqu'ils sont encore plus confortables, les InterCity Plus !).

Version plus luxueuse encore, le Talgo 200 est un Talgo Pendular qui circule entre Madrid et Séville sur la ligne à grande vitesse Tren de Alta Velocidad Española (AVE), sur des rails à écartement classique et permet de gagner du temps sur des destinations méridionales comme Málaga, Cádiz et Algeciras.

La façon la plus onéreuse de voyager consiste précisément à prendre le train AVE à grande vitesse sur cette ligne Madrid-Séville (une liaison Madrid-Barcelone est également prévue, qui permettra de faire la jonction avec le TGV français).

Parmi les autres innovations espagnoles, figurent les trains Euromed et Arcos, qui assurent la liaison Barcelona-Valencia-Alicante, et le train Alaris entre Madrid et Castelló (*via* Albacete et Valencia).

Des wagons Autoexpreso et Motoexpreso sont parfois rattachés aux trains longue distance, respectivement pour le transport des voitures et des motos.

Lignes catalanes

Trois sortes de trains locaux desservent la Catalunya au départ de Barcelone. Les plus lents sont les omnibus appelés *Regionals*. Les *Deltas* s'arrêtent un peu moins fréquemment. Enfin, les plus rapides sont les Catalunya Express (environ 15% plus chers que les autres trains).

Les trains longue distance sur les lignes principales s'arrêtent aussi dans plusieurs villes catalanes, mais le même trajet vous coûtera plus cher. Les trains régionaux à destination de la Catalunya partent de l'Estació Sants ; la plupart s'arrêtent aussi à Catalunya et/ou à Passeig de Gràcia.

Les *Rodalies* représentent le moyen le plus sûr de rallier les destinations relativement proches de Barcelone (comme Sitges). Ils fonctionnent selon un système de tarifs fixes basé sur six zones. La ligne 1 relie le centre-ville à l'aéroport – la musique classique diffusée en fond sonore donne à cette approche de Barcelone beaucoup de raffinement (pour plus de détails, consultez le chapitre *Comment circuler*). Ces trains s'arrêtent souvent dans plusieurs gares assurant une correspondance avec le métro, notamment Estació Sants, Catalunya, Passeig de Gràcia, Arc de Triomf et Clot.

Pour circuler judicieusement en Catalunya, consultez attentivement les rubriques des destinations à atteindre dans le chapitre *Excursions*.

Depuis/vers le reste de l'Espagne

La plupart des villes espagnoles sont reliées à Barcelone par chemin de fer. Les différents tarifs possibles sont d'une complexité étonnante. La plupart des trains, quotidiens, partent de l'Estació Sants (certains s'arrêtant aussi à Passeig de Gràcia) ou, beaucoup moins nombreux, de l'Estació de França : parmi les destinations desservies depuis cette gare, citons Madrid, Zaragoza et Murcia.

Entre Barcelone et Madrid, le trajet peut durer de 6 heures 30 à 9 heures 30 et coûte en moyenne 31 € en seconde classe. En Talgo (le train le plus rapide), il revient à 40 €. L'achat d'un billet aller-retour donne droit à 20% de réduction sur le retour (25% s'il a lieu dans la journée). Voici quelques exemples de prix en seconde classe pour des voyages diurno/estrella :

Destination	aller simple	durée
Granada	38,50 €	12 heures 30
Pamplona	26,50 €	de 6 heures 30 à 10 heures
San Sebastián	30 €	de 8 heures 15 à 10 heures
Zaragoza	17,50 €	de 3 heures 30 à 4 heures 30

Euromed et Arco

Un train à grande vitesse AVE (*Tren de Alta Velocidad Español*) roulant sur les voies régulières du réseau espagnol relie Barcelone à Valencia (3 heures) cinq fois par jour et à Alicante (4 heures 45) deux fois par jour. Les tarifs *turista/preferente* (l'équivalent de 2e classe/1re classe) s'élèvent respectivement à 31/45 € pour Valencia et à 41/60 € pour Alicante.

Ce service est appelé Euromed.

Fin 1999, un nouveau train très élégant, l'Arco, est entré en service sur le réseau espagnol traditionnel entre Portbou et Alicante. Ce train ne met que 20 minutes de plus que l'Euromed pour atteindre Valencia et 35 minutes de plus pour parvenir à Alicante. Les tarifs turista/preferente s'élèvent à 26/34 € pour Valencia (quatre trains par jour) et 35/46 € pour Alicante (deux trains par jour).

Depuis/vers la France

Pour les renseignements SNCF, appelez le ☎ 08 36 35 35 35, consultez le Minitel (3615 SNCF) ou l'Internet (www.sncf.com).

Le seul train véritablement direct pour Barcelone est le Talgo. Il s'agit d'un *trenhotel* (train-couchettes) qui part tous les soirs de Paris-Austerlitz à 20h47 et arrive à 8h53 ou 9h (il s'arrête à Dijon, Figueres, Girona, et Barcelona Sants). L'aller simple en couchette revient à 115,50 €. Dans l'autre sens, le *trenhotel* quitte la gare de Barcelona-França à 20h05 pour rallier Paris à 8h14. La couchette coûte 101,75 €. Vous pouvez réserver sur ce train à Barcelone en appelant le ☎ 93 490 11 22.

Moins chère, mais assez pratique, une autre option consiste à prendre le train de 21h47 à Gare d'Austerlitz, changer à Latour-de-Carol pour arriver à Barcelona Sants à 11h27. L'aller simple coûte 75 € en siège inclinable, 85,75 € en couchette seconde classe. Enfin, vous pouvez aussi changer à Portbou (sur la côte). Une réduction de 25% est accordée aux moins de 26 ans. Sachez que les tarifs augmentent en juillet et en août.

Jusqu'à trois TGV (trains à grande vitesse) par jour permettent également de gagner Barcelone au départ de la gare de Lyon, avec un changement à Montpellier ou à Narbonne. Les prix et les horaires varient. Renseignez-vous.

Un train direct Talgo relie Montpellier à Barcelone (37,50 € en seconde, 4 heures 30). D'autres, plus lents, parcourent le même trajet (avec changement à Portbou). Tous s'arrêtent à Perpignan.

Dès que la construction de la ligne sera terminée, Barcelone sera reliée au réseau français de TGV.

Au départ d'Estació Sants, 8 à 10 trains quotidiens gagnent Cerbère (2 heures 30) et quatre à cinq desservent Latour-de-Carol (3 heures 30). De ces gares, vous pourrez prendre une correspondance, respectivement pour Montpellier et Toulouse.

Depuis/vers la Suisse

Au départ de l'Estació Sants, des trains de nuit directs relient Zurich (13 heures) à raison de trois à sept départs par semaine selon la saison. Cette ligne assure les correspondances avec de nombreuses autres villes.

VOITURE ET MOTO

Pour vous donner une idée de la distance que vous devrez parcourir si vous décidez de voyager avec votre propre véhicule, sachez que Barcelone se trouve à 1 932 km de Berlin, à 1 555 km de Londres, à 1 300 km de Lisbonne, à 1 199 km de Milan, à 1 146 km de Paris, à 780 km de Genève et à 690 km de Madrid – une ville assez centrale, finalement !

Papiers et documents

Les véhicules doivent être en bon état, immatriculés, et posséder au minimum une assurance au tiers. La carte verte, document international attestant que le véhicule est assuré, est obligatoire.

Souscrire une police d'assurance européenne peut s'avérer utile.

Pour plus de détails sur les conditions de circulation à Barcelone ainsi que sur la location ou l'achat d'une voiture, reportez-vous à la rubrique *Voiture et moto* dans le chapitre *Comment circuler*.

Accès routiers

En venant de France, l'*autopista* A-7 est la principale autoroute à péage qui dessert le Nord de l'Espagne (*via* Girona et Figueres). Elle contourne Barcelone avant de continuer vers Valencia et Alicante. Environ à 40 km au sud-ouest de Barcelone se trouve l'embranchement pour l'A-2, autre autoroute à péage en direction de Zarazoga à l'ouest. De là, elle rejoint la N-II, une route à deux voies qui relie Madrid (sans péage) et dessert l'A-68 (à péage) qui part au nord-ouest vers le País Vasco. Parmi les autres routes à péage, citons : l'A-19, qui suit la côte du nord-est jusqu'à l'extrémité sud de la Costa Brava ; l'A-18, qui serpente vers le nord jusqu'à Manresa et s'arrête au pied des Pyrénées à Sallent ; et l'A-16, qui longe la côte au sud-ouest de Barcelone jusqu'à Sitges et rejoint l'A-7 26 km avant Tarragona.

Les routes sans péage sont en général très fréquentées (voire très encombrées).

La N-II constitue l'axe le plus important : de la frontière française, elle suit l'A-7, puis bifurque en direction de la côte et rejoint ensuite l'A-19 jusqu'à Barcelone, d'où elle part à l'ouest vers Leida ; de là, elle longe l'A-2 jusqu'à Zarazoga et devient l'axe principal qui relie Madrid. Il est intéressant de noter que les conducteurs circulant en Catalunya sont les plus lourdement pénalisés : un tiers des routes à péage que comporte le pays se trouve dans cette région.

Code de la route

D'une manière générale, les règles sont les mêmes que partout ailleurs en Europe. La vitesse est limitée à 50 km/h en agglomération, à 100 km/h sur les routes principales et à 120 km/h sur les *autopistas* (autoroutes à péage) et sur les *autovías* (routes à grande circulation sans péage).

Les motards doivent rouler phare allumé même dans la journée. Le port du casque est obligatoire sur toute cylindrée de 125 cm^3 ou plus.

A l'abord des ronds-points, les véhicules déjà engagés ont la priorité.

Tout conducteur ayant un taux d'alcoolémie supérieur à 0,05% peut être arrêté. Les infractions au code de la route sont punies d'amendes allant de 300 à 600 €. Les non-résidents peuvent avoir à régler immédiatement aux forces de l'ordre une amende de 300 €. Dans ce cas, faire semblant de ne pas comprendre la langue ne sert pas à grand-chose – l'officier de police vous montrera sur une liste la traduction de l'infraction commise dans la langue de votre choix.

Essence

Les prix sont variables (jusqu'à 0,02 € d'écart par litre) d'une station-service (*gasolineras*) à l'autre et fluctuent en fonction des prix du pétrole et des taxes. Le super (destiné à être progressivement supprimé d'ici janvier 2002, selon les réglements de l'Union européenne) coûte 0,90 €/litre et le diesel (ou *gasóleo*) 0,68 €/litre. Le sans-plomb (*sin plomo*) 95 octane est à 0,84 €/litre, le 98 octane à 0,92 €/litre.

Assistance routière

Le siège du Real Automóvil Club de España (RACE, ☎ 900 20 00 93) se trouve à Madrid, Calle de José Abascal 10. Son numéro d'assistance 24h/24 dans tout le pays est le ☎ 900-11 22 22.

L'équivalent catalan du RACE, le RACC (Reial Automòbil Club de Catalunya) a ses bureaux Avinguda Diagonal 687 (carte 1 ; ☎ 902-30 73 07). Son numéro d'assistance est le ☎ 902 10 61 06.

En règle générale, les détenteurs d'une assurance routière émanant d'organismes étrangers se verront remettre un numéro d'appel d'urgence à utiliser pendant leur séjour en Espagne et, en principe, n'auront pas besoin des numéros indiqués ci-dessus.

Quel que soit le numéro que vous appellerez en Catalunya, vous serez probablement mis en contact avec le RACC. Si vous prévoyez un long séjour à Barcelone, prendre une assurance locale auprès du RACC peut valoir la peine – une formule est prévue pour les véhicules immatriculés à l'étranger.

BICYCLETTE

Au cas où vous voudriez apporter votre vélo, vérifiez auprès de la compagnie aérienne qu'aucun supplément ne vous sera réclamé au moment d'embarquer. La bicyclette devra être démontée et emballée pour voyager dans la soute. Le cyclotourisme (surtout le VTT) est de plus en plus répandu en Catalunya.

EN STOP

Faire de l'auto-stop n'étant jamais absolument sans risque, nous vous déconseillons donc ce moyen de locomotion. Les voyageurs qui décident d'y avoir recours doivent comprendre qu'ils s'exposent à un risque faible mais potentiellement dangereux. Si vous pratiquez le stop, il est plus sûr de le faire à deux et de prévenir une tierce personne de votre destination.

Pour sortir de Barcelone, sachez qu'il faut s'éloigner à bonne distance du centre-ville. Vous avez peu de chances de voir quelqu'un s'arrêter sur une autoroute à péage. Mieux vaut tenter votre chance sur les routes nationales où la circulation est plus importante, comme, par exemple, la N-II décrite ci-dessus.

BATEAU
Islas Baleares

Les ferries de la Trasmediterránea (☎ 902 45 46 45) transportent passagers et véhicules vers les Islas Baleares. Ils accostent au Moll de Barcelone, à proximité de leurs nouveaux bureaux à Port Vell. Billets et informations peuvent s'obtenir sur place ou dans les agences de voyages.

Différentes traversées sont assurées : Barcelone-Palma (8 heures, 7 à 21 départs par semaine), Barcelone-Maó (9 heures, 2 à 8 départs par semaine) et Barcelone-Ibiza (9 heures 30 ou 14 heures 30 *via* Palma, 3 à 6 départs par semaine). Un aller simple vers l'une de ces îles coûte 41,75 € en "Butaca Turista" (place assise), mais vous pouvez aussi voyager en couchette et faire transporter votre véhicule. L'été, Trasmediterránea propose en outre un service "Fast Ferry" pour Palma (54 €, 4 heures 15, jusqu'à 8 départs par semaine), mais si vous faites l'aller-retour, il peut se révéler plus économique de prendre l'avion.

Italie

Après une absence de 15 ans, le groupe italien Grimaldi a relancé la traversée *canguro* (kangourou) entre Barcelone et Gênes en 1998.

Les départs de Barcelone ont lieu les mardi et jeudi à 22h et le dimanche à 2h. Dans l'autre sens, le bateau quitte le port le lundi à 22h et les mercredi et vendredi à 21h. L'aller simple en place assise, type cabine d'avion, débute à 58,50 € en basse saison et atteint 86,25 € en haute saison. Le transport d'une voiture varie entre 83,15 et 132,25 € l'aller simple selon les dimensions du véhicule et la période de l'année. La traversée dure environ 17 heures.

A Gênes, Grimaldi (☎ 010 58 93 31, fax 010 550 92 25) est installé Via Fieschi 17/17a, tandis que le terminal des ferries se trouve Via Milano (Ponte Assereto). Il est possible de réserver par téléphone, par l'intermédiaire d'une agence de voyages, à l'embarcadère (s'il reste des places) ou (si le site web fonctionne) sur Internet, au www.grimaldi.it. A Barcelone, toutes les agences de voyages assurent des réservations ; le bateau se prend au Moll de San Beltran (carte 1).

VOYAGES ORGANISÉS

Si vous optez pour un voyage à Barcelone en formule tout compris, prévoyant quelques-unes des excursions suggérées dans cet ouvrage, vous n'aurez aucune peine à trouver des tour-opérateurs prêts à vous délester de vos deniers. Contactez l'office du tourisme espagnol le plus proche de chez vous pour en obtenir la liste. Sachez toutefois que vous pouvez tout organiser vous-même sans grande difficulté, mais en se chargeant de tout, il est sûr qu'une agence de voyages vous fait gagner beaucoup de temps.

Voici quelques voyagistes proposant des séjours au départ de la France :

Clio
27, rue du Hameau, 75015 Paris
☎ 01 53 68 82 82, fax 01 53 68 82 60, information@clio.fr
Le spécialiste des voyages culturels

Donatello
20, rue de la Paix, 75002 Paris
☎ 01 44 58 30 60, fax 01 42 60 32 14, crocher@donatello.fr

Intermèdes
60, rue la Boétie, 75008 Paris
☎ 01 45 61 90 90, fax 01 45 61 90 09

Look Voyages
De nombreuses agences en France, dont une en région parisienne :
2, rue des Bourets, 92150 Suresnes
☎ 01 55 49 49 60

Attention !

Les informations mentionnées dans ce chapitre sont susceptibles d'être modifiées : les prix des voyages internationaux sont fluctuants, les itinéraires sont organisés puis annulés, les horaires changent, les offres spéciales apparaissent et disparaissent, les règlements sont amendés. Vérifiez directement auprès de la compagnie aérienne ou de l'agence de voyages les conditions précises d'utilisation de votre billet. Les détails fournis dans ce chapitre sont donnés à titre indicatif et ne devraient pas vous dispenser de faire votre propre enquête.

Nouvelles Frontières
Réservations et informations au ☎ 0 825 000 825, www.nouvelles-frontieres.fr, 3615 NF
De nombreuses agences en France et dans les pays francophones :
87, bd de Grenelle, 75015 Paris
☎ 01 45 68 70 00
31, rue lamartine, 97200 Fort-de-France
☎ 05 96 70 59 70
2, bd Maurice Lemmonier, 1000 Bruxelles
☎ 02 547 44 44 et également à Anvers, Bruges, Liège et Gand
10, rue Chante Poulet, 1201 Genève
☎ 22 906 80 80
19, boulevard de Grancy, 1606 Lausanne
☎ 21 616 88 91
16, rue des Bains, 1212 Luxembourg
☎ 46 41 40

Comment circuler

AÉROPORT D'EL PRAT

Situé à 12 km au sud-ouest du centre-ville, à El Prat de Llobregat, l'aéroport de Barcelone regroupe trois terminaux. Le terminal A est réservé aux vols internationaux en provenance des pays non-européens et aux départs des compagnies autres qu'espagnoles. Le terminal B accueille les avions arrivant d'Europe, ainsi que les appareils des compagnies espagnoles tant pour les lignes intérieures qu'internationales. En raison de la saturation du terminal A, il accueille également depuis début 2000 une douzaine de compagnies étrangères. Le terminal C est réservé au *Pont Aeri* (*Puente Aéreo*), la navette aérienne Barcelone-Madrid.

Les halls d'arrivée occupent le rez-de-chaussée, ceux des départs le premier étage. Le principal office du tourisme de l'aéroport accueille les visiteurs au rez-de-chaussée du terminal A. Ouvert du lundi au samedi de 9h30 à 20h, le dimanche de 9h30 à 15h (il ferme environ 30 minutes plus tard en été), il fournit des informations sur l'ensemble de la Catalunya. Au rez-de-chaussée du Terminal B, vous trouverez un second bureau accessible du lundi au samedi de 9h30 à 15h.

Des distributeurs automatiques sont disséminés dans les trois bâtiments, et il est possible de changer des devises dans les terminaux A et B, où vous trouverez également un *correus* (bureau de poste). L'aéroport abrite aussi plusieurs kiosques à journaux, des librairies, un certain nombre de bars et de restaurants, et des boutiques en duty-free.

Une fois à l'intérieur du terminal, suivez les panneaux *Recollida d'Equipatges/Recogida de Equipajes* (retrait des bagages) qui vous conduiront au contrôle des passeports, en général inexistant pour les voyageurs arrivant d'un pays de l'espace Schengen (voir la rubrique *Formalités complémentaires* du chapitre *Renseignements pratiques*).

Pour toute information sur les vols, composez le ☎ 93 298 38 38 (il s'agit d'un service vocal en plusieurs langues et vous n'aurez guère besoin de notions étendues d'espagnol pour choisir votre langue).

Consigne à bagages

La consigne automatique (*consigna)*, installée au rez-de-chaussée du terminal B (du côté du terminal C), reste ouverte 24h/24. Le dépôt d'un bagage coûte 3,80 € pour une journée (comme pour quelques heures). En ville, il est possible de faire garder vos bagages (reportez-vous au chapitre *Renseignements pratiques*).

Desserte de l'aéroport
Train

L'aéroport est le point de départ de la ligne 1 des *rodalies* (*cercanías* en castillan) qui dessert Mataró et, au-delà, le nord-est de Barcelone. L'aéroport fait partie de la zone 4, et le trajet jusqu'au centre-ville (zone 1) coûte 2,15 €.

Les principaux arrêts sont Estació Sants, Plaça de Catalunya, Arc de Triomf et El Clot-Aragó. Les départs ont lieu tous les jours toutes les 30 minutes de 6h13 à 22h41. Comptez 16 minutes de trajet jusqu'à Sants et 21 minutes jusqu'à Catalunya. Au départ de Sants, il y a des trains toutes les demi-heures de 5h43 à 22h13. Pour un départ de Catalunya, prévoyez d'être là cinq minutes plus tôt.

Le seul inconvénient du train est qu'il faut compter cinq minutes de marche à pied (facilitée par les tapis roulants lorsqu'ils fonctionnent) depuis/jusqu'aux différents terminaux – ce qui est assez déplaisant si vous êtes lourdement chargé. La gare est située entre les terminaux A et B. Les tickets se prennent soit au guichet, soit dans des distributeurs automatiques si vous disposez de monnaie. Vous devez ensuite les valider en passant une sorte de tourniquet pour accéder au quai.

Métro

En juin 2000, le projet d'une nouvelle ligne de métro a été approuvé. La ligne 9 partira ainsi de l'aéroport et traversera Barcelone jusqu'à la station de train à grande vitesse (AVE) prévue à Sagrera, et même au-delà. Les optimistes annoncent sa mise en service pour 2004.

Bus

Il existe une navette, le A1 Aerobús, entre l'aéroport et la Plaça de Catalunya, *via* Estació Sants. La liaison se fait toutes les 15 minutes entre 6h et minuit du lundi au vendredi, (à partir de 6h30 les week-ends et jours fériés). De la Plaça de Catalunya, les départs ont lieu de 5h30 à 23h15 du lundi au vendredi (de 6h à 23h20 les week-ends et jours fériés). Le trajet dure environ 40 minutes, en fonction de la circulation, et coûte 3 €.

Solution plus économique, les bus de banlieue (EA et EN) partent en moyenne toutes les 20 minutes pour la Plaça d'Espanya (0,90 €). Comptez une heure de trajet.

Dans les deux cas, les tickets se prennent dans le bus (à moins, pour le bus de banlieue, d'être muni d'un ticket à trajets multiples ou d'un pass ; voir ci-dessous la rubrique *Transports publics*).

Taxi

Le trajet depuis/vers le centre-ville dure 30 minutes et revient à environ 15 €. Trouver un taxi ne pose généralement aucun problème.

Parking

Pour un stationnement de courte durée, utilisez les parkings installés devant les principaux terminaux. Il vous en coûtera 1,35 € de l'heure pour les deux premières heures, puis 0,90 € l'heure. Si vous laissez votre voiture 8 heures ou plus, le tarif journalier passe à 9 €. A partir du sixième jour, vous paierez 6,30 € par jour. Le paiement s'effectue dans des machines automatiques (en espèces ou par carte de crédit) avant de reprendre le véhicule ; après avoir réglé, vous disposez de 20 minutes pour sortir du parking.

Si vous comptez laisser votre voiture à l'aéroport pendant une période plus longue, peut-être souhaiterez-vous profiter du service Parking VIP. Pour cela, il suffit de s'arrêter devant le terminal, d'où un chauffeur ira garer votre voiture dans un parking couvert placé sous surveillance permanente. Au retour, il vous faudra appeler à l'avance de manière à ce que l'on conduise votre voiture devant votre terminal d'arrivée. Le tarif journalier s'élève à 11 € (il diminue légèrement à partir de six jours), le chauffeur perçoit une somme de 6 €, et il faut ajouter 16% d'IVA. On vous facture un minimum de deux jours, ce qui veut dire que vous paierez un minimum de 32,75 € pour un ou deux jours de parking. Pour obtenir des renseignements et réserver, composez le ☎ 93 478 66 71 ou envoyez un fax au 93 478 14 85.

TRANSPORTS PUBLICS

Le métro est le moyen le plus facile pour se déplacer et visiter la ville. Il est complété par plusieurs lignes de train gérées par les Ferrocarrils de la Generalitat de Catalunya (FGC).

Le principal office du tourisme distribue un *Guia d'Autobusos Urbans de Barcelona* très pratique, qui comporte un plan du métro et des bus. Pour tout renseignement sur les transports publics, contactez le ☎ 010 ou ☎ 93 412 00 00 et pour les trains FGC, le ☎ 93 205 15 15. Vous obtiendrez des informations sur les facilités offertes aux handicapés au ☎ 93 486 07 52.

Le TMB, autorité publique de transit, gère quatre Centres d'Atenció al Client (services clientèle) : à Estació Sants (station RENFE sur la ligne principale) et aux stations de métro Universitat, Diagonal et Sagrada Família. Le centre d'Estació Sants est ouvert tous les jours de 7h à 21h ; les autres du lundi au vendredi de 8h à 20h.

Targetas

Les Barcelonais utilisent des titres de transport urbain valables pour plusieurs trajets. Ces *targetas* sont en vente dans presque toutes les stations de métro du centre-ville. Valable une journée, la Targeta T-1 (5,50 €) donne droit à 10 trajets en métro, en bus ou en train FGC. Chaque trajet est valable une heure, pendant laquelle vous pouvez effectuer des changements entre lignes de métro et FGC. La Targeta T-2 (8 €) vous donne également droit à 10 trajets en métro ou en train FGC, mais chaque trajet est valable 75 minutes et vous pouvez emprunter métro, FGC et bus. La Targeta T-DIA (4 €) autorise un nombre de trajets illimités en métro, bus (y compris de nuit) ou train FGC et RENFE, dans une même journée.

Il existe une multitude d'options dont une carte mensuelle vendue 33,50 € pour un nombre de trajets illimité dans tous les transports publics. Pour cela, vous devrez d'abord vous procurer une carte Targetren ID auprès des Centres d'Atenció al Client. Vous pouvez également acquérir la Targeta T-50/30 (50 trajets en moins de 30 jours, 22,25 €) et des billets à tarif réduit/pass pour seniors et étudiants.

Si vous comptez vous déplacer beaucoup en ville en un laps de temps court, en empruntant bus, métro et FGC, sachez que les tickets Abonament valables trois/cinq jours à 10,25/15,75 € sont intéressants.

Si vous prenez l'Aerobús depuis l'aéroport, vous pouvez acheter un ticket valable sur cette navette, puis sur le métro et tous les bus de Barcelone, de façon illimitée pendant trois jours (12 €) ou cinq jours (15 €).

Bus

Les bus sillonnent les plus grands axes de la ville toutes les 10 minutes environ entre 5h ou 6h et 22h ou 23h. Les vendredi, samedi et veille de jours fériés, ils circulent jusqu'à 2h). La plupart des itinéraires passent par la Plaça de Catalunya et/ou la Plaça de la Universitat. Après 23h (ou après 2h), un service réduit de *nitbusos* (bus de nuit) prend le relais jusque vers 3h ou 5h. Ces bus jaunes passent tous par la Plaça de Catalunya, à raison d'un service toutes les 30 à 45 minutes. Quel que soit le bus, le trajet coûte 0,90 €.

Bus Turístic

Cette ligne de bus couvre deux circuits (24 arrêts) qui relient pratiquement tous les principaux sites touristiques. Les offices de tourisme, les bureaux TMB et de nombreux hôtels distribuent des brochures expliquant les possibilités de parcours et les modalités. Les tickets s'achètent dans le bus : l'un vaut 12 € pour une journée de trajets illimités, l'autre 15 € pour deux jours consécutifs. La fréquence des bus va de 10 à 30 minutes, selon la saison, de 9h à 19h45.

Les tickets de Bus Turístic vous permettent par ailleurs d'obtenir une réduction de 1,80 € environ sur l'accès à une vingtaine de sites touristiques, au tramvia blau, funiculaires et téléphériques. Ils donnent aussi droit à des bons de remise dans des magasins et à un repas chez Kentucky Fried Chicken ou Pizza Hut... Ces remises peuvent être utilisées un autre jour que celui de l'achat du billet.

Tombbus

L'itinéraire du Tombbus T1 a été tracé pour faciliter le shopping en ville. Le Tombbus part régulièrement de la Plaça de Catalunya, remonte l'Avinguda Diagonal, puis bifurque vers la Plaça de Pius XII avant de faire demi-tour. En chemin, vous passerez devant plusieurs bâtiments d'El Corte Inglés, le Bulevard Rosa et la FNAC. Le trajet revient à 1 €.

Métro

Rien de plus pratique et de plus simple à utiliser que les cinq lignes de métro identifiables à un numéro et une couleur spécifiques. Un trajet coûte 0,90 €. Il suffit de prendre son ticket aux machines automatiques installées dans la plupart des stations. Le métro fonctionne du lundi au jeudi de 5h à 23h ; le vendredi, le samedi et les veilles de jours fériés de 6h à 2h ; le dimanche de 6h à 24h ; de 6h à 23h les autres jours de fête ; et de 6h à 2h les jours fériés qui précèdent un autre jour férié. La ligne 2 est accessible aux handicapés et certaines stations sur d'autres lignes disposent d'ascenseurs. Consultez le plan de métro en couleur placé à la fin de ce guide.

Trains de banlieue FGC

Les trains de banlieue Ferrocarrils de la Generalitat de Catalunya (FGC) comptent deux lignes fort utiles. La première dessert le nord en partant de la Plaça de Catalunya, puis se divise en deux branches, l'une allant à Tibidado, l'autre à proximité du Monestir de Pedralbes. Certains de ces trains continuent au-delà de Barcelone jusqu'à Sant Cugat, Sabadell et Terrassa.

L'autre ligne FGC relie Manresa au départ de la Plaça d'Espanya, ce qui présente moins d'intérêt (sauf pour se rendre à Montserrat – voir le chapitre *Excursions*).

MICK WELDON

Ces trains circulent du dimanche au jeudi de 5h à 23h ou 23h30, et les vendredi et samedi de 5h à 2h. Un trajet à l'intérieur de la ville coûte 0,90 €.

Rodalies/Cercanías

Ces trains locaux de la RENFE desservent des villes situées aux environs de Barcelone, ainsi que l'aéroport. Pour plus de détails, reportez-vous au chapitre *Comment s'y rendre.*

Amendes

A défaut de pouvoir présenter votre ticket dans les transports publics, vous devrez acquitter une amende de 30 €.

VOITURE ET MOTO

Un système de sens uniques efficace rend la circulation relativement fluide, mais cela ne vous empêchera pas de vous retrouver parfois dans une direction que vous n'aviez pas choisie – à moins d'avoir avec vous un navigateur expérimenté et une carte comportant un index des rues détaillé et indiquant les sens uniques (comme d'autres plans de la ville plus coûteux). Le stationnement s'avère difficile et onéreux si vous optez pour la solution du garage. Mieux vaut abandonner votre véhicule et prendre les transports en commun.

Parking

Comme vous le découvrirez bientôt, trouver une place à Barcelone n'est pas chose facile (excepté en août, quand la moitié des habitants sont partis en vacances). Se garer dans la Ciutat Vella relève de l'exploit et le stress que peut engendrer cette aventure ne vaut

pas le coup ! Les rues étroites de Gràcia sont encore pires.

Les larges boulevards de l'Eixample offrent néanmoins quelques possibilités, à condition de prendre un luxe de précautions. Dans certaines rues, il est formellement interdit de stationner. Dans d'autres, la portion de la rue signalée en rouge est interdite au stationnement. Des signalisations bleues signifient que vous trouverez en zone de stationnement payant à raison de 3 € maximum les deux heures. Prenez votre ticket au parcmètre et placez-le derrière le pare-brise. Naturellement, on ne peut pas se garer devant les entrées d'immeubles. Les marques jaunes signifient en général qu'il est permis de stationner un maximum de 30 minutes, le temps de charger (*cárrega*) ou de décharger (*descárrega*). Nombre de conducteurs s'attardent plus longtemps dans ce type de zones – mais vous risquez l'amende... ou la mise en fourrière.

En règle générale, il faut éviter de stationner en zone jaune les jours de semaine entre 8h et 20h. Cela inclut la majorité des angles de rues coupés en biais (*chaflanes*) aux intersections de l'Eixample. Les horaires de stationnement au parcmètre sont semblables (avec une interruption de deux heures au moment du déjeuner).

Il existe cependant des rues dans l'Eixample – si vous arrivez à trouver une place – où le stationnement ne pose pas de problème. Si vous ne voyez que des marques blanches et aucun panneau de stationnement interdit, n'hésitez pas !

Ces règles valent pour tout le centre-ville, mais ne vont pas toutefois sans quelques finesses. Certaines rues disposent d'un stationnement bilatéral signalé en principe par un panneau rond de stationnement interdit portant la mention "1-15" ou "16-31", selon que, sur ce côté de la voie, on ne peut pas se garer la première ou la seconde quinzaine du mois.

Les motos et les scooters n'ont évidemment pas autant de problèmes. Vous verrez même parfois des emplacements réservés aux motos.

Si jamais votre voiture était enlevée, appelez le Dipòsit Municipal (fourrière) au ☎ 93 428 45 95. On vous enverra probablement à la fourrière de la Plaça de les Glòries Catalanes (métro Glòries). Vous paierez 91,25 € pour l'enlèvement et environ 1,50 € l'heure (15 € maximum par jour). Les quatre premières heures sont gratuites...

Location de voitures

Louer une voiture n'est bien entendu pas indispensable pour découvrir Barcelone, mais s'avère pratique pour explorer la campagne environnante. Toutefois, cette solution n'est guère intéressante si vous prévoyez de ne faire que quelques excursions d'une journée.

Au cas où vous n'auriez pas réservé une voiture de l'étranger, sachez que des agences de location comme Julià Car, Ronicar et Vanguard pratiquent en général des tarifs inférieurs à ceux des grandes sociétés internationales. Une petite voiture de type Ford Fiesta ou une Fiat Punto avec une assurance minimum obligatoire vous reviendra à environ 17 € par jour plus 0,15 € du kilomètre, plus IVA (la TVA espagnole).

Si vous choisissez la formule kilométrage illimité, le tarif s'élève en moyenne à 108,25 € pour trois jours ou 210,50 € pour une semaine, plus IVA. Vous payez l'assurance en sus, qui peut s'élever à 9 € par jour. Les forfaits "spécial week-end" (du vendredi midi ou après-midi au lundi matin) peuvent valoir la peine. Voici les coordonnées de quelques agences de location (certaines ont des agences dans différents quartiers de la ville) :

Avis (carte 2 ; ☎ 902 13 55 31 ou 93 237 56 80), Carrer de Còrsega 293-295, l'Eixample

Europcar (carte 2 ; ☎ 902 10 50 30), Gran Via de les Corts Catalanes 680

Hertz (carte 2 ; ☎ 902 40 24 05 ou 93 270 03 30), Carrer d'Aragó 382-384, l'Eixample

Julià Car (carte 4 ; ☎ 93 402 69 00), Ronda de la Universitat 5, l'Eixample

National/Atesa (carte 4 ; tél. 902 10 01 01 ou 93 323 07 01), Carrer de Muntaner 45, l'Eixample

Ronicar (carte 3 ; ☎ 989 06 34 73), Carrer d'Europa 34-36, Les Corts

Vanguard (carte 3 ; ☎ 93 439 38 80), Carrer de Londres 31, l'Eixample

Avis, Europcar, Hertz et d'autres grands loueurs disposent d'agences à l'aéroport, à la gare ferroviaire Estació Sants et à la gare routière Estació del Nord.

Vanguard loue également des motos. Si vous voulez un modèle correct pour explorer les environs de Barcelone, il vous faudra compter autour de 72 € par jour (plus 16% d'IVA).

Achat

Seules les personnes résidant légalement en Espagne sont autorisées à acheter un véhicule. Un des moyens de contourner cette condition consiste à ce qu'un ami résident fasse établir les papiers à son nom.

Se mettre en chasse d'une voiture implique de posséder de solides connaissances en espagnol afin de pouvoir remplir les documents administratifs et décrypter le discours des vendeurs. Une Seat (Ibiza, par exemple) ou une Renault (4 ou 5) d'occasion en bon état peuvent se trouver à partir de 1 800 €. Pour cette catégorie de voiture, le coût annuel d'une assurance au tiers, comprenant vol et incendie ainsi qu'un service de dépannage dans tout le pays, revient à 241 ou 301 € (avec une réduction l'année suivante si vous n'avez déclaré aucun accident).

Les véhicules de cinq ans et plus doivent être soumis à un contrôle technique, l'ITV, Inspección Técnica de Vehículos. Si tout est en ordre, il vous sera remis un autocollant valable deux ans. Assurez-vous que ce contrôle a été effectué au moment de l'achat (il coûte environ 25 €).

COMMENT CIRCULER

Vous pouvez acheter une moto d'occasion de 50cc à partir de 241 € et jusqu'à 601 €.

Attention !

Si vous conduisez un véhicule étranger ou une voiture de location dans les environs de Barcelone, prenez des précautions. Des bandes de délinquants risquent de s'en prendre à vous. Ils vous feront signe que votre voiture a un problème, de pneu, par exemple, et vous inciteront à vous arrêter. Pendant que l'un d'eux feint d'examiner avec vous ce qui ne va pas, les autres dévalisent la voiture.

Le problème prend surtout de l'ampleur aux abords de l'aéroport, où de faux employés d'agences de location ont abordé des clients en leur affirmant être chargés de garer le véhicule pour eux. La voiture disparaît alors avec tout son contenu. Sachez que les employés des compagnies de locations ne garent pas les véhicules de leurs clients.

TAXI

Les taxis sont noir et jaune (avec les voitures noir et crème de Palma de Mallorca, ce sont les seuls à se différencier des taxis tout blancs que l'on trouve dans le reste du pays).

Le prix d'une course se calcule en ajoutant les 1,80 € de prise en charge à la somme affichée au compteur ; ce qui revient en moyenne à 0,75 € du kilomètre (légèrement plus entre 22h et 6h, de même que les samedi, dimanche et jours fériés). Il vous sera demandé 1,80 € supplémentaires pour aller depuis/vers l'aéroport, et 0,75 € par bagage mesurant plus de 55x35x35 cm. La course entre l'Estació Sants et la Plaça de Catalunya (environ 3 km) revient environ à 4,50 €.

Pour appeler un taxi, composez le ☎ 93 225 00 00, le ☎ 93 330 03 00, le ☎ 93 266 39 39, ou encore le ☎ 93 490 22 22. Des informations générales sur les taxis sont disponibles au ☎ 010. Radio Taxi Móvil (☎ 93 358 11 11) dispose de véhicules adaptés aux handicapés.

Une lumière verte sur le toit signifie que le taxi est libre (le signe *lliure/libre* est en général placé en bas du pare-brise côté passager). Plus de 11 000 taxis circulent dans Barcelone : vous aurez rarement à attendre trop longtemps. Une borne de taxis se trouve près du Monument a Colom, en bas de La Rambla (carte 5).

BICYCLETTE ET MOTOCYCLETTE

A Barcelone, la *moto* (motocyclette) est reine, même si un grand nombre d'habitants préfèrent se déplacer à vélo.

La ville est en grande partie plate, et des pistes cyclables ont été aménagées le long de plusieurs artères principales (comme la Gran Via de les Corts Catalanes, l'Avinguda Diagonal, le Carrer d'Aragò, l'Avinguda de la Meridiana et le Carrer de la Marina). Bien que se faufiler au milieu de la circulation ne soit pas toujours de tout repos, le vélo reste un moyen de locomotion agréable pour circuler en ville. Une piste cyclable longe également une grande partie du front de mer entre le Port Olímpic et le Riu Besòs. De nouvelles pistes sont aménagées en permanence, et plusieurs superbes itinéraires ont été tracés tout spécialement pour les VTTistes dans le parc Collserola. Essayez de vous procurer une carte des itinéraires cyclables à l'office de tourisme Plaça de Catalunya.

Bicyclette dans les transports publics

Il est possible de transporter son vélo dans le métro, excepté en semaine pendant les heures de pointe (entre 6h30 et 9h30 et entre 16h30 et 20h30). Ces restrictions n'ont toutefois pas cours les week-ends, les jours fériés et en juillet-août. Vous pouvez aussi transporter votre vélo dans les trains FGC (sauf sur la ligne Plaça d'Espanya-Igualada), excepté entre l'heure d'ouverture et 9h30, ainsi que dans les trains rodalies de 10h à 15h en semaine et toute la journée pendant le week-end et les jours fériés.

Location de bicyclettes

Plusieurs magasins louent des vélos. Un Menys (carte 6 ; ☎ 93 268 21 05), Carrer de l'Esparteria 3, prend 12 € la journée, 9 € la demi-journée ou 3,75 € l'heure. Scenic (carte 5 ; ☎ 93 221 16 66), Carrer de la Marina 22, prend 4,50 € l'heure ou 18 € la journée. Autre option possible, le parking qui propose aussi des locations de bicyclettes (repérez le panneau Bicicletas), Passeig de Picasso 40 (carte 6 ; ☎ 93 319 18 85). Ici, les vélos sont loués 2,50 € l'heure ou 12 € la journée. D'autres magasins de location se trouvent à proximité.

Location de scooters
Rien ni personne ne vous empêche de contribuer à la pollution sonore de Barcelone en louant un scooter. Prévoyez en moyenne 24 € la journée (plus 16% d'IVA). Les conducteurs de scooters sont censés ne pas sortir des limites de la ville. Vous pouvez en louer à Vanguard (carte 3 ; ☎ 93 439 38 80), Carrer de Londres 31.

PROMENADE A PIED
Dans le Barri Gòtic et ses environs, rien ne vaut la marche à pied. Mais, pour vous rendre plus rapidement sur les sites plus éloignés comme la Sagrada Família, le Monestir de Pedralbes, Montjuïc ou Tibidabo, il vous faudra utiliser les transports en commun.

Si les conducteurs sont, dans l'ensemble, plus attentionnés à Barcelone qu'à Madrid – disons-le –, il vous attendez pas pour autant à ce qu'ils s'arrêtent pour vous laisser traverser. Jouez plutôt la prudence et partez du principe qu'ils ne le feront sans doute pas. En revanche, les automobilistes respectent en général rigoureusement les feux rouges.

Une des toutes premières règles lorsqu'on se promène dans une ville consiste à "lever le nez" – on découvre parfois des merveilles. A Barcelone, surtout dans le centre, regarder où l'on pose les pieds est néanmoins fortement conseillé. Les chiens ont en effet une fâcheuse tendance à s'oublier au milieu des trottoirs.

CIRCUITS ORGANISÉS
Circuits à bicyclette
Le magasin Un Menys (carte 6 ; ☎ 93 268 21 05, Carrer de la Esparteria 3), organise des circuits à vélo dans le vieux centre-ville, La Barceloneta et Port Olímpic. Ils ont lieu dans la journée les samedi et dimanche –

départ à 10h devant le magasin et retour à 12h30. Le prix de 15 € comprend une halte à Port Vell pour boire un verre. La version nocturne, proposée les mardi et jeudi, démarre à 20h30 et se termine à minuit. Les 36 € demandées incluent un arrêt repas plus boisson à La Barceloneta sur le front de mer. Si vous êtes nombreux, ces circuits peuvent être également organisés d'autres jours de la semaine.

Autres circuits
Le Bus Turístic (voir la rubrique *Transports publics* plus haut dans ce chapitre) offre un rapport qualité/prix plus intéressant que les circuits touristiques conventionnels de la ville. Si vous préférez être accompagné d'un guide, Julià Tours (carte 4 ; ☎ 93 317 64 54), Ronda de la Universitat 5 (métro Universitat) et Pullmantur (carte 2 ; ☎ 93 318 02 41), Carrer del Bruc 645, organisent des circuits en bus, ainsi que des excursions dans les environs de la ville : à Montserrat, Vilafranca del Penedès, sur la Costa Brava et en Andorre. Il faut compter environ 29 € pour une demi-journée et 64 € pour la journée entière.

Chaque samedi et dimanche matin une visite à pied de la Ciutat Vella, commentée en anglais est organisée à 10h, en espagnol et en catalan à 12h, pour 5,75 €. Rendez-vous devant l'Oficina d'Informació de Turisme de Barcelona, Plaça de Catalunya (carte 6). Le tarif est de 6 €.

La Casa Elizalde (carte 2 ; ☎ 93 488 05 90), Carrer de València 302, organise des cours et toutes sortes d'autres activités dans la ville. On peut aussi se joindre à un groupe de découverte de Barcelone à pied (activité qui occupe généralement toute une matinée et coûte 4,75 € par personne), ou à des excursions d'une journée ou d'un week-end à l'extérieur de la ville. Ces sorties s'adressent plutôt aux habitants de la ville, mais si vous comprenez un peu le catalan (qui est, vous le découvrirez peut-être, la langue dominante), l'expérience peut se révéler intéressante.

Pour d'autres visites guidées, y compris personnalisées, contactez le Bureau des Guides de Barcelone (☎ 93 310 77 78, fax 93 268 22 11).

Promenades à pied

Avant de passer aux choses sérieuses et de répertorier tout ce qu'il faut voir et faire à Barcelone, ce qui sera l'objet du prochain chapitre, nous vous invitons à suivre quelques itinéraires thématiques pour découvrir ce que la ville a de meilleur à offrir.

Pour explorer un tant soit peu Barcelone et l'apprécier à sa juste valeur, il faudra y consacrer une bonne semaine et beaucoup d'énergie. Les sites intéressants étant dispersés aux quatre coins de la ville, vous avez tout intérêt à utiliser les transports en commun pour épargner les semelles de vos chaussures.

Nous vous suggérons ici trois promenades thématiques. Les deux premières vous conduiront à travers les ruelles de la Ciutat Vella (vieille ville), où vous admirerez les principaux sites dignes d'intérêt, édifiés depuis l'époque romaine jusqu'au XVIIIᵉ siècle. La deuxième débute là où s'arrête la première et, à elles deux, elles forment un grand circuit (trop long pour être effectué en une seule journée si vous voulez profitez de ce que vous voyez).

La troisième promenade est entièrement consacrée au modernisme, qui représente pour beaucoup de visiteurs le principal intérêt de Barcelone.

Les circuits dans la Ciutat Vella et celui du modernisme se chevauchent parfois, si bien que vous pourrez associer des éléments pris à chacun et composer votre propre itinéraire. Les circuits que nous vous proposons visent à vous guider à travers la ville en reliant la plupart des sites intéressants de l'ancienne et de la (relativement) nouvelle Barcelone.

Les sites précédés d'un astérisque (*) sont traités en détail au chapitre *A voir et à faire*.

Certains sites éloignés de la thématique ou de la zone géographique concernant ces itinéraires sont seulement évoqués en passant ou ne font l'objet d'aucune mention. Vous trouverez plus d'informations à leur sujet au chapitre *A voir et à faire*. En revanche plusieurs lieux de moindre importance sont brièvement mentionnés ici, sans qu'il y soit fait référence plus loin. Et maintenant, bonne balade !

CIUTAT VELLA

Une promenade à travers le labyrinthe médiéval que constitue le vieux Barcelone implique des itinéraires tortueux. Si vous voulez prendre le temps d'admirer les sites qui la jalonnent, plutôt que de courir d'un endroit à l'autre, prévoyez au moins deux journées bien remplies pour les deux parcours (le premier est le plus long).

1ʳᵉ promenade : Barri Gòtic et La Ribera

Cet itinéraire permet d'explorer le cœur même de la ville. C'est ici que les Romains avaient établi leur camp militaire, sur lequel la Barcelone médiévale s'est progressivement bâtie. Aujourd'hui encore, ces lieux constituent le centre, tant religieux que laïc, de la ville.

Plaça de Sant Jaume. Cette place (1 sur le plan), cœur de Barcelone, représente un point de départ idéal.

Sur les côtés nord-ouest et sud-est de la place s'élèvent le *Palau de la Generalitat (2) et l'*Ajuntament (3), sièges respectifs des administrations municipales et régionales. Juste au nord de la place médiévale dont il comprenait sans doute une partie à l'origine, s'étendait le forum de la cité romaine de Barcino, auquel le temple faisait face, édifié un peu plus au nord sur une petite hauteur appelée mont Taber. A eux deux, ces lieux formaient alors le centre de la vie civique et religieuse. Sur le forum se croisaient à angle droit les deux voies qui donnent son plan à toute colonie de l'Empire romain, le *decumanus* (voie nord-sud, aujourd'hui Carrer des Bisbe Irurita) et le *cardo* (voie est-ouest). Vous découvrirez l'histoire de Barcino, qui fut un camp militaire avant de devenir cité romaine, en visitant le Museu d'Història de la Ciutat (consultez la rubrique *Barri Gòtic*).

Quartier juif et les alentours. En quittant la Plaça de Sant Jaume, obliquez vers l'ouest en empruntant la Carrer del Call, principale artère de l'ancien quartier juif (*Call*) de la Barcelone médiévale. Le Carrer de Ferran, l'artère rectiligne juste au sud de celle-ci et qui mène aussi à La Rambla, ne fut percé qu'en 1823. Après avoir traversé le Carrer de Ramon del Call, vous apercevrez, près de la bijouterie Carrer de Call 5, des vestiges de l'enceinte romaine, ainsi que la porte sud-ouest de la ville. Un pâté de maisons plus haut, vous atteignez le Carrer de Marlet. Au n°1, la plaque commémorative sur le mur portant une inscription en hébreu est l'un des rares signes rappelant l'ancienne identité du quartier. Selon la traduction en catalan (1820) qui figure en dessous, c'est là que le rabbin Samuel Hasareri a vécu et est décédé. La date donnée comme celle de sa naissance (692 av. J.-C.) ne manque pas de laisser perplexe.

Plus loin, la rue croise le Carrer dels Banys Nous, où la communauté juive fut autorisée à édifier de nouveaux bains publics, au-delà de l'enceinte de l'époque (remplacée sous Jaume Ier par la nouvelle muraille le long de l'actuelle Rambla). Ici, le Carrer dell Call devient le Carrer de la Boqueria. Prenez la première à droite et suivez-la jusqu'à la Plaça de Sant Josep Oriol. Vous découvrirez alors la façade latérale de l'église gothique ***Santa Maria del Pi** (4, dont l'entrée principale donne sur la place voisine). De l'autre côté, au n°4, le **Palau de Fiveller** (5), ancien hôtel particulier, date de 1571.

Rebroussez chemin vers l'est, en empruntant le Carrer de l'Ave Maria, puis, sur la gauche, le Carrer dels Banys Nous et vous tomberez sur la Baixada de Santa Eulàlia (qui vous ramène dans le Call). Là où la rue change de nom pour devenir le Carrer de Sant Sever, vous apercevez alors une ruelle sur votre gauche. Pénétrez sur cette paisible place ombragée (mais mal entretenue). On y trouve

l'insignifiant **Museu del Calçat** (6), musée de la chaussure), ouvert du mardi au dimanche, de 11h à 14h (entrée : 1,20 €). Devant vous se dresse l'**Església de Sant Felip Neri** (7), monument baroque achevé en 1752. Elle jouxte le ***Palau del Bisbat** (8, ou Palau del Bisbat), le palais épiscopal. Suivez le Carrer de Montjuïc del Bisbe, sans doute l'une des venelles les plus étroites de Barcelone, pour atteindre le Carrer del Bisbe Irurita.

La Catedral. Vous faites alors face au portail qui donne accès au cloître ombragé de la ***Catedral** (9). Vous pouvez prendre à droite, et revenir vers la Plaça de Sant Jaume, en longeant d'abord la modeste **Església de Sant Sever** (10), puis la principale façade gothique du Palau de la Generalitat.

Voie romaine. Nous prendrons toutefois à gauche (en direction du nord-ouest), pour franchir les anciennes portes de la ville (il reste des vestiges de ces portes romaines) à l'endroit où le Carrer del Bisbe Irurita débouche sur la Plaça Nova. L'enceinte romaine, qui protégea la ville jusqu'au XIIIe siècle, en possédait quatre. Les trois autres se trouvaient donc au sud-ouest – dans le Carrer del Call, juste au-delà du Carrer de Ramon del Call –, au sud-est – dans l'actuel Carrer del Regomir – et au nord-est – approximativement, à l'angle de la Baixada de la Llibreteria et du Carrer de la Llibreteria.

Si vous continuez tout droit le long du Carrer dels Arcs, puis dans l'Avinguda del Portal de l'Àngel, avant de vous engouffrer à gauche dans le Carrer de la Canuda, vous aurez suivi un tronçon de l'ancienne voie romaine, la via Augusta, qui reliait Rome à Cádiz. Poursuivez jusqu'à la Plaça de la Vila de Madrid, où vous découvrirez une petite **nécropole romaine** (11) et les vestiges de quelques pierres tombales.

Jusqu'au site du palais de Guifré El Pelós. Au nord de la place, le Carrer de Bertrellans mène au Carrer de Santa Anna où vous obliquerez à droite, puis tout de suite à gauche dans une ruelle qui débouche sur une place étonnamment tranquille, où se dresse la modeste **Església de Santa Anna** (12). Elle date du XIIe siècle, mais rares en sont les vestiges romans. Son cloître gothique est un havre de paix ombragé ; encore faut-il pouvoir y pénétrer.

De retour dans le Carrer de Santa Anna, traversez l'Avinguda del Portal de l'Àngel et descendez le Carrer de Comtal. Dans la deuxième rue à droite, le Carrer de N'Amargòs, se dressait jadis (comme l'indique la plaque du n°8) le palais du premier comte de Barcelone, Guifré El Pelós (Geoffroi le Poilu évoqué dans la rubrique *Histoire* du chapitre *Présentation de Barcelone*). Cette rue fut également la première éclairée au gaz.

Sainte Eulalie au supplice

A l'angle de la Baixada de Santa Eulàlia et du Carrer de Sant Sever, une niche de piété rappelle le martyre de sainte Eulalie, décrit sur la plaque en céramique par une citation du père Jacint Verdaguer, écrivain catalan du XIXe siècle. Il y est fait mention de l'une des nombreuses tortures endurées par sainte Eulalie, devenue l'une des deux patronnes de Barcelone. Dans le monde païen de la Barcino romaine, Eulalie s'était convertie au christianisme bien avant qu'il ne devienne la religion officielle de l'Empire.

Sa conversion, motivée par la décadence des mœurs, dérangea beaucoup ses contemporains qui lui imposèrent toutes sortes de supplices. Emprisonnée dans une tour du Call, Eulalie eut à subir une série d'épreuves toutes médiévales dont celle du tonneau (tapissé de clous, selon certains témoignages) où elle fut enfermée et qu'on fit rouler sur la pente de l'actuelle Baixada de Santa Eulàlia. Elle mourut, semble-t-il, sur le pilori (nul ne s'accorde sur le lieu) et ses reliques reposent dans la crypte de la cathédrale. La Santa Eulàlia originaire de Mérida (en Estrémadure, Espagne occidentale) ne fait vraisemblablement qu'une avec celle de Barcelone.

De retour à la catedral. Empruntez à droite le Carrer de Montsió et, une fois dans l'Avinguda del Portal de l'Àngel, obliquez à gauche et revenez vers la Plaça Nova et la Catedral. Aucune voiture ne circule dans les ruelles anciennes qui l'entourent, où l'on a plaisir à croiser des musiciens ambulants qui jouent de la guitare classique ou chantent du folklore catalan.

Franchissez les portes romaines (observez à gauche les vestiges des deux aqueducs qui alimentaient la cité romaine) et prenez la première à gauche, Carrer de Santa Llúcia. Sur votre droite se profile une chapelle romane accolée à la Catedral, la *Capella de Santa Llúcia* (13), dédiée à sainte Lucie. Sur votre gauche se dresse la *Casa de l'Ardiaca* (14). L'entrée principale de la catedral se trouve un peu plus loin à droite. Face à vous, le bâtiment s'appelle la *Casa de la Pia Almoina* (15).

En longeant la façade est de la Catedral en direction du sud-est, par le Carrer dels Comtes de Barcelona, vous parviendrez au complexe de bâtiments qui forment l'ancien Palau Reial Major. Tournez à gauche dans la cour, appelée *Plaça del Rei* (16). On accède au complexe (qui comprend un circuit sous-terrain de ce secteur de la Barcino romaine) par le *Museu d'Història de la Ciutat* (17) et le *Museu Frederic Marès* (18). Quittez ensuite la Plaça del Rei par la rue que vous avez empruntée pour venir, traversez le Carrer dels Comtes de Barcelona et prenez la première à gauche pour descendre le Carrer del Paradís afin de jeter un coup d'œil aux vestiges du *Temple Romà August* (19), le temple de Barcino. Cela vous ramène Plaça de Sant Jaume et vous pouvez alors en profiter pour marquer une pause.

Sud du Barri Gòtic. Quittez la Plaça de Sant Jaume par le Carrer de la Ciutat, en direction du sud-est. Vous longerez la seule façade gothique de l'Ajuntament qui ait survécu aux remaniements. Contournez la bâtisse par la droite et vous parviendrez à la Plaça de Sant Miquel, somme toute assez quelconque, mais construite sur l'emplacement des anciens bains romains. Au coin de

la Baixada de Sant Miquel, la **Casa Centelles** (20) a conservé toute l'allure d'une charmante demeure du XVe siècle. Si le portail est ouvert, vous pourrez vous aventurer dans la cour de style gothique-Renaissance, mais pas au-delà.

Mettez de nouveau le cap à l'est en suivant le Carrer dels Templaris jusqu'au Carrer de la Ciutat. Quand celui-ci devient le Carrer de Regomir, vous remarquerez la **porte** sud de la Barcino romaine et des vestiges de l'enceinte datant des IIIe et IVe siècles. Pour les examiner de plus près, prenez un petit passage qui

monte sur le côté et entrez dans le Centre Cívic Pati Llimona. Différentes manifestations artistiques y sont organisées. Vous pouvez y entrer (gratuitement) tous les jours de 9h à 14h et de 16h30 à 20h30.

Une fois passé l'ancienne porte, s'élève au n°13 de la même rue un autre hôtel particulier du XVe siècle, la **Casa Gualbes** (21). Pour le plaisir, revenez un peu sur vos pas et empruntez le Carrer de Palma jusqu'à la ravissante Plaça de Sant Just, un endroit charmant pour se détendre et se désaltérer à l'ombre de l'église gothique du même nom.

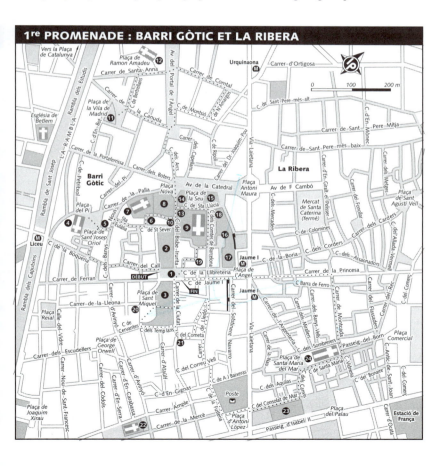

1re PROMENADE : BARRI GÒTIC ET LA RIBERA

Pour regagner le front de mer, longez la Carrer de Lledó qui a perdu beaucoup du charme qu'il avait au Moyen Age. Continuez votre chemin (sans vous soucier des changements de noms de cette ancienne artère résidentielle) jusqu'au moment où vous croiserez le **Carrer de la Mercè**. L'église baroque du même nom, l'**Església de la Mercè** (22), sanctuaire de la sainte patronne de Barcelone, se trouve trois pâtés de maisons à l'ouest.

La Ribera. Dirigez-vous en direction du nord-est pour rejoindre le quartier de La Ribera, une fois traversé la Via Laietana. Flânez dans Carrer del Consolat de Mar, jusqu'à **La Llotja** (23), l'ancienne loge de commerce du Moyen Age (mi-halle, mi-Bourse). Elle abrite un bel intérieur gothique (XIVᵉ siècle) derrière sa façade néoclassique. Picasso et Miró suivirent une partie de leurs études artistiques dans ce bâtiment, aujourd'hui le siège de la Chambre de commerce de Barcelone. Il est habituellement possible d'arranger une visite le vendredi entre 10h et 14h. Au moment où nous rédigions ce guide, le bâtiment était fermé *sine die* pour cause de réfection. Pour savoir ce qu'il en est lors de votre passage, appelez le ☎ 93 416 93 00.

Empruntez ensuite le Carrer dels Canvis sur votre gauche pour gagner la Plaça de Santa Maria del Mar. Une multitude de petits bars et d'établissements où l'on grignote sur le pouce se sont installés ici sous la haute silhouette gothique de l'***Església de Santa Maria del Mar** (24). Longez sa façade est, contournez le chevet, voici la ***Carrer de Montcada**, jolie rue datant du Moyen Age riche en demeures bourgeoises médiévales, en musées et en magasins, sans oublier ses deux charmantes fontaines. Le lieu se prête à la flânerie et vous incitera peut-être à reporter au lendemain la suite de l'itinéraire.

Sinon, l'étape suivante vous ramènera dans le Barri Gòtic. Suivez le Carrer de la Princesa, traversez Via Laietana, puis engagez-vous dans le Carrer de Jaume I pour rejoindre la Plaça de Sant Jaume.

2ᵉ promenade : El Raval

En partant de la **Plaça de Sant Jaume** (1 sur le plan), suivez Carrer de Ferran jusqu'à La Rambla ; vous découvrirez le ***Gran Teatre del Liceu** (2, voir le chapitre *Où sortir*) pratiquement en face de vous. Notre objectif consiste maintenant à rejoindre le front de mer.

En descendant La Rambla , vous pouvez tourner à droite dans le Carrer Nou de la Rambla (percé dans El Raval à la fin du XVIIIᵉ siècle, pour offrir un accès plus rapide à Montjuïc depuis le centre) pour voir le ***Palau Güell** (3) de Gaudí (voir *3ᵉ Promenade* et la rubrique *El Raval* dans le chapitre *A voir et à faire*), ou à gauche pour gagner la ***Plaça Reial** (4). Plus bas, sur la Rambla, se trouve le ***Museu de Cera** (5, musée de cire) et au rond-point situé sur le front de mer se dresse le ***Monument a Colom** (6), érigé au XIXᵉ siècle en hommage à Christophe Colomb. A votre droite, les grands arsenaux gothiques, les ***Drassanes** (7), abritent le splendide ***Museu Marítim**.

A partir de là, il vous faudra prévoir un peu de marche pour atteindre chaque site. Prenez à l'ouest l'Avinguda de les Drassanes, puis au bout le Carrer de Sant Pau sur votre gauche. Quelques pâtés de maisons plus loin, en direction de l'Avinguda del Paral. lel, vous découvrirez l'***Església de Sant Pau del Camp** (8). Faites alors demi-tour pour suivre le Carrer de Sant Pau sur presque toute sa longueur en direction de La Rambla, puis obliquez à gauche pour prendre le Carrer de l'Arc de Sant Agusti. C'est à l'**Església de Sant Agusti** (9) que débute la grande procession du vendredi saint. Au Carrer de l'Hospital, dirigez-vous vers l'ouest jusqu'à l'***Antic Hospital de la Santa Creu** (10).

Pour changer de décor et quitter la Barcelone médiévale, il suffit, de là, de traverser la Plaça de Cardunya pour déboucher juste derrière le très animé ***Mercat de la Boqueria** (11), avant de revenir sur La Rambla. En direction de la Plaça de Catalunya, sur votre gauche, vous admirerez le ***Palau de la Virreina** (12), puis, une fois traversé le Carrer del Carme, l'***Església de Betlem** (13), beau

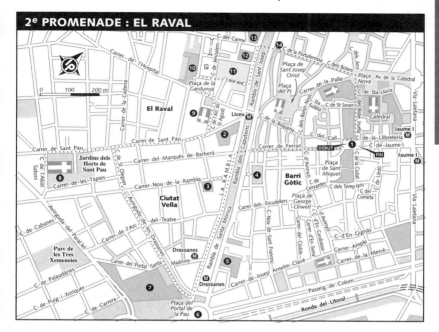

2ᵉ PROMENADE : EL RAVAL

monument baroque. De l'autre côté de La Rambla, au n°118, la Llibreria & Informaciò Cultural de la Generalitat de Catalunya occupe un hôtel particulier de 1774, la **Casa de Comillas** (14). Ce fut l'une des nombreuses demeures bourgeoises bâties sur La Rambla à la fin du XVIIIᵉ siècle et au début du XIXᵉ.

Si l'envie vous prend de revenir au cœur du Barri Gòtic et au point de départ de cette série de promenades, il vous suffit de vous engager dans le Carrer de la Portaferrissa, vous arriverez sur la Plaça Nova, près de la Catedral. Suivez le Carrer del Bisbe Irurita en direction du sud-est pour regagner la Plaça de Sant Jaume.

LE CIRCUIT MODERNISTE
Il faudrait probablement une bonne semaine pour voir tous les édifices et façades qui s'inspirent de près ou de loin du mouvement moderniste. L'itinéraire proposé ici n'est en aucun cas exhaustif, mais le parcourir en

une seule journée relèverait de l'exploit olympique. A vous de choisir entre étaler vos visites sur plusieurs jours ou opérer des sélections.

Nous partons ici du principe que vous êtes d'humeur méthodique, que vous avez un faible pour l'ordre chronologique et que vous avez déjà exploré la Ciutat Vella de fond en comble. C'est de celle-ci que nous partirons. Chaque fois que c'est possible, nous mentionnons les dates de construction des bâtiments.

3ᵉ promenade : l'architecture moderniste
Le ***Palau Güell** (1), situé Carrer Nou de la Rambla à El Raval, sera notre point de départ. C'est l'une des toutes premières réalisations qu'effectua Gaudí (1886) pour son principal commanditaire, l'industriel Eusebi Güell. Éloignez-vous vers l'est et La Rambla, puis tournez à gauche (vers le nord). A quelques dizaines de mètres, au n°83, s'élè-

vent l'**Antiga Casa Figueras** (2), avec ses superbes mosaïques et, presque en face, la **Casa Quadros** (3), merveilleusement décorée en style oriental et agrémentée d'un dragon en saillie et d'un décor de parapluies (autrefois en vente dans ce commerce). Faites un rapide détour par le Carrer de Sant Pau pour jeter un coup d'œil au restaurant de la **Fonda Espanya** (4, 1903), qui fait désormais partie de l'Hotel España (voir le chapitre *Où se loger*). Ramon Casas participa à sa décoration.

Le ***Mercat de la Boqueria** (5) se trouve sur votre gauche en remontant La Rambla. Il fait partie des marchés couverts considérés comme modernistes, bien que sa construction ait été échelonnée sur une longue période (1840 à 1914). Traversez le boulevard et engagez-vous dans le Carrer de Santa Anna, au nord-est, puis prenez à droite l'Avinguda del Portal de l'Àngel et tournez ensuite à gauche dans le Carrer de Montsió. Là, vous pouvez admirer la **Casa Martí** (6), qui abrite le restaurant Els Quatre Gats. Cet établissement, qui fut l'une des premières créations de Puig i Cadafalch (1896), fut le lieu de rendez-vous par excellence des artistes modernistes et de la bohème entre 1897 et 1903.

Prenez la première rue à gauche (Passatge del Patriarca), puis le Carrer Comtal à droite. Vous parvenez dans l'artère très animée qu'est la Via Laietana. Faites quelques pas vers le nord et traversez la petite ruelle du nom de Carrer de Ramon Mas. Prenez le temps d'admirer la **Caixa de Pensions** (7), Via Laietana 56. Cette fantaisie en grande partie néo-gothique fut le siège de la banque du même nom de 1914 à 1917. Engagez-vous dans le Carrer de Ramon Mas, (qui part à droite au bout du Carrer de Francesc de Paula et débouche dans Carrer de Sant Pere més alt) et vous vous retrouverez devant le ***Palau de la Música Catalana** (8), de Domènech i Montaner. Revenez à présent sur vos pas jusqu'à la Via Laietana, vers le nord, puis prenez le Carrer de les Jonqueres et traversez la Plaça d'Urquinaona pour accéder au Carrer de Roger de Llúria. Aux numéros 8 à 14 s'élèvent les **Cases Cabot** (9, 1905), réalisées

par Josep Vilaseca. La première porte d'entrée est magnifiquement décorée. A droite, Carrer de Casp 48, la **Casa Calvet** (10, 1900) de Gaudí s'inspire de l'art baroque. Son principal intérêt réside dans l'escalier intérieur.

Continuez jusqu'à Gran Via de les Corts Catalanes. Là, au n°654, vous remarquerez la **Casa Mulleras** (11, 1904) d'Enric Sagnier, dont la plus belle caractéristique est la galerie qui court le long de la façade. Plus à l'ouest, la **Casa Pia Batlló** (12, 1906), Rambla de Catalunya 17, offre un remarquable ouvrage de ferronnerie.

Traversez Gran Via et remontez Rambla de Catalunya en direction du nord-ouest jusqu'à Carrer del Consell de Cent. Prenezle sur la droite jusqu'au Passeig de Gràcia. La ***Casa Lleo Morera** (13, 1905), première maison appartenant à l'ensemble de la Manzana de la Discordia. Les deux autres, la ***Casa Amatller** (14) et la ***Casa Batlló** (15), sont situées à l'angle sur la gauche.

En prenant la première rue à gauche, le Carrer d'Aragó, vous parvenez à la ***Fundació Antoni Tàpies** (16), construite à l'origine par Domènech i Montaner pour la maison d'édition Editorial Montaner i Simon (1885). Remontez ensuite le Passeig de Gràcia : sans doute avez-vous déjà remarqué les réverbères de style moderniste qui la jalonnent. Au n°75, la **Casa Enric Batlló** (17) est un autre immeuble d'habitation conçu par Vilaseca. Continuez jusqu'au Carrer de Provença, où vous traverserez l'avenue pour admirer le chef-d'œuvre de Gaudí, ***La Pedrera** (18), autrefois appelée Casa Milà. Un pâté de maisons plus loin, tournez à droite pour prendre le Carrer de Rosselló. A l'angle de Carrer de Pau Claris, se dresse le ***Palau Quadras** (19) de Puig i Cadafalch.

Traversez l'Avinguda Diagonal pour atteindre la **Casa Comalat** (20, 1911), œuvre de Salvador Valeri. L'influence de Gaudí sur cet architecte, venu au modernisme sur le tard, est flagrante. Contournez le bâtiment pour gagner Carrer de Còrsega et admirer une façade plus légère et plus fantaisiste. Si vous parvenez à vous faufiler à l'intérieur, vous verrez de magnifiques

Même inachevée, la Sagrada Família de Gaudi est sacrément impressionnante. Quand la cathédrale sera terminée, elle comprendra 18 flèches dont une, représentant le Christ – qui s'élèvera à plus de 170 m

MANFRED GOTTSCHALK

Laissez-vous aller mollement sur le Moll d'Espanya, havre chic et paisible au pied de La Rambla

GUY MOBERLY

Homenatge a La Barceloneta

DAMIEN SIMONIS

Barcelone popisée par Lichtenstein

DAMIEN SIMONIS

NEIL SETCHFIELD

Le monumental *Peix* de Frank Gehry flotte au-dessus du Port Olímpic

Dona i Ocell de Joan Miró

mosaïques et de beaux vitraux. Reprenez l'Avinguda Diagonal vers l'est jusqu'à la ***Casa de les Punxes** (21), située à quelques pâtés de maisons.

A ce stade, vous estimerez sans doute que vous en avez assez vu pour la journée. Si ce n'est pas le cas, il reste encore une demi-douzaine d'édifices à voir dans le secteur et plus à l'ouest en remontant l'Avinguida Diagonal. Sur le plan ci-joint, figurent la **Casa Fuster** (22, 1910) de Domènech i Montaner aux numéros 22-26 ; l'**Església de Pompeia** (23, 1915) de Sagnier ; la **Casa Serra** (24, 1903) de Puig i Cadafalch ; la **Casa Sayrach** (25, 1918) de Manuel Sayrach ; et la **Casa Company** (26, 1911) de Puig i Cadafalch.

D'autres réalisations modernistes, mineures, sont par ailleurs disséminées au sud de l'Avinguda Diagonal, entre le Carrer de Roger de Llúria et Passeig de Sant Joan. Elles portent les numéros 27 à 32 sur le plan. Toutefois, dans la mesure où il existe de nombreux exemples d'architecture moderniste plus significatifs, peut-être vaut-il mieux les réserver pour un autre jour, voire y renoncer complètement.

Si vous décidez d'aller y jeter un coup d'œil alors que vous vous trouvez à la Casa de les Punxes (21), prenez le Carrer del Bruc jusqu'à-au Carrer de Mallorca. Au n°291, la **Casa Thomas** (27, 1898), de Domènech i Montaner, marquera votre première halte. C'est l'une des premières réalisations de son auteur. Les détails des mosaïques qui l'ornent constituent une caractéristique de son style. A moins d'un pâté de maisons, le **Palau Montaner** (28) fut achevé par ce même architecte en 1893. La **Casa** (29, 1903) de Jeroni Granell, Carrer de Girona 122, se distingue par son originalité haute en couleur. Juste en face ou presque, au n°113, s'élève la **Casa Lamadrid** (30, 1902) de Domènech i Montaner. La **Casa Llopis i Bofill** (31, 1902), Carrer de València 339, est un immeuble d'habitation intéressant construit par Antoni Gallissà. La façade est particulièrement étonnante. Si vous le pouvez, jetez un coup d'œil à l'intérieur de la **Casa Macaya** (32, 1901), Passeig de Sant Joan 108, œuvre de Puig i Cadafalch : la cour est magnifique.

Supposons néanmoins que vous avez renoncé à explorer ce quartier dans l'immédiat. Vous vous trouvez devant la Casa de les Punxes (21), et il vous tarde probablement d'aller visiter ***La Sagrada Família** (33) de Gaudí. Rien ne vous empêche pour cela de prendre le métro à Verdaguer et de descendre à la station suivante sur la ligne 5.

Une station plus loin, toujours sur la ligne 5, vous parviendrez à l'***Hospital de la Santa Creu i de Sant Pau** (34). Si vous préférez marcher, prenez l'Avinguda de Gaudí, ponctuée de beaux réverbères modernistes.

Même si vous n'êtes pas un passionné de corridas, allez jeter un coup d'œil à la

---

Gaudí hors circuit

Le Parc Güell, au nord-ouest de la ville, Finca Güell (plus connu sous le nom de Palau Reial) et la Colònia Güell, à l'extérieur de la ville, s'écartent du circuit moderniste proposé ici et devront faire l'objet de visites séparées.

Parmi les œuvres de Gaudí plus éloignées à ne pas manquer non plus, la Casa Vincenç (1888), Carrer de les Carolines 22 (arrêt FGC Plaça Molina). Son apparence anguleuse trahit le Gaudí des débuts, mais elle se pare de formes et de couleurs par ailleurs remarquables.

L'artiste ajouta quelques touches personnelles au Col.legi de les Teresianes en 1889, les plus caractéristiques étant les arches paraboliques. L'on peut visiter cette école le samedi matin (sauf en juillet et en août), mais il faut auparavant appeler le tél. 93 212 33 54 pour convenir de la visite. Les aficionados de Gaudí voudront sans doute aller jusqu'à Bellesguard (Carte 1), une maison construite en 1909 sur l'emplacement de l'ancien palais du roi catalan Martí I. De l'arrêt FGC Plaça de John F Kennedy, le plus proche, il reste un bon bout de chemin à parcourir à pied.

3e PROMENADE : L'ARCHITECTURE MODERNISTE

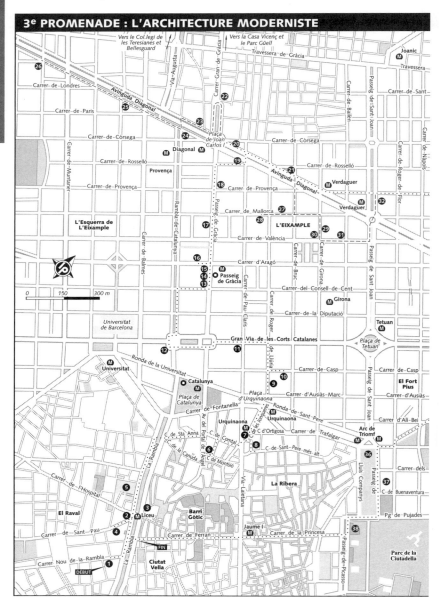

Vers le Col.legi de
les Teresianes et
Bellesguard

Vers la Casa Vicenç et
le Parc Güell

Traversera-de-Gràcia

Joanic

Traversera

Carrer-de-Londres

Avinguda Diagonal

Via-Augusta

Carrer-Gran-de-Gràcia

Passeig-de-Sant-Joan

Carrer-de-Sant-

Carrer-de-Paris

Carrer-de-Còrsega

Plaça
de-Joan
Carlos I

Carrer-de-Baileri

Carrer-de-Còrsega

Carrer-de-Napolsi

Carrer-de-Muntaner

Diagonal

Provença

Avinguda Diagonal

Carrer-de-Rosselló

Carrer-de-Roger-de-Flor

Carrer-de-Rosselló

Verdaguer

Carrer-de-Provença

Rambla-de-Catalunya

Carrer-de-Provença

Verdaguer

L'Esquerra de
L'Eixample

Passeig-de-Gràcia

Carrer-de-Mallorca

L'EIXAMPLE

Carrer-de-Balmes

Carrer-de-València

Carrer-de-Girona

Passeig-de-Sant-Joan

Girona

Carrer-d'Aragó

Carrer-de-Bruc

0   150   300 m

Passeig
de Gràcia

Carrer-del-Consell-de-Cent

Carrer-de-Pau-Claris

Carrer-de-Roger-de-

Carrer-de-la-Diputació

Tetuan

Universitat
de Barcelona

Plaça de
Tetuan

Gran-Via-de-les-Corts-Catalanes

de-Lúria

Ronda-de-la-Universitat

Carrer-de-Casp

Carrer-de-Casp

Universitat

Carrer-d'Ausiàs-Marc

El Fort
Pius

Catalunya

Plaça de
Catalunya

Plaça
d'Urquinaona

Carrer-d'Ausiàs-

Carrer-de-Fontanella

Ronda-de-Sant-Pere

Av.-del-Portal-de-l'Àngel

Urquinaona

Urquinaona

Carrer-de-Trafalgar

Carrer-d'Ali-Bei

C.-de-Sta.-Anna

C.-de-Comtal

C.-d'Ortigosa

Arc de
Triomf

C.-de-la-Canuda

C.-de-Montsió

C.-de-Sant-Pere-més-alt

La Rambla

Via-Laietana

La Ribera

Passeig-de-Sant-Joan

Carrer-de-l'Hospital

Carrer-dels-

El Raval

Liceu

Barri
Gòtic

Lluís-Companys

C.-de-Buenaventura

Carrer-de-Sant-Pau

Jaume I

Pg-de-Pujades

Carrer-de-Ferran

Carrer-de-la-Princesa

Carrer-Nou-de-la-Rambla

FIN

Ciutat
Vella

Parc de la
Ciutadella

Passeig-de-Picasso

DÉBUT

*Plaça de Braus Monumental (35, 1915), à cinq rues ou à une station de métro au sud-est de la Sagrada Família (métro Monumental), à l'angle de Gran Via de les Corts Catalanes et de Carrer de la Marina. Construite par Ignasi Mas, c'est la plus grande des deux arènes de la ville. L'autre, Les Arenes, sur la Plaça d'Espanya, date de la même époque, mais n'est plus utilisée. Ces deux constructions s'inspirent de l'islam, mais on jurerait que Mas avait dans les veines du sang de Dalí : les arènes sont surmontées d'œufs revêtus de céramique !

De la Plaça de Braus Monumental, dirigez-vous vers le sud-est et prenez la deuxième rue, le Carrer de Ribes, vers le sud, en direction de l'***Arc de Triomf** (36), érigé par Vilaseca pour l'exposition Universelle de 1888. Engagez-vous dans le Passeig de Lluís Companys, toujours vers le sud-est, en direction du Parc de la Ciutadella. A votre gauche, vous remarquerez le **Palau de Justicia** (37, 1915), monument moderne un peu austère construit en grande partie par Sagnier.

Tournez à droite dans le Passeig de Pujades, puis à gauche dans le Passeig de Picasso. Sur votre gauche, apparaît le ***Castell dels Tres Dragons** (38) de Domènech i Montaner, devenu Museu de Zoologia.

De là, vous pouvez revenir à votre point de départ en prenant la direction du sud-ouest par le Carrer de la Princesa, la Plaça de Sant Jaume et le Carrer de Ferran jusqu'à La Rambla.

A voir et à faire

Barcelone a tant à offrir en matière de sites et de centres d'intérêt que chacun y trouvera son bonheur : des vestiges de la Barcino romaine aux premières œuvres de Picasso, du majestueux musée de la Marine à l'un des aquariums les plus impressionnants d'Europe, de l'architecture moderniste aux œuvres de Miró.

Les horaires des musées et des galeries d'art varient considérablement d'un lieu à l'autre. Retenez en général la tranche horaire de 10h à 18h, (beaucoup ferment à l'heure du déjeuner, entre 14h et 16h environ). Le jour traditionnel de fermeture est le lundi, ainsi que le dimanche après-midi à partir de 14h. Il est question tous les ans d'ouvrir certains musées en nocturne l'été – renseignez-vous auprès de l'office du tourisme.

Les explications vous sont fournies la plupart du temps en catalan et l'anglais arrive en bonne position – meilleure, souvent, que le castillan !

Billets et réductions

Le prix des billets d'entrée varie, généralement entre 2,40 et 5,40 €. Sur présentation d'une pièce justificative, les étudiants et les personnes âgées (au-dessus de 65 ans) paient souvent un peu plus que le demi-tarif, de même que les enfants de moins de 12 ans.

Le ticket Bus Turístic (voir le chapitre *Comment circuler*) vous permet de bénéficier de réductions dans certains musées.

Le billet Ruta del Modernisme (voir encadré dans ce chapitre) donne droit à une entrée à tarif réduit dans plusieurs grands sites modernistes. C'est un bon investissement.

L'Articket permet d'accéder à six musées d'art importants au prix de 15 €. Les musées concernés sont le Museu Nacional d'Art de Catalunya, le Museu d'Art Contemporani de Barcelona (MACBA), la Fundació Antoni Tàpies, la Cultura Contemporània de Barcelona

A ne pas manquer

- Appréciez la magie du chef-d'œuvre inachevé de Gaudí, La Sagrada Família.
- Armez-vous de courage et faites la "course du feu" lors de la délirante Festa de la Mercè, en septembre.
- Dégustez un plateau de fruits de mer dans l'un des bons restaurants de la ville.
- Montez à bord de la galère de Don Juan, modèle grandeur nature, dans l'immense Museu Marítim.
- Débusquez les petits bars bien cachés de la Ciutat Vella.
- Sirotez une flûte de *cava* un soir d'été sur l'étrange toit de La Pedrera.
- Descendez sous terre au Museu d'Història de la Ciutat et découvrez les origines romaines de la ville.
- Flânez sur La Rambla, le jour comme la nuit.
- Paressez à une terrasse de café sur la Plaça del Sol, à Gràcia.

(CCCB), la Fundació Joan Miró et La Pedrera.

Les billets s'achètent auprès de Telentrada (☎ 902 10 12 12 ou sur Internet, www.telentrada.com), à l'office du tourisme de la Plaça de Catalunya ou dans les banques Caixa Catalunya.

Grâce à la carte Barcelona, vendue dans le commerce, les plus pressés pourront faire le tour de la ville et des musées moyennant 15/18/21 € pour 24/48/72 heures. Ce passeport touristique vous donne droit à la gratuité dans les transports, à une réduction (jusqu'à 50%) sur les entrées de nombreux sites et musées, ainsi qu'à des remises moindres dans certains magasins et restaurants. Vous pourrez vous procurer cette carte à l'office du tourisme et vérifier si les réductions offertes concernent des lieux qui vous intéressent.

LA RAMBLA (carte 6)

Malgré son côté touristique, la rue la plus célèbre d'Espagne mérite le détour pour prendre le pouls de la ville. Flanqué d'étroites chaussées réservées à la circulation automobile, le centre de La Rambla n'est autre qu'un vaste boulevard piétonnier bordé d'arbres. Barcelonais et visiteurs y circulent en masse jusque tard dans la nuit.

Difficile de s'ennuyer sur La Rambla : on y trouve une multitude de cafés, restaurants, stands, kiosques à journaux où les plus grands quotidiens et magazines du monde côtoient les revues pornographiques, sans compter les musiciens ambulants, les artistes de rue, les mimes et autres statues vivantes.

La Rambla (*raml* en arabe) doit son nom à un cours d'eau éphémère qui coulait jadis à cet endroit. Sur ce vaste espace situé hors les murs jusqu'au XIVe siècle, se sont élevés des monastères, puis les demeures des riches Barcelonais du XVIe siècle jusqu'au début du XIXe siècle. On a coutume de subdiviser La Rambla en cinq sections, dont chacune porte un nom de rue différent, d'où l'utilisation courante du terme de Ramblas. En revanche, la numérotation est unique d'un bout à l'autre de cet immense boulevard et démarre en bas de l'artère (côté mer).

Rambla de Canaletes

A un pâté de maisons à l'est de ce premier tronçon nord de La Rambla, le long du Carrer de la Canuda, la Plaça de la Vila de Madrid domine un jardin où ont été mises au jour des **tombes romaines** (voir plus loin le chapitre *Promenades à pied*). Ce quartier abrite également une fontaine du début du XXe siècle, dont l'eau, potable, est censée provenir de ce qu'on appelait jadis les sources de Canaletes. On disait alors des habitants de Barcelone qu'ils avaient "bu les eaux des Canaletes." Aujourd'hui, on dit que celui ou celle qui boit l'eau de la fontaine reverra Barcelone.

Rambla dels Estudis

Cette seconde partie de La Rambla s'étend du bas du Carrer de Santa Anna jusqu'au Carrer de la Portaferrissa. On l'appelle souvent la Rambla dels Ocells (des oiseaux), car elle abrite un marché où pépient mille et un volatiles.

Rambla de Sant Josep

Du Carrer de la Portaferrissa à la Plaça de la Boqueria, s'étend le royaume des **fleuristes**, d'où son surnom de Rambla de les Flors.

Le **Palau de la Virreina**, La Rambla de Sant Josep 99, est une grandiose demeure rococo du XVIIIe siècle, dans laquelle l'*Ajuntament* (hôtel de ville) a installé un bureau d'information sur les arts et spectacles à Barcelone où il est possible de réserver ses billets. De l'autre côté du Carrer del Carme, l'**Església de Betlem**, construite par les jésuites dans le style baroque à la fin du XVIIe et au début du XVIIIe siècle, a remplacé un édifice religieux plus ancien, détruit par un incendie en 1671. Pendant la guerre civile, les Républicains incendièrent à leur tour ce qui était considéré comme l'un des plus beaux témoignages baroques de Barcelone.

En poursuivant votre chemin vers le front de mer, depuis le Palau de la Virreina, vos sens se mettront en éveil à l'approche du bouillant **Mercat de la Boqueria**. Cette halle métallique vaut le détour plus pour le marché animé qu'elle abrite que pour son architecture d'influence moderniste.

Barcelone se flatte d'être un lieu de plaisirs, et ces plaisirs ont leur musée, le **Museu de l'Eròtica** (☎ 93 318 98 65, fax 93 301 08 96), au n°96 : l'endroit fait la part belle au Kama-sutra et aux petits films pornographiques des années 20. Ce lieu est ouvert tous les jours de 10h à 24h (5,90 €). Vous pouvez consulter son site Web : www.eroticamuseum.com.

A l'intersection de quatre rues, juste au nord de la station de métro Liceu, le pavé de la Plaça de la Boqueria s'orne de la chatoyante **Mosaïc de Miró**, dont une des dalles porte la signature de l'artiste.

Rambla des Caputxins

Également appelée Rambla del Centre, cette partie du boulevard piétonnier s'étend de la Plaça de la Boqueria jusqu'au Carrer dels Escudellers. Cette dernière rue doit son nom à la corporation des potiers, fondée au XIIIᵉ siècle et installée dans le quartier (leurs matériaux provenaient essentiellement de Sicile). Côté ouest apparaît la façade intacte du **Gran Teatre del Liceu**, célèbre opéra de Barcelone datant du XIXᵉ siècle, ravagé par un incendie en 1994 et qui a réouvert en 1999. Ce haut lieu de l'art lyrique a lancé des stars catalanes aussi réputées que Montserrat Caballé ou Josep (*alias* José) Carreras.

Du côté est de La Rambla dels Caputxins, plus au sud, s'ouvre la vaste Plaça Reial, en forme de palmier (reportez-vous à la rubrique *Barri Gòtic, plus loin*). Au-delà de cette place, La Rambla prend une allure plus défraîchie, avec quelques clubs de strip-tease et des peep-shows.

Rambla de Santa Mònica

Ce dernier tronçon de La Rambla s'élargit à l'approche du monument en hommage à Christophe Colomb, lequel surplombe Port Vell. Son nom vient de l'ancien Convento de Santa Mònica, qui se dresse sur le côté ouest de la rue. Il a été transformé en galerie d'art et centre culturel, le **Centre d'Art Santa Mònica**.

Du côté est, au bout de l'étroit Passatge de la Banca, est installé le **Museu de Cera** (musée de cire). Ce drôle d'endroit réunit 300 représentations de cire, au nombre desquelles une grotte gitane, la salle de soins d'une arène (!), une galerie des horreurs ainsi que des répliques de Cléopâtre, Franco et même Yasser Arafat… Certaines grandes figures catalanes, comme l'écrivain Ramon Llull, y trouvent aussi leur place. Le site ouvre du lundi au vendredi, de 10h à 13h30 et de 16h à 19h30 ; le week-end et les jours fériés, de 11h à 14h et de 16h30 à 20h30 (5,40 €).

Monument a Colom (carte 5)

Le bas de La Rambla et ses alentours, y compris le port, plus loin, sont dominés par le haut monument érigé en hommage à Christophe Colomb, à l'occasion de l'Exposition universelle de 1888. Barcelone a toujours plus ou moins voulu, surtout au

XIXᵉ siècle, que Colomb soit l'un de ses fils les plus illustres. En fait, né à Gênes, le navigateur livra ici aux monarques catholiques le récit enchanteur de ses premières découvertes aux Amériques. Rien de plus. Mais ses origines génoises dérangent et, en 1998 encore, un historien catalan les a contestées. Le monument fut tout de même inauguré en présence des autorités génoises de l'époque et Christophe Colomb est bel et bien mort en en Espagne, à Valladolid (dans le plus parfait dénuement et oubli), en 1506.

Un ascenseur vous conduira au plate-forme moyennant 1,50 €, tous les jours de 9h à 20h30 de juin à septembre; de 10h à 19h30 (sauf entre 14h et 15h30 du lundi au vendredi) en avril et en mai ; le site ferme à 18h30 le reste de l'année.

Museu Marítim (carte 5)

A l'ouest du Monument a Colom, sur l'Avinguda de les Drassanes, se dressent les Reials Drassanes (arsenaux royaux). Il existe peu d'édifices laïcs gothiques comparables. Ces arsenaux abritent désormais le Museu Marítim, formidable hommage aux talentueux navigateurs qui ont forgé l'histoire de Barcelone, pour une bonne part.

A leur heure de gloire, les chantiers navals comptaient parmi les plus grands de toute l'Europe. Commencés au XIIIᵉ siècle et achevés en 1378, ces édifices prouvent que les soucis d'assise et d'espace des constructeurs gothiques catalans s'appliquèrent aussi parfaitement à des bâtiments utilitaires. Les longues travées voûtées (dont certaines atteignent 13 mètres) imitent les carènes de galères retournées. Ces hautes nefs parallèles suivent une douce pente, telles des cales de lancement, pour s'achever directement dans l'eau, laquelle clapotait encore contre la partie des Drassanes tournée vers le large, au moins jusqu'à la fin du XVIIIᵉ siècle.

A cette époque, les arsenaux cessèrent leur activité et se transformèrent en ateliers d'armement, en camp d'entraînement, en dépôt de munitions et en caserne. Puis, en 1935, le site fut cédé à l'Ajuntament pour en faire un musée maritime. Ce projet ne

Le capitaine Nemo de Barcelone

Jules Verne et son capitaine Nemo savaient-ils qu'ils avaient un prédécesseur ? Le dénommé Narcis Monturiol i Estarriol (1819-1885). Ce personnage à la fois surprenant et généreux s'intéressait à tout. Il défendit les droits des travailleurs des deux sexes, à travers plusieurs publications qui reçurent quelques coups de ciseaux de la censure et l'opposèrent aux autorités. Il tenta également d'établir des sociétés utopiques aux Amériques (sans grand avenir, il faut le reconnaître).

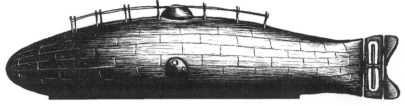

MICK WELDON

Ce caractère optimiste donna en fait le meilleur de lui-même dans un champ de compétence fort différent : l'invention scientifique. Son obsession était de construire un sous-marin. Au début du XIXe siècle, plusieurs tentatives d'immerger des vaisseaux avaient en partie réussi. Mais, faute de réunir les fonds nécessaires à l'expérimentation, les inventions ne dépassèrent pas l'état de projet sur la planche à dessin.

En 1856, Monturiol s'attela à son premier submersible, l'*Ictíneo*. Dans ce long poisson de bois qui mesurait environ 6 m, on était certes à l'étroit, mais il fonctionnait. Les hélices tournaient à la seule force musculaire de l'équipage, mais le manque d'oxygène limitait la durée des plongées. Malgré tout, Monturiol réalisa plus d'une cinquantaine de plongées dans les deux ou trois ans qui suivirent le lancement de l'appareil, en 1859.

Du jour au lendemain, Monturiol devint célèbre, sans pour autant obtenir le moindre financement de la part de la Marine. Il ne s'avoua pas vaincu pour autant et s'endetta un peu plus en concevant l'*Ictíneo II*. Cette fois, son invention allait être une première scientifique. Cet engin était équipé d'hélices de 17 m de long actionnées à la vapeur, ainsi que d'un système permettant de renouveler l'oxygène dans l'habitacle. Personne n'avait construit semblable vaisseau auparavant. On procéda aux essais en 1864 sans pour autant que la Marine ou l'industrie privée se décide à y investir des fonds. Monturiol recevait d'aimables félicitations, mais il n'en était pas moins ruiné. Le coup de grâce lui fut porté en 1868, quand ses créanciers firent détruire l'engin pour vendre la ferraille.

prit forme qu'en 1941, après une brève reconversion en usine d'armement le temps de la guerre civile.

Il a fallu néanmoins attendre 1987 pour tirer de l'abandon la plus grande partie des arsenaux. Ce plan de restauration a permis aux chantiers de recouvrer leur gloire médiévale, avec l'installation de l'un des musées les plus imaginatifs et les plus intéressants de la ville. Un projet d'investissement de quatre milliards de pesetas est actuellement à l'étude. Il vise à l'amélioration du musée et à la création d'un "axe culturel" sur le bord de mer, entre Montjuïc et le Museu d'Història de Catalunya. Le projet prévoit l'ouverture de centres d'éducation et d'information dans la zone du Moll de la Fusta et la création d'une sorte de bassin autour des Drassanes, qui les replacerait dans un contexte aquatique. La fin des travaux est prévue pour 2004.

Les premières salles présentent des maquettes, des cartes maritimes et toute une collection de *mascarons*, ces figures de proue censées protéger les vaisseaux de la mauvaise fortune. Vous pourrez aussi découvrir comment l'un des premiers inventeurs du sousmarin, Narcis Monturiol i Estarriol (voir l'encadré *Le capitaine Nemo de Barcelone*), a pu réussir cet exploit.

Les nefs principales des arsenaux constituent la section suivante dont la pièce maîtresse n'est autre qu'une réplique grandeur nature (réalisée dans les années 70) du vaisseau amiral de don Juan d'Autriche à la bataille de Lépante (1571). Cette célèbre victoire des chrétiens sur les Turcs annonce la fin des grandes batailles navales entre les flottes de galères (à voile ou autres). Cette partie du musée regorge d'embarcations (authentiques pour certaines, mais en grande partie des maquettes) de tous types et de toutes les époques, des barques de pêche aux géants de la marine à vapeur. Vous aurez tout loisir de vous glisser au centre d'un diaporama grandeur nature sur la vie à bord d'un vaisseau, de lire les journaux de bord des capitaines ou de regarder des vidéos (en catalan) sur différents aspects de l'histoire de la navigation.

Mais l'espace muséographique le plus étonnant est sans conteste l'Àmbit (secteur) 12. Votre audiophone collé à l'oreille, suivez les lumières rouges le long du vaisseau mené par don Juan d'Autriche à la bataille de Lépante. Cette visite audioguidée vous fera revivre la bataille comme si vous y étiez – esclave, prisonnier ou volontaire. Enchaînés à leur siège, quatre par rame, les galériens faisaient avancer ce bateau à la vitesse de 9 nœuds quand ils étaient lancés. C'est là qu'ils travaillaient, buvaient beaucoup (l'eau douce était stockée sous le pont, où se situait également l'infirmerie), mangeaient et dormaient. Il semble peu probable que ces malheureux aient profité de leurs aventures maritimes. La visite vous plongera ensuite

dans les docks de La Havane, à la fin XIXe siècle, quand Barcelone faisait du négoce avec Cuba. Vous monterez enfin à bord d'un paquebot à vapeur et plongerez avec Narcis Monturiol !

Le musée ouvre ses portes tous les jours de 10h à 19h. L'entrée coûte 4,80 € (3,60 € pour les étudiants et les seniors). Elle est gratuite à partir de 15h le premier samedi de chaque mois. La plupart des commentaires sont en catalan, mais vous trouverez ici et là, au hasard des différentes sections, des dépliants en plusieurs langues qui expliquent les points essentiels.

BARRI GÒTIC (carte 6)
Le "quartier gothique" représente le cœur du vieux Barcelone. La cité médiévale s'est constituée autour du noyau romain qui s'était lentement développé au fil des siècles vers le nord, le sud et l'ouest. Comme toute cité médiévale, le Barri Gòtic est un dédale de rues étroites et tortueuses, de petites places insoupçonnables. Ici se concentrent bon nombre d'hôtels bon marché, de bars, de cafés, de restaurants. La majorité des édifices ont été construits avant le début du XVe siècle, époque où Barcelone commença à décliner. Pendant plusieurs siècles, plus aucun projet ambitieux ne sera entrepris.

Limité à l'est par La Rambla et à l'ouest par la Via Laietana, le Barri Gòtic a pour frontière nord le Carrer de la Portaferrissa et pour limite sud le Carrer de la Mercè. Le quartier semble coupé en deux par le Carrer de Jaume I et le Carrer de Ferran (la seconde, percée en 1823, porte le nom du roi Fernando VII). Ces deux rues et celles plus au nord sont jalonnées de petites boutiques chics et ne présentent aucun danger en termes de sécurité. Celles qui sont situées au sud de cette ligne attirent une clientèle moins aisée et sont plus sombres, mais on y trouve nombre d'endroits fort sympathiques pour boire un verre, se restaurer et se reposer.

Plaça de Sant Jaume
Deux mille ans environ après la colonisation romaine, cette place (maintes fois remodelée) reste le centre de la vie civique de Barcelone.

Au nord, le Palau de la Generalitat, siège du gouvernement de la Catalunya. Au sud, l'Ajuntament, l'hôtel de ville. Ainsi se font face ces deux bâtiments d'origine gothique. Le public ne peut en visiter le splendide intérieur qu'à certains moments.

Palau de la Generalitat. Fondé au début du XVe siècle pour abriter le parlement de Catalogne, le Palau s'est agrandi au cours des siècles, à mesure que grandissait son importance (et la bureaucratie). Il n'est ouvert aux visiteurs que le 23 avril, le Dia de Sant Jordi (jour de la Saint-Georges, patron de la Catalogne), et le 24 septembre, lors des Festes de la Mercè.

En revanche, vous pouvez admirer à tout moment sa façade gothique originelle sur le Carrer del Bisbe Irurita, réalisée par l'architecte Marc Safont. Moins intéressantes, les façades arrière sur le Carrer de Sant Sever et le Carrer de Sant Honorat vous donneront néanmoins une idée de l'aspect de l'édifice à l'origine. L'actuelle façade principale sur la Plaça Sant Jaume fut dessinée à la fin du XVIe siècle, et comporte déjà quelques éléments classiques. Si vous flânez dans le coin le soir, tâchez de jeter un coup d'œil dans l'ancienne chapelle, le Saló de Sant Jordi, ne serait-ce que pour entr'apercevoir le magnifique décor intérieur.

Si vous pénétrez dans les lieux, vous ne manquerez pas d'être comblé. La visite démarre en général Carrer de Sant Sever, derrière l'édifice. Depuis les salles basses voûtées, vous monterez au premier découvrir le **Pati dels Tarongers**, une cour surélevée plantée d'orangers et bordée d'arcades. La Sala Daurada i de Sessions, immense lieu de réunion édifié au XVIe siècle, brille de tous ses ors. L'impressionnant Saló de Sant Jordi, dont les fresques murales sont un ajout du XXe siècle, accueille nombre de réceptions fastueuses. Enfin, vous descendrez l'escalier du patio gothique central (dû aussi à Marc Safont) pour sortir par l'entrée principale.

Ajuntament. Face à la Generalitat, l'Ajuntament (hôtel de ville), ou Casa de la Ciutat, constitue le siège du pouvoir local depuis des siècles. Le Consell de Cent (le conseil des Cent chargés de gouverner la cité au Moyen Age) occupa le bâtiment à partir du XIVe siècle, mais celui-ci a subi plusieurs remaniements, pas toujours très heureux, depuis la période gothique.

L'entrée, qui a conservé sa belle façade gothique, se faisait jadis par le Carrer de la Ciutat. Aujourd'hui, la façade principale donne sur la place et tente lourdement, avec son style néoclassique du XIXe siècle, d'en imposer au Palau de la Generalitat. De l'extérieur, l'édifice ne présente que des éléments récents tout à fait décevants.

En revanche, la visite intérieure est un véritable petit voyage dans l'Histoire. Pour avoir la chance d'y pénétrer, présentez-vous le samedi ou le dimanche, entre 10h et 14h (entrée gratuite). Vous arrivez dans un patio à arcades où l'on vous dirigera sans doute sur la droite (prenez une brochure au passage) vers l'**Escala d'Honor**, un majestueux escalier qui mène à la galerie gothique.

Vous passez ensuite directement au **Saló de Cent**, la salle où les Cent se réunissaient jadis en assemblée plénière. La large voûte est un pur exemple de gothique catalan. Au plafond, les lambris sculptés de l'artesonado présentent un travail d'une extrême finesse. En fait, tout cela est le fruit d'une restauration et de plusieurs remaniements après les nombreux dégâts causés en 1842 par le bombardement de Barcelone. Les sièges néogothiques, ainsi que le grand retable au fond de la pièce, ont été ajoutés au début du XXe siècle. Sur la droite, vous entrez dans le petit **Saló de la Reina Regente**, bâti en 1860, où siège à présent l'Ajuntament. A gauche du Saló de Cent, vous parvenez au Saló de les Croniques, dont les fresques murales retracent les exploits des Catalans en Grèce et au Proche-Orient à l'époque glorieuse de l'empire marchand de Catalogne.

En descendant l'autre escalier qui mène à la cour, vous remarquerez plusieurs statues de femmes, la moins identifiable étant la *Dona* de Joan Miró.

La Catedral et ses alentours

C'est du parvis, sur l'Avinguda de la Catedral, que l'on mesure toute la magnificence de la grande église au cœur de Barcelone.

L'imposante façade principale (nord-ouest), richement décorée de gargouilles et de subtils entrelacs de pierre de style néogothique, date de la fin du XIXe siècle, mais fut conçue d'après des plans datant de 1408. A l'exception de cette façade sur le parvis, la construction de la cathédrale se déroula de 1298 à 1460. Les deux autres façades sont plus sobres. Les deux tours octogonales au toit plat sont du plus pur style gothique catalan.

L'intérieur se visite de 8h30 à 13h30 et de 16h à 19h30 (de 17h à 19h30 les samedi et dimanche). D'élégantes colonnes élancées définissent ses trois nefs, toutes de la même hauteur vertigineuse. Le décor intérieur n'a pas souffert des outrages de la guerre civile, à la différence des autres lieux de culte de Barcelone. Les anarchistes ont épargné la cathédrale.

Immédiatement à droite de l'entrée nord-ouest, la première chapelle abrite au-dessus de son autel un crucifix connu comme le **Sant Crist de Lepant**. On raconte que ce Christ était placé à la proue du navire de don Juan d'Autriche à la bataille de Lépante. En longeant cette nef sud, on découvre, au-delà du transept sud-ouest, les **sarcophages** en bois des **comtes de Barcelone Ramon Berenger Ier** et **Almodis**, son épouse, qui fondèrent au XIe siècle l'église romane qui précéda la cathédrale.

Au centre de la nef centrale, comme il est habituel en Espagne, se trouve le **coro**.

Devant le maître-autel, un large escalier descend à la **crypte**, où sont conservées les reliques de Santa Eulàlia, sainte patronne de Barcelone avec Notre-Dame de la Mercè. Les sculptures de son sarcophage d'albâtre, exécutées par des artisans de Pise, relatent quelques-unes des tortures qu'elle subit, et, sur le relief du haut, le transport de son corps jusqu'à la cathédrale.

Les toits et une tour sont accessibles par un *ascensor*, qui monte toutes les demi-heures de 10h30 à 12h30, et de 16h30 à 18h30, depuis la Capella de les Animes del Purgatori, non loin du transept nord-est. Le billet coûte 1,20 €.

Du transept sud-ouest, on accède au charmant **cloître**, véritable havre de paix avec ses arbres, ses fontaines et son troupeau d'oies (il y en a toujours eu depuis des siècles et nul n'en connaît précisément la raison). L'une des chapelles du couvent commémore le martyre des 930 prêtres, moines et religieuses, victimes de la guerre civile.

Sur le côté nord du cloître, on accède à la **Sala Capitular** (maison du chapitre) moyennant 0,60 €. Malgré le rouge somptueux des tapis et les sièges de bois précieux, les quelques œuvres d'art réunies ici présentent peu d'intérêt. Parmi elles, citons néanmoins une *Pietat* de Bartolomeo Bermejo. A quelques portes de là, à l'angle nord-ouest du cloître, la **Capella de Santa Llúcia** est l'un des rares témoignages encore intacts de la période romane de Barcelone. Franchissez la porte qui ouvre sur le Carrer de Santa Llúcia, retournez-vous, vous constaterez que, si intégré soit-il à la cathédrale, le cloître constitue un bâtiment tout à fait indépendant.

Faites volte-face pour observer la **Casa de l'Ardiaca**. La maison de l'archidiacre, édifiée aux XVe et XVIe siècles, abrite les archives historiques de la ville. Aux heures de bureau, vous pouvez vous promener dans son gracieux patio parmi la verdure et vous rafraîchir à la fontaine gothique. Montez les marches. Du niveau supérieur, vous surplombez la cour et vous pouvez contempler la cathédrale. A l'intérieur du bâtiment, vous verrez des vestiges de l'enceinte romaine (ouvert de 9h à 21h du lundi au vendredi, et jusqu'à 14h le samedi).

Sur l'autre rive du Carrer del Bisbe Irurita se profile le **Palau Episcopal** (ou Palau del Bisbat). Ce palais de l'évêché remonte au XVIIe siècle et il ne reste quasiment plus rien de la construction originelle du XIIe siècle. Il s'appuie sur la muraille romaine à l'endroit même de l'ancienne porte nord-ouest, comme il est noté dans le chapitre *Promenades à pied*. Tant au pied du Palau Episcopal que de la Casa de l'Ardiaca, on aperçoit les assises des tours qui se dressaient alors de part et d'autre de ladite porte. En fait, la partie inférieure de toute la façade nord-ouest de la demeure de l'archidiacre date de la période romaine.

Attention au métrage !

Observez attentivement le mur extérieur de la chapelle romane de Santa Llúcia. A hauteur de votre taille environ, vous distinguerez l'inscription : *"A 2 Canas lo Pou."* Le *cana* était une unité de mesure (8 paumes ou 1,55 m) utilisée autrefois par les tailleurs. Il y avait donc probablement, à environ 3 m (2 *canas*) de là, un puits (*pou*). Par ailleurs, deux traits verticaux d'une valeur de 2 canas étaient gravés à l'angle du bâtiment. La légende veut que cette mesure ait servi de référence. Si, après avoir acheté du tissu, vous découvriez que le tailleur vous avait trompé sur le métrage, vous pouviez aller chercher les gendarmes qui, à leur tour, allaient quérir le brave. Le tailleur était prié de venir vérifier sur place si le cana qu'il utilisait correspondait à la bonne mesure. Mais, bien sûr, ledit tailleur pouvait posséder deux canas, l'un réglementaire, l'autre plus avantageux pour lui !

Vous distinguerez aussi la première arcade des aqueducs qui alimentaient en eau la cité romaine.

Casa de la Pia Almoina. Les murailles romaines se prolongent le long de l'actuelle Pla de la Seu jusqu'à la Casa de la Pia Almoina. C'est ici que la principale œuvre de charité avait élu domicile au XIᵉ siècle, mais les restes du bâtiment actuel (toujours en cours de restauration) ne datent que du XVᵉ siècle. Elle abrite le **Museu Diocesà**. Ce musée diocésain présente une collection éclectique d'objets d'art religieux médiéval et des expositions temporaires (ouvert au public du mardi au samedi, de 10h à 14h et de 17h à 20h, le dimanche de 11h à 14h ; entrée : 1,80 €, plus en période d'exposition).

Temple Romà d'Augusti. Au chevet de la cathédrale, l'étroit Carrer del Paradis vous mène à la Plaça de Sant Jaume. La demeure du n°10 conserve dans son patio quatre colonnes du grand temple romain de Barcelone, dédié à l'empereur Auguste au Iᵉʳ siècle av. J.-C. Vous êtes là au point culminant (15 m) de la Barcino romaine, sur le mont Taber. Vous pouvez visiter (gratuitement) le site lorsque la porte est ouverte. Généralement, c'est le cas le matin seulement, de 10h à 14h, mais ces horaires étant fluctuants, vous devrez sans doute tenter votre chance.

La Plaça del Rei et les alentours

La Plaça del Rei forme la cour de ce qui était autrefois le Palau Reial Major, le palais des comtes de Barcelone et des rois d'Aragón. Elle est entourée de hauts bâtiments séculaires, dont la plupart sont aujourd'hui ouverts aux visiteurs, tels que le Museu d'Història de la Ciutat (musée d'histoire de la ville).

Museu d'Història de la Ciutat. C'est l'un des plus curieux musées de Barcelone On y pénètre par la **Casa Padellàs**, Carrer del Veguer.

La Casa Padellàs, demeure noble du XVᵉ siècle, abrite une cour typique des palais gothiques catalans, d'où part un escalier découvert qui mène à l'étage.

Achetez votre billet au rez-de-chaussée, puis traversez quelques petites salles où sont exposés des objets pré-romains et romains. Installez-vous ensuite dans la salle vidéo (le spectacle dure 28 minutes), puis prenez l'ascenseur pour accéder au circuit archéologique souterrain. C'est comme si vous plongiez tout d'un coup en plein cœur de la cité romaine de Barcino et vous retrouviez en l'an 12 av. J.-C...

En vous promenant parmi les ruines, vous découvrirez une partie du *cardo* (axe nord-sud de la cité), une tour défensive, des échoppes, des maisons et leurs mosaïques intactes, les bains publics, des entrepôts pour le vin et le *garum* (sorte de sauce au poisson alors très en vogue dans tout l'empire). Ce circuit vous entraîne jusque sous la cathédrale, où ont été dégagés quelques vestiges de la cathédrale romane et de la basilique wisigothique (notamment les fonds baptismaux).

Vous émergerez du circuit dans un hall où se trouve un guichet de vente de billets, du côté nord de la Plaça del Rei. A votre droite, vous apercevrez le **Saló del Tinell**, la salle de banquet du palais royal, bel exemple de style gothique catalan (elle fut construite entre 1359 et 1370). Ses six larges arcs en plein cintre et ses murs lisses donnent une impression de solennité et de puissance. On y voit bien s'y dérouler les premières descriptions du Nouveau Monde que Christophe Colomb fit aux rois catholiques Fernando et Isabel. Le hall abrite parfois des expositions temporaires ; outre le fait que le tarif d'entrée peut alors augmenter, vous risquez de ne pas pouvoir contempler la majesté architecturale des lieux dans toute la sérénité voulue.

En sortant, n'oubliez pas la **Capella Reial de Santa Àgata**, chapelle royale palatine, bâtie également au XIVe siècle. Elle se distingue à l'extérieur par son clocher élancé qui surgit au nord-est de la Plaça del Rei. L'intérieur abrite un retable du XVe siècle et un admirable *techumbre* (plafond en bois polychrome). Le retable est considéré comme l'une des plus belles œuvres de Jaume Huguet lui ayant survécu. Le vitrail est un ajout récent.

Prenez l'escalier en éventail pour descendre à la Plaça del Rei et tournez à gauche vers l'entrée du **Mirador del Rei Martí** (tour de guet du roi Martin), construit en 1555. Partie constituante du musée, celui-ci mène à la galerie qui surplombe la place. Vous pouvez également monter au sommet de la tour, qui domine la Plaça del Rei et offre un magnifique panorama sur la ville.

Le musée est ouvert du mardi au samedi de 10h à 14h et de 16h à 20h, et le dimanche de 10h à 14h. L'entrée coûte 3 €, mais elle est gratuite le premier samedi du mois de 16h à 20h. Moyennant 1,20 € supplémentaires, vous aurez droit à une projection en 3D retraçant l'historique de la ville avant le début de la visite. Des visites guidées sont par ailleurs proposées en soirée pour 6 €. Sachant que les panneaux explicatifs sont pour la plupart rédigés en catalan ou en castillan (et, très rarement, en anglais), demandez la brochure éditée dans votre langue, qui vous fournira des clés pour comprendre ce que vous allez voir.

Palau del Lloctinent. La partie sud-ouest de la Plaça del Rei est occupée par le palais que le roi d'Espagne demanda à la ville de construire pour loger son *lloctinent* (lieutenant ou vice-roi) en Catalogne. Cette résidence construite dans les années 1550 mérite le détour (on y entre par le Carrer dels Comtes de Barcelona), entre autres pour son très beau plafond en bois sculpté et une élégante cour Renaissance (entrée gratuite).

Ce palais a abrité jusqu'en 1993 l'Arxiu de la Corona d'Aragón – les archives de la couronne d'Aragon. Les archives antérieures à la réunification du royaume par les rois catholiques se trouvent désormais Carrer dels Almogàvers 77. En quittant la bâtisse, jetez un coup d'œil sur les murs de la cathédrale. Vous voyez toutes ces entailles dans la pierre ? Il semble bien que ce soit là que les soldats du vice-roi affûtaient leurs épées !

Museu Frederic Marès. Le bâtiment qui abrite ce musée fait partie du complexe architectural du Palau Reial Major. On y accède par le Carrer dels Comtes de Barcelona. Frederic Marès i Deulovol (1893-1991), riche sculpteur catalan, a beaucoup voyagé et réuni des collections considérables, principalement de sculpture médiévale espagnole. Cette collection, présentée au rez-de-chaussée et au premier étage, comprend de belles statues polychromes, Christs et Vierges.

Les deuxième et troisième étages abritent un inimaginable bric-à-brac : soldats de plomb, ciseaux de sculpteur, berceaux d'enfant, jeux de tarot, pipes et céramiques… de même que la pièce qui servait à Marès de bureau et de bibliothèque, aujourd'hui remplie de ses sculptures.

Le musée ouvre tous les jours (sauf le lundi) à 10h et ferme à 14h le dimanche et les jours fériés, à 17h les mardi et jeudi et à 19h les autres jours. L'entrée coûte 2,40 €, mais elle est gratuite le premier dimanche du mois.

Enceinte romaine

A quelques pas de la Plaça del Rei subsistent deux fragments de l'enceinte de la Barcino romaine. Ce sont les mieux conservés de Barcelone. Le premier se situe dans la partie sud-ouest de la Plaça de Berenguer el Gran et a en partie servi de soubassement à la Capella Reial de Santa Àgata. Le second se trouve plus au sud, à l'extrémité nord du Carrer del Sots-tinent Navarro. Ils datent des IIIe et IVe siècles, période où les Romains durent reconstruire leurs remparts après les premières attaques des tribus germaniques venues du nord.

La Plaça de Sant Josep Oriol et les alentours

Tout proche de La Ramba, cette petite place n'en est pas moins la plus ravissante du Barri Gòtic. Ses bars et cafés attirent les musiciens de rue et les artistes, ce qui la rend agréable pour passer un moment. La place est enveloppée par un lacis de petites rues pittoresques, jalonnées elles aussi de boutiques, de restaurants et de cafés accueillants.

L'**Església de Santa Maria del Pi** domine toute la place. La construction de cet édifice gothique s'est étalée sur trois siècles, du XIVe au XVIe. On peut la visiter du lundi au samedi de 8h30 à 13h et de 16h30 à 21h ; le dimanche et les jours fériés de 9h à 14h et de 17h à 21h. La splendide rosace qui surmonte le portail principal Plaça del Pi serait, dit-on, l'une des plus grandes du monde. L'intérieur a été ravagé par un incendie en 1936 et la plupart des vitraux sont modernes. La troisième chapelle sur la gauche est dédiée à Sant Josep Oriol. On y verra un plan qui indique tous les endroits de l'église où il a réalisé des miracles.

Le secteur compris entre le Carrer dels Banys Nous et la Plaça de Sant Jaume correspond au **Call**, l'ancien quartier juif de Barcelone et centre de savoir dès le XIe siècle (reportez-vous aussi au chapitre *Promenades à pied*). Au début du XVe siècle, les juifs furent chassés de ce ghetto par des pogroms. Leur statut n'avaient rien d'enviable même avant leur expulsion. A l'instar de nombreuses cités médiévales, Barcelone les avait contraints à porter un signe distinctif sur leurs longues capes, et ils se voyaient refuser bien souvent la possibilité d'étendre leur ghetto.

La Plaça Reial et les alentours

Juste au sud de l'intersection du Carrer de Ferran et de La Rambla se trouve la Plaça Reial, vaste place piétonne entourée de façades néoclassiques du XIXe siècle derrière lesquelles se dissimule une kyrielle de gargotes, bars, boîtes de nuit et hôtels bon marché.

Les riverains sont ici encore moins bien lotis que ceux de la Plaça de Sant Josep Oriol, mais peut-être s'estiment-ils heureux que le quartier soit mieux fréquenté. Jusqu'à ce qu'on procède à son "nettoyage" dans les années 1980, il avait mauvaise réputation. Tout le secteur compris entre le Carrer d'Avinyó et La Rambla était investi par les prostituées et la pègre.

La place conserve une atmosphère un peu agitée, où se côtoient touristes, citoyens respectables, musiciens déguenillés et clochards. Aucun problème de sécurité n'est à craindre, à condition de veiller à son sac et à ses poches.

Les réverbères des deux côtés de la fontaine font partie des premières créations connues de Gaudí.

Cette partie sud du Barri Gòtic est imprégnée du souvenir de Picasso. Il y vécut adolescent Carrer de la Mercè et installa son premier atelier dans une maison du Carrer de la Plata (aujourd'hui un restaurant sans charme). Il fut le client assidu d'une maison close, Carrer d'Avinyó 27. Cette expérience lui a peut-être inspiré ses *Demoiselles d'Avignon* (1907).

EL RAVAL

A l'ouest de La Rambla, la Ciutat Vella s'étend jusqu'à la Ronda de Sant Antoni, la Ronda de Sant Pau et l'Avinguda del Paral.lel, qui longent les murs de l'enceinte du XIVe siècle. Le nom d'El Raval est d'origine arabe et rappelle que ce fut une extension *extra muros*. El Raval englobe l'un des quartiers pauvres les plus tristes de la ville, le Barri Xinès où se concentrent de sordides maisons de passe.

A VOIR ET A FAIRE

Pendant des siècles, il a abrité prostituées et jeunes gens louches. Dans les années 20 et surtout les années 30, les Barcelonais toutes classes sociales confondues s'y retrouvaient pour s'y amuser. Tavernes, cafés-concerts, cabarets et maisons closes ne désemplissaient pas. Sous la lumière crue du jour, cette misère vous apparaîtra plus flagrante encore. Le Carrer Nou de la Rambla, où a vécu un moment Picasso, était particulièrement animé, mais les années 50 ont eu raison de ses maisons closes et nombre de bars ont fermé. D'autres problèmes sont venus se greffer : la drogue et l'arrivée, par vagues successives, d'immigrants qui trouvèrent là des logements bon marché, mais la plupart du temps insalubres.

Le Barri Xinès exerce toujours une certaine fascination, mais ce n'est pas l'endroit où exhiber votre Rolex. Certes, le danger ne vous guette pas à chaque coin de rue, mais entre les prostituées, les travestis, les proxénètes et les toxicomanes, le nombre d'individus à l'affût d'un portefeuille bien rempli est plutôt élevé. Alors, soyez prudent…

El Raval n'a pas été complètement abandonné à son triste sort. Des projets divers, comme celui de créer une immense place ombragée, au nord du Carrer de Sant Pau, témoignent du fait qu'un jour ou l'autre le quartier pourrait bel et bien changer du tout au tout (encore que les urbanistes s'interrogent depuis la fin du XIXᵉ siècle sur la meilleure façon de passer de la table à dessin à la réalité). La partie nord d'El Raval se présente sous un jour moins misérable. Ses loyers à bas prix attirent une population assez marginale. Vu de l'extérieur, on peut trouver dommage d'assainir un quartier au charme si singulier, mais les riverains voient sans doute les choses d'un autre œil !

Església de Sant Pau del Camp (carte 5)

Au IXᵉ siècle, lorsque les moines fondèrent le monastère et l'église de Sant Pau del Camp (Saint-Paul-des-Champs), il fallait sortir de l'enceinte urbaine et cheminer à travers champs et jardins avant de l'atteindre.

De nos jours, la campagne a bien sûr disparu et seuls l'église et son cloître, érigés au XIIᵉ siècle, se dressent tristement au milieu

du pire secteur d'El Raval. C'est pourtant l'un des plus beaux et rares vestiges romans de Barcelone. Au portail de l'église, les chapiteaux sont des éléments de réemploi. Ils rappellent la richesse de l'art wisigothique, avant l'arrivée des Maures. Le cloître est ouvert de 17h à 20h (fermé les mardi, dimanche et jours fériés).

Antic Hospital de la Santa Creu (carte 6)

Au nord de l'Església de Sant Pau del Camp s'est construit au XVᵉ siècle le principal hôpital de la ville. Aujourd'hui, l'Antic Hospital de la Santa Creu abrite la Biblioteca de Catalunya et l'Institut d'Estudis Catalans.

Unique en son genre, la bibliothèque catalane rassemble la collection la plus complète de documents (trois millions, estime-t-on) sur l'histoire de la région. Aux plus belles heures du Moyen Age, l'hôpital comptait parmi les plus grands d'Europe. On y prodiguait de bons soins aux malades (pour l'époque) et l'on y recueillait les enfants abandonnés et les aliénés. Une partie des bâtiments visibles aujourd'hui datent des XVIᵉ et XVIIᵉ siècles. Cet édifice, dont la construction débuta en 1401 sous le règne de Martí, se trouve à l'emplacement de l'ancienne entrée principale de la ville lorsqu'on venait de Madrid.

En pénétrant dans la cour principale toute délabrée, impossible d'oublier qu'on se trouve dans El Raval. Elle tient en fait lieu de parc pour tous publics : vieilles dames promenant leur chien, ivrognes endormis, jeunes punks… Universitaires et étudiants studieux venus des quatre coins de la ville fréquentent la bibliothèque, ouverte du lundi au vendredi de 9h à 20h et le samedi de 9h à 14h. N'hésitez pas à entrer pour admirer les splendides voûtes gothiques catalanes du plafond. La chapel de l'ancien hôpital vaut le coup d'œil elle aussi. Accessible du mardi au samedi de 12h à 14h et de 16h à 20h et le dimanche de 11h à 14h, elle abrite souvent des expositions temporaires.

Palau Güell (carte 6)

Non loin de La Rambla, le Palau Güell, Carrer Nou de la Rambla 3-5, est l'un des rares édifices modernistes de la Ciutat Vella. Gaudí le construisit à la fin des années 1880 pour le compte de son plus gros client, l'industriel Eusebi Güell. La bâtisse était censée tenir lieu d'annexe à l'hôtel particulier dudit client, sis sur La Rambla, afin d'y accueillir ses invités et différentes personnalités. Le Palau Güell ne témoigne pas du tout de l'espièglerie architecturale chère à Gaudí. L'artiste y a néanmoins fait preuve d'un éclectisme architectural très personnel, mélangeant les styles gothique, mauresque, Art nouveau, tout comme les matériaux. Après la guerre civile, le bâtiment fut occupé par la police qui y tortura, au sous-sol, les prisonniers politiques.

Vous ne pourrez échapper à la visite guidée obligatoire du lieu, véritable catalogue du Gaudí "première époque". Lorsque vous pénétrez dans la bâtisse, retournez-vous pour découvrir les deux arcades paraboliques qui soutiennent les deux passages. Cette forme prédomine partout dans la demeure et deviendra caractéristique des autres réalisations de l'artiste.

Au sous-sol, les écuries sont couvertes de voûtes surbaissées réalisées en brique, tout comme les épaisses colonnes qui se terminent en éventail. Dans l'architecture traditionnelle, cette brique légère passait pour un matériau non noble, qu'il valait mieux cacher. "Au contraire, affirmèrent Gaudí et les modernistes, il suffit d'observer les magnifiques œuvres mauresques et mudéjares à travers l'Espagne : elles sont toutes en brique."

Du rez-de-chaussée, un escalier de marbre gris sombre mène à l'entresol. L'impression d'espace est accentuée par des miroirs éclairés par l'arrière, qui font office de fenêtres. Au second, le grand salon de réception, véritable hall, occupe tout l'espace central, entouré de salles plus petites. Il est conçu comme une pyramide parabolique vide à quatre côtés. Chaque mur a la forme d'une arcade parabolique qui s'étire sur trois étages, avant d'aller rejoindre les trois autres arcades pour former la coupole frontale. Une chapelle occupait jadis l'un des murs, mais elle a été en partie détruite par la guerre civile.

Les plafonds des pièces adjacentes revendiquent pleinement leur inspiration mauresque. Ils ont été conçus dans la grande tradition de l'artesonado et leurs décors rappellent l'art mauresque. L'emploi généreux du fer forgé dans les lampes à pétrole et le décor sous la coupole, par exemple, réaffirme toute la valeur des matériaux prétendus "non nobles". En dehors d'un merveilleux aperçu des idées modernistes et notamment de celles de Gaudí, l'ensemble paraîtra quelque peu lugubre, jusqu'à ce que vous sortiez sur le toit en terrasse. Là, toute la fantaisie de Gaudí éclate dans des cheminées aux motifs fabuleux et dans une véritable débauche de mosaïques multicolores.

Le Palau Güell est ouvert du lundi au samedi, de 10h à 13h30 et de 16h à 18h30 et les visites démarrent généralement à chaque heure. L'entrée coûte 2,40 € (1,20 € pour les étudiants). Si vous disposez d'un billet Ruta del Modernisme, vous paierez demi-tarif (voir plus loin l'encadré *Ruta del Modernisme*).

Picasso, qui détestait l'œuvre de Gaudí, entama sa période bleue en 1902, dans un atelier situé de l'autre côté de la rue, Carrer Nou de la Rambla 6.

Le Museu d'Art Contemporàni de Barcelona et les alentours (carte 6)

En 1995, sur la Plaça dels Àngels, un vaste musée blanc, le Museu d'Art Contemporàni de Barcelona (MACBA) a été inauguré. Sa présence a donné un sérieux coup de fouet à la zone nord d'El Raval.

Les collections sont présentées au rez-de-chaussée et au premier étage. Comme les choses changent souvent, il est difficile de dire exactement qui se trouve où. Les premières œuvres présentées sont celles d'Antoni Tàpies, Joan Brossa, Paul Klee et Alexander Calder. Sont également exposés des artistes comme Miquel Barceló et Ferran García Sevilla, emblèmes du néo-expressionnisme apparus dans les années 80. Vous verrez aussi probablement les œuvres d'artistes catalans contemporains, comme Susana Solano, Juan Muñoz et Carlos Pazos, mais la collection offre généralement un vaste aperçu international. Juan Muñoz et Carlos Pazos.

Le musée présente aussi des expositions temporaires et abrite une excellente librairie d'ouvrages consacrés à l'art.

Il ouvre ses portes du lundi au vendredi (fermeture le mardi) de 11h à 19h30, le samedi de 10h à 20h, le dimanche et les jours fériés de 10h à 15h . L'entrée s'élève à 4,20 €, (2,10 € les mercredi en dehors des vacances).

Derrière le musée, le Carrer de Montalegre abrite le **Centre de Cultura Contemporània de Barcelona** (CCCB, carte 4), complexe d'auditoriums, de salles d'exposition et de conférences, ouvert en 1994 dans un ancien hospice du XVIIIᵉ siècle. Vous serez certainement assez impressionné par sa vaste cour, bordée sur un côté par un mur de verre. 4 500 m², répartis dans quatre secteurs, ont été réservés aux expositions dont les thèmes couvrent de larges domaines, des études d'architecture à la photo, mais dont Barcelone demeure le thème récurrent. Celles-ci sont souvent présentées en association avec d'autres musées européens. En 2000, par exemple, *La Fundació de la Ciutat – Mesopotàmia, Grècia i Roma* (La fondation de la ville – Mésopotamie, Grèce et Rome) a fait l'objet d'une grande exposition. Le centre organise par ailleurs toutes sortes d'activités allant des concerts de musique folklorique aux conférences sur l'art.

LA RIBERA (carte 6)

La Ribera, qui fait partie de la Ciutat Vella, jouxte le Barri Gòtic au nord-est, de l'autre côté de la bruyante Via Laietana percée en 1907. Son nom évoque le quai, jadis plus enfoncé dans les terres, où se trouvaient les docks principaux de la Barcelone médiévale. La Ribera a conservé un dédale de ruelles insolites et pittoresques, jalonnées de quelques monuments phares, de bars et de restaurants agréables qui font qu'elle échappe au côté délabré de certains secteurs du Barri Gòtic.

Palau de la Música Catalana

Cette salle de concert, Carrer de Sant Pere Més Alt 11, est l'un des hauts lieux de l'architecture moderniste et une sorte de temple de la Renaixença catalane, comme le souhaita

son commanditaire, la société musicale Orfeo Català. Alternant la mosaïque, la brique, la pierre sculptée et les vitraux, cet édifice réalisé par Lluis Domènech i Montaner entre 1905 et 1908 a réuni sur son chantier les meilleurs artistes catalans du moment.

De l'extérieur, vous aurez déjà une idée de sa splendeur. Regardez la façade principale, avec ses mosaïques, ses chapiteaux floraux et l'allégorie (sculptée) de la musique populaire catalane. De charmantes colonnes recouvertes de mosaïque ornent l'entrée de la réservation, qui donne dans le Carrer Sant Francesc de Paula. Le plus beau se trouve toutefois à l'étage où l'auditorium resplendit de mille feux sous sa gigantesque verrière composée de mille et un vitraux où le bleu et l'or dominent. Au-dessus d'un buste de Beethoven, se dresse l'imposante statue des Walkyries de Wagner, le compositeur fétiche de la Renaixença.

Pour admirer ces merveilles, il vous faudra assister à un concert ou suivre l'une des visites guidées. Celles-ci durent 50 minutes et ont lieu toutes les demi-heures de 10h à 15h30 tous les jours. Vous pouvez achetez votre billet, moyennant 4,20 €, à la boutique de Les Muses des Palau, Carrer de Sant Pere Més alt 1, jusqu'à une semaine à l'avance. Renseignez-vous en appelant le ☎ 93 268 10 00. Vous paierez demi-tarif si vous êtes muni d'un billet Ruta del Modernisme.

Carrer de Montcada

Voici sans doute le premier exemple d'urbanisme délibéré à Barcelone et il date du XIIᵉ siècle. Cette grand-rue médiévale devait relier la route qui arrivait du nord (au-delà des remparts) à la mer. Elle n'allait pas tarder à devenir l'adresse élégante de la bourgeoisie marchande, en pleine ascension. Pour preuve, la majeure partie des grandes demeures restées intactes jusqu'à aujourd'hui (mais souvent remaniées ultérieurement) remontent au XIVᵉ siècle. Ce quartier représentait le cœur commercial de la Barcelone médiévale.

Capella d'En Marcús. Sur la placette du même nom, en haut du Carrer de Montcada, se dresse une chapelle souvent oubliée. Elle appartenait à un hospice bâti au XIIᵉ siècle sur un terrain qui se trouvait à l'époque hors les murs. Placé sur la route qui desservait le nord-est, cet hospice donnait à la fois l'hospitalité aux voyageurs sans moyens et servait d'hôpital. Sa construction fut financée par un riche marchand, Bernat Marcús. Si l'on identifie aisément les éléments romans d'origine, la minuscule chapelle a subi bien des modifications au fil des siècles.

Mercat de Santa Caterina

Le vaste marché qui s'étend à une rue à l'ouest de la Capella d'En Marcús a été démoli en 1999, mais doit être reconstruit. En attendant, des archéologues se penchent sur l'une des plus importantes découvertes de ces dernières années : le marché était édifié sur le site d'un ancien couvent dominicain très étendu.

Museu Picasso. C'est bien sûr le plus réputé des musées de Barcelone. Il occupe trois des nombreuses et élégantes demeures bourgeoises construites au Moyen Age dans le Carrer de Montcada (les nᵒ 15, 17 et 19). Le lieu en lui-même mérite que l'on s'y attarde, ne serait-ce que pour admirer la cour et l'escalier intérieur du premier hôtel particulier, mais rares sont les touristes qui ne consacrent pas deux à trois heures à visiter ses collections.

Si Picasso ne s'est jamais rendu en Espagne durant les années franquistes, il a toujours conservé une pensée pour la Catalogne. Lorsqu'en 1962, son vieil ami et secrétaire barcelonais, Jaume Sabartés, lui a soumis le projet de fonder un musée Picasso dans la capitale catalane, l'artiste a immédiatement accepté. A la collection Sabartés sont venues s'ajouter les œuvres que la ville avait déjà achetées. Plus tard, Picasso a fait donation de son vivant au musée de nombreuses œuvres, notamment beaucoup de premiers tableaux, plus un ensemble de dessins. Enfin, Jacqueline Roque, sa veuve, a fait don de 141 céramiques en 1981.

Le musée met l'accent sur les premières années, jusqu'en 1904, mais il présente suffisamment d'œuvres des périodes suivantes pour donner une idée de la diversité et du génie de l'artiste. Et vous sentirez combien Picasso, plus que quiconque, a toujours été en avance sur son temps dans sa quête de nouvelles formes d'expression.

Parmi les œuvres présentées en premier, on découvre des croquis, des huiles et des "griffonnages" du très jeune Picasso lorsqu'il vivait avec ses parents à Málaga ou à La Coruña (la plupart exécutés entre 1893 et 1895). Certains autoportraits et des portraits de son père, datés de 1896, témoignent déjà de son talent précoce. C'est précisément le cas du *Retrato de la Tía Pepa* (*Portrait de la tante Pepa*), exécuté à Málaga en 1897.

Le deuxième étage montre un tournant dans l'existence du maître. C'est l'année 1900. Picasso gagne confiance en lui et se libère des contraintes de la peinture académique. Il expose pour la première fois au cabaret Els Quatre Gats et il découvre Paris. Les lignes sont fluides et vivantes, et il commence à aborder sa période bleue. Il prend alors ses distances avec la description réaliste pour interpréter de manière plus symbolique les scènes de la vie barcelonaise ou parisienne, scènes de rue ou de cabaret. Les lunettes bleutées au travers desquelles il observait le monde prêtent à nombre de ses œuvres de cette période une atmosphère de mélancolie, confirmée par des titres comme *Sans défense*.

A partir de cette époque, la collection du musée se révèle moins exhaustive. La période rose (Paris) qui a suivi est peu représentée et les peintures cubistes exposées ne sont pas très nombreuses.

La section regroupant les salles 22 à 26 a plus de consistance. De 1954 à 1962, Picasso n'eut de cesse de "redécouvrir" les maîtres de la peinture, en particulier Velázquez. En 1957, il exécuta une série d'interprétations des fameuses *Ménines* (*Las Meninas*, toile exposée au Prado de Madrid). Il semble que Picasso ait contemplé l'œuvre initiale à travers un prisme reflétant tous les styles de son illustre prédécesseur. La série comprend des études de sujets isolés, depuis les premières esquisses jusqu'au tableau achevé. La salle 24 contient huit représentations étonnantes de *Pichones* (pigeons).

Enfin, au dernier étage (salles 28 à 36), vous attend une série de lithographies des dernières années, qu'on désigne par "Suite 156".

Le musée vous accueille du mardi au samedi et les jours fériés, de 10h à 20h, et le dimanche de 10h à 15h (4,40 €, gratuit le premier dimanche du mois). Un supplément est demandé pour les expositions temporaires.

Museu Tèxtil i d'Indumentària. Ce musée du Textile et du Costume occupe le Palau dels Marquesos de Lió, au n°12 de la rue, ainsi qu'une partie du Palau Nadal voisin (ces deux édifices, le premier datant du XIIIe siècle, ont fait l'objet de plusieurs remaniements au cours du XVIIIe siècle). Ses 4 000 objets couvrent une période qui va des textiles coptes du IVe siècle à la broderie locale du XXe siècle. Le principal attrait de ce musée est néanmoins sa colossale collection de vêtements du XVIe siècle aux années 1930. Il a fallu plus de cent ans pour la réunir. Il ouvre du mardi au samedi de 10h à 20h, le dimanche et les jours fériés, de 10h à 15h . L'entrée revient à 2,40 € ou 4,20 € si vous accompagnez cette visite de celle du Museu Barbier-Mueller d'Art Precolombí, la porte à côté (l'entrée des deux musées est gratuite le premier samedi du mois). L'ancien patio du palais abrite un agréable café.

Museu Barbier-Mueller d'Art Precolombí. Ce musée, installé dans ce qu'il reste du Palau Nadal au n°14, abrite l'une des plus prestigieuses collections au monde d'art précolombien, réunie par un homme d'affaires suisse, Josef Mueller (mort en 1977), et son gendre, Jean-Paul Barbier, directeur du musée Barbier-Mueller de Genève.

Toutes les salles sont obscures afin que seuls les objets éclairés surgissent de l'ombre. Dans la première pièce sont exposées les parures en or. Puis s'enchaîne toute une série de salles présentant des céramiques, des bijoux et pierres précieuses, des statues, des textiles… Les commentaires sont rédigés en plusieurs langues, dont l'anglais.

Ce musée vous accueille du mardi au samedi de 10h à 20h ; le dimanche et les jours fériés de 10h à 15h (3 €, 4,20 € si vous associez cette visite à celle du Museu Tèxtil i d'Indumentària).

Tout au long du Carrer de Montcada. Plusieurs anciennes demeures abritent des galeries d'art qui programment souvent des expositions temporaires. La célèbre **Galeria Maeght** occupe, au n°25, le Palau dels Cervelló qui date du XVIe siècle (pour plus de renseignements sur les galeries d'art, consultez le chapitre *Achats*). Si vous pouvez jeter un coup d'œil au n°20, sur la cour baroque du Palau de Dalmases, médiéval à l'origine (aujourd'hui un établissement horriblement cher, où l'on vient déguster du vin – reportez-vous au chapitre *Où sortir*), n'hésitez pas à le faire, car c'est l'une des plus jolies de la rue.

Església de Santa Maria del Mar
A son extrémité sud-est, le Carrer de Montcada débouche sur le **Passeig del Born**, une esplanade où se déroulaient les tournois et autres joutes au Moyen Age et qui fut le grand lieu de rassemblement des Barcelonais, du XIIIe au XVIIIe siècle.

A l'extrémité sud-ouest du Passeig del Born se dresse Santa Maria del Mar, considérée comme le plus bel exemple de l'architecture gothique de Barcelone. Cette église bâtie au XIVe siècle témoigne d'une extrême pureté de style où seules comptent les subtiles proportions de l'édifice, la pureté de ses lignes et l'impression d'espace. Les vitraux ont été réalisés entre le XVe et le XVIIIe siècle. L'église est ouverte au public tous les jours de 9h à 13h30 et de 16h30 à 20h. Le lundi à 18h, vous pouvez assister au Llum i Misteri, sorte de spectacle de son et lumière avec musique d'orgue et un bref commentaire (en catalan, castillan et anglais) sur la place qu'a occupée l'église dans l'histoire de cette partie de la ville. Le spectacle coûte 9 € et dure 50 minutes.

PARC DE LA CIUTADELLA (carte 5)
Bordé à l'ouest par le quartier de La Ribera et au sud par La Barceloneta, le Parc de la

Ciutadella constitue une halte bien méritée pour le promeneur. Vous y trouverez espace et verdure, mais aussi quelques attractions.

Après la guerre de la Succession d'Espagne, le roi Felipe V fit construire une immense forteresse (La Ciutadella) afin de surveiller Barcelone. Aussi cette citadelle est-elle devenue synonyme de la haine que les Catalans ont pu vouer à Madrid, d'autant plus qu'elle servit plus tard de prison politique. Démoli en 1869 , le fort fit place à un parc qui accueilla en 1888 l'Exposition universelle (vous pouvez voir un diaporama sur l'ancien fort au Museu Militar à Montjuïc). Il est ouvert tous les jours de 8h à 20h (jusqu'à 21h, d'avril à septembre).

A proximité de l'entrée Passeig de Pujades, vous serez impressionné par la monumentale **Cascada,** dessinée par Josep Fontsère et réalisée entre 1875 et 1881. On pense que Gaudí, étudiant, a participé à l'élaboration du projet. L'œuvre de style grotesque combine de façon spectaculaire la statuaire classique, les rochers escarpés, la verdure et les chutes d'eau. Non loin de là, vous pourrez louer des canots pour naviguer sur le plan d'eau, une distraction qui séduira les enfants.

Museu Nacional d'Art Modern de Catalunya

Au sud-est du parc, près du **Parlament de Catalunya**, où se réunissent les élus de la région, l'ancien arsenal du fort abrite le musée d'Art moderne. Lorsque vous lirez ces lignes, il est possible (bien qu'aucune date n'ait encore été fixée) que les locaux du musée aient été attribués au parlement et les collections transférées au Museu Nacional d'Art de Catalunya de Montjuïc.

Ses collections d'art catalan couvrent la période qui va du milieu du XIXe siècle au milieu du XXe siècle. Leur intérêt tient surtout aux mouvements artistiques qu'elles représentent : le réalisme catalan, l'anecdotisme, le modernisme et le noucentisme.

Le modernisme, représenté par une douzaine de peintures de Ramon Casas et de Santiago Rusiñol, a pour tableau phare une scène représentant un tandem où Casas pédale derrière le célèbre Pere Romeu, fon-

dateur de la taverne d'Els Quatre Gats (inspiré du Chat noir montmartrois), où se réunissaient l'avant-garde moderniste et la bohème de Barcelone.

Le noucentisme affiche un goût plus conformiste en réaction au modernisme et recherche un certain classicisme très influencé par la lumière de la Méditerranée. L'œuvre de Joaquim Sunyer (1874-1956) reste peut-être la plus frappante. Enfin, trois tableaux mineurs de Dalí ont réussi à se faufiler dans la collection présentée.

Vous serez sans doute plus captivés par les nombreux objets de décoration intérieure moderniste : meubles, lampadaires, poignées de porte… de même que par les grilles en fer forgé dessinées par Gaudí pour l'extérieur de la Casa Vicenç. Le musée ouvre ses portes du mardi au samedi de 10h à 19h ; le dimanche et les jours fériés de 10h à 14h30. L'entrée coûte 3 €, moitié prix si vous possédez un billet Ruta del Modernisme.

Zoo

L'extrémité sud du parc est occupée par le grand Parc Zoològic (☎ 93 225 67 80), rendu célèbre par la présence d'un gorille albinos, Copito de Nieve (Flocon de neige, en castillan), venu de Guinée dans les années 60. Copito serait le seul gorille blanc au monde et il est devenu une véritable figure emblématique du zoo. Moyennant 9,40 €, vous pourrez lui rendre visite. Le zoo ouvre tous les jours de 10h à 19h30 (jusqu'à 17h en hiver).

Barcelona Globus

A quoi ressemble la ville vue d'en haut ? Pour le savoir, vous pouvez embarquer quelques minutes à bord du plus grand ballon d'hélium du monde, amarré près du zoo. La nacelle accueille jusqu'à 35 passagers toutes les 15 minutes et monte jusqu'à 150 m d'altitude. Le ballon fonctionne du lundi au samedi de 10h à 19h (jusqu'à 21h en été), jusqu'à 21h les dimanche et fêtes (23h en été). L'aventure vous coûtera12 €. Pour plus de renseignements, appelez le ☎ 93 342 97 90. Les enfants adorent !

A VOIR ET A FAIRE

Environs du parc

En parcourant le Passeig de Picasso côté parc, vous longerez plusieurs édifices construits pour l'Exposition universelle, ou peu de temps avant. Tout en haut de la rue, le plus intéressant est le **Castell dels Tres Dragons**, fruit de l'imagination du moderniste Domènech i Montaner. Le décor de ce château d'inspiration néo-gothique repose sur une structure métallique, une nouveauté à l'époque. Les armoiries sont totalement inventées et l'ensemble n'a rien d'austère, au contraire. Conçu comme café-restaurant pour l'Exposition universelle, il accueille aujourd'hui le **Museu de Zoologia** (carte 6), ouvert du mardi au dimanche de 10h à 14h, (jusqu'à 18h30 le jeudi). L'entrée est de 2,40 €. Si vous aimez les animaux naturalisés et les squelettes de dinosaures, cette institution un peu vieillotte vous plaira.

Vient ensuite L'Hivernacle, l'un des deux arboretum, petit jardin botanique agrémenté d'un charmant café. A côté, le **Museu de Geologia est** plutôt réservé aux passionnés et aux géologues en herbe. Les horaires et tarifs d'entrée sont les mêmes que ceux du Museu Zoologia.

Un peu plus au nord-ouest, sur le Passeig de Lluís de Companys, se dresse l'imposant **Arc de Triomf (carte 6)**, dû au moderniste Josep Vilaseca. Il constituait en fait l'entrée de l'Exposition universelle, construite dans un style quasi mauresque avec un matériau des plus humbles, la brique ! L'Exposition universelle fut le moyen, fort coûteux, pour Barcelone de prendre enfin place sur la carte du monde. Les rouages de l'industrie tournaient bien (bien que ce ne fût pas à la cadence des grands centres industriels situés plus au nord) et la perte tragique de Cuba (pour l'économie barcelonaise) ne se produirait que dix ans plus tard (voir la rubrique *Histoire* du chapitre *Présentation de la ville*). Les dirigeants de la ville se sentaient à l'évidence pousser des ailes, même si aucune "victoire" particulière ne justifiait d'élever un arc de triomphe pour la célébrer !

Màgic BCN

Cette "promenade" à effets spéciaux de 40 minutes donne l'impression de voyager en train à travers des paysages du monde entier. Cette attraction intelligente plaît beaucoup aux enfants. Elle fonctionne tous les jours de 18h à 19h, avec des séances supplémentaires à 11h, 12h et 13h le weekend. Vérifiez toutefois ces horaires, souvent sujets à modification. La place coûte 5,30 € (3,75 € pour les moins de 12 ans). Le Màgic BCN se trouve Passeig de Lluís Companys 10-12.

PORT VELL (carte 5)

Au pied de La Rambla, le vieux port de Barcelone était si repoussant que les citoyens catalans ont vivement protesté pour que Barcelone réhabilite sa façade maritime. Son remodelage dans les années 80 l'a rendu méconnaissable. Les docks, les dépôts ferroviaires et les décharges ont cédé la place à des boutiques chics, des snackbars, un cinéma flottant, des discothèques, des pubs irlandais, une marina pour les plaisanciers, et à un gigantesque aquarium. Voilà, entre autres, comment le "vieux port" s'est métamorphosé en un complexe nautique flambant neuf.

Vous pourrez mieux en juger en embarquant sur une **golondrina** (☎ 93 442 31 06) au Moll de les Drassanes, devant le Monument a Colom. Prévoyez 3 € pour une sortie de 35 minutes jusqu'à la digue (*rompeolas*) et le phare (*faro*) situé au large ; 7,80 € (5,40 € pour les moins de 19 ans) pour vous rendre au Port Olímpic en catamaran à fond vitré (80 minutes). Le nombre de départs dépend grandement de la saison et de la demande : les sorties jusqu'à la digue s'effectuent au moins une fois par heure, dans la journée ; celles à destination de Port Olímpic au minimum trois fois par jour. Au nord-est de l'embarcadère des golondrinas, vous pourrez flâner sur le **Moll de la Fusta**, promenade bordée de palmiers.

Au centre du port réaménagé, la jetée qu'on appelle le **Moll d'Espanya** abrite une marina. Il est relié au Moll de la Fusta par une passerelle tournante, la **Rambla de Mar**, afin de laisser passer les plaisanciers.

Au bout du Moll d'Espanya se déploie le vaste et luxueux complexe commercial de Maremàgnum (boutiques, bars et restaurants). Là où la jetée fait un angle côté mer, Barcelone a ouvert en 1995 l'un des plus grands aquariums d'Europe. Ultramoderne, **L'Aquàrium** (☎ 93 221 74 74) renferme les plus beaux spécimens de la Méditerranée répartis dans vingt et un aquariums différents, parmi lesquels un tunnel de 80 m réservé aux requins. A ne pas manquer ! En tout et pour tout, quelque 8 000 poissons (dont onze requins) y ont élu résidence. L'entrée (assez chère) vous coûtera 8,70 € (5,70 € pour les enfants de 4 à 12 ans et les retraités). On y accueille les visiteurs tous les jours de 9h30 à 21h (jusqu'à 23h en juillet et en août). A côté de l'Aquàrium se trouve le cinéma grand écran Imax de Port Vell.

Le **téléphérique** (*telefèric* ou *funicular aereo*) suspendu entre le port et Montjuïc vous offre un autre panorama sur la ville. Vous pouvez vous procurer les tickets à la station Miramar (à Montjuïc) ou à la Torre de Sant Sebastià (à La Barceloneta). L'accès par la Torre de Jaume I était fermé au moment où nous rédigions ce guide. Un billet aller-retour de Miramar à Sant Sebastià vous reviendra à 7,20 € (6 € l'aller simple). Le téléphérique fonctionne tous les jours de 10h30 à 19h (jusqu'à 17h30 en hiver).

LA BARCELONETA ET LE PORT OLÍMPIC

On avait coutume de dire que Barcelone avait le dos tourné à la mer. Mais le programme ambitieux de redéveloppement nécessité par la perspective des jeux Olympiques a insufflé une nouvelle vie à cette longue bande côtière au nord-est de Port Vell.

La Barceloneta était un quartier de marins et de pêcheurs du milieu du XVIIIe siècle. On doit son plan à l'ingénieur militaire français Prosper Verboom, chargé d'établir un projet pour reloger les habitants dont les maisons

A VOIR ET A FAIRE

Buffalo Bill à Barcelone

En décembre 1889, une foule étrange envahit ce qui était alors un terrain vague, à l'emplacement de l'actuel pâté de maisons délimité par les Carrers de Muntaner, Corsega, Rosseló et Aribau.

Sioux, Cheyennes et autres Arapahos, accompagnés de bandits mexicains et de cow-boys, plantèrent leurs tentes et leurs tipis. Ils venaient de débarquer à Barcelone, acheminés en bateau à vapeur depuis Marseille. Fort de 184 participants, 159 chevaux et de 20 bisons, Buffalo Bill investissait la ville pour présenter son Wild West Show.

William Frederick Cody (1846-1917), explorateur, guide et pisteur pour le général Custer, s'honorait d'un glorieux passé. Tireur expérimenté, il avait été shérif, membre du Pony Express, obsédé par la chasse aux bisons et, d'après la rumeur, franc-maçon. Bref, il venait en Europe pour tenter de faire fortune avec son spectacle qui mettait en scène des Amérindiens et des pionniers du Far West.

Grâce à l'Exposition universelle de 1888 qu'elle avait accueillie, Barcelone était désormais connue du monde entier, aussi semblait-il naturel de lui rendre visite. Les représentations durèrent cinq semaines, mais tout ne se déroula pas comme prévu. De nombreux spectacles furent annulés à cause des pluies torrentielles qui déferlèrent sur la ville, un incendie détruisit un tipi, et une épidémie de grippe emporta l'une des vedettes masculines et ébranla la santé de plusieurs Indiens.

Lorsque Bill et son chapiteau partirent pour Naples, deux personnes de la troupe restèrent à l'Hospital de la Santa Creu. L'une des deux y serait morte, puis enterrée à Montjuïc, mais nul ne peut le certifier. Cody et sa compagnie ne revinrent jamais en Espagne. Les propos de Bill ne furent peut-être pas appréciés, lequel se vantait de pouvoir chasser l'armée espagnole de Cuba avec le renfort de trente mille Indiens. La marine américaine devait s'en charger dix ans plus tard.

avaient été détruites pour construire la Ciutadella. Le plan quadrillé définissait des blocs rectangulaires parfaitement alignés. C'était une conception urbanistique avancée pour l'époque et très fonctionnelle, mais les mornes immeubles de cinq ou six étages n'en ont pas plus de charme pour autant. Au XIXᵉ siècle, l'endroit était proprement sordide, surtout en période de crise (lisez les premiers chapitres de *La Ville des prodiges* d'Eduardo Mendoza pour avoir une idée plus précise). La Barceloneta a toujours été réputée pour ses petits restaurants de fruits de mer. Seuls les meilleurs d'entre eux survivent aujourd'hui (consulter le chapitre *Où se restaurer*), car bon nombre ont disparu dans le cadre du programme de réaménagement du littoral en vue des jeux Olympiques.

Museu d'Història de Catalunya (carte 5)

Face au port, le Palau de Mar abritait autrefois des entrepôts, mais on l'a radicalement transformé dans les années 90. Sous les arcades en bord de mer s'est nichée toute une série de bons restaurants. Le musée d'histoire de la Catalogne est installé à l'intérieur du bâtiment.

Ses collections permanentes occupent les deuxième et troisième étages. Comme vous l'indique la brochure, vous partez pour un "voyage dans l'Histoire", du paléolithique au début des années 80. Le musée a réuni toutes les techniques modernes de muséographie pour vous présenter de façon à la fois distrayante et instructive deux mille ans d'histoire catalane : diaporamas, objets, vidéos, maquettes, documents et bornes interactives. Rien ne manque pour vous faire découvrir la vie au temps des Romains, écouter des poèmes arabes écrits pendant l'occupation maure, pénétrer dans le logis pyrénéen d'une famille du Moyen Age, chevaucher le destrier d'un chevalier et tenter de soulever une armure, ou encore descendre dans un abri antiaérien du temps de la guerre civile.

Tout est indiqué en catalan, mais on vous prêtera une brochure dans la langue de votre choix (parmi les plus courantes), qui vous permettra de profiter pleinement de la visite. Le musée est ouvert du mardi au

jeudi de 10h à 19h, les vendredi et samedi de 10h à 20h, le dimanche et les jours fériés de 10h à 14h30 (3 €).

La plage et le Port Olímpic

La flotte de pêche barcelonaise est amarrée le long du Moll del Rellotge, dans le Port Vell, au sud du musée. Mais, côté littoral, La Barceloneta est bordée par Platja de Sant Sebastià et Platja de la Barceloneta, les premières **plages** de Barcelone (carte 1). Sales par le passé, elles n'attiraient pas grand monde, mais aujourd'hui qu'on les a assainies, les gens s'y entassent les week-ends d'été. Le long du **Passeig Marítim**, qui mène de La Barceloneta au Port Olímpic, les amateurs de rollers s'en donnent à cœur joie, là où ce n'était autrefois qu'entrepôts et voies de garage ferroviaires.

Construit au moment des Jeux pour les épreuves de voile, le **Port Olímpic** s'est converti en marina haut de gamme, entourée de bars et de restaurants. En venant de La Barceloneta, vous ne manquerez pas d'apercevoir le *Peix*, ce poisson géant en cuivre dû à Frank Gehry dont toute une série de sculptures jalonne le quartier. Dominé par les deux plus hauts gratte-ciel barcelonais, le luxueux Hotel Arts Barcelona et la tour de bureaux Torre Mapfre, le secteur situé derrière Port Olímpic a servi de Vila Olímpica pour accueillir et loger les athlètes au moment des Jeux. L'ensemble a été ensuite divisé et vendu en appartements de luxe.

Au nord-est, d'autres plages s'étendent jusqu'au Riù Besòs (qui délimite la frontière nord-est de la ville). La partie la plus au sud de Platja de Mar Bella accueille nudistes et non-nudistes. Toutes ces plages sont entretenues et l'eau est parfaitement correcte.

Derrière Platja de Nova Mar Bella et au-delà du Besòs s'élève l'ossature des hôtels, centres de conférence et autres appartements huppés qui formeront bientôt le Front Marítim, futur quartier résidentiel de luxe de Barcelone.

L'EIXAMPLE

L'Eixample (*El Ensanche* en espagnol : l'*Agrandissement* ou l'*Extension*) s'étend sur 1 à 1,5 km au nord, à l'est et à l'ouest de la

Plaça de Catalunya. Au XIXe siècle, la ville avait déjà éclaté bien au-delà des confins de la cité médiévale. L'idée d'une urbanisation rationnelle plus au nord fit donc son chemin. Ainsi naquit le projet de l'Eixample.

Les travaux commencèrent en 1869, sur la trame établie par l'architecte Ildefons Cerdà. Son plan en damier prévoyait de vastes artères perpendiculaires formant à leurs intersections des places à pans coupés, de même que de nombreux espaces verts dont eut malheureusement raison l'intense demande immobilière.

Depuis le début, l'Eixample est habité par les classes moyennes, dont bon nombre pensent que c'est la meilleure chose qui soit arrivée à Barcelone. Le long de ses rues tracées au cordeau sont installés la plupart des magasins et des hôtels les plus chers, toute une série de restaurants et bon nombre de rendez-vous des noctambules. C'est surtout le haut lieu de l'architecture moderniste. A l'exception de La Sagrada Família, les œuvres phares de cette période ont été construites sur le Passeig de Gràcia, principale artère de l'Eixample.

Manzana de la Discòrdia (carte 2)

A l'ouest du Passeig de Gràcia, entre le Carrer del Consell de Cent et le Carrer d'Aragó, la Manzana de la Discòrdia (la "pomme de discorde", voir l'encadré) désigne un pâté de maisons où "cohabitent" trois demeures remaniées entre 1898 et 1906 de manière totalement dissemblable par trois des têtes d'affiche de l'architecture moderniste.

Au n°35, à l'angle du Carrer del Consell de Cent, la **Casa Lleó Morera** de Domènech i Montaner arbore le triomphe du style Art nouveau sur sa façade sculptée comme sur le carrelage éclatant du vestibule, orné de motifs floraux. On ne peut plus visiter le premier étage, où foisonnent les sculptures tourbillonnantes, les mosaïques éclatantes et la décoration la plus fantasque.

Au n°41, la **Casa Amatller** de Puig i Cadafalch, associe des fenêtres gothiques à un abrupt pignon en escalier qui rappelle les maisons médiévales d'Europe du Nord. Le hall d'entrée à colonnes et l'escalier éclairé par des vitraux évoquent l'intérieur de

La pomme de la discorde

Si les noms de lieux ont été pour la plupart transcrits en catalan à Barcelone ces dernières années, la Manzana de la Discòrdia fait exception, car il s'agit d'un jeu de mots sur *manzana*, qui signifie à la fois "pâté de maisons" et "pomme". Selon la mythologie grecque, la fameuse pomme d'or avait été jetée sur le mont Olympe par Eris (Discorde) et était destinée à la plus belle déesse – ce qui suscita des jalousies qui allaient conduire à la guerre de Troie. Le jeu de mots est intraduisible en catalan puisqu'un pâté de maisons se dit *illa* et une pomme, *poma*.

quelque château romantique. Vous pouvez flâner au rez-de-chaussée et vous procurer sur place un billet Ruta del Modernisme (voir l'encadré).

Voisine au n°43, la **Casa Batlló** est l'un des joyaux de Barcelone et l'une des plus belles féeries imaginées par Gaudí. Constellée de fragments de carrelage bleu, mauve et vert, sa façade ondule telle la mer au rythme des châssis des fenêtres et des balcons, sous les carreaux bleus d'une toiture tourmentée d'où émerge une petite tour solitaire. Ce toit évoque Sant Jordi (saint Georges) et le dragon, et si vous fixez l'édifice suffisamment longtemps, vous aurez l'impression de voir une créature en mouvement. Pour y pénétrer, on ne peut que compter sur sa bonne étoile et se faufiler à l'intérieur (pas plus loin que le vestibule) si par hasard la porte est ouverte.

Vous aurez peut-être envie de faire un saut au **Museu del Parfum** (carte 2), Passeig de Gràcia 39, dans le magasin Regia, où est exposée une collection historique de réceptacles à parfum. Il est ouvert du lundi au vendredi de 10h à 20h30 et le samedi de 10h30 à 14h et de 17h à 20h30.

Fundació Antoni Tàpies (carte 2)

A l'angle de la Manzana de la Discordia, le Carrer d'Aragó abrite au n°255 un bâtiment moderniste de la première veine (achevé en

1885). L'œuvre d'un artiste catalan prépondérant du XXᵉ siècle y est présentée.

Domènech i Montaner a dessiné ce bâtiment au décor d'inspiration mauresque pour la maison d'édition Editorial Montaner i Simón. Cet édifice a bénéficié des nouvelles technologies de l'époque, avec une structure métallique couverte de briques. Une œuvre de Tàpies, sorte de forêt de fils de fer, coiffe l'immeuble.

Antoni Tàpies, dont l'art expérimental fut souvent porteur de messages politiques – il s'opposa au franquisme dans les années 60 et 70 – , a créé cette Fundació en 1984 dans le but de promouvoir les réalisations contemporaines. Il a fait don de bon nombre de ses œuvres qui constituent donc le cœur de la collection, complétée par des créations contemporaines. La fondation abrite par ailleurs une importante bibliothèque de recherche riche en documents sur Tàpies, mais aussi sur l'art contemporain.

Elle vous accueille du mardi au dimanche de 10h à 20h (4,20 €, 2,10 € pour les étudiants).

La Pedrera (carte 2)

De retour sur le Passeig de Gràcia, vous vous dirigerez vers le n°92. Gaudí réalisa La Pedrera entre 1905 et 1910 pour y abriter à la fois des bureaux et des appartements. Cette Casa Milà (du nom de son commanditaire, l'homme d'affaires Milà) doit son surnom de Pedrera (la "carrière") à sa façade de pierre grise qui semble presque érodée (telle une falaise rongée par les flots) et dont les ondulations épousent le pan coupé du Carrer de Provença. Ce mouvement ondulatoire est accentué par le travail des balcons en fer forgé.

Le bureau de la Fundació Caixa Catalunya (☎ 93 484 59 95) a ouvert l'endroit aux visiteurs, en l'agençant en Espai Gaudí (Espace Gaudí) et en organisant des visites de tout l'immeuble qui vous mènent jusqu'au toit et à ses cheminées géantes, dressées au-dessus de Barcelone telles des pièces d'échecs multicolores. Gaudí souhaitait installer là-haut une grande statue de la Vierge. La famille Milà s'y opposa, craignant d'en faire une cible idéale pour les

anarchistes et l'artiste dut renoncer à cette idée. Au dernier étage, le toit est soutenu par des arcs paraboliques chers à Gaudí. On y a installé un modeste musée où vous pourrez apprécier l'ampleur de son œuvre à travers des maquettes et des vidéos qui évoquent chacune de ses réalisations.

Un étage plus bas, vous pouvez visiter un appartement (El Pis de la Pedrera). Il est fascinant de flâner dans cette élégante habitation, décorée dans un style qu'une famille aisée pouvait apprécier au début du XXᵉ siècle. Les courbes sensuelles et les détails inattendus à tous les niveaux, des éclairages aux montants de lits, des poignées de portes aux balcons, donnent envie d'y emménager dans l'heure qui suit ! Les étages inférieurs du bâtiment accueillent souvent des expositions temporaires.

La Pedrera est ouverte tous les jours de 10h à 20h, avec une visite guidée prévue à 18h et à 11h les week-ends et jours fériés. Il est possible de ne payer que 3,60 € pour voir simplement l'Espai Gaudí et la terrasse sur le toit ou l'appartement, mais mieux vaut dépenser les 6 € réclamés pour tout voir si vous n'avez pas acheté le pass Ruta del Modernisme.

De juillet à septembre, La Pedrera reste ouverte les vendredi et samedi soirs (de 21h à 24h). Le toit est éclairé de façon à donner une impression fantomatique. Tout en profitant du panorama nocturne sur Barcelone, vous pouvez siroter une flûte de cava (6 €) sur fond sonore de musique live.

Palau del Baró Quadras et Casa de les Punxes (carte 2)

A quelques pâtés de maisons au nord et à l'est de La Pedrera, Puig i Cadafalch a réalisé deux de ses principaux édifices. Le plus proche, le Palau del Baró de Quadras, Avinguda Diagonal 373, fut construit entre 1902 et 1904. Composé de subtiles sculptures néogothiques en façade et de délicats vitraux, ce bâtiment abrite le **Museu de la Música** où ont été rassemblés des instruments venus des quatre coins du globe. La collection de guitares est l'une des plus riches au monde, tout comme la série d'orgues dont certains remontent au XVe siècle. Une bibliothèque de recherche et d'une *fonoteca* (phonothèque) sont à la disposition du public. Le musée est ouvert du mardi au dimanche de 10h à 14h. De fin septembre à fin juin, il ouvre jusqu'à 20h le mercredi (2,40 €). Souvent, le troisième dimanche du mois, à partir de midi, on peut entendre de la musique jouée sur certains instruments du musée. Le choix s'accompagne souvent d'un contexte thématique. En 1999-2000, le thème choisi était le saxophone.

Plus à l'est, en traversant l'Avinguda Diagonal, apparaît une sorte de château de conte de fées au n°420. Cette Casa Terrades abrite un immeuble d'habitation bâti entre 1903 et 1905. On le surnomme la Casa de les Punxes (la maison des Pointes) en raison de ses pignons hérissés et de ses tourelles effilées.

La Sagrada Família (carte 2)

Si le temps vous presse et que vous ne souhaitez visiter qu'un seul site, choisissez ce lieu magique. D'emblée, la Sagrada Família s'impose au passant, ne serait-ce que par sa verticalité. A l'instar des grandes cathédrales médiévales, l'édifice n'est toujours pas achevé plus d'un siècle après. Si d'aventure on le termine un jour, sa flèche la plus haute s'élèvera plus d'une demi-fois plus haut que celles déjà en place.

C'est à ce Temple Expiatori de la Sagrada Família (temple expiatoire de la Sainte Famille) qu'Antoni Gaudí a consacré les dernières années de son existence. Située à l'est de l'Eixample (métro Sagrada Família), elle accueille les visiteurs tous les jours de 9h à 20h d'avril à fin août ; de 9h à 19h en mars, septembre et octobre ; de 9h à 18h de novembre à février.

L'entrée s'élève à 4,80 € (3,60 € pour les étudiants) et donne accès à un intéressant musée dans la crypte. Le site que vous visitez correspond en réalité au chantier, mais les parties achevées et le musée peuvent être explorés à loisir. Quatre visites guidées par jour (50 minutes, 3 € par personne) sont proposées. L'accès se fait par le portail sud-ouest (façade de la

Passion), qui donne sur le Carrer de Sardenya et la Plaça de la Sagrada Família. Vous trouverez au comptoir de vente à votre gauche en entrant un *Guide officiel* (3 €) si l'architecture et le symbolisme de l'église vous intéressent. Pour 1,20 € supplémentaires, un ascenseur vous emmènera presque au sommet de l'une des flèches.

Pour vous repérer, sachez que cette façade ainsi que celle qui lui est opposée et donne sur la Plaça de Gaudí, chacune surmontée de quatre flèches, constituent les parties latérales de l'église. La façade principale, qui reste à bâtir, s'élèvera dans la partie sud-est de l'édifice, sur le Carrer de Mallorca.

Façade de la Nativité. Réalisée en grande partie sous le contrôle de Gaudí et même de ses propres mains, cette façade de la Nativité est certainement la plus belle réalisation de la Sagrada. Vous pouvez grimper tout en haut de l'une des quatre flèches en empruntant une série d'ascenseurs (lorsqu'ils fonctionnent) et d'étroits escaliers en colimaçon qui vous donnent le vertige. Ces clochers sont destinés à accueillir des carillons susceptibles de jouer une musique élaborée à un volume élevé. Leurs parties supérieures sont décorées de mosaïques où est inscrit : "*Sanctus, Sanctus, Sanctus, Hosanna in Excelsis, Amen, Alleluia.*" Lorsqu'on lui demanda pourquoi il accordait un si grand soin à la décoration du sommet de ces flèches, que personne ne verrait de près, Gaudí répondit : "Les anges les verront."

Le décor de cette façade s'organise autour de ses trois portails sur les thèmes de la naissance et de l'enfance du Christ. Lorsque vous avancerez sous le porche, vous aurez l'impression qu'il s'enroule au-dessus de votre tête et penche vers l'extérieur. Pour la plupart des sculptures qui y figurent, Gaudí utilisa des personnes et des animaux réels comme modèles.

Les trois portails représentent de droite à gauche : l'Espérance, la Charité et la Foi. Parmi le foisonnement de sculptures du portail de la Charité, vous distinguerez vers le

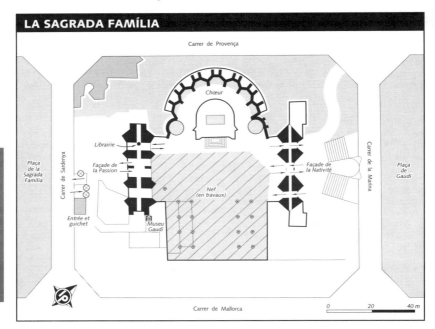

LA SAGRADA FAMÍLIA

Carrer de Provença

Chœur

Librairie

Façade de
la Passion

Façade de
la Nativité

Nef
(en travaux)

Entrée et
guichet

Museu
Gaudí

Carrer de Sardenya

Carrer de la Marina

Plaça
de la
Sagrada
Família

Plaça
de
Gaudí

Carrer de Mallorca

0   20   40 m

bas la crèche, entourée du bœuf, de l'âne, des bergers et des Rois mages, et surmontée d'anges musiciens. La scène de l'Annonciation à Marie par l'archange Gabriel est représentée juste au-dessus des vitraux bleus. Tout en haut figure un cyprès vert, offrant dans la tourmente un refuge symbolique aux blanches colombes de la paix qui parsèment le décor.

Sur le portail de l'Espérance, les bas-reliefs décrivent la fuite vers l'Égypte et le massacre des Innocents, Jésus et Joseph se tenant dans leur atelier de charpentier, juste au-dessus. Sur celui de la Foi, Jésus enfant explique les Écritures aux prêtres, au centre du groupe de personnages sculptés dans la partie inférieure.

L'intérieur. Le mur de l'abside semi-circulaire, dans la partie nord-ouest de l'église, fut le premier achevé (1894). Depuis les marches de l'autel, vous pouvez observer l'avancement des travaux de la nef : les murs et les colonnes sont presque terminés, la construction des toits débute. A l'instar des façades nord-ouest et sud-ouest, la façade de la Gloire, ou façade principale, sera couronnée de quatre tours. Ainsi, au total, douze flèches représenteront les douze Apôtres. D'autres allégories feront de l'ensemble de l'édifice un symbole microcosmique de la religion chrétienne, le Christ étant incarné par la massive tour centrale de 170 m, au-dessus du transept, les cinq tours restantes évoquant la Vierge Marie et les quatre Évangélistes.

Façade de la Passion. Sous ses quatre flèches, cette façade sud-ouest évoque les derniers jours de la vie du Christ et sa mort. Sa réalisation remonte aux années 50. Le décor du portail a été confié au sculpteur Josep Subirachs, qui n'a pas cherché à imiter Gaudí et a travaillé en toute liberté. Les scènes de la Passion ont été disposées en forme de "S" sur trois niveaux, en commençant par la Cène, en bas à gauche, pour s'achever par l'enterrement du Christ, en haut à droite.

Museu Gaudí. Ouvert aux mêmes heures que l'église, le musée renferme d'intéressants documents sur la vie et l'œuvre de l'artiste, de même que des maquettes, des photos et autres éléments concernant la Sagrada Família. Les maquettes que construisait Gaudí étaient lestées de petits sacs remplis de plomb, ce qui lui permettait d'étudier *de visu* le problème des charges et des tensions.

Hospital de la Santa Creu i de Sant Pau (carte 1)
Ce bâtiment gigantesque est aujourd'hui encore l'un des plus grands centres hospitaliers de la ville. Surtout, on peut le considérer comme la plus réussie des créations modernistes de Domènech i Montaner. L'architecte désirait créer un environnement unique, dans l'espoir qu'il réconforterait les patients. Le complexe hospitalier ne compte pas moins de 48 pavillons, chacun décoré de manière différente. Un grand nombre d'artistes y ont travaillé : sculpteurs dont le prolifique Eusebi Arnau, céramistes, mosaïstes, maîtres verriers… Vous pouvez flâner sur le site à n'importe quelle heure et sa visite mérite vraiment de remonter l'Avinguda de Gaudí en venant de la Sagrada Família.

Museu Taurino (carte 1)
Installé dans l'arène de la Plaça de Braus Monumental, sur la Gran Via de les Corts Catalanes, ce musée de la tauromachie présente des têtes de taureaux naturalisées, d'anciennes affiches, des *trajes de luces* (habits de lumière de torero) et autres objets souvenirs. On vous fait également visiter l'arène et les corrals. Il est ouvert tous les jours de 10h30 à 14h et de 16h à 19h d'avril à début octobre ; les jours de corrida, de 10h30 à 13h seulement (2,25 €).

Museu Egipci (carte 2)
Cette collection privée regroupant quelque 500 objets a été transférée en mai 2000 d'un local peu engageant à un lieu d'exposition lumineux réparti sur sept étages, Carrer de València 284. Jordi Clos, magnat de l'hôtellerie, continue à recueillir des objets destinés à son musée, divisé en différentes zones thématiques (le pharaon, la religion, la vie quotidienne, etc.). Au rez-de-chaussée, se trouvent un hall d'exposition et une bibliothèque, dans laquelle sont exposées, entre autres, quelques éditions originales des travaux de Carter, l'égyptologue qui dirigea les fouilles du tombeau de Toutankhamon.

Le musée est ouvert du lundi au samedi de 10h à 14h et de 16h à 20h ; le dimanche de 10h à 14h. L'entrée coûte 5,40 € (4,20 € pour les étudiants et les seniors).

Fundación Francisco Godia (carte 2)
Cette collection privée récemment ouverte au public comprend un surprenant mélange d'art médiéval, de mosaïques et de peinture moderne. Située Carrer de València 284 (tél. 93 272 31 80), elle jouxte le Museu Egipci et ouvre de 10h à 20h tous les jours sauf le mardi. L'entrée coûte 4,20 € (2,10 € pour les étudiants).

GRÀCIA (carte 2)
Quand on se trouve au centre de l'Eixample, Gràcia se situe exactement au nord. Ce village est devenu au XIXe siècle un faubourg de Barcelone très marqué par les idées républicaines et libérales, avant d'être intégré à la ville en 1897. Dans les années 60 et 70, il a conservé cette particularité d'être un quartier un peu à part, apprécié par les gens de gauche et les marginaux, et cette ambiance imprègne encore ses rues. Faire la tournée des bistrots et des cafés de Gràcia demeure à ce jour une distraction plutôt branchée.

L'intérêt du quartier réside dans l'atmosphère de ses rues étroites (n'envisagez même pas d'y garer une voiture !), ses placettes et les bars et restaurants qu'elles abritent. Profitez d'une soirée ou d'une promenade nocturne pour mieux en profiter. Diagonal et Fontana sont les stations de métro les plus proches du centre de Gràcia.

Les places les plus animées sont la **Plaça del Sol**, la **Plaça de Rius i Taulet**, avec son

A VOIR ET A FAIRE

Gaudí, l'architecte de Dieu

La première idée d'un temple dédié à la Sagrada Família (la Sainte Famille) revient au riche éditeur Josep Marià Bocabella i Verdaguer, fondateur de la congrégation laïque San Josep (Saint-Joseph) et farouche adversaire des idées révolutionnaires ambiantes.

Face aux progrès des idées libérales et républicaines modernes, le pape Pie IX avait plusieurs fois appelé de ses vœux un renouveau catholique. Dépourvu de son pouvoir séculier après les victoires de Garibaldi et la réunification italienne, le Vatican cherchait à regagner son autorité sur le plan spirituel. Rome appelait la chrétienté à renouveler sa dévotion à Jésus, à la Vierge et à saint Joseph, la Sagrada Família. Pour un homme comme Bocabella, Barcelone avait besoin d'un grand temple expiatoire dédié à la Sainte Famille, où ses citoyens viendraient expier leurs péchés s'ils voulaient échapper au libéralisme décadent. La congrégation rassembla les fonds, des dons provenant des fidèles, et en 1882 fut posée la première pierre d'une construction néogothique. Mais, deux ans plus tard, l'architecte Villar est remplacé par Antoni Gaudí, qui se voit donner carte blanche. L'artiste va petit à petit interpréter de plus en plus librement le gothique et finir par développer un projet infiniment plus audacieux.

Élevé dans une famille d'artisans à Reus (dans le Sud de la Catalunya) et formé à l'école de la ferronnerie, Gaudí est déjà un architecte renommé. Jusqu'en 1910, il travaille à de nombreux bâtiments barcelonais, catalans et espagnols. Une fois La Pedrera plus ou moins achevée, construite à la demande de la famille Milà sur Passeig de Gràcia, il décide de se concentrer sur quelques projets.

Il continue à travailler pour le riche industriel Eusebi Güell, son principal mécène, sur deux projets ambitieux qui n'ont jamais été terminés : le Parc Güell et une cité ouvrière, Colònia Güell

Gaudi se donna corps et âme à la Sagrada Família, un projet qui devait être son dernier.

Gaudí, l'architecte de Dieu

(reportez-vous au chapitre A voir et à faire). En 1916, les fonds destinés à ces deux projets sont épuisés. Par ailleurs, seule la Sagrada Família semble désormais compter aux yeux de l'architecte. Nationaliste catalan mais pas de ceux qui se battent sur la scène publique, Gaudí se retire peu à peu dans ce qui va devenir son église. Il va y investir tout son savoir technique et toute sa vision de l'architecture. La construction de la Sagrada Família devient une mission sacrée. Lorsque la congrégation fondée par Bocabella et les riches mécènes commencent à se détourner du projet et que les fonds se raréfient, Gaudí réagit avec stoïcisme et se prépare à un long combat. Il investit tout ce qu'il a dans ce projet, forme sur place les artisans dont il a besoin. Mais, l'esprit sans doute absorbé par l'œuvre de sa vie, il est renversé un jour de 1926 par un tramway, à l'angle de la Gran Via de les Corts Catalanes et du Carrer de Bailén. Personne ne reconnaît dans l'accidenté mal vêtu l'architecte de la Sagrada. Trois jours plus tard, il était mort, et toute la ville assista à ses funérailles.

Le chantier de La Sagrada Família permit à l'art de Gaudí de s'affirmer avec toujours plus de force et d'originalité. Sur la base du plan en croix latine et du style néogothique, l'artiste conçut finalement un temple de 95 m de long sur 60 m de large, capable d'accueillir 13 000 personnes, avec une flèche centrale de 170 m de haut et 17 autres de 100 m ou plus. Ennemi des lignes droites, Gaudí donna aux flèches des contours galbés inspirés des cimes en dents de scie de la montagne sacrée de Montserrat (à l'extérieur de Barcelone). Il les sculpta de façon à donner l'impression de bourgeonnements sur la pierre.

A la mort de Gaudí, seuls la crypte, les murs des absides, une porte et une flèche étaient terminés. Trois tours supplémentaires furent ajoutées en 1930, complétant la façade nord-est (la Nativité), mais en 1936, des combattants anarchistes brulèrent ateliers, maquettes et plans.

En 1952, une campagne de travaux reprend d'après des maquettes restaurées et des photographies de dessins, mais les indices font défaut sur la façon dont Gaudí pensait résoudre les énormes problèmes techniques posés par l'édifice. Entre 1954 et 1976, la façade sud-ouest (la Passion) et quatre flèches supplémentaires sont achevées. Seuls restent en suspens quelques détails de décoration. Entreprise en 1978, la réalisation de la nef progresse à bon rythme.

Le programme de construction fait constamment l'objet de controverses. Certains affirment que la qualité du travail et les matériaux – du béton à la place de la pierre – ne sont pas à la hauteur des parties réalisées par Gaudí. D'autres estiment qu'en l'absence de plans détaillés, il fallait garder l'œuvre inachevée, tel un monument à la mémoire de Gaudí. Bien que le financement soit privé, il y a enfin ceux qui s'y opposent tout simplement pour des raisons d'argent. Comme ceux qui soutiennent son travail, Jordi Bonet, l'architecte chargé de la coordination du projet, souhaite concrétiser le formidable vision de Gaudí et ce que les partisans de l'achèvement considèrent comme une mission sacrée, à l'instar du maître. (Ce monument expiatoire est chargé d'implorer l'indulgence de Dieu pour la Catalunya.) Au rythme où vont les choses, la Sagrada pourrait être terminée en 2020. Un véritable calendrier de construction médiévale !

Ainsi, l'histoire de Gaudí est loin d'être terminée. Le curé de la paroisse, Lluís Bonet Armengol, réclame la béatification de celui que l'on surnommait l'"architecte de Dieu".

Barcelone entend bien faire profiter sur le plan touristique du 150e anniversaire de la naissance de Gaudi, en 2002. L'année a d'ores et déjà été baptisée "année de l'architecture et de Gaudí".

clocher (aussi appelée Plaça del Rellotge, un lieu de rendez-vous très fréquenté), la **Plaça de la Virreina**, avec ses arbres et son Església de Sant Josep (XVIIe siècle). A un moment, le conseil municipal avait décidé de supprimer les arbres, mais dut y renoncer devant le tollé des riverains, d'autant que Gràcia ne risquait déjà pas de remporter la palme du quartier le plus verdoyant ! Sur la **Plaça de Rovira i Trias**, vous pourrez vous asseoir sur un banc, non loin de la statue d'Antoni Rovira. Cet architecte de la fin du XIXe siècle était entré en lice avec Ildefons Cerdà pour le concours d'architecture de l'Eixample. Le projet de Rovira, qui n'a pas été retenu, a été reproduit sur le trottoir.

A trois pâtés de maisons à l'est de la Plaça de Rius i Taulet, se tient un grand marché couvert. Vous découvrirez à l'ouest de la grand-rue de Gràcia, le Carrer Gran de Gràcia, l'une des premières maisons réalisées par Gaudí, la **Casa Vicenç**, Carrer de les Carolines 22, de style apparenté mudéjar.

MONTJUÏC

Cette colline au sud-ouest du centre-ville offre un panorama appréciable sur Barcelone. Elle compte quelques belles galeries d'art, des parcs d'attractions, des jardins où il fait bon se reposer et les principaux sites olympiques de 1992.

Le nom Montjuïc (qui signifie "mont des Juifs") rappelle la présence passée d'une communauté israélite. Avant que Montjuïc ne soit transformé en parc dans les années 1890, ses terres boisées offraient un peu d'espace aux habitants à l'étroit dans la Ciutat Vella et étaient par endroits couvertes de vergers. Mais l'Histoire a été plus cruelle : c'est du château de Montjuïc que Madrid a bombardé la ville après les troubles de 1842 et le château servit de prison jusqu'à l'époque franquiste. Les premiers projets immobiliers furent mis en œuvre dans les années 20, lorsque l'on choisit le site pour l'Exposition universelle de Barcelone en 1929. L'Estadi Olímpic, le Poble Espanyol et certains musées datent tous de cette période. A l'occasion des Olympiades de 1992, Montjuïc a subi une

rénovation et de nouveaux bâtiments ont vu le jour.

Avec ses innombrables routes et chemins, auxquels s'ajoutent quelques escalators, bus, et même un télésiège, vous n'aurez aucune peine à visiter les sites de Montjuïc dans l'ordre que vous voudrez. Les cinq principaux centres d'intérêt sont le Poble Espanyol, le Museu Nacional d'Art de Catalunya, l'Estadi Olímpic, la Fundació Joan Miró et le château, pour son panorama. Visiter tous ces sites en une fois se traduirait par une journée extrêmement chargée.

Comment s'y rendre

Il est bien sûr possible de venir à pied de la Ciutat Vella (le départ de La Rambla se trouve à 700 m de l'extrémité est de Montjuïc). Les bus n°50 et 61 y conduisent à partir de la Plaça d'Espanya ou d'autres quartiers de la ville. Le Bus Turístic (voir *Comment circuler*) effectue également plusieurs arrêts à Montjuïc.

D'une certaine façon, malheureusement, le plus sûr moyen de se rendre là où vous voulez à Montjuïc consiste à prendre l'un de ces petits trains touristiques qui circulent sur la route. Le Tren Turístic fonctionne tous les jours de juin à fin septembre, voire plus tard, ainsi qu'à Pâques et certains week-ends. Renseignez-vous à l'office du tourisme. Le petit train part de la Plaça d'Espanya toutes les demi-heures de 11h à 20h30 et s'arrête devant tous les musées et sites intéressants. Le trajet, quel qu'il soit, coûte 3 €.

Autre façon d'économiser ses forces, le funiculaire relie la station de métro Paral.lel à l'Estació Parc Montjuïc tous les jours de 11h à 22h de mi-juin à mi-septembre, de 10h45 à 20h pendant les vacances de Noël et de Pâques, de 10h45 à 20h les samedi, dimanche et fêtes le reste de l'année. Le trajet coûte 1,50/2,25 € l'aller simple/aller-retour.

De l'Estació Parc Montjuïc, le télésiège appelé Telefèric de Montjuïc vous conduit encore plus haut, jusqu'à l'entrée supérieure du Parc d'Atraccions (arrêt Mirador) désormais fermé et au château (arrêt Castell). Il fonctionne tous les jours de 11h30 à 21h30 de mi-juin à fin septembre ; de 11h à 14h45 et de 16h à 19h30 en octobre et durant les vacances de Noël et de Pâques ; de 11h à 14h45 et de 16h à 19h30 les samedi, dimanche et fêtes le reste de l'année. Le billet coûte 2,85/4,10 € l'aller/aller-retour.

Autre possibilité encore : le *funicular aereo* (téléphérique) qui circule entre Miramar et Sant Sebastià (La Barceloneta). Pour plus de détails, reportez-vous plus haut à la rubrique *Port Vell*.

Environs de la Plaça d'Espanya (carte 4)

Le parcours depuis la Plaça d'Espanya présente la colline par son flanc nord et offre une excellente perspective jusqu'au Palau Nacional. Dans la partie nord de la Plaça d'Espanya, on a édifié en 1900 la **Plaça de Braus Les Arenes**. Plus aucune corrida n'a lieu de nos jours dans cette arène où les Beatles ont donné en 1966 un célèbre concert. Le **Parc Joan Miró** vaut le détour pour voir la *Dona i Ocell* (*Femme à l'oiseau*) de l'artiste, une gigantesque sculpture de forme phallique installée dans l'angle ouest. Le parc, créé dans les années 80 sur l'emplacement des abattoirs, est plus connu sous le nom de Parc de l'Escorxador (l'abattoir).

Du côté sud de l'Estació Sants, s'étend le **Parc d'Espanya Industrial**. Cette zone assez étrange, semée de tours métalliques et d'autres constructions ingénieuses, est censée constituer un espace public inventif. A vrai dire, il apparaît plutôt comme une désolante structure de béton dont le seul élément digne d'intérêt est sans doute le centre sportif.

Fontaines (carte 7)

Bordée par les pavillons de l'Exposition, l'Avinguda de la Reina Maria Cristina relie la Plaça d'Espanya à Montjuïc. Sur la colline en face de vous se dresse le Palau Nacional de Montjuïc en arrière-plan d'une succession de fontaines en escalier dont la plus grande s'appelle la Font Màgica. Les soirs d'été, un spectacle son et lumière fait jaillir l'eau telles des étincelles sorties d'un mystérieux chaudron où bouillonnent les couleurs. Un spectacle gracieusement offert au passant. En septembre, le dernier soir des Festes de la Mercè, le spectacle, accompagné de feux d'artifice, est particulièrement saisissant. Le spectacle courant dure environ 15 minutes, il est présenté toutes les 30 minutes de 9h30h à 23h30 de juin à septembre. Le reste de l'année, il se déroule de 19h à 21h les vendredi et samedi.

Pavelló Mies van der Rohe (carte 7)

Juste à l'ouest de la Font Màgica, s'élève une très étrange construction. En 1929, Ludwig Mies van der Rohe érigea ici le Pavelló Alemany (pavillon allemand) pour l'Exposition universelle. Connu aujourd'hui sous le nom de son architecte, l'édifice fut retiré après l'exposition, mais plusieurs dizaines d'années plus tard, une société fut constituée pour reconstruire ce qui, rétrospectivement, apparaissait comme un chef-d'œuvre. Reconstruit dans les années 80, ce pavillon est une structure étonnante constituée de plans imbriqués les uns dans les autres : parois de marbre ou de verre, bassins, plafonds et espaces tout simplement vides. Il s'agit là du temple dédié par Mies van der Rohe au nouvel environnement urbain, mais à l'époque, il était passé inaperçu. Les avis sont partagés quant à l'intérêt de sa reconstruction, tout comme certains mettent en doute l'intérêt de débourser les 2,40 € de droit d'entrée. Mais une chose est sûre : les fans d'architecture moderne seront séduits. Le pavillon est ouvert de 10h à 20h.

Museu Nacional d'Art de Catalunya (carte 7)

Construit dans les années 20 pour l'Exposition universelle, le Palau Nacional abrite de nos jours le Museu Nacional d'Art de Catalunya. Cet édifice néoclassique conçu par des architectes catalans fut néanmoins perçu par les Barcelonais comme l'affirmation du pouvoir central castillan sur toute l'Espagne (l'Exposition universelle eut lieu en 1919, sous la dictature de Miguel Primo de Rivera).

Ses collections d'art roman et d'art gothique sont de toute première importance.

La section d'art roman rassemble des fresques murales, des sculptures sur bois et des devants d'autel peints (ce sont en quelque sorte les premiers retables) que l'on a transférés de petites églises rurales de la Catalogne du Nord, au début du XXe siècle. L'intérieur de certaines églises a été recréé et les fresques – certaines partiellement conservées, d'autres dans un état de fraîcheur incroyable – ont été replacées *in situ*. La collection gothique intègre des œuvres d'art extérieures à la région et s'avère moins exhaustive. La plupart des commentaires sont en catalan, mais vous pouvez vous procurer un fascicule qui répertorie les pièces et vous donnera une idée de ce que vous contemplez.

Dès votre entrée dans la section romane, l'abside (reproduite) de l'église de Sant Pere de la Seu d'Urgell arbore une somptueuse fresque du début du XIIe siècle. Dans cette première salle (Àmbit I), vous admirerez des monnaies frappées sous les premiers comtes de Barcelone, des chapiteaux romans réutilisés par les musulmans et des devants d'autel au décor superbe.

Dans l'Àmbit III ont été installées les fresques de l'église de Sant Pere d'Àger (pièce n°31). Le Christ peint sur bois de Sant Marti de Tost (n°47, dans l'Àmbit IV) a si peu souffert du temps qu'on arrive à imaginer combien étaient vives les couleurs des fresques qui nous paraissent aujourd'hui fanées. Autre trésor : ce parement d'autel représentant le Christ et les apôtres (n°49).

La fresque représentant Marie et l'Enfant-Jésus (n°102, dans l'Àmbit VII) est un pur chef-d'œuvre. Elle ornait l'abside de l'église de Santa Maria de Taüll. Dans l'Àmbit X, le devant d'autel n°116 décrit le martyre de plusieurs saints.

A mesure que vous poursuivrez la visite, la section art gothique laisse clairement entrevoir les progrès faits par l'art pictural. On passe de sujets en deux dimensions, et de tableaux à maints égards didactiques et statiques, à une représentation plus sensibles des personnes et des événements religieux. Dans ces salles, vous pourrez admirer l'art pictural catalan de cette époque (cherchez

particulièrement l'œuvre de Bernat Martorell, dans l'Àmbit XI, et de Jaume Huguet, dans l'Àmbit XII) et celui d'autres régions espagnoles et méditerranéennes. Si le thème du martyre des saints vous intéresse, tâchez de découvrir celui de Santa Llúcia et Sant Vicenç, dans l'Àmbit III.

Le musée est ouvert du mardi au samedi, de 10h à 19h (le jeudi jusqu'à 21h), le dimanche et les jours fériés de 10h à 14h30. Il est fermé le lundi et les jours fériés. L'entrée s'élève à 4,80 € (gratuite le premier jeudi du mois).

Poble Espanyol (carte 7)

Que ce soit de la Plaça d'Espanya ou du Museu Nacional d'Art de Catalunya, il vous faudra marcher dix bonnes minutes pour rejoindre au nord-ouest de Montjuïc ce "village espagnol" qui relève de l'"attrape-touristes" ordinaire, tout en constituant un merveilleux catalogue de l'architecture du pays. Construit pour la section "artisanat espagnol" de l'Exposition universelle de 1929, il se compose de plazas et de rues où s'alignent d'étonnantes copies de bâtisses caractéristiques de toutes les régions d'Espagne.

Vous y pénétrez par l'Avinguda del Marquès de Comillas en passant sous la porte d'une tour médiévale d'Ávila. A l'intérieur, sur la droite, un bureau d'information vous propose gratuitement un plan. Poursuivez tout droit et vous arrivez sur la Plaza Mayor, la grand-place entourée d'édifices principalement castillans et aragonais. Ailleurs, vous découvrirez un *barrio* andalou, une rue basque, des quartiers galiciens et catalans et même un couvent dominicain à l'extrémité est. Les bâtiments abritent des dizaines de restaurants, cafés, bars, boutiques et ateliers d'artisanat, sans oublier les magasins de souvenirs.

Le Poble Espanyol ouvre tous les jours à 9h (le lundi à 8h) et ferme à 14h du mardi au jeudi, à 16h les vendredi et samedi, et à minuit le dimanche. L'entrée coûte 5,90 € (7,20 € pour un ticket combiné avec la Galería Olímpica – voir plus bas – et 3,30 € pour les étudiants et les enfants de 7 à 14 ans). Du dimanche au

La cité-jardin du Parc Güell, conçue pour accueillir la bonne société barcelonaise, est une autre œuvre que Gaudí a laissée inachevée. Jardin enchanteur et enchanté, c'est l'endroit idéal pour échapper à la frénésie urbaine

Jésus superstar

Un détail du Temple del Sagrat Cor, Tibidabo

Sur Tibidabo, médiéval et moderne se côtoient : le Temple del Sagrat Cor et le Parc d'Atraccions

A Montjuïc, la Font Màgica s'anime en musique et en lumière

La Cascada, rococo et grandiose

jeudi inclus, l'entrée est gratuite après 21h. La nuit, les restaurants, bars et discothèques en font un quartier très vivant de la Barcelone noctambule. Pour plus de renseignements ou pour suivre une visite guidée, appelez le ☎ 93 325 78 66 ou consultez info@poble-espanyol.com.

Museu Etnològic et Museu d'Arqueologia (carte 7)

Au bas de la colline, à l'est du Museu Nacional d'Art, le musée d'Ethnologie, comme celui d'Archéologie, mérite le détour, si les domaines vous passionnent, mais la présentation des collections n'est pas toujours très attrayante et la plupart des commentaires sont en catalan.

Passeig de Santa Madrona, le Museu Etnològic a réuni une collection assez complète sur un grand nombre de cultures des autres continents. Il accueille aussi de bonnes expositions temporaires. Il est ouvert tous les jours sauf le lundi de 10h à 15h (jusqu'à 19h les mardi et jeudi, sauf en été). L'entrée coûte 2,40 €.

Le Museu d'Arqueologia, au coin du Passeig de Santa Madrona et du Passeig de l'Exposició, couvre les cultures catalanes et celles du reste de l'Espagne. Les Islas Baleares sont bien représentées (salles X à XIV), de même que l'Empúries (Ampurias), les cités grecques et romaines de la Costa Brava (salles XV et XVI). Les pièces romaines exposées à l'étage ont été trouvées à Barcelone Pour la plupart. Ouvert du mardi au samedi de 9h30 à 19h, dimanche de 10h à 14h30 (1,20 €, gratuit le dimanche).

Anella Olímpica (carte 7)

L'"anneau olympique" désigne l'ensemble des installations sportives où se sont déroulées les épreuves des Jeux de 1992. Il a été construit sur la corniche située au-dessus du Museu Nacional d'Art de Catalunya. L'**Institut Nacional d'Educació Física de Catalunya** (INEFC), qui occupe la partie la plus occidentale, est une sorte d'université du sport dont les bâtiments ont été dessinés par l'architecte Ricardo Bofill. Au-delà d'une arène circulaire, la Plaça d'Europa, que

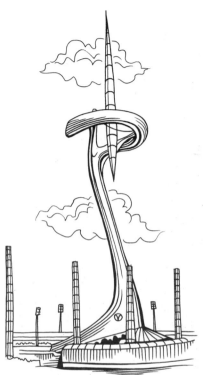

La cosmique Torre Calatrava

domine la **Torre Calatrava** (tour de télécommunications), a été implantée pour les compétitions de natation le stade nautique, les **Piscines Bernat Picornell** (ouvertes au public, reportez-vous plus loin à la rubrique *Natation et gymnastique*). Vous découvrirez ensuite un charmant petit parc, le Jardí d'Aclimatació.

Estadi Olímpic (carte 7). Le principal stade qui accueillit les J.O. est ouvert tous les jours (accès gratuit) de 10h à 18h (jusqu'à 20h l'été). On y accède par l'extrémité nord. Si vous avez vu certaines épreuves sportives à la TV, sa capacité de 65 000 places doit vous paraître incroyablement petite, de même que le réceptacle de la flamme olympique au nord. Lors de la cérémonie d'ouverture, un archer décocha de très loin une flèche enflammée qui manqua sa cible. Mais les organisateurs astucieux avaient prévu cette éventualité : l'urne fonctionnait au gaz, si bien qu'il suffisait que la flèche passât à *deux mètres* d'elle pour l'allumer.

Ce stade initialement inauguré en 1929 a été complètement restauré pour les Jeux de 1992. La **Galeria Olímpica**, au sud du stade (accès par l'extérieur), abrite une exposition qui présente ces Olympiades de 1992. Elle est ouverte du mardi au vendredi de 10h à 13h et de 16h à 18h (jusqu'à 20h en été), le dimanche et les jours fériés, de 10h à 14h (2,40 €).

A l'ouest du stade, le **Palau Sant Jordi**, d'une capacité de 17 000 places, accueille les épreuves en salle, les concerts et les expositions. Inauguré en 1990, il est l'œuvre du Japonais Arata Isozaki.

Nou Jardí Botànic (carte 7)

En face de l'Estadi, au sud de la route, s'étend ce nouveau jardin botanique, construit sur une ancienne décharge municipale. Il a pour thème la faune "méditerranéenne" et regroupe quelque 2 000 espèces qui s'épanouissent dans des régions du monde jouissant d'un climat semblable à celui du bassin méditerranéen.

Les arbres et plantes qui s'y trouvent proviennent donc de la Méditerranée orientale, d'Espagne (y compris des Islas Baleares et des îles Canaries), d'Afrique du nord, d'Australie, de Californie, du Chili et d'Afrique du Sud. Le jardin ouvre de 10h à 17h (jusqu'à 15h de novembre à mars et en juillet/août). Le billet d'entrée coûte 1,20 € et donne droit à une seconde visite.

Cementiri del Sud-Ouest (carte 7)

Sur la colline au sud de l'Anella Olímpica, vous apercevrez la partie supérieure d'un gigantesque cimetière datant de 1883, le Cementiri del Sud-Ouest ou Cementiri Nou, qui s'étend sur le flanc méridional de la col-

line. De somptueux mausolées des familles aisées côtoient de modestes sépultures. Il abrite aussi les tombes de nombreux artistes et politiciens catalans.

Fundació Joan Miró (carte 7)

La galerie consacrée à l'un des plus grands artistes catalans du XXe siècle, Joan Miró (1893-1983), est installée à 400 m au nord-est de l'Estadi Olímpic, au pied de la colline. Miró en personne a créé la fondation en 1971. Ses bâtiments baignés de lumière sont l'œuvre de son ami intime, l'architecte Josep Lluís Sert, qui a également construit les ateliers de l'artiste à Mallorca.

Cette collection, la plus importante au monde, comprend environ 300 tableaux, 153 sculptures, certaines œuvres textiles et plus de 7 000 dessins, couvrant toute la vie artistique de Miró. Seule une partie de ses œuvres est exposée, avec une nette prédominance des créations des vingt dernières années.

Au rez-de-chaussée, la Sala Joan Prats présente l'artiste qui, sous l'influence surréaliste, s'éloigne d'un réalisme *relatif* (comme dans l'*Ermita de Sant Joan d'Horta* de 1917), puis commence à élaborer un style personnel qui deviendra sa signature. Cette section présente la série de lithographies tourmentées de la période barcelonaise (1939 à 1944), ou la guerre civile vue par Miró.

A l'étage, la sala Pilar Juncosa (du nom de son épouse) regroupe aussi des œuvres des années 30 et 40. Ensuite, la majeure partie des créations exposées date des dernières années de l'artiste. Ce sont essentiellement des peintures, mais aussi quelques sculptures (dont certaines pièces facétieuses sur la terrasse). En dehors des couleurs primaires qu'il affectionnait particulièrement, le maître a exploré dans les années 70 des tons plus sourds de vert, de brun et de noir.

Une autre section expose les "papiers de Miró", parmi lesquels nombre de dessins et croquis préparatoires, dont certains sur des morceaux de journaux ou des paquets de cigarettes. Enfin, la collection *A Joan Miró* réunit tout un ensemble d'œuvres d'artistes contemporains, léguées à la fondation en hommage à l'artiste. Elle abrite aussi une bibliothèque d'art contemporain ouverte au public, une excellente librairie spécialisée dans l'art, et un café. Elle accueille des expositions, mais aussi des manifestations de musique et d'art contemporains.

La fondation ouvre ses portes au public du mardi au samedi de 10h à 19h (jusqu'à 20h en été), le jeudi jusqu'à 21h30, le dimanche et les jours fériés de 10h à 14h30 (4,80 €).

Castell de Montjuïc
et les alentours (carte 7)

La partie sud-est de Montjuïc est dominée par le Castell (château). Au pied des vestiges de l'ancien Parc d'Atraccions se trouvent la station de téléphérique Parc Montjuïc et les beaux **Jardins de Mossén Cinto Verdaguer**. Il est prévu d'intégrer l'ancien parc d'attractions dans un futur jardin botanique.

Des **Jardins del Mirador**, qui font face à la station de téléphérique Mirador, le regard plonge sur le port de Barcelone.

Tel qu'on le voit aujourd'hui, le Castell de Montjuïc date des XVIIe et XVIIIe siècles. Il a surtout servi de citadelle, de prison politique ou de lieu d'exécution. Les anarchistes y furent fusillés vers le début du XIXe siècle, les fascistes pendant la guerre civile, et les républicains ensuite, dont le célèbre Lluís Companys en 1940. L'armée a fini par le rendre à la municipalité en 1960. Le château est ceint de fossés et des murailles. Il abrite de nos jours le **Museu Militar**. On y pénètre par une cour parsemée de pièces d'artillerie et dans les salles, s'amoncèlent pèle-mêle des armes anciennes et modernes, des uniformes, des cartes jaunies et bien d'autres choses. Un escalier descend vers une autre enfilade de pièces à peu près similaires, où l'on trouve en outre quelques maquettes du château, des portraits du général Franco et même une statue équestre le représentant. La salle (*sala*) 18 comporte quelques pierres tombales, dont certaines remontent au XIe siècle, provenant de l'ancien cimetière juif de Montjuïc (ouvert de 9h30 à 20h tous les jours sauf le lundi). L'entrée coûte 1,50 €. Ne manquez

pas d'aller admirer la magnifique vue qu'offre le château sur le port et la ville. Vous pourrez vous restaurer au milieu de l'artillerie à la cafétéria du musée.

Quasiment au pied de cette partie de Montjuïc, mais en léger surplomb au-dessus de la grande route très passagère en direction de Tarragona, les **Jardins de Costa i Llobera** regorgent de plantes tropicales ou désertiques, dont une véritable forêt de cactus. Les jardins sont accessibles de 10h au coucher du soleil (entrée gratuite).

PARC GÜELL (carte 1)

Ce parc qui a permis à Gaudí de mettre son talent au service du paysagisme se trouve au nord de Gràcia, à environ 4 km de la Plaça de Catalunya. Le Parc Güell est un lieu étrange, enchanteur, où l'artiste a pu donner libre cours à sa passion pour les formes naturelles, à tel point que l'artificiel semble plus naturel que la nature elle-même.

C'est en 1900 que le comte Eusebi Güell se porta acquéreur d'une colline arborée (alors située à l'extérieur de Barcelone) et loua les services de Gaudí pour créer une petite cité-jardin au milieu d'un parc paysager. Le projet se révéla un échec commercial et fut abandonné en 1914. Entre-temps Gaudí avait créé 3 km de routes, d'allées, d'escaliers, ainsi qu'une place dans son style inimitable, sans compter deux maisons de gardien. En 1922, la municipalité a racheté le terrain pour le transformer en jardin public.

Pour y accéder, le plus simple consiste à prendre le métro jusqu'à la station Lesseps, puis de marcher 10 à 15 minutes vers le nord-est, le long de la Travessera de Dalt, avant d'obliquer à gauche en remontant le Carrer de Larrard, menant presque directement dans le Carrer d'Olot, où l'entrée est encadrée par deux petites maisons de gardien qui semblent sorties tout droit du conte d'Hansel et Gretel.

Le parc est ouvert tous les jours à partir de 9h. De juin à septembre, il ferme à 21h, en avril, mai et octobre, à 20h, en mars et en novembre, à 19h, les autres mois de l'année à 18h. L'entrée est gratuite. C'est un lieu très fréquenté et les photographes mitraillent à l'envi ses coins et recoins, tant et si bien que, les jours de grande affluence, on a du mal à ne pas figurer sur la photo de son voisin !

De l'entrée part un escalier à double volée – où veille une salamandre – qui mène à la **Sala Hipóstila**, véritable forêt souterraine de 84 colonnes de pierre dont certaines sont inclinées. Cette salle hypostyle devait abriter le marché. Sur la gauche part une galerie tout en ondulations. Ses colonnes nervurées et son toit de pierre évoquent un cloître enfoui au milieu des racines d'un arbre, un thème que l'on retrouve tout au long du parc. En surplomb de la Sala Hipóstila, la vaste esplanade est délimitée par le **Banc de Trenadis**, long banc recouvert de tessons formant une mosaïque multicolore qui ondule tel un serpent.

Sur la droite, la maison au toit orné de flèches est la **Casa Museu Gaudí**, où l'artiste vécut ses dernières vingt années, de 1906 à 1926. Elle contient du mobilier et divers objets qu'il réalisa de ses mains. On peut la visiter tous les jours de mai à septembre, de 10h à 20h ; jusqu'à 19h en mars, avril et octobre ; et jusqu'à 18h le reste de l'année. (1,80 €).

Ce parc très arboré fourmille de petites allées. C'est dans le secteur sud-ouest, depuis le **Turo del Calvari** surmonté d'une croix, que l'on a les plus jolies vues.

TIBIDABO

Avec ses 542 m, Tibidabo est la colline la plus élevée de la chaîne boisée qui forme la toile de fond de Barcelone. On y respire un air pur (il y fait d'ailleurs souvent plus frais qu'en ville) et, par temps clair, on peut voir jusqu'à Montserrat. D'après la légende, Tibidabo doit son nom au démon qui, pour faire céder le Christ à la tentation, l'aurait entraîné sur une hauteur en prononçant ces paroles : "*Haec omnia tibi dabo si cadens adoraberis me*" ("Je t'offrirai tout cela, si tu t'agenouilles et me vénères").

Comment s'y rendre

Tout d'abord, prenez un train FGC à destination de l'Avinguda de Tibidabo (10 minutes, 0,90 €), Plaça de Catalunya. Une fois sorti de la station Avinguda de Tibidabo, sautez dans le *tramvia blau*, seul survivant de l'ancien réseau de tramways. Il vous conduira Plaça del Doctor Andreu (1,65/2,40 € l'aller simple/aller-retour) et vous apercevrez en chemin de superbes demeures du début du siècle. Ce tramway fonctionne quotidiennement en été, et les samedi, dimanche et jours fériés le reste de l'année. Il y a un départ toutes les 30 minutes, de 9h à 21h30. Les autres jours, c'est un bus (0,90 €) qui fait le trajet (mêmes horaires). De la Plaça del Doctor Andreu, le funiculaire de Tibidabo grimpe à travers les bois jusqu'à la Plaça de Tibidabo, en haut de la colline (1,80/2,40 € l'aller simple/aller-retour). Il fonctionne quotidiennement à raison d'un départ toutes les 15 ou 30 minutes, entre 7h15 et 21h45. Si vous souhaitez vous dégourdir les jambes, vous pouvez monter ou descendre à pied. Le funiculaire ne fonctionne que lorsque le Parc d'Atraccions est ouvert.

Moins cher, le bus n°T2, appelé "Tibibús", relie la Plaça de Catalunya à la Plaça de Tibidabo (1,40 €). Il assure la liaison toute l'année les samedi, dimanche et jours fériés, à partir de 10h30 (un départ toutes les 30 minutes). De fin juin à début septembre, il fait aussi le trajet du lundi au vendredi, toutes les heures, à partir de 10h30. Le dernier quitte Tibidabo une demi-heure avant la fermeture du Parc d'Atraccions.

Temple del Sagrat Cor

L'Église du Sacré-Cœur, plantée au-dessus de la station du funiculaire, serait le pendant barcelonais de la célèbre basilique montmartroise, à Paris. On la distingue sans doute tout aussi bien et les esthètes la calomnient encore davantage (non sans raison, peut-être). Il s'agit en fait de deux lieux de culte superposés. L'église du haut est surmontée d'un Christ colossal, et un ascenseur vous emportera jusqu'au toit (0,60 €). On peut la visiter tous les jours de 8h à 19h.

Parc d'Atraccions

Si les Barcelonais viennent nombreux au parc d'attractions (☎ 93 211 79 42), c'est pour éprouver des sensations fortes. L'accès à ce site forain, proche de la dernière station du funiculaire, vous coûtera 4,80 € de droit d'entrée simple et chaque attraction sera payante. Vous pourrez aussi choisir un forfait de 7,20 € comprenant l'entrée et l'accès à six attractions ou de 15 € avec libre accès à toutes les attractions, dont sept minutes de purs frissons dans l'Hotel Krueger, un *hospedaje* des horreurs, hanté par des acteurs incarnant Dracula et Hannibal Lecter, entre autres monstres. Les heures d'ouverture varient selon la saison, aussi vaut-il mieux vous renseigner auprès de l'office du tourisme. En été, le parc est en général ouvert tous les jours de 12h jusque tard dans la nuit tandis qu'en hiver, il n'ouvre généralement que les samedi, dimanche et jours fériés, de 12h à 19h. L'avenir de ce parc qui a pris de l'âge ne paraissait pas assuré au moment où nous rédigions cet ouvrage.

Torre de Collserola

Une fois parvenu en haut du funiculaire, il vous reste encore 288 m à gravir pour atteindre la tour de télécommunications, Torre de Collserola (appelez le ☎ 93 406 93 54 pour toute information) construite entre 1990 et 1992. L'ascenseur en verre, qui conduit les visiteurs jusqu'au point de vue (à 115 m de hauteur), n'a rien à envier aux attractions vertigineuses du parc. De ce poste d'observation, il paraît que l'on peut voir jusqu'à 70 km alentour par temps clair. Elle ouvre du mercredi au vendredi de 11h à 14h30 et de 15h30 à 18h ; le week-end et les jours fériés de 11h à 20h. Elle ouvre parfois jusqu'à 20h en été. Elle est fermée en hiver. La montée en ascenseur coûte 3 €.

Pour vous y rendre, prenez le même moyen de transport que pour aller à la Plaça de Tibidabo, puis parcourez environ 600 m à pied en direction de l'ouest, par Camí de Vallvidrera al Tibidabo.

Museu de la Ciencia (carte 1)

Apprécié des jeunes enfants, ce musée interactif vous invite à manier manettes et boutons, pour mieux comprendre comment fonctionne le monde qui vous entoure. Il abrite aussi un planétarium. Dans l'avenir, l'espace va être agrandi et il va se doter d'un échantillon de jungle tropicale. Son emplacement n'est guère commode, Carrer de Teodor Roviralta 55, à deux pas de la Ronda de Dalt.

Il vous accueille du mardi au dimanche de 10h à 20h (entrée 3 € ; gratuite le premier dimanche du mois). Le bus n°60 s'arrête à proximité.

CAMP NOU (carte 1)

C'est ici que se trouve le musée le plus visité de Barcelone après le Museu Picasso : le Museu del Futbol Club Barcelona. Il se trouve sur le gigantesque stade Camp Nou (appelé parfois Nou Camp), situé 3,5 km à l'ouest de la Plaça de Catalunya (métro Collblan). Le Barça est l'un des meilleurs clubs de football européens et son musée ravit les fans de football du monde entier.

Construit dans les années 50 et agrandi pour la Coupe du monde de 1982, Camp Nou est l'un des plus grands stades du monde, puisqu'il peut contenir jusqu'à 120 000 spectateurs. Le nombre des membres du Barça, 110 000 personnes, est tout aussi impressionnant. Les amateurs de football qui ne peuvent assister à un match (voir *Où sortir*) se consoleront en visitant le musée, sis dans le Carrer d'Aristides Maillol, qui jouxte le stade. La partie la plus intéressante comprend la section photo, les images vidéo des buts marqués et les vues sur le stade. Parmi le bric-à-brac de curiosités, citons les anciens jeux de société sur le thème du sport, un ballon en cuir du XIXe siècle, les vestiaires d'antan présentés grandeur nature dans un diaporama, des affiches et magazines d'un autre âge, et une collection de *futbolín* (baby-foot).

Ce musée est ouvert de 10h à 18h30 du lundi au samedi (du mardi au samedi d'octobre à mars) et de 10h à 14h les dimanche et fêtes (3 €).

PEDRALBES (carte 1)

Ce luxueux quartier résidentiel se déploie au nord de Camp Nou.

Palau Reial de Pedralbes

Non loin de la station de métro Palau Reial, de l'autre côté de l'Avinguda Diagonal et en face du principal campus de l'Universitat de Barcelona, se trouve l'entrée du **Parc del Palau Reial**, ouvert tous les jours. On y édifia au début du XXe siècle le Palau Reial de Pedralbes pour la famille d'Eusebi Güell (le mécène de Gaudí). En 1926, la municipalité l'a converti en résidence royale où ont séjourné, entre autres personnalités, le roi Alfonso XIII, le président de la Catalogne et le général Franco.

De nos jours, il abrite le **Museu de Ceràmica** dont la belle collection de céramiques espagnoles du XIIIe au XXe siècles compte quelques créations de Picasso et de Miró. L'art céramique espagnol a hérité du savoir-faire arabe. Vous pourrez ici juger du travail délicat de certaines pièces (carreaux de faïence, porcelaines…) et de la diversité des centres de production : Talaverna de la Reina en Castille, Manises et Paterna à Valencia, et Teruel en Aragón. A l'étage sont présentées les céramiques contemporaines.

De l'autre côté du couloir, le **Museu de les Arts Decoratives** rassemble pêle-mêle du mobilier, des éléments de décoration et toutes sortes d'objets divers et variés qui remontent parfois jusqu'à la période romane. L'élégance fastueuse et parfois étouffante des sofas de style Empire et Isabel contraste avec la laideur de certains sièges des années 70.

Les deux musées vous accueillent du mardi au samedi de 10h à 15h ; les dimanche et fêtes de 10h à 15h (2,40 € chacun, 4,20 € les deux).

Un peu plus loin, à proximité de l'Avinguda de Pedralbes, on peut admirer les écuries et la maison du gardien dessinées par Gaudí pour la **Finca Güell**, vaste domaine appartenant à la famille Güell. Ces réalisations datent des années 1880 et témoignent du grand intérêt de Gaudí pour l'art mauresque. On ne peut les visiter, mais rien ne vous empêche de contempler de l'extérieur le portail en fer forgé et son dragon furieux, réalisé par Gaudí.

Museu-Monestir de Pedralbes

Ce paisible couvent abrite désormais un musée de la vie monastique. Une partie de la collection Thyssen-Bornemisza y a également été installée. Situé tout en haut de l'Avinguda de Pedralbes, il ne se trouve guère qu'à 10 minutes de marche de la Finca Güell. Pour y accéder, le plus simple (si vous ne venez pas à pied de la Finca Güell) consiste à prendre à Catalunya le train de ban-

lieue FGC à destination d'Elisenda (le terminus), puis de marcher (10 minutes environ) ou d'emprunter l'un des bus circulant sur le Passeig de la Reina Elisenda de Montcada (comme les n°22, 64 ou 75).

Fondé en 1326, le couvent abrite toujours une communauté de religieuses qui vivent dans un cloître séparé. L'entrée du musée se situe sur la Plaça del Monestir, un coin divinement tranquille de Barcelone. Il ouvre du mardi au dimanche de 10h à 14h (4,20 € ou 2,40 € si vous ne visitez que le monastère *ou* que la collection Thyssen-Bornemisza).

Construit au début du XIVe siècle, l'élégant cloître à trois niveaux passe pour un des joyaux de l'architecture gothique catalane. Contournez-le par sa droite et vous découvrirez la Capella de Sant Miquel, dont les peintures murales furent exécutées en 1346 par Ferrer Bassá, l'un des premiers peintres catalans connus à ce jour. Vous pourrez jeter un œil sur le réfectoire (restauré), les cuisines, les écuries, les celliers de même que sur une ancienne infirmerie (restaurée), ce qui vous donnera une idée de la vie monastique. Sans doute vous sera-t-il plus difficile de vous imaginer dans les cellules du rez-de-chaussée et du premier… C'est ici que les religieuses consacraient le plus clair de leur temps à la prière et à la lecture d'ouvrages religieux.

Présentée dans les anciens dortoirs (restaurés avec soin) des moniales et dans la Saló Principal, la Collecció Thyssen-Bornemisza se déploie au rez-de-chaussée. Elle fait partie d'une très riche collection privée acquise pour l'Espagne en 1993. La plupart de ces œuvres de tout premier plan proviennent du Museo Thysse n-Bornemisza de Madrid. Ce sont en majorité des sujets religieux dus aux grands maîtres, tels Canaletto, Titien, Tintoret, Rubens, Zurbarán et Velázquez : au total, environ soixante-douze tableaux et huit sculptures. Toutes les sculptures et dix-sept peintures sont attribuées à des artistes italiens du Moyen Age, en majeure partie anonymes. Sont ensuite exposées environ vingt pièces du début de la Renaissance allemande (dont un Cranach l'Ancien), accompagnées de seize autres en provenance d'Italie du Nord et couvrant une période qui s'étend jusqu'au

XVIe siècle. La visite se termine sur une douzaine d'œuvres baroques (tardif) de l'école vénitienne.

BANLIEUE
Jardins del Laberint d'Horta

Dessiné au XVIIIe siècle par Antoni Desvalls, Marquès d'Alfarras i de Llupià, le parc demeura jalousement familial jusqu'aux années 70, où il fut ouvert au public. Au cours des ans, représentations théâtres et réceptions mondaines se succédèrent dans ce lieu aujourd'hui reconverti en une sorte de parc-musée. Les jardins doivent leur nom au labyrinthe situé en leur milieu, mais d'autres sentiers vous conduiront vers un agréable lac artificiel (*estany*), des cascades, un pavillon néo-classique et un faux cimetière. Ce dernier s'inspire du romantisme cher au XIXe, souvent caractérisé par une vision obsédante de la mort.

Les jardins ouvrent tous les jours de 10h au coucher du soleil (entre18h en janvier et 21h en août). L'entrée coûte 1,50 €. Prenez le métro jusqu'à Montbau (ligne 3), puis suivez à pied la route de la Ronda de Dalt une quinzaine de minutes en direction de l'est jusqu'aux jardins, situés Carrer dels Germans Desvalls s/n.

Colònia Güell

Hormis la Sagrada Família, le dernier grand projet de Gaudí consista à réaliser une sorte de cité ouvrière idéale, à l'extérieur de Barcelone, à Santa Coloma de Cervelló. Gaudí avait principalement en charge la conception de la chapelle de la communauté, les habitations et la coopérative devant être réalisées par d'autres architectes. Il en entreprit la conception en 1898, mais les fondations de la crypte ne furent creusées qu'en 1908. Les travaux durèrent huit ans, puis le projet tomba dans l'oubli. Aujourd'hui, la crypte fait office d'église.

Cette construction représente néanmoins une étape importante dans l'œuvre de Gaudí. Peu de touristes se rendent à la Colònia Güell et pourtant on comprend un peu plus ici ce qu'envisageait Gaudí pour la Sagrada Família. Les colonnes habillées de briques, qui soutiennent les voûtes à nervures, sont inclinées tels les arbres dans la forêt (comme dans la salle hypostyle du Parc Güell, sur lequel Gaudí travaillait à la même époque), mais il avait calculé les angles de façon à ce que leur poids se répartisse depuis les arcades du plafond jusqu'au sol, sans qu'il y ait besoin de contreforts. La Sagrada Família procède du même principe, puisque sa construction finale d'inspiration gothique dépassera en hauteur tout ce qui a été fait au Moyen Age, sans le moindre contrefort pour soutenir le tout. Jusque dans la conception sinueuse des bancs de l'église, on reconnaît la main du maître (vous pouvez en voir un exemple au Museu Nacional d'Art Modern de Catalunya, dans le Parc de la Ciutadella). Les vitraux de couleurs vives conçus par Gaudí évoquent les formes végétales chères à l'Art nouveau.

Pour y accéder, le plus simple consiste à prendre un train FGC (n°S3, 0,90 €) Plaça d'Espanya et à descendre à l'arrêt Molí Nou, le terminus. (Le train n°S33 circule à peu près toutes les heures, en partant au quart en général, et dessert l'arrêt Santa Coloma, un peu plus loin.) Une fois à la gare, sortez par le souterrain et tournez à droite (au nord) en remontant la route BV-2002 en direction de Santa Coloma de Cervelló. Il reste un quart d'heure de marche à pied sur cet itinéraire fort encombré. Longez un complexe industriel appelé Recinto Colònia Güell, à l'angle duquel vous obliquerez à gauche, et suivez le chemin qui part ensuite sur la droite dans la petite communauté. Certaines maisons et boutiques évoquent, de façon tout à fait frappante, la cité ouvrière conçue par les modernistes. Continuez tout droit pour atteindre la crypte.

Vous pouvez également descendre du train à l'arrêt précédent, Sant Boi de Llobregat, et prendre le bus L76 qui dessert Santa Coloma, mais le trajet risque d'être plus long.

La Colònia Güell est ouverte au public tous les jours de 10h à 13h15 et de 16h à 18h, mais le matin uniquement le jeudi et les jours fériés (0,60 €). Vérifiez les horaires en appelant le ☎ 93 640 29 36.

Sant Cugat del Vallès

Lorsque, au VIIIe siècle, les musulmans s'emparèrent de Sant Cugat del Vallès, bâti à l'époque wisigothique (qui avait été auparavant un castrum romain), ils mirent tout à sac. Les bénédictins ont reconstruit au XIe siècle un centre monastique flambant neuf. L'ensemble associe les styles roman et gothique.

Le cloître, au niveau du rez-de-chaussée, constitue un magnifique exemple de l'art roman du XIIe siècle. L'étage supérieur du cloître et l'église sont gothiques. On peut visiter le monastère tous les jours de 9h à 12h et de 16h à 20h (entrée gratuite).

Pour vous y rendre, prenez le train FGC Plaça de Catalunya (lignes S1, S2, S5 ou S55) qui dessert Sant Cugat del Vallès (1,70 €, 25 minutes de trajet). Le deuxième ou quatrième dimanche du mois, vous pourrez emprunter un *clàssic tren*, modèle de train électrifié datant des années 1920, qui vous conduira au son d'un orchestre de jazz ou de musique classique. Les billets sont au même tarif que les trains normaux. Pour de plus amples informations, appelez le ☎ 93 205 15 15.

De la station de train de Sant Cugat, vous pouvez prendre une ligne circulaire de bus, mais le chemin à pied n'a rien d'éprouvant. De la gare, empruntez à gauche l'Avinguda d'Alfonso Sala Conde de Egara, puis prenez à droite dans le Carrer de Ruis i Taulet, avant d'obliquer à gauche dans le Carrer de Santiago Rusiñol qui conduit au monastère.

ACTIVITÉS SPORTIVES

Si vous souhaitez pratiquer un sport à Barcelone, renseignez-vous auprès du Servei d'Informació Esportiva (☎ 93 402 30 00), Avinguda de l'Estadi 30-40 (dans le même complexe que les Piscines Bernat Picornell, à Montjuïc). Ce bureau d'information est ouvert en semaine de 8h30 à 15h (carte 7).

Natation et gymnastique

La piscine olympique de Montjuïc (carte 7) fait partie du stade nautique qui porte le nom de Piscines Bernat Picornell (☎ 93 423 40 41). Il est ouvert au public du lundi au vendredi de 7h à minuit, le samedi jusqu'à 21h, et le dimanche de 7h30 à 16h30 (7,20 €, y compris l'accès à l'excellent gymnase du complexe). L'accès au seul bassin extérieur coûte 3,90 € en été seulement. Les horaires d'ouverture sont du lundi au samedi de 10h à 18h (de 9h à 21h en été), et le dimanche de 10h à 14h30 (de 9h à 20h en été). Si vous séjournez un certain temps à Barcelone et désirez accéder régulièrement à la piscine, au gymnase et aux autres installations, vous pouvez éventuellement acquérir une carte de membre. Il vous faudra un compte bancaire local, car l'abonnement se règle par prélèvement (*domiciliació bancària*). Vous réglez 23,30 € pour l'abonnement et la même somme chaque mois.

Tout à côté, se trouve une piscine municipale à ciel ouvert, la Piscina Municipal de Montjuïc. Elle a servi aux compétitions de plongeon et de water-polo des Jeux de 1992. Elle n'ouvre que les week-ends en juillet et en août, de 10h à 18h (3,30 €).

Autre option pour les mordus de natation : les Banys Sant Sebastiá (carte 1 ; ☎ 93 221 00 10), près de la plage de La Barceloneta. La principale piscine (couverte) vous accueille du lundi au samedi de 7h à 22h30, le dimanche de 8h à 17h (6,25 €, avec accès au gymnase). Vous pouvez aussi devenir adhérent aux mêmes conditions que celles citées plus haut.

Bowling

Ceux qui aiment pratiquer ce loisir se rendront au Bowling Barcelona (carte 3 ; ☎ 93 330 50 48), Carrer de Sabino Arana 6 (métro Maria Cristina).

Squash

Les amateurs pourront se défouler dans plusieurs établissements. Essayez le Poliesportiu Perill (carte 2 ; ☎ 93 459 44 30), Carrer de Perill 16-22 (métro Diagonal).

Tennis de table

Les fans de ping-pong trouveront l'adresse qui leur semble la plus commode en appelant la Federació Catalana de Tennis de Taula (☎ 93 280 03 00). A Sants, le Poliesportiu Municipal l'Espanya Industrial, voisin du parc du même nom (métro Sants-Estació) dispose de tables pour les amateurs.

Tennis

Plusieurs possibilités vous sont offertes dans la capitale catalane. La plus agréable et la plus pratique est sans doute le Tennis Municipal Pompeia (carte 7 ; ☎ 93 423 97 47), Avinguda del Marquès de Comillas 29-41, à Montjuïc.

COURS

Le CIAJ (Centre d'Informació i Assessorament per a Joves), centre d'information des jeunes (carte 6 ; ☎ 93 402 78 00), Carrer de Ferran 32, dans le Barri Gòtic, vous renseignera sur les divers cours proposés à Barcelone. Il est ouvert du lundi au vendredi de 10h à 14h et de 16h à 20h.

Langues

Les cours d'espagnol dispensés par l'Universitat de Barcelona sont renommés. Toute l'année sont organisés des stages intensifs de 40 heures réparties sur des périodes de deux semaines à un mois (271 €). Il existe aussi des cours d'espagnol de plus longue durée, ainsi que des cours de catalan.

Pour de plus amples informations, interrogez le bureau d'Informació de l'université, Gran Via de les Corts Catalanes 585 (carte 4), ouvert du lundi au vendredi de 9h à 14h. Vous pouvez aussi contacter son Instituto de Estudios Hispánicos (☎ 93 403 55 19, fax 93 403 54 33) pour l'espagnol, ou son Servei de Llengua Catalana (☎ 93 403 54 77, fax 93 403 54 84) pour le catalan. Tous deux occupent le même immeuble que le bureau d'information.

Dirigée par l'université, l'Escola Oficial d'Idiomes de Barcelona (carte 6 ; ☎ 93 324 93 30, fax 93 934 93 51), Avinguda de les Drassanes (métro Drassanes), propose en été des stages économiques de 80 heures de cours d'espagnol, ainsi que des sessions plus longues en espagnol et en catalan.

La Catalunya compte plus de 220 écoles qui enseignent le catalan. Procurez-vous la liste à la Llibreria & Informaciò Cultural de la Generalitat de Catalunya (carte 6 ; ☎ 93 302 64 62), Rambla dels Estudis 118. L'International House (carte 6 ; ☎ 93 268 45 11, fax 93 268 02 39, ihbarcelona@bcn.ihes.com), Carrer de Trafalgar 14, propose des cours de langue intensifs à partir de 50 000 ptas par semaine et peut s'occuper de l'hébergement des élèves.

Des annonces de cours collectifs ou particuliers sont affichées à la librairie Come In de l'université, Carrer de Provença 203 (carte 2) et au British Council (carte 3).

Autres cours

Consultez la liste des cours proposés au CIAJ. Les adresses fournies, ainsi que beaucoup d'autres, s'adressent à des personnes qui entendent résider un certain temps à Barcelone. La plupart du temps, un niveau minimum est requis en espagnol, sinon en catalan.

La Cafetera de l'Esbart Català de Dansaires (carte 6 ; ☎ 93 303 10 01), Passatge del Crèdit 8. Elle organise des cours de danse catalane pour tous, du débutant au plus chevronné, y compris professionnel. Les séances se déroulent d'ordinaire le lundi.

Institut del Teatre (carte 6 ; ☎ 93 268 20 78), Carrer de Sant Pere Més Baix 7. L'institut propose une solide formation d'art théâtral pour les stagiaires de longue durée désireux de se lancer sur les planches.

Centre Cívic Drassanes (carte 6 ; ☎ 93 441 22 80), Carrer Nou de la Rambla 43. Ce centre municipal organise différents cours et ateliers (musique, informatique...).

Barcelona Centre d'Imatge (☎ 93 311 92 73), Carrer de Pons i Gallarza 25. Stages de photographie de différents niveaux.

Àrea Espai de Dança i Creació (carte 1 ; ☎ 93 210 78 50), Carrer d'Alegre de Dalt 55 bis. C'est l'un des meilleurs endroits à Barcelone où se former à la danse contemporaine.

Où se loger

D'année en année, Barcelone attire de plus en plus de visiteurs. Il y a carrément foule pendant la Setmana Santa (semaine sainte), en été (juillet et août), ainsi qu'à Noël et au nouvel an. En haute saison, trouver une chambre relève du défi. L'office du tourisme s'honore d'un taux d'occupation des hébergements d'environ 80% toute l'année. Vous dénicherez donc un logement dans votre gamme de prix, à condition de vous armer d'un peu de patience. Pour vous faciliter la tâche, mieux vaut arriver dans la matinée, midi étant l'heure où les gens libèrent habituellement leur chambre.

Saisons et réservations

Les prix varient selon la saison. Certains établissements disposent de tarifs définis pour la haute saison (*temporada alta*), la mi-saison (*temporada media*) et la basse saison (*temporada baja*), tous étant généralement affichés à la réception ou à proximité. Sachez néanmoins que les hôteliers ne sont pas tenus de respecter les prix indiqués et peuvent très bien facturer moins cher – ce qui leur arrive souvent – ou plus cher – ce qui se produit assez rarement.

Les tarifs indiqués dans ce guide doivent simplement vous servir de référence. Vérifiez toujours le prix des chambres avant de déposer vos bagages. Les établissements de taille modeste demandent souvent que la chambre soit réglée à l'avance d'un jour à l'autre.

Taxes

Par principe, tous les prix sont assujettis à l'IVA (version espagnole de la TVA) qui s'élève à 7%. Si les établissements les moins chers l'incluent dans leurs tarifs, c'est rarement le cas dans les hôtels haut de gamme. Pour en avoir le cœur net, demandez : *"¿Está incluido el IVA ?"* (la TVA est-elle comprise ?). Dans certains cas, on vous la facturera seulement si vous exigez un reçu.

OÙ SE LOGER – PETITS BUDGETS
Camping

C'est près de l'aéroport, à 9 km de la ville, que s'étend le camping le plus proche du centre, le vaste *Cala Gogó* (☎/fax 93 379 46 00, Carretera de la Platja, El Prat de Llobregat), ouvert de mi-mars à mi-octobre. L'emplacement coûte 20,50 € pour deux adultes et une voiture. Il est desservi depuis la Plaça d'Espanya par le bus n°65. Si vous venez de la Plaça de Catalunya, prenez un train RENFE jusqu'à El Prat, puis le bus "Prat Platja".

Il existe d'autres campings, plus agréables, mais tout aussi immenses, quelques kilomètres plus loin, sur la route côtière C-246 qui descend en direction du Sud-Ouest, l'Autovía de Castelldefels. Tous sont accessibles par le bus n°L95, à prendre au croisement de la Ronda de la Universitat et de la Rambla de Catalunya. Les prix indiqués incluent l'emplacement pour une tente, deux adultes et une voiture :

El Toro Bravo (☎ 93 637 34 62, Carretera C-246, Km 11, Viladecans). Sur ce site, qui laisse un peu à désirer mais ouvre toute l'année, on campe pour 20,50 € par jour.

Filipinas (☎ 93 658 28 95, Carretera C-246, Km 12, Viladecans). Ouvert toute l'année lui aussi, il offre le meilleur rapport qualité/prix, à 20,50 €.

La Ballena Alegre (☎/fax 93 658 05 04, Carretera C-246, Km 12,4, Viladecans). Ouvert d'avril à fin septembre, il est lui aussi très agréable et coûte 26 €.

A 11 km au nord-est de la ville, le *Camping Masnou* (☎ 93 555 15 03, Camí Fabra 33, El Masnou) vous accueille toute l'année. Il s'étend à 200 m de la gare d'El Masnou (où s'arrêtent les trains de banlieue *rodalies/cercanías* en provenance de la gare de Catalunya, sur la Plaça de

Catalunya) et facture 16,50 € pour une voiture, une tente et deux adultes.

Tous ces campings sont déconseillés à ceux qui souhaitent s'attarder à Barcelone jusque tard dans la nuit car le taxi est alors seul moyen de rentrer.

Auberges de jeunesse

Barcelone compte quatre auberges HI (Hostelling International) et plusieurs autres indépendantes. Dans toutes, il vous faudra louer des draps (0,90 à 2,10 €) si vous n'en avez pas. Certaines ferment leurs portes assez tôt et ne conviennent donc pas aux amateurs de sorties tardives. Mieux vaut réserver à l'avance en été, sauf pour la Kabul, qui ne prend aucune réservation. Les auberges disposent généralement de lave-linge.

Indépendante, l'*auberge de jeunesse Kabul (carte 6 ; ☎ 93 318 51 90, fax 93 301 40 34, Plaça Reial 17)*, installée dans le Barri Gòtic, dispose d'un confort minimal, mais offre bel et bien, comme le mentionne son prospectus, une "merveilleuse atmosphère de fête" et n'impose pas de "couvre-feu". La nuit coûte 12 €, plus 6 € de caution pour la clé. Des coffres sont prévus pour les objets de valeur. L'auberge peut accueillir jusqu'à 130 personnes dans ses dortoirs rudimentaires à 10 lits. N'oubliez pas votre clé lorsque vous sortez le soir. Un lecteur s'est plaint d'avoir eu toutes les peines du monde à obtenir l'autorisation de rentrer alors qu'il ne l'avait pas sur lui.

L'auberge de jeunesse la plus grande (183 lits) et la plus confortable est l'*Alberg Mare de Déu de Montserrat (carte 1 ; ☎ 93 210 51 51, fax 93 210 07 98, Passeig Mare de Déu del Coll 41-51)*. Elle se situe à 4 km au nord du centre et à 10 minutes de marche du métro Vallcarca ou à 20 minutes de la Plaça de Catalunya en bus n°28, qui s'arrête non loin de la grille d'entrée. Le bâtiment principal est un ancien hôtel particulier doté d'un superbe hall de style mudéjar. La plupart des chambres accueillent six personnes. Une carte d'auberge de jeunesse est exigée à l'arrivée : les moins de 25 ans et les titulaires de la carte d'étudiant internationale (ISIC) paient 11,50 € la nuit avec petit déjeuner, les autres 15 €. L'établisse-

ment est membre du réseau international de réservations (IBN), qui permet de réserver de n'importe quelle autre auberge HI (il y en a 200) ou centre de réservations à travers le monde. Vous pouvez aussi le faire par l'entremise de l'organisation officielle des auberges de jeunesse de Catalunya, la Xarxa d'Albergs de Joventut (☎ 93 483 83 63, fax 93 483 83 50). (Attention : les autres auberges de jeunesse de Barcelone, même membres du réseau HI, n'appartiennent pas à la Xarxa).

L'ambiance est chaleureuse à l'*Alberg Juvenil Palau (carte 6 ; ☎ 93 412 50 80, Carrer del Palau 6)*, dans le Barri Gòtic. Cet établissement compte 40 lits répartis dans des dortoirs non mixtes. La nuitée avec petit déjeuner coûte 9,75 €.

Face à l'extrémité nord du Parc de la Ciutadella et à quelques minutes à pied de l'Estació de França et du métro Arc de Triomf, l'*Hostal de Joves (carte 1 ; ☎ 93 300 31 04, Passeig de Pujades 29)* abrite 68 lits répartis dans de petits dortoirs sombres et peu engageants, où l'on peut dormir pour 9 €, petit déjeuner compris.

Bien située, mais tout aussi spartiate, l'*Albergue Arco (carte 6 ; ☎ 93 301 31 93, Carrer de l'Arc de Santa Eulàlia 1)* reste ouverte 24h/24. La nuit en dortoir non mixte est à 8,50 €.

A 1 km au nord de l'Estació Sants, l'*Alberg Pere Tarrès (carte 3 ; ☎ 93 410 23 09, fax 93 419 62 68, Carrer de Numància 149)* dispose de 92 places en dortoirs de quatre à huit lits. La nuit avec petit déjeuner coûte entre 9 et 12 € selon l'âge et la présentation ou non d'une carte d'auberge de jeunesse. L'établissement ferme de 11h à 15h et de 23h à 8h30 (les portes sont rouvertes quelques instants pour laisser les noctambules réintégrer leur dortoir à 2h du matin).

Petite et assez éloignée, l'*Alberg Studio (carte 1 ; ☎ 93 205 09 61, fax 93 205 09 00, Carrer de la Duquessa d'Orleans 58)*, à hauteur du Passeig de la Reina Elisenda de Montcada, à 4 km au nord-ouest de la Plaça de Catalunya, accueille les clients du 1er juillet au 30 septembre seulement. Ses 50 lits restent accessibles 24h/24, moyennant 10,25 €. De la gare de Catalunya, des trains FGC conduisent à la station Reina Elisenda toute proche.

Hostales, pensiones et hotels

La municipalité se montre très parcimonieuse dans l'attribution de licences pour ouvrir *pensiones* ou *hostales*. Le nombre de visiteurs étant en constante augmentation, il est ainsi plus difficile chaque année de trouver une chambre à petit prix. nombre des établissements cités ci-dessous restent complets à longueur d'année, aussi vaut-il mieux appeler avant d'aller frapper à leur porte. Sachant que les prix augmentent en permanence, la notion de "petit budget" tend à devenir floue. Nous avons donc sélectionné dans cette catégorie les tarifs inférieurs à 36/54 € pour une simple/double. Les prix mentionnés ci-dessous concernent la haute saison.

Dans ce type d'établissements, la salle de bain se trouve souvent sur le palier. Les prix baissent un peu en basse saison ou en cas de séjour prolongé.

La Rambla. Située en haut de La Rambla, au-dessus du Restaurante Nuria, la *Pensión Noya* (carte 6 ; ☎ 93 301 48 31, *Rambla de Canaletes 133*) propose 15 chambres minuscules, mais proprettes (douche et toilettes sur le palier) à 18/36 € en simple/ double. Les chambres donnant à l'avant sur le boulevard piétonnier sont bruyantes.

Au bas de La Rambla, l'*Hostal Marítima* (carte 6 ; ☎ 93 302 31 52, *Rambla de Santa Monica 4*), escale autrefois appréciée des voyageurs à petits budgets, n'est plus ce qu'il était. Les chambres restent néanmoins correctes et propres et les prix n'ont pas bougé : 12 € par personne. L'entrée se situe dans le Passatge de la Banca, qui mène au Museu de Cera.

Barri Gòtic. Ce quartier central et pittoresque regroupe de nombreux établissements bon marché. Si quelques-unes des adresses mentionnées ici ne se trouvent pas à strictement parler dans le Barri Gòtic, elles restent, au plus, à quelques minutes de marche.

L'*Hostal Lausanne* (carte 6 ; ☎ 93 302 11 39, *Avinguda del Portal de l'Àngel 24*) est un établissement sympathique et sûr. Sa popularité a fait grimper les tarifs, mais il n'en demeure pas moins conseillé. Les doubles très propres sans s.d.b. coûtent 33 €. Il est à peu près impossible d'obtenir une simple.

Accueillantes et vraiment propres, les 10 chambres (dont certaines sont minuscules) de l'*Hostal Fontanella* (carte 6 ; ☎/fax 93 317 59 43, *Via Laietana 71*) coûtent 18/30 €, ou 24/42 € avec s.d.b.

Le sympathique *Hostal Campi* (carte 6 ; ☎ 93 301 35 45, fax 93 301 41 33, *Carrer de la Canuda 4*) offre un excellent rapport qualité/prix. La simple/double sans s.d.b. est à 17/30 €. Si vous en avez les moyens, offrez-vous l'une des doubles avec douche et toilettes, claires et spacieuses, proposées à 36 €.

L'*Hostal-Residencia Rembrandt* (carte 6 ; ☎/fax 93 318 10 11, *23 Carrer de la Portaferrissa*) rencontre un si grand succès qu'il était complet pour toute la période de juillet et août au moment de la rédaction de ce guide. Comptez 18/30 € la chambre, ou 24/42 € avec s.d.b.

L'*Hostal Paris* (carte 6 ; ☎/fax 93 301 37 85, *Carrer del Cardenal Casañas 4*) abrite 42 chambres, spacieuses pour la plupart, installées dans un bâtiment ancien sans ordre, tout en coins et recoins. Les simples peuvent débuter à 18 € et vous ne paierez pas plus de 45 € pour une double avec s.d.b. C'est un lieu rudimentaire très fréquenté par les voyageurs à très petits budgets.

L'*Hostal Galerias Maldà* (carte 6 ; ☎ 93 317 30 02, *Carrer del Pi 5*), situé en étage dans la galerie, est une sorte de grande maison familiale dotée de 21 chambres dont certaines sont extrêmement spacieuses. A 9/18 €, il compte parmi les hôtels les moins chers de la ville et propose une très sympathique chambre simple installée dans une sorte de tourelle.

La *Pensión Europa* (carte 6 ; ☎ 93 318 76 20, *18 Carrer de la Boqueria*) demande 17 € pour des simples propres, mais rudimentaires, ou 34/41 € pour des doubles plus confortables sans/avec s.d.b. Elle comprend un vaste salon avec TV. Ce n'est pas une mauvaise adresse, mais l'établissement devient bruyant quand il est complet.

Située dans une petite rue calme, la *Pensión Bienestar* (carte 6 ; ☎ 93 318 72 83, Carrer d'En Quintana 3) abrite des chambres sans prétention, mais très correctes pour le prix, quoique les literies aient à l'évidence fait leur temps. La simple/double coûte 12/22 €.

Ne vous fiez pas à l'adresse : l'entrée de la *Pensión Fernando* (carte 6 ; ☎ 93 301 79 93, Carrer de l'Arc del Remedio 4) se trouve Carrer de Ferran. L'établissement comporte des dortoirs, à 14 € le lit (avec un peu de chance, vous vous retrouverez dans celui qui comporte une douche et des toilettes). L'une des chambres est accessible en fauteuil roulant. Les dortoirs (quatre lits ou plus) comportent des coffres. Il existe aussi des doubles/triples à 42/51 €. Vous pourrez profiter du soleil sur le toit.

Très correct, niché au cœur de l'ancien quartier juif, l'*Hotel Call* (carte 6 ; ☎ 93 302 11 23, fax 93 301 34 86, Carrer de l'Arc de Sant Ramon del Call 4) propose des chambres confortables, toutes avec s.d.b. et téléphone, mais dont certaines ont la taille d'un mouchoir de poche. Les prix restent cependant très raisonnables, à 21/29 € pour une simple/double.

Si vous parvenez à obtenir une chambre calme à l'arrière, ne boudez pas l'*Hotel Rey Don Jaime I* (carte 6 ; ☎/fax 93 310 62 08, Carrer de Jaume I 11), haut-de-gamme dans sa catégorie. Comptez 32/48 € pour une chambre avec douche et toilettes.

La *Pensió Colom 3* (carte 6 ; ☎ 93 318 06 31, Carrer de Colom 3), tout près de la Plaça Reial, est une auberge de jeunesse non officielle où la nuit en dortoir (lits superposés) coûte 9 €. L'établissement abrite aussi des doubles/triples à 48/65 €, ou à 55/73 € avec s.d.b., ce qui est trop cher. Des lave-linge et des billards sont à disposition.

Si vous avez envie d'une jolie double donnant sur la place, préférez-lui la *Pension Villanueva* (carte 6 ; ☎ 91 301 50 84, Plaça Reial 2), où les prix débutent à 15/21 € pour une simple/ double basique

et montent jusqu'à 45 € pour des doubles spacieuses avec s.d.b. et vue sur la place.

L'*Hotel Barcelona House* (carte 6 : ☎ 93 301 82 95, fax 93 412 41 29, Carrer dels Escudellers 19) se distingue par sa modernité dans un quartier à dominante gothique. Les chambres sont assez confortables, les doubles très correctes à 52 €, mais les simples à 22,50 € manquent foncièrement de charme.

Proche de la Plaça de Sant Miquel, le grand et lumineux *Hostal Levante* (carte 6 ; ☎ 93 317 95 65, Baixada de Sant Miquel 2) possède des chambres de toutes formes et de toutes dimensions. Les simples, étriquées, débutent à 21 €, tandis que les doubles sans/avec s.d.b. sont proposées à 33/39 €. Demandez celle qui est agrémentée d'un balcon. Les patrons disposent également d'appartements tout proches qui conviennent à de petits groupes de quatre personnes ou plus. Renseignez-vous à la réception.

La *Casa Huéspedes Mari-Luz* (carte 6 ; ☎ 93 317 34 63, Carrer del Palau 4) offre elle aussi certains attraits. Les chambres claires et ensoleillées, aux poutres apparentes, sont bien entretenues et l'accueil très sympathique imprime une atmosphère bon enfant au lieu. Il est possible de dormir dans une chambre de quatre personnes ou plus, moyennant 12 € par personne. La chambre double, elle, revient à 33 ou 35 €.

Les voyageurs solitaires auront sans doute du mal à se loger pour pas trop cher à Barcelone, mais la *Pensión Alamar* (carte 6 ; ☎ 93 302 50 12, Carrer de la Comtessa de Sobradiel 1) s'est apparemment donné pour mission de les accueillir. L'établissement ne compte qu'une seule double, contre 13 petites simples bien tenues. On paie 15 € par personne, un prix justifié.

Un peu plus proche de la mer, l'*Hostal El Cantón* (carte 6 ; ☎ 93 317 30 19, Carrer Nou de Sant Francesc 40) mérite lui aussi l'attention des voyageurs à petit budget. Les simples/doubles/triples sans s.d.b. sont proposées à 12/24/35 €. Pour bénéficier d'une s.d.b., il faut débourser

16/35/47 €. Les chambres les plus chères, très spacieuses, disposent de s.d.b. modernes, mais aussi de ventil., réfrigérateur et balcon.

Moins agréable peut-être, mais très pratique pour qui veut profiter du bord de mer, l'*Hostal Nilo (carte 6 ; ☎ 93 317 90 44, Carrer de Josep Anselm Clavé 7)* abrite des simples/doubles très acceptables à 17/ 27 €, ou à 24/33 € avec s.d.b.

El Raval. Situé en bordure du Barri Xinès, l'*Hotel Peninsular (carte 6 ; ☎ 93 302 31 38, fax 93 412 36 99, Carrer de Sant Pau 34)* fait figure d'oasis. Installé dans l'ancienne aile d'un couvent, l'établissement jouit d'un atrium richement planté qui court sur presque toute sa longueur. Les 80 chambres sont propres et (pour la plupart) spacieuses, mais l'établissement n'offre aucun charme particulier. Les prix débutent à 21/36 €, ou 30/45 € avec s.d.b. et comprennent le petit déjeuner. Bonne nouvelle (dans un sens) : l'hôtel ne prend pas de réservations.

Un peu défraîchi, mais intéressant en cas d'affluence touristique, l'*Hostal Residencia Opera (carte 6 ; ☎ 93 318 82 01, Carrer de Sant Pau 20)* propose des chambres à 21/30 €, ou 24/36 € avec s.d.b.

L'*Hostal Mare Nostrum (carte 6 ; ☎ 93 318 53 40, fax 93 412 30 69, Carrer de Sant Pau 2)* représente un meilleur choix, mais il est complet en permanence ou presque et les tarifs flirtent avec ceux de la catégorie supérieure. La double avec/sans s.d.b. coûte 54/45 € (plus l'IVA). L'établissement propose quelques simples à 35,25 €. Très agréables, toutes les chambres possèdent TV, clim. et chauffage. Comptez 3,50 € en sus pour le petit déjeuner, ce qui n'est pas cher payé sachant que de votre table, vous jouissez d'une belle vue sur La Rambla.

Le rapport qualité/prix est correct à l'*Hostal La Terrassa (carte 6 ; ☎ 93 302 51 74, fax 93 301 21 88, Carrer de la Junta del Comerç 11)*, dont les simples/doubles rudimentaires coûtent 14,50/23 €, ou

27,75 € la double avec s.d.b. Le patio situé à l'arrière est parfait pour les bains de soleil.

La Ribera. La *Pensión Lourdes (carte 6 ; ☎ 93 319 33 72, Carrer de la Princesa 14)* compte une vingtaine de chambres très propres proposées à 21/28,25 €, ou 40,50 € la double avec s.d.b.

L'Eixample. Quelques hôtels très abordables sont disséminés à des points stratégiques de ce quartier chic de la ville qui s'étend au nord de la Plaça de Catalunya.

L'*Hostal Goya (carte 5 ; ☎ 93 302 25 65, fax 93 412 04 35, Carrer de Pau Claris 74)* compte 12 jolies chambres de belle dimension à 19/27 €. Les doubles avec douche et toilettes sont à 33,75 €. L'*Hostal Palacios (carte 2 ; ☎/fax 93 301 37 92, Gran Via de les Corts Catalanes 629 bis)* possède 25 chambres très correctes. Comptez 21 € pour une simple sans s.d.b., 27 € pour une simple avec douche et 45 € pour une double tout confort.

Faites également un saut à l'*Hostal Oliva (carte 2 ; ☎ 93 488 01 62, fax 93 488 17 89, Passeig de Gràcia 32)*, ne serait-ce que pour l'ascenseur désuet qui monte jusqu'au 4e étage. L'établissement est bien tenu, mais certaines chambres sans s.d.b. sont juste assez grandes pour contenir un lit. Vous paierez 24/378 € pour une simple/double, 43,50 € pour une double avec s.d.b.

Dans un environnement plus vert, l'*Hostal Neutral (carte 2 ; ☎ 93 487 63 90, fax 93 487 68 48, Rambla de Catalunya 42)* ne propose que des doubles, à 33/38,25 € sans/avec s.d.b.

A la *Pensión Aribau (carte 4 ; ☎ 93 453 11 06, Carrer d'Aribau 37)*, les simples/doubles sont correctes et coûtent 21/39 €. Les simples ne comportent qu'un lavabo, mais disposent d'une TV, tandis que les doubles sont équipées de douche, toilettes, TV et réfrigérateur.

Environs de l'Estació Sants. A 5 minutes à pied au sud-ouest de la gare, l'*Hostal Sans (carte 1 ; ☎ 93 331 37 00, fax 93 331 37 04, Carrer de Antoni de Capmany 82)* est un établissement moderne avec des chambres à 18/28 €, ou 27/33 € avec s.d.b.

L'*Hostal Sofia* (carte 4 ; ☎ 93 419 50 40, fax 93 430 69 43, Avinguda de Roma 1-3) s'élève juste en face de la gare, de l'autre côté de la place. Il est un peu plus cher, puisque ses 12 chambres rutilantes coûtent 30/48 €, ou 42/60 € avec s.d.b.

Gràcia. Séjourner à Gràcia présente l'avantage d'éviter le centre touristique de Barcelone et de pouvoir se mêler aux habitants. Les petits hôtels ne sont pas légion . L'*Hostal San Medín* (carte 2 ; ☎ 93 217 30 68, fax 93 415 44 10, Carrer Gran de Gràcia 125) est un lieu sans prétention au confort rudimentaire, mais à la propreté impeccable, où l'on paie 21/39 €, ou 27/45 € avec s.d.b. Bonne adresse également, un peu plus bas dans la même rue, la *Pensión Norma* (carte 2 ; ☎ 93 237 44 78, Carrer Gran de Gràcia 87) possède des chambres sans s.d.b. à 24/36 € ou des doubles avec s.d.b. à 42 €.

OÙ SE LOGER – CATÉGORIE MOYENNE

Dans cette gamme de prix, toutes les chambres disposent d'une salle de bains.

La Rambla

L'*Hotel Continental* (carte 6 ; ☎ 93 301 25 70, fax 93 302 73 60, Rambla de Canaletes 138) compte 35 chambres agréables et bien décorées avec TV câblée, micro-ondes, réfrigérateur, coffre et ventilateur. Les tarifs, qui comprennent un bon petit déjeuner, débutent à 42/54 € en été. Les chambres donnant sur la Rambla sont plus chères. Malgré notre avis favorable sur cet hôtel, certains lecteurs en ont été déçus.

Pour 45/65 €, IVA comprise, vous bénéficierez à l'*Hotel Cuatro Naciones* (carte 6 ; ☎ 93 317 36 24, fax 93 302 69 85, La Rambla 40) d'une chambre très correcte avec petit déjeuner. L'établissement, qui date de 1849, était il y a bien longtemps le plus bel hôtel de Barcelone. Buffalo Bill l'a d'ailleurs préféré à un wagon de diligence lors de son séjour ici en 1889.

L'*Hotel Oriente* (carte 6 ; ☎ 93 302 25 58, fax 93 412 38 19, La Rambla 45) est célèbre pour son style moderniste et son restaurant sélect à ciel ouvert, mais le service laisse parfois à désirer. Les chambres, un peu défraîchies, restent toutefois confortables, avec carrelage au sol, s.d.b., coffres et TV. Les simples/doubles sont à 65/ 103 €, plus l'IVA, ce qui repousse un peu les limites de la catégorie moyenne.

Barri Gòtic

Les honnêtes chambres de l'*Hotel Roma Reial* (carte 6 ; ☎ 93 302 03 66, fax 93 301 18 39, Plaça Reial 11), toutes avec s.d.b., valent 36/54 € en haute saison.

Géré par les mêmes propriétaires, l'*Hotel Comercio* (carte 6 ; ☎ 93 318 74 20, fax 93 318 73 74, Carrer dels Escudellers 15) n'est pas un mauvais choix dans cette catégorie. Les chambres disposent de tout le confort habituel et l'on peut difficilement rêver d'un emplacement plus proche de l'action que celui-ci, au cœur du Barri Gòtic. Les simples/ doubles/triples coûtent 36/54/72 €.

A l'*Hotel Jardi* (carte 6 ; ☎ 93 301 59 00, Plaça de Sant Josep Oriol 1), les doubles avec balcon donnant sur la ravissante place sont à 48 €. A l'heure où nous écrivons ces lignes, certaines chambres sont en cours de rénovation. Ce bon petit hôtel pourrait donc se révéler plus agréable encore une fois les travaux terminés.

L'*Hotel Nouvel* (carte 6 ; ☎ 93 301 82 74, fax 93 301 83 70, Carrer de Santa Anna 18-20) doit son élégance aux quelques touches modernistes qui caractérisent son décor. Pour 62/95 €, plus l'IVA, vous bénéficierez d'une belle chambre climatisée avec TV satellite et petit déjeuner.

El Raval

Avec ses superbes détails d'architecture moderniste (vitraux et peintures murales dans les salles, moulures des fenêtres à la manière de Gaudí), l'*Hotel Mesón de Castilla* (carte 4 ; ☎ 93 318 21 82, fax 93 412 40 20, Carrer de Valldonzella 5) n'est pas déplaisant. Il abrite 56 chambres pleines de cachet qu'il loue à 70/89 €,

OÙ SE LOGER

plus l'IVA, petit déjeuner compris. Le parking est assuré.

L'***Hotel España*** *(carte 6 ; ☎ 93 318 17 58, fax 93 317 11 34, Carrer de Sant Pau 9-11)* est réputé pour ses deux splendides salles à manger, qu'il doit à l'architecte moderniste Lluís Domènech i Montaner. L'une est ornée d'une immense fresque de créatures marines peinte par Ramon Casas, l'autre comporte un carrelage à décor floral et un plafond à solives. L'hôtel abrite une soixantaine de chambres simples, mais confortables, à 35/65 €, petit déjeuner compris.

L'intérêt de l'***Hotel Principal*** *(carte 6 ; ☎ 93 318 89 70, fax 93 412 08 19, Carrer de la Junta del Comerç 8)* réside non pas dans le décor, mais dans le rapport qualité/prix. Les chambres fonctionnelles avec TV, clim. et coffre valent 48/62 €, petit déjeuner compris. La direction gère également l'***Hotel Joventut***, tout proche, où les tarifs sont les mêmes.

Environs du Parc de la Ciutadella

Dans ce quartier, l'***Hotel Triunfo*** *(carte 6 ; ☎/fax 93 315 08 60, Passeig de Picasso 22)* représente un excellent choix. On paie 39/63 € pour une simple/double avec chauffage, clim., TV, téléphone et s.d.b. Les meilleures chambres donnent sur le parc (ce sont surtout les simples). Certaines autres sont un peu exiguës et sombres : demandez à choisir.

L'Eixample

L'***Hotel Gran Via*** *(carte 2 ; ☎ 93 318 19 00, fax 93 318 99 97, Gran Via de les Corts Catalanes 642)* possède un petit côté désuet qui ne manque pas de charme. Ses 53 grandes chambres sont proposées à 60/84 €, plus l'IVA. Le petit déjeuner est en sus, à 6,75 €. Au dernier étage, un élégant salon donne sur une terrasse à ciel ouvert.

OÙ SE LOGER – CATÉGORIE SUPÉRIEURE

Sans doute faudrait-il expliquer aux gérants des grands hôtels de Barcelone que l'inflation n'excède pas 3% par an en Espagne. En deux ans à peine, certains

établissements ont augmenté leurs tarifs officiels de 50% ! Si vous avez la chance de venir dans une période creuse, vous pourrez cependant bénéficier d'offres intéressantes. N'hésitez pas à demander. Pensez à ajouter les 7% d'IVA aux tarifs mentionnés ci-dessous.

La Rambla

Le meilleur hôtel de La Rambla est l'élégant ***Le Meridien*** *(carte 6 ; ☎ 93 318 62 00, fax 93 301 77 76, lemeridien@meridienbarcelona.com, Rambla dels Estudis 111)*. La suite présidentielle du dernier étage a accueilli, entre autres, Michael Jackson, Madonna et Julio Iglesias. Les simples/doubles plus traditionnelles coûtent 229/253 €, mais à certaines périodes, des tarifs préférentiels sont pratiqués, à 157 € la chambre (simple ou double).

El Raval

L'***Hotel San Agustín*** *(carte 6 ; ☎ 93 318 16 58, fax 93 317 29 28, Plaça de Sant Agustí 3)* offre plus de cachet, ne serait-ce qu'en raison de sa situation sur une place paisible. Les chambres, toutes avec clim. et TV satellite, valent 75/105 €, petit déjeuner compris.

A l'extrémité supérieure de ce barri et à quelques pas de La Rambla et de la Plaça de Catalunya, l'***Hotel Lleó*** *(carte 4 ; ☎ 93 318 13 12, fax 93 412 26 57, Carrer de Pelai 22)* se situe entre les catégories moyenne et supérieure, avec des chambres confortables, un accès pour handicapés et un bar. La simple/double est à 84/ 111 €.

Barri Gòtic

Aussi moderne à l'intérieur qu'il paraît ancien vu de l'extérieur, l'***Hotel Suizo*** *(carte 6 ; ☎ 93 310 61 08, fax 93 310 40 81, Plaça de l'Àngel 12)* abrite un restaurant et un snack-bar. Les chambres, confortables, mais sans plus, coûtent 86/111 €, IVA non comprise.

Si vos moyens vous l'autorisent, choisissez plutôt l'***Hotel Colón*** *(carte 6 ; ☎ 93 301 14 04, fax 93 317 29 15, Avinguda de la Catedral 7)* pour sa situation face à la cathédrale et ses chambres élégantes et confortables à 105/158 €.

L'Eixample

L'*Hotel Balmes (carte 2 ; ☎ 93 451 19 14, fax 93 451 00 49, Carrer de Mallorca 216)* est un bon hôtel moderne qui se distingue par les briques blanches qui en décorent l'intérieur. De dimensions correctes, les chambres avec clim., TV satellite et une belle s.d.b. carrelée offrent un excellent rapport qualité/prix à 87/147 €. A votre disposition, vous trouverez un parking, un salon de thé, un jardin avec bar et piscine, et un restaurant.

L'*Hotel Regente (carte 2 ; ☎ 93 487 59 89, fax 93 487 32 27, Rambla de Catalunya 76)* pratique des tarifs tout aussi étudiés, à 117/134 € pour de ravissantes chambres lambrissées avec clim. et TV satellite.

Les 92 chambres à 126/150 € du *St Moritz Hotel (carte 2 ; ☎ 93 412 15 00, fax 93 412 12 36, Carrer de la Diputació 262 bis)* sont tout aussi confortables. Vous pourrez prendre vos repas au restaurant de l'hôtel et siroter un verre à l'agréable bar en terrasse.

Immense, confortable, orné d'œuvres contemporaines et doté d'une piscine sur le toit, l'*Hotel Majèstic (carte 2 ; ☎ 93 488 17 17, fax 93 488 18 80, Passeig de Gràcia 70)* abrite plus de 300 chambres climatisées avec TV satellite. Les prix grimpent jusqu'à 181/217 €.

Le *Comtes* (ou *Condes*) *de Barcelona Hotel (carte 2 ; ☎ 93 488 22 00, fax 93 488 06 14, Passeig de Gràcia 73-75)* compte parmi les meilleurs hôtels de Barcelone. Il se compose de deux bâtiments, disposés face à la mer de part et d'autre de Carrer de Mallorca. Le plus ancien est installé dans la Casa Enric Batlló, construite dans les années 1890 et restaurée avec goût. Les chambres, insonorisées et climatisées, disposent d'une s.d.b. en marbre. Les prix débutent à 175/187 €.

En matière d'élégance à l'ancienne, de luxe, d'originalité et de service, l'*Hotel Ritz (carte 2 ; ☎ 93 318 52 00, fax 93 318 01 48, Gran Via de les Corts Catalanes 668)* n'a pas son pareil à Barcelone. Dans cet établissement très sélect construit en 1919, les tarifs (en simple ou en double) débutent à 271 €.

Pour une suite composée d'une chambre et de "bains romains" entièrement carrelés, vous débourserez 842 €.

Moins dispendieux, mais d'un raffinement vieillot tout aussi délicieux, l'*Hotel Avenida Palace (carte 5 ; ☎ 93 301 96 00, fax 93 318 12 34, Gran Via de les Corts Catalanes 605)* possède de belles simples/doubles à 159/205 €, petit déjeuner et IVA inclus.

Dans la même gamme de prix (175/210 €), vous pouvez opter pour l'élégant *Hotel Ducs de Bergara (carte 5 ; ☎ 93 301 51 51, fax 93 317 34 42, Carrer de Bergara 11)*. Superbe bâtiment moderniste doté d'un plafond artesonado du XVIIIe siècle et de quelques touches joliment Art déco, il dispose également d'une piscine.

Les amoureux du luxe et de la distinction ne sont jamais déçus par l'*Hotel Claris (carte 2 ; ☎ 93 487 62 62, fax 93 487 87 36, Carrer de Pau Claris 150)*. Bien entendu, ces plaisirs se paient : comptez 217/258 €, ou 752 € pour une suite. Ajoutez-y 17 € pour le petit déjeuner. L'établissement, qui vient de recevoir le titre de Best City Hotel (meilleur hôtel en ville) d'Europe, abrite une collection permanente d'art égyptien.

Port Olímpic

Complexe le plus en vogue de Barcelone, quoiqu'un peu impersonnel, l'*Hotel Arts Barcelona (carte 1 ; ☎ 93 221 10 00, fax 93 221 10 70, Carrer de la Marina 19-21)* occupe l'une des deux gratte-ciel qui dominent Port Olímpic. Pour séjourner dans l'une des 450 chambres doubles, comptez au moins 301 €.

LOCATIONS LONGUE DURÉE

L'Universitat de Barcelona, Gran Via de les Corts Catalanes 585 (carte 4 ; ☎ 93 402 11 00), le CIAJ (carte 6 ; ☎ 93 402 78 00), Carrer de Ferran 32, et le British Council (carte 3 ; ☎ 93 241 99 77, voir le chapitre *Renseignements pratiques*) disposent tous de tableaux d'affichage où figurent des annonces de locations. Essayez également l'International House (carte 6 ;

☎ 93 268 45 11, fax 93 268 02 39, ihbarcelona@bcn.ihes.com), Carrer de Trafalgar 14, ou, si vous êtes jeune ou étudiant, le Punt d'Informació Juvenil (carte 4 ; ☎ 93 483 83 84), Carrer de Calàbria 147.

Consultez également les petites annonces du *Barcelona Metropolitan* (voir *Journaux et magazines*, au chapitre *Renseignements pratiques*), mensuel gratuit en anglais.

Si vous êtes toujours bredouille, consultez *Anuntis*, l'hebdomadaire spécialisé en annonces classées. Les dernières pages du *Suplement Immobiliària* (supplément immobilier) propose des partages d'appartements à la rubrique *lloguer/ hostes i vivendes a compartir*. Sachez que les annonces sont souvent rédigées en castillan plutôt qu'en catalan. Certaines chambres sont proposées à des tarifs très compétitifs (151 € par mois), mais pour un logement à peu près correct, pas trop éloigné du centre, comptez au moins 211 €, auxquels s'ajoutent les charges diverses.

Où se restaurer

ALIMENTATION

Bien manger fait partie des plaisirs de Barcelone. Pour faire une pause entre balades et visites ou après une journée bien remplie, rien ne vaut la table d'un petit ou d'un grand restaurant, d'un bar à tapas ou d'un simple café.

Afin de refléter ce que vous êtes susceptible de lire sur les menus et d'entendre dans les salles, nous avons pris le parti de mentionner tous les termes culinaires en catalan et/ou en castillan selon ce qui prévaut sur les cartes ou dans l'usage. Il faut également savoir que dans nombre de restaurants, la carte existe en plusieurs langues, dont le français, et que cela, à Barcelone, ne signifie pas forcément qu'il s'agit d'un établissement "à touristes".

Quand se restaurer

Même sans décalage horaire, le dépaysement est assuré pour les heures de repas !

On prend son petit déjeuner (*esmorzar/ desayuno*) dans un bar sur le chemin du travail, aux mêmes horaires qu'ailleurs en Europe. En revanche, le déjeuner (*menjar/comida*), principal repas de la journée, a lieu généralement entre 14h et 16h. Enfin, commencer le dîner (*sopar/cena*) avant 21h30 relève de la plus parfaite hérésie pour tout Barcelonais qui se respecte. Dans la plupart des restaurants, le service en cuisine cesse vers 15h30-16h et un peu avant minuit.

Mais ne vous inquiétez pas si votre estomac crie famine, vous trouverez toujours de quoi grignoter en dehors des heures de repas espagnoles, ce qui peut être l'occasion de s'initier (ou de se perfectionner) aux tapas.

Où se restaurer

De nombreux bars et cafés proposent un grand choix pour grignoter, c'est-à-dire des *entrepans/bocadillos* (petits sandwiches), des *tapes/tapas* (en-cas servis dans les bars) ou leurs versions plus consistantes que sont les *raciones* (une portion plus importante). Vous pouvez déguster un repas complet dans les *menjadors/comedores* (restaurants où on mange assis) au fond de la salle. On mange sur le pouce dans les *cerveseries/cervezerías* (bars à bière), les *tavernes/tabernas* (tavernes), les *tascas* (snack-bars) et les *cellers/bodegas* (caves), entre autres établissements.

Quand on souhaite prendre un repas complet, on se rend la plupart du temps dans un *restaurant/restaurante*, mais il existe aussi d'autres appellations. Par exemple, la *marisquería* est un petit restaurant de fruits de mer. En revanche, un *mesón* (littéralement une "grande table") sert généralement (mais pas nécessairement !) une cuisine plus modeste. Il ne faut cependant pas se fier à l'appellation de l'établissement. En effet, la distinction entre cafés et restaurants est souvent floue, et dans nombre de "café" on mange très bien et à tous les prix. Par ailleurs, nous avons choisi de traiter dans les bars des établissements où l'on peut également bien manger.

Pour les restaurants à partir de la gamme des prix moyens, il est souvent recommandé, parfois nécessaire, de réserver, en particulier le soir et le week-end. Afin de ne pas être déçu si vous avez jeté votre dévolu sur une adresse, essayez de réserver en passant, en téléphonant ou en faisant téléphoner si vous êtes arrêtés par la langue.

Les repas

Petit déjeuner. Le petit déjeuner typique comprend un café et une douceur (*pasta/bollo*), qui peut être un croissant comme un gâteau à la crème. Certaines personnes préfèrent manger salé, par exemple un *bikini/sandwich mixto*, un sandwich jambon-fromage. Une *tostada* espagnole est une tranche de pain grillée ou passée à la plaque avec du beurre. La *torrada* catalane se présente sous la forme d'une petit sandwich de pain grillé ouvert et beurré. Reste le petit déjeuner mythique des Espagnols, le *xurros amb xocolata/ churros con chocolate*, des beignets longs – les churros – trempés dans un chocolat chaud épais, que l'on trouve dans certains cafés.

Déjeuner et dîner. On mange à Barcelone les plats espagnols classiques. Les voyageurs apprécient souvent de trouver un *menú del día*, un menu du jour à prix fixe (servi souvent uniquement le midi), qui comprend trois plats ou plus et une boisson généralement, à des prix allant de 5,40 à 30 € dans les établissements élégants. Version encore plus simple, le *plat combinat/plato combinado* associe viande et légumes dans une même assiette. On le trouve partout et il a l'avantage d'être nourrissant et bon marché à la fois, même si ce n'est pas toujours très satisfaisant pour le palais !

Vous paierez plus cher si vous commandez à la carte, mais la nourriture sera meilleure. La *carta* s'ouvre sur les entrées telles que *amanides/ensaladas* (salades), *sopes/sopas* (soupes) et *entremeses* (hors-d'œuvre).

Les autres plats sont souvent répertoriés sous des rubriques comme : *pollastre/pollo* (poulet), *carn/carne* (viande), *mariscs/ mariscos* (fruits de mer), *peix/pescado* (poisson), *arròs/arroza* (riz), *ous/huevos* (œufs) et *verdures/verduras* (légumes). Les plats de viande sont à base de *porc/cerdo* (porc), de *vedella/ternera* (bœuf) ou d'*anyell/cordero* (agneau).

La carte des desserts offre un choix plus restreint. Dans les endroits les moins chers, on termine souvent sur des *gelats/helados* (glaces), des fruits ou une crème.

La cuisine catalane. La Catalunya a la réputation (avec le pays basque) de faire la meilleure cuisine d'Espagne. Sa diversité géographique explique la richesse de son approvisionnement. Fille de la terre et de la mer, la cuisine catalane dispose d'une considérable variété de fruits de mer et de poissons (locaux, mais aussi importés d'autres régions d'Espagne et d'ailleurs), de viandes, de volailles, de gibiers, de fruits et de légumes frais de bonne qualité. Ces aliments sont parfois associés de façon inhabituelle pour nos papilles : viande et produits de la mer (un genre connu sous le nom de *mar i muntanya*, mer et montagne), volaille et fruits, poisson et noix. Cette cuisine de qualité revient d'ailleurs relativement cher.

Comme l'ensemble de la cuisine catalane repose sur des aliments frais, elle dépend bien entendu des produits du marché et des arrivages de la mer. Ne soyez donc pas surpris si les cartes des restaurants varient, et quelquefois beaucoup, au gré des saisons.

L'âme de la cuisine catalane tient pour beaucoup dans les sauces qui accompagnent viandes et poissons. Elles sont tellement habituelles que le menu ne les mentionne souvent pas. Il en existe cinq sortes principales : *sofregit* (oignons frits, tomates et ail), *samfaina* (sofregit, plus poivron rouge, aubergine et courgette), *picada* (un mélange d'amandes pilées, d'ail, de persil, de pignons ou de noix, auquel on ajoute parfois de la chapelure), *allioli* (ail pilé assaisonné d'huile d'olive et souvent d'un jaune d'œuf, d'où une allure de mayonnaise) et *romesco* (amandes, tomates, huile d'olive, ail et vinaigre, également utilisée comme vinaigrette).

Le casse-croûte catalan par excellence est le *pa amb tomàquet*, une tranche de pain frottée d'ail et de tomate puis arrosée d'huile d'olive et saupoudrée de sel.

Les Catalans adorent les champignons sauvages cueillis en forêt à l'automne. Il en existe de nombreuses variétés, mais ce sont les grands et succulents *rovellons* que les Catalans apprécient le plus.

Quelques plats catalans typiques
allioli
    sauce à l'huile d'olive et à l'ail (et parfois au jaune d'œuf)

amanida Catalana
salade catalane associant salade verte, olives, tomates, endives, œufs durs, céleri, poivron vert et ail à du poisson, du jambon ou de la saucisse, le tout assaisonné de mayonnaise ou de vinaigrette

arròs a la cassola ou arròs a la Catalana
paella catalane, préparée dans une cassolette en terre, sans safran

arròs negre
riz cuit dans de l'encre de seiche qui lui donne sa couleur noire

bacallà a la llauna
morue cuite au four avec des tomates, de l'ail, du persil, du paprika et du vin

botifarra amb mongetes
boudin préparé avec de la viande de porc mêlée au sang et haricots blancs frits

calçots amb romesco
variété d'oignons allongés cuits à la braise et servis en entrée avec une sauce romesco, faisant une entrée savoureuse. Au printemps les Catalans se réunissent pour la *calçotada*, version locale du barbecue

cargols
escargots, un met vénéré dans certaines régions de Catalunya ; souvent mijotés avec du *conill* (lapin) et du piment

coca
pain plat et compact, que l'on décore de pignons pendant les fêtes de la Saint-Jean

crema Catalana
crème brûlée

ensaïmada mallorquina
pâtisserie de Mallorca (Majorque)

escalivada
aubergines et poivrons rouges (auxquels s'ajoutent parfois oignons et tomates) grillés, pelés, découpés en lamelles et servis accompagnés d'une sauce à base d'huile d'olive, de sel et d'ail

escudella
Pot-au-feu composé de viande, de saucisse et de légumes, dont le bouillon, incorporant nouilles ou riz, est servi en soupe. Les légumes et la viande sont servis ensuite à part et forment le plat principal appelé carn d'olla. On ne le prépare généralement qu'en hiver

Petit lexique des cuisines d'aujourd'hui à Barcelone

La grande reine, celle qui est omniprésente sur les cartes et dans les discours c'est, bien sûr, la cuisine catalane (*cuina catalana*), suivie de près par la cuisine dite du marché (*cuina de mercat*) du fait qu'elle mise avant tout sur la qualité des produits frais, puis de celle résolument tournée vers la mer (*cuina marinera*). On qualifie également de nombreuses tables de cuisine méditerranéenne (*cuina mediterrània*), elle est alors souvent agrémentée de touches italiennes correspondant à l'air du temps, avec notamment une forte présence de carpaccio ou parmesan.

Deux maîtres mots sont cuisine de création (*cuina de creació*) en alternance avec cuisine moderne et imaginative. Là, les choses sont un peu plus complexes, car il existe un véritable phénomène de mode, commun à toute l'Europe, celui de la cuisine fusion, volontiers appelée cuisine du monde (*cuina del món*) à Barcelone. Les emprunts les plus visibles sont ceux faits aux spécialités marocaines, indiennes, pakistanaises et asiatiques. Par-delà cette mode, cependant, la créativité culinaire renoue avec les racines anciennes de la cuisine catalane. Il en est ainsi du regain pour le salé-sucré, que l'on peut faire remonter au Moyen Age, et d'influences antiques provenant des cuisines grecque, romaine ou phénicienne.

Bien entendu de nombreux établissements de la capitale catalane vous offriront la possibilité de déguster les meilleures cuisines espagnoles : *basca*, *gallega*, *valenciana*...

espinacas a la Catalana
épinards préparés avec des raisins secs et des pignons de pin

esqueixada
salade de bacallà (morue) émincée, tomates, poivron rouge, haricots blancs, olives, assaisonnée d'huile d'olive et de vinaigre

fideuá
sorte de paella où les vermicelles remplacent le riz, servie avec des tomates, de la viande, des saucisses ou du poisson

fricandó
fricassée de porc aux légumes

fuet
petite saucisse (sèche) typique de la Catalunya

mandonguilles amb sipia
boulettes de viande à la seiche, un mélange entre terre et mer à l'arôme subtil

mel i mató
fromage frais au miel servi en dessert, aussi simple que délicieux.

mongetes seques i botifarra
grosse saucisse servie avec des haricots blancs

music
assortiment de fruits secs et de noisettes, parfois mélangés à de la glace ou à du fromage blanc sucré, servi avec un verre de muscatel doux

pa amb tomàquet
pain grillé frotté avec de la tomate, de l'ail et de l'huile d'olive

paella
plat originaire de Valencia – si vous n'avez pas l'occasion d'en manger souvent, mieux vaut la déguster dans cette ville

pollastre amb escamerlans
poulet aux crevettes, autre préparation amphibie

sarsuela (zarzuela)
fruits de mer cuits dans une sauce sofregit avec des condiments

suquet de peix
soupe de poisson, pommes de terre et tomates

Les mots suivants vous aideront à vous repérer dans les cartes de restaurant rédigées uniquement en catalan (leur équivalent en castillan est indiqué entre parenthèses).

ametller (almendra)	amande
anyell (cordero)	agneau (voir *xai*)
bacallà (bacalao)	morue
bou (buey)	bœuf
caldereta	fricassée de poisson et fruits de mer.
carxofe (alcachofa)	artichaut
castanya (castaña)	marron
ceba (cebolla)	oignon
costella (chuleta)	côtelette
cranc (cangrejo/centello)	crabe
entrepà (bocadillo)	petit sandwich
farcit (relleno)	farci
formatge (queso)	fromage
fredit (frito)	frit
gelat (helado)	glace
llagosta (langosta)	langouste
llenties (lentejas)	lentilles
llet (leche)	lait
llonganissa (longaniza)	saucisse de porc
oli (aceite)	huile
ostra	huître
ous (huevos)	œufs
pastís (pastel)	gâteau/tarte
pebrot (pimiento)	poivron
peix (pescado)	poisson
pernil de la comarca	jambon de campagne
pop (pulpo)	poulpe
rap (rape)	lotte
suquet	soupe de poisson
torrada (tostada)	tartine toastée
truita (tortilla)	omelette
xai	agneau

Cuisines étrangères

Barcelone ne rivalise pas avec New York, Sydney, Londres ou Paris ni par la qualité ni par la quantité, mais on y trouve un certain nombre de restaurants étrangers. Le quartier d'El Raval a vu s'ouvrir plusieurs restaurants pakistanais.

En revanche les emprunts aux cuisines du monde sont très présents avec la cuisine fusion, notamment bien représentée dans les endroits branchés.

BOISSONS
Boissons sans alcool

En général on peut boire de l'eau fraîche au robinet ou à la fontaine. Vérifiez tout de même que l'eau soit *potable*. Au restaurant, on demande une *aigua d'aixeta/agua de grifo*. Il existe aussi de nombreuses marques d'*aigua/agua mineral* (eau minérale), que ce soit *amb/con gas* (gazeuse) ou *sense/sin gas* (plate). Une bouteille d'eau de 1,5 litre coûte environ 0,50 € dans un supermarché, et 1,20 € au restaurant.

Café. L'espresso servi à Barcelone est très proche de celui que l'on peut boire à Paris. Le traditionnel café du petit déjeuner, le *cafè amb llet/café con leche*, contient moitié de lait chaud. Demandez un *grande* ou *doble* si vous voulez une grande tasse, ou *en got/en vaso* si vous en voulez un plus petit dans un verre, ou encore *sombra* si vous voulez beaucoup de lait. Un *café solo* est servi serré, mais le *café tallat/café cortado* se boit avec un nuage de lait. Pour un café glacé, demandez un *cafè amb gel/café con hielo ;* on vous apportera un verre de glace et une tasse de café chaud que vous verserez sur la glace, qui, étonnamment, ne fond pas complètement !

Thé. Comme ailleurs en Espagne, les Barcelonais préfèrent le café au thé. Vous trouverez néanmoins différentes sortes de thés et *infusiones de hierbas* (tisanes aux plantes). Les Espagnols laissent infuser longtemps le thé et, si vous souhaitez du lait, demandez-le séparément.

Boissons non alcoolisées. Il est courant à Barcelone de boire un *suc de taronja/zumo de naranja*, un jus d'orange fraîchement pressé et servi avec du sucre. Si vous souhaitez un jus de fruit frais pressé, demandez-le *natural*.

Entre autres *refrescs/refrescos* (boissons fraîches), on trouve toutes les marques internationales habituelles de boissons non alcoolisées. Le label espagnol Kas est très présent. Les *granissats/granizados* sont des sirops servis sur de la glace pilée, comme l'orangeade ou la citronnade.

Un *batido* est un lait aromatisé ou un milk shake. L'*orxata/horchata* est une spécialité de Valence. C'est un mélange de jus de *chufa* (lait de souchet), de sucre et de l'eau, ce qui lui donne un peu l'aspect du lait de soja avec un goût rappelant le sirop d'orgeat. Cette boisson peut être préparée à la demande ou servie en bouteille mais la consistance n'est pas la même. Si on ajoute une boule de glace au chocolat, cela donne un *cubanito*.

Boissons alcoolisées

Vin. Comme en France, le *vi/vino* accompagne presque tous les plats. Le vin espagnol a la réputation d'être fort, comme le soleil d'Espagne, ce qui n'est pas tout à fait vrai des vins catalans qui sont souvent plus légers et fruités que ceux provenant d'autres régions. On peut boire du vin *Blanc/blanco* (blanc), *negro/tinto* (rouge) ou *rosat/rosado* (rosé) sans se ruiner. Les vins de qualité atteignent néanmoins des prix respectables. Pour 3 €, vous aurez un cru honnête à condition de l'acheter dans un supermarché ou chez un marchand de vins. Dans les restaurants, on peut, en moyenne, avoir une bonne bouteille de vin pour 12 €. Les crus rares, les excellents vins sont bien sûr plus chers.

Les vins blancs catalans sont meilleurs que les rouges. La plus prestigieuse des boissons catalanes s'appelle le *cava*. Ce vin pétillant est le champagne de la Catalunya, obtenu selon la méthode champenoise d'une seconde fermentation en bouteille. La région du Penedès produit par exemple des vins rouges légers et doux tandis que ceux de la Terra Alta ou du priorat sont plus robustes avec un corps important. Parmi les vins blancs catalans, on en compte de nombreux légers et fruités comme les penedès ou tarragona mais les amateurs de blanc sec et corsé trouveront également leur compte. Le chapitre *Excursions* vous renseignera sur les principales régions viticoles catalanes (vins et cava) et sur les appellations contrôlées.

Vous pouvez commander du vin au verre (*copa*) dans les bars et les restaurants. On arrose couramment un déjeuner ou un dîner d'un petit (et quelquefois grand) *vi/vino de la casa* (cuvée du patron), servi au litre ou au demi-litre.

Chaînes de restauration

Il existe quelques enseignes locales où l'on vous servira rapidement un repas bon marché ou un en-cas correct. En voici quelques-unes :

Lizarran (carte 2, Carrer de Mallorca 257 et plusieurs autres adresses) est un lieu animé où les tapas sont très correctes.

FrescCo (carte 2, ☎ 93 301 68 37, Carrer de València 263. Autres adresses : Ronda universitat 29 et Diagonal 449) attire une clientèle qui apprécie son buffet à volonté proposant salades, soupes, pizzas, pâtes, fruits, glaces et boissons à 6,60 € le midi et 1395 le soir.

Bocatta propose des sandwiches "baguette" chauds ou froids avec toutes sortes de garnitures pour 2,20 à 4,20 €. Cette enseigne est très présente dans la vieille ville et ailleurs. Ces établissements ouvrent généralement tous les jours de 8h à 24h.

Pans & Company propose les mêmes produits à des tarifs similaires. Vous ne pourrez pas manquer ses succursales.

Il Caffè di Roma est spécialiste du café, italien, mais pas seulement. Le décor vert penche plutôt vers la réussite. Les différents cafés à travers la ville proposent une restauration rapide qui peut être pratique.

Bière. Si vous souhaitez boire une *cervesa/cerveza* (bière), demandez une *canya*, à savoir un verre de bière à la pression (*cervesa/cerveza de barril*). Pour un bock (environ 300 ml), utilisez le terme de *tubo* (c'est-à-dire un verre droit). Si vous vous contentez de dire simplement *cerveza*, on vous servira une bière en bouteille, facturée beaucoup plus cher que la bière à la pression. Une canette de bière se dit *flascó/botellín*. L'Estrella Damm, brassée localement, existe sous plusieurs variétés. La San Miguel, brassée à Lleida, dans l'Ouest de la Catalunya, est également très répandue. Chacune de ses deux brasseries

produit 15% des bières espagnoles. Les amateurs de panaché commandent une *clara*.

Autres boissons. Des pichets de *sangría*, un punch de vin et de fruits parfois arrosé de cognac, peuvent être posés sur les tables des restaurants. Cette boisson rafraîchissante se boit facilement et peut être traître ! Le *tinto de verano* est un mélange de vin et de Casera une marque de limonade, boisson courante en Espagne, mais moins à Barcelone.

Enfin, le *coñac* (cognac) français compte de nombreux amateurs. Les autres alcools haut de gamme, espagnols ou importés, ne font pas non plus défaut.

OÙ SE RESTAURER – PETITS BUDGETS

Malgré l'aspect forcément arbitraire de ce classement en catégories de budgets, nous citerons dans cette première gamme des établissements où vous pourrez vous restaurer à partir de 6 €, jusqu'à 12 €.

Manger des tapas ne coûte *a priori* pas cher, puisqu'on les déguste souvent dans des établissements sans prétention. On dépense 0,90 à 1,80 € par petite assiette. Mais la note peut grimper très vite ! A la quatrième ou cinquième, avec un verre ou deux de plus, vous aurez largement dépassé les 6 ou 9 €.

La Rambla

Un cadre élégant du début du siècle fait du *Cafè de l'Òpera (carte 6, ☎ 93 317 75 85, La Rambla 74)*, face à l'opéra Liceu, l'établissement le plus intéressant de La Rambla. Bruyant et animé le soir (voir le chapitre *Où sortir*), il se prête bien à un petit déjeuner tranquille avec café et croissants ou, option plus locale, un *xocolata amb xurros*.

Barri Gòtic

Le quartier regorge de petits restaurants et snacks de qualité, dont certains présentent un excellent rapport qualité/prix.

Pâtisseries. Les pâtisseries et/ou chocolateries, souvent associées à des salons de thé, abondent dans le secteur pour vous mettre l'eau à la bouche. Elles sont surtout nombreuses le long du Carrer et de la Baixada de la Llibreteria, au nord-est de la Plaça de Sant Jaume. Difficile de résister à la tentation à *Santa Calara (carte 6, Carrer de la Llibreteria 21)* ou à *La Colmena (carte 6)*, à l'angle de Baixada de la Llibreteria et de la Plaça de l'Angel.

La *Xocolateria La Xicra (carte 6, Plaça de Sant Josep Oriol 2)* sert d'excellents gâteaux, différentes variétés de cafés, thés et chocolats. Le chocolat chaud (1,50 €) est si épais qu'il est répertorié parmi les desserts sur la carte.

Enfin, à côté du marché de la Boqueria, avec sa magnifique façade toute en mosaïque, ne manquez pas *Escriba (carte 6, Rambla 83)*. A l'intérieur une statue de la Vierge veille sur ce temple moderniste de la pâtisserie et du chocolat. Le petit salon de thé ou les quelques tables en terrasse sont tout indiqués pour une pause gourmande.

Bar. *El Xampanyet (carte 6, ☎ 93 319 70 03, Carrer de Montcada 22)* compte parmi les bars à tapas incontournables de Barcelone dans son décor d'azulejos et de barriques. Ici tout est simple et convivial, et le cidre coule à flot. Parmi les tapas qui ont fait la renommée des lieux, la charcuterie, les tortillas, mais surtout les anchois servis avec une sauce qui est un secret maison. L'addition dépendra de votre faim et de votre soif. Fermé dimanche soir et lundi.

Restaurants. Le *Juicy Jones (carte 6, ☎ 93 302 43 30, Carrer del Cardenal Cassañas 7)* sert au comptoir ou dans la salle en sous-sol un menu végétarien unique à 7 € composé d'une soupe (savoureuse crème de tomate aux fèves et coriandre) et d'un copieux plateau comportant des légumes au curry de coco, du riz, des sauces, des herbes... Saveurs et fraîcheurs garanties dans un cadre haut en couleur avec tags et fleurs flashy. Vous pouvez aussi juste prendre un jus de fruit frais simple (1,95 €) ou à composer vous-même (jusqu'à 3,20 €).

La *Cereria (carte 6, ☎ 93 301 85 10, Baixada de Sant Miquel 3-5)* est une coopérative qui propose une cuisine végétarienne sympathique (tout comme le lieu et les gens qui le tiennent !) avec une mention spéciale pour les desserts, le tout à prix modiques. Les jus de fruits frais permettent également de faire le plein de vitamines. L'établissement ouvre de 9h à 22h.

Difficile de manquer La *Verónica (carte 6, ☎ 93 412 11 22, Carrer d'Avinyó 20 et une entrée sur la place George Orwell)*, avec son décor rouge et son puissant éclairage. Vous pourrez vous restaurer de bonnes pizzas à prix abordables, dans une atmosphère plutôt branchée. Au déjeuner, vous avez également l'option d'un menu à 6 €. Le restaurant ferme le lundi.

Un peu plus loin dans la même rue, les petites tables en marbre, les mobiles et les lampes colorées du *Venus Delicatessen (carte 6, ☎ 93 301 15 85, Carrer d'Avinyó 25)* invitent s'arrêter sur une carte appétissante d'assiettes plutôt internationales comme un chili con carne ou un couscous (végétal ou poulet) à 5,90 €, des épinards à la crème et aux raisins secs à 5,60 € ou encore un bon choix de salades à 4,50 €. Les gros appétits n'en resteront pas là et pourront par exemple prendre une part de cheesecake. Le restaurant ouvre du lundi au samedi.

El Raval

Des Australiens tiennent le *Bar Kasparo (carte 6, ☎ 93 302 20 72, Plaça de Vicenç Martorell 4)*, où l'on peut déguster des plats simples avec un petit accent de cuisine du monde comme le poulet à la sauce de soja, gingembre et coriandre ou d'excellentes salades et autres mets légers et diététiques. Parmi les plats du jour, la salade s'affiche à 4,80 €, la soupe à 2,80 €, la quiche et sa salade à 4 €. Spécialité sucrée de la maison le *pastel de zanahoria y nueces*, un gâteau aux carottes et aux noix, coûte 2,40 €. Un atout de choc : la terrasse ensoleillée sur la petite place piétonne.

Tout à fait dans le coup lui aussi, le petit *Bar Ra (carte 6, ☎ 93 301 41 63, Plaça de la Gardunya)* propose une carte riche en plats empruntés aux spécialités tant marocaines, grecques, chinoises que provenant d'autres horizons. La tendance végétarienne est néanmoins ponctuée çà et là de plats de viande. Les prix compétitifs (*menú del día* à 6 €), l'atmosphère résolument tendance et une terrasse qui peut être tout aussi solaire que le dieu égyptien sont des arguments pour les amateurs du genre. Le restaurant ouvre du lundi au samedi.

Juste derrière le marché de la Boqueria, *El Convent (carte 6, ☎ 93 302 31 12, Carrer de Jerusalem 3)* est installé dans une ancienne institution religieuse. Le menu à 5,80 €, dont l'*ensalada de arroz con gambitos* (salade de riz aux crevettes) constitue une entrée délicieuse, offre un bon rapport qualité/prix. A la carte, les escargots à la catalane (5,90 €), le gratin de morue avec une mousseline d'ail (9 €), le lapin sauté ou le sanglier sont autant de bons exemples d'une cuisine de terroir.

Sant Antoni

A Barcelone, le temple de l'*orxata* est l'*Horchatería Sirvent (carte 4, ☎ 93 441 27 20, Carrer del Parlament 56)*. C'est là qu'il faut la goûter si vous ne comptez pas prendre l'Euromed jusqu'à Valence, patrie d'origine de cette boisson. Vous pouvez la commander au verre ou en emporter une bouteille. L'établissement sert aussi des glaces, du *granissat* et du *turrón* (nougat). Il ferme le dimanche.

La Ribera

Les végétariens se dirigeront droit sur *Comme-Bio*, alias *La Botiga (carte 6, ☎ 93 319 89 68, Via Laietana 28)*, restaurant moderne de cuisine sans additifs ni produits chimiques, qui abrite aussi un magasin d'alimentation bio. Le savoureux menú à 6,80 € compte quatre plats dont une salade à composer soi-même au bar. La carte comporte un vaste choix : pizzas, crêpes diverses, assiettes composées à base de légumes, tofu ou riz, mais aussi du veau ou poulet bio autour de 6 €. Au dîner, le menu coûte 11,15 €. Une succursale de ce restaurant a ouvert Gran Via de les Corts Catalanes 603 (carte 5).

A l'heure du déjeuner, la salle du *Lluna Plena (carte 6, ☎ 93 310 54 29, Carrer de Montcada 2)* connaît un grand succès. Les habitués ont plébiscité cet excellent restaurant catalan et espagnol pour son menu de deux entrées, un plat, un dessert et vin à 6,30 € à savourer dans un décor agréable en brique sous un plafond voûté. Le Lluna Plena ferme le dimanche soir et le lundi.

De nombreux autres petits restaurants bon marché sont disséminés parmi les bars dans le quartier très à la mode du Born et de la Plaça de les Olles, à l'est de l'église Santa Maria del Mar.

L'Eixample

Pour prendre un peu de hauteur dans le centre de Barcelone, rien de tel que la cafétéria du neuvième étage du grand magasin *El Corte Inglés*, sur la Plaça de Catalunya (carte 5). Le self est tout à fait standard mais les prix sont raisonnables et la vue spectaculaire. Idéal pour un petit déjeuner.

Tapas, en-cas et café. Vous trouverez bon nombre de bars à tapas à la fois sélects et décontractés en bas du Passeig de Gràcia. A la fois cerveseria et boutique de vente à emporter, le très populaire *Quasi Queviures (Qu Qu, carte 2, ☎ 93 317 45 12, Passeig de Gràcia 24)* en propose un choix impressionnant comprenant saucisses, jambons, pâtés et poissons fumés. Beaucoup dépassent les 2,40 €, mais les portions sont correctes. La *Cerveseria Tapa Tapa (carte 2, ☎ 93 488 33 69 Passeig de Gràcia 44)*, à l'angle de Carrer del Consell de Cent, est un établissement très lumineux avec de grands volumes où les innombrables variétés de tapas et autres *entrepans* et *amanides* débutent à 1,50 €.

Restaurants. Le *Bar Estudiantil (carte 4, Plaça de la Universitat)* offre le choix entre divers plats composés : par exemple, poulet-frites-*berenjena* (aubergine) ou *botifarra* (sorte de boudin), haricots et poivrons rouges, à environ 3,60 €. L'établissement, qui reste ouvert tard dans la nuit, attire surtout des étudiants.

Tout ce que vous avez toujours voulu savoir sur les tapas...

L'origine des fameuses tapas espagnoles remonterait au siècle dernier en Andalousie où les cafetiers auraient pris l'habitude de couvrir ("*tapar*") les verres avec une tranche de pain et du fromage ou du jambon, ou encore une petite assiette d'olives afin de protéger le vin de la poussière et des mouches. Tout le monde y trouva son compte, le consommateur, qui comblait sa petite faim et ne s'enivrait pas trop vite, et les cafetiers, car les encas salés donnent soif... La tradition s'est installée et répandue dans toute l'Espagne. Depuis les établissements n'ont eu de cesse de rivaliser pour leurs tapas.

Bien plus que de simples amuse-gueules à consommer à l'apéritif, les tapas sont une institution et correspondent à un mode de vie – et surtout de convivialité – la plupart du temps autour du bar. On se retrouve de façon complètement informelle entre amis, entre copains ou bien on se réunit avec le projet de "*ir de tapeo*" (faire la tournée des tapas). Et il s'agit bien d'un rituel quotidien, ou presque, avant les repas mais qui peut aussi prendre lieu et place du repas lui-même avec l'avantage d'être souvent un peu plus économique (attention à cet aspect !) et surtout plus informel et chaleureux.

Pour savoir ce que vous pourrez déguster, il suffit souvent de jeter un coup d'œil derrière le comptoir où vous verrez alignés les petits plats en terre contenant les tapas froides d'où l'on vous servira une petite portion – ou, à votre demande, une *ración*, c'est-à-dire une portion plus importante. Un tableau des tapas du jour vous indiquera peut-être les préparations du jour, notamment en fonction des arrivages de fruits de mer et de poissons. Chaque région a plus ou moins ses spécialités mais il y a aussi des modes, celle qui prévaut aujourd'hui à Barcelone est celle des tapas dans le style basque avec les longs bars et leur montagne de *pinxos* et *montaditos* (petites tartines avec une multitude de garnitures munies d'une pique pour les attraper) tous plus appétissants les uns que les autres . Les tapas recouvrent tout de la portion d'un plat finement cuisiné, des fruits de mer les plus délicats à la plus dépouillée et néanmoins classique petite assiette d'olives, de jambon ou de fromage, sans oublier toutes les formes de tartines et sandwiches (*entrepans/bocadillos, torrade*s...). Bref, voici une liste des plus répandues :

albóndigas	boulettes de viande
anchoas	anchois
berberechos	coques
cigallas	langoustines
chipirones en su tinta	petits calmars cuits dans leur encre
croquetas	croquettes (de poulet, morue...)
esqueixada	salade catalane de morue avec tomate, oignons et poivrons
gambas	crevettes aillées
habas a la catalana	salade de fèves, oignons et botifarra
*mejillone*s	moules
tortilla	omelette à la pomme de terre
pà amb tomaquet	catalan, tartines à la tomate et à l'huile d'olive
patatas bravas	pommes de terre frites avec une sauce pimentée
pescado frito	friture : calamars, poulpe, anchois...
pimientos	petits poivrons verts généralement frits
pulpo a la gallega	poulpe à l'huile d'olive et au paprika

El Café de Internet (carte 2, ☎ 93 302 11 54, *Gran Via de les Corts Catalanes 656*) s'est donné une double mission : nourrir ses clients et leur permettre d'accéder à Internet. Avant, pendant ou après le repas, vous pouvez utiliser les terminaux installés à l'étage. Pour le déjeuner, le buffet à volonté du rez-de-chaussée coûte 7,20 €, boisson comprise.

Le **Restaurant Madrid Barcelona** *(carte 2, ☎ 93 215 70 27, Carrer d'Aragó 282)*, sert des plats d'une excellente cuisine du marché à moins de 6 €. Si vous y ajoutez le vin et un dessert, l'addition atteindra sans doute les 12 €. Commela foule s'y presse, de surprenants petits tabourets de carton sont installés à l'extérieur pour ceux qui attendent une table. En face, l'**Hostal de Rita** *(carte 2, ☎ 93 451 87 07, Carrer d'Aragó 279)* est tenu par les mêmes propriétaires. Préparez-vous également à patienter pour avoir une table où déguster le menú du déjeuner à 6 €.

Vila Olímpica

D'un rapport qualité/prix considéré comme l'un des meilleurs de la ville **Els pollos de Llul** *(carte 1, ☎ 93 221 32 06, Carrer Ramón Turró 13)* a fait du poulet sa grande spécialité. Aux allures de hangar et à l'ambiance plutôt bruyante et animée, on peut se restaurer de poulet grillé, de frites et de salades pour moins de 6 € le midi. C'est simple, bon et sympathique. Fort du succès de la formule, un tout nouvel établissement portant le même nom vient d'ouvrir à côté de la Sagrada Familia.

Autour de La Sagrada Família

Pour un repas gastronomique, choisissez un autre quartier, mais si la faim vous étreint pendant votre visite, accordez-vous une halte à **La Baguetina Catalana** *(carte 2)*, à l'angle de Carrer de Provença et de Carrer de Sardenya, qui vend de bons sandwiches-baguettes de 1,80 à 2,40 €, ou au **Celler del Trabucaire** *(carte 2, ☎ 93 245 71 89, Carrer de Mallorca 420)*, qui propose un assortiment appétissant de tapas et de raciones. Repérez la grande pancarte "La Casa del Jamón".

Sarrià

La meilleure adresse de Barcelone pour les *patatas bravas* (pommes de terre frites avec une sauce à la tomate relevée) est le **Bar Tomàs** *(carte 1, ☎ 93 203 10 77, Carrer Major de Sarrià 49, arrêt FGC Sarrià)*. Si ce bar ne paie pas de mine, vous ne pourrez cependant pas le manquer du fait du grand nombre d'aficionados qui s'y pressent pour savourer la spécialité, mais aussi bien sûr de nombreuses autres tapas. Attention, il ferme le mercredi.

Faire son marché

Le **Mercat de la Boqueria** *(carte 6)*, sur La Rambla, ouvre du lundi au samedi de 8h à 20h. Qualité et fraîcheur sont au rendez-vous. A La Ribera, le **Mercat de Santa Caterina** *(carte 6)*, qui a été provisoirement transféré Passeig de Lluís Companys, est un bon choix lui aussi. A Gràcia, le **marché couvert** *(carte 2)* est installé au niveau de Travessera de Gràcia 6.

OÙ SE RESTAURER – CATÉGORIE MOYENNE

Délier un peu plus les cordons de votre bourse revient à accroître considérablement l'éventail des possibilités. Les établissements recensés ici servent un dîner complet pour une note s'élevant de 12 à 21 €.

Barri Gòtic

L'**Irati** *(carte 6, ☎ 93 302 30 84, Carrer del Cardenal Cassañas 17)* est apprécié des amateurs de cuisine basque qui se régaleront d'un menu à 9 €. Mais le succès de ce long bar revient plus encore aux fameuses tapas basques *(pinxos)*, très en vogue. Les plateaux ne sont pas là que pour le plaisir des yeux mais, comme toujours avec ces petits délices, attention à l'addition ! Pour faire comme à San Sebastian, pensez à accompagner le tout d'un verre de txacolí (vin basque). L'établissement ferme le dimanche soir et le lundi.

Les Quinze Nits *(carte 6, ☎ 93 317 30 75, Plaça Reial 6)* est un bistrot à la fois chic et décontracté, avec une carte bien fournie de plats espagnols et catalans offrant notamment un bon choix d'*amanides* (salades) en entrée puis des spécialités d'*arroz* (riz) de qualité à des prix raisonnables. Comptez 15 € pour un repas accompagné de vin et suivi d'un café. Un seul problème : pour profiter des tables accueillantes et des confortables sièges en osier il faut souvent s'armer de patience.

El Taxidermista (carte 6, ☎ 93 412 45 36, Plaça Reial 8) est un nouvel établissement qui a ouvert dans les locaux de l'ancien musée des sciences naturelles. La cuisine à dominante méditerranéenne propose aussi bien des bricks de feta et de légumes , qu'un couscous d'agneau ou des tagliatelles au foie et aux champignons. Le menu à 7,20 € proposé au déjeuner est correct. Le soir, comptez plutôt sur 18 €. Le service s'arrête à 24h, mais on peut rester boire un verre jusqu'à 2h30. L'établissement ferme le lundi. Tout comme chez son voisin (et concurrent direct !) les Quinze Nits, on peut profiter de la belle terrasse chauffée en hiver.

A l'angle de Carrer dels Escudellers et du Passatge dels Escudellers, *La Fonda Escudellers (carte 6, ☎ 93 301 75 15)* est tenue par les mêmes patrons que Les Quinze Nits et l'on y sert aussi une cuisine traditionnelle catalane et espagnole. Outre le grand assortiment d'entrées chaudes ou froides, vous devrez choisir entre les viandes grillées ou en sauce et les poissons proposés dans de nombreuses déclinaisons. Le menu à 11,75 € est d'un excellent rapport qualité/prix. Un personnel efficace vous guidera vers l'un des trois étages et vous mangerez mieux que dans bien des restaurants de la ville, pourtant deux fois plus chers.

Le *Restaurant Pitarra (carte 6, ☎ 93 301 16 47, Carrer d'Avinyó 56)* sert des spécialités catalanes de qualité. La réputation de cette maison, grand classique de la gastronomie catalane populaire se maintient. C'est peut-être l'occasion de prendre la très classique salade catalane (crudités et charcuterie) pour 4,10 € La carte réserve, entre autres, une bonne place au gibier avec du sanglier (8,10 €) ou un civet de lièvre (7,20 €). Pour le plaisir d'une côte de veau aux morilles, il faut compter 11,40 €. Le restaurant est fermé le dimanche. L'établissement doit son nom au dramaturge Serafí Pitarra, qui habitait

cette maison à la fin du XIXe siècle.

Le *Café de l'Acadèmia (carte 6, ☎ 93 319 82 53, Carrer Lledó 1, plaça Sant Just)* fait partie des quelques restaurants un peu intimistes de la capitale catalane, même s'il attire beaucoup de monde (ce qui est le cas tous les soirs). L'éclairage tamisé, le confort du mobilier, la chaleur de la pierre et des poutres et la couleur des briques n'y sont pas étrangers. La carte est à l'avenant : les *amanides* (salades) sont aussi fraîches et bien présentées que variées et coûtent autour de 800 pats. La bacalao à la tomate confite est un régal pour lequel il faut débourser 10 €. La crème catalane est servie, comme il se doit, froide dedans et brûlante sur le dessus. Pour un repas de cette savoureuse cuisine méditerranéenne mâtinée de touches italiennes (le parmesan y est à l'honneur par exemple) il vous faudra compter au moins 18 €.

El Raval

Le renouveau urbain insuffle au quartier d'El Raval une vitalité que ne connaissait pas ce secteur jusqu'ici très pauvre du vieux Barcelone. Plusieurs lieux très séduisants ont fleuri ici, attirant une clientèle jeune.

Le *Salsitas (carte 6, ☎ 93 318 08 40, Carrer Nou de la Rambla 22)* fait un peu office de figure de proue dans le domaine de la "branchitude". Le restaurant ouvre le soir seulement (engagez-vous sous le porche, c'est au fond). La carte, résolument tournée vers les cuisines du monde, est renouvelée très fréquemment et défend la qualité de ses produits d'importation. Après le repas, poussez les tables et la grande salle blanche peuplée de piliers en forme de palmier devient un temple de la house et de la techno avec les meilleurs DJ de Barcelone, en alternance avec des soirées thématiques. Fermé dimanche et lundi.

Le *Rita Blue (carte 6, ☎ 93 412 34 38, Plaça de St Agustí 3)* est un agréable restaurant moderne à l'atmosphère new-yorkaise, mais vous ne serez pas seul et il vous faudra prendre votre mal en patience au bar. Le chef ajoute avec talent une touche exotique à sa cuisine méditerranéenne. Ainsi dégusterez-vous, par exemple, des *fajitas* mexicains au poulet tandoori. L'éclairage est parfait, le service efficace. Le repas vous reviendra à 18 € environ. L'établissement ouvre le midi et le soir toute la semaine, mais pour le dîner seulement le week-end.

Poble Sec

Le **Restaurant Elche** *(carte 7, ☎ 93 441 30 89, Carrer de Vila i Vilà 71)* vient de subir une rénovation complète pour permettre à sa clientèle de déguster dans des conditions optimales les meilleures paëllas de la ville concoctées selon les recettes traditionnelles, ou encore d'excellentes *fideuàs* (même chose que la paëlla, mais avec des pâtes à la place du riz). Attention les commandes sont pour deux personnes minimum ! Toutes sortes de variantes sont proposées à partir de 7,80 € par personne. Pour un repas, il faut envisager un budget de 18 €.

La Ribera

Le **Cal Pep** *(carte 6, ☎ 93 310 79 61, Plaça de les Olles 8)* compte comme une véritable institution gastronomique. Il vous faudra patienter avant d'avoir une place au bar ou dans la toute petite salle à manger du fond. Difficile de faire son choix entre la carte qui présente une succulente cuisine *marinera*, l'ardoise du jour avec quantité de fruits de mer et poissons selon les arrivages, les conseils des serveurs ou des habitués et tout ce que l'on voit passer sous nos yeux chipirons, anchois, calamars, gambas et autres petits piments frits... sans compter les multiples plats cuisinés. Des problèmes de cet ordre, on fait comme les habitants de Barcelone : on en redemande ! Vous goûterez un plus grand nombre de préparations en prenant des tapas mais vous pouvez aussi opter pour un repas plus classique avec entrées, plat et dessert. Il existe un menu à 21 €, boisson comprise. L'établissement ferme le dimanche, le lundi midi et les jours fériés.

Pour vous offrir un repas d'exception, à base de succulentes spécialités catalanes, optez pour le **Senyor Parellada** *(carte 6, ☎ 93 310 50 94, Carrer de l'Argenteria 37),* restaurant chic, mais décontracté, où il faut réserver pour le dîner. Le plat de résistance revient à 12 € environ. Débutez, par exemple, avec un *carpaccio de salmó* (fines tranches de saumon cru assaisonnées), suivi d'un *anec amb figues* (canard aux figues). Une des spécialités de la maison est d'avoir ressuscité d'anciennes recettes qui redonnent des lettres de noblesse au salé-sucré. Le restaurant est fermé le dimanche et les jours fériés.

Vous trouverez au **Centre Cultural Euskal Etxea** *(carte 6, ☎ 93 310 21 85, Placeta de Montcada 1)* un bar très agréable et convivial dans le style de ceux de San Sebastián. Là, vous arroserez vos tapas à la mode basco-navarraise (les fameux *pinxos*) de txacoli (vin pétillant basque). Si vous avez l'intention de consommer l'équivalent d'un vrai repas, préparez-vous à débourser 15 à 18 €. L'établissement est fermé le dimanche soir et le lundi.

La **Flauta Màgica** *(carte 6, ☎ 93 268 46 94, Carrer dels Banys Vells 18)* est un des rendez-vous de la cuisine issue de l'agriculture biologique (vous trouverez sur la carte quelques plats de viande) et végétarienne de la ville. Vous serez agréablement accueilli dans cet espace violet et orange pour goûter aux *brick de mango al curry* à 5,30 € et les *lasagnas de huerta* (du jardin) seront un choix sans risque. Ouvert uniquement le soir, la carte des plats du jour est concoctée selon l'inspiration. Comptez entre 15 et 18 € pour un repas complet.

Très apprécié des habitants du quartier, parce que conformément à son nom il offre un excellent rapport qualité/prix, le **Restaurant L'Econòmic** *(carte 6, ☎ 93 319 64 94, Plaça de Sant Agustí Vell 13)* propose un menu à 6,50 € pour le déjeuner avec par exemple une salade de tomate et de fromage, puis du poulet au citron ou de la butifarra. A la carte, les *habas a la catalana* (fèves à la catalane) s'affichent à 2,70 € et les *costillas de cordero* (côtes d'agneau) à 6,30 €; il existe aussi une formule à 18 €. Le restaurant est fermé le samedi et le dimanche.

Laissez-vous intriguer par le curieux petit salon qui donne sur la place et poussez la porte de **Coses de Menjar** *(carte 6, ☎ 93 310*

60 01, *Pla del Palau 7)*. Là vous découvrirez un endroit fort sympathique et une cuisine de marché moderne. Le vin est à l'honneur puisqu'un mur entier est couvert de casiers et la carte du restaurant n'est autre qu'une bouteille. Vous pouvez commencer votre repas par une soupe de petits pois aux fruits et poursuivre par un bar aux escargots, il vous en coûtera 16,25 €. Fort judicieuse, la formule du déjeuner, *plats de migdia*, offre le choix entre 5 entrées autour de 2,70 € et 4 plats autour de 4,20 €, ce qui rend tout à fait démocratique cette cuisine de qualité. Fermé le dimanche.

Enfin, petit havre de paix et de verdure, *El Hivernacle (carte 6, Passeig de Picasso, Ciutadella)* n'est sans doute pas une des meilleures tables gastronomiques de la ville mais la cuisine est honnête avec un menu à 16,60 € proposant par exemple une soupe de poissons, des côtelettes d'agneau et une crème catalane. C'est en tout cas une excellente option pour des snacks, des sandwiches (attention, en Espagne un *sandwich* se fait avec du pain toasté, la plupart du temps du pain de mie grillé) copieux (5,60 €) et des pâtisseries car le service est continu de 12h à 24h. Le cadre sous la verrière est exceptionnel. De mars à novembre, des concerts de jazz ont lieu tous les mercredis à 22h.

L'Eixample

Au tout début de ce quartier, à moins de cinq minutes de la plaça Catalunya, la *Casa Alfonso (carte 2, ☎ 93 301 97 83, Roger de Llúria 6)* compte parmi les adresses où l'on se dit qu'on aurait pu passer à côté de ça ! Le "ça" c'est tout simplement du jambon. La charcuterie fine est la spécialité de la maison, à déguster avec du *pa amb tomàquet* et autres tapas et *flautas* (ficelle) avec une bonne sélection de vins, notamment des penedès, à consommer au verre, en carafe ou à la bouteille dans un cadre chaleureux sous de hauts plafonds. Cela n'est pas spécialement bon marché (l'équivalent d'un vrai repas flirterait avec les 21 €), mais la visite est indispensable. Le restaurant ainsi que le comptoir de vente à emporter sont fermés le samedi et le dimanche.

Pour allier les nourritures spirituelles et terrestres dans un lieu d'exception, *Laie Libreria Café (carte 2, ☎ 93 302 73 10, Pau Claris 85)* est l'adresse idéale. A l'étage de la très belle librairie, dans trois salles sobres et conviviales (dont une belle verrière) le bon goût sera au rendez-vous. Au déjeuner le buffet à 12 € a fait ses preuves, mention spéciale aux salades. Le soir, vous avez le choix entre la carte et un menu dégustation à 15,50 €. La dominante est nettement catalane avec, par exemple plusieurs plats à la sauce romesco mais compte aussi des plats fusion comme le *couscous d'escalivada* (légumes typiquement catalans) au curry. Vous pouvez aussi à tout moment de la journée prendre un café, un encas ou des pâtisseries. Tous les dimanches, soirée "jazz a Laie" avec un menu cajun.

Le *Centro Asturiano (carte 2, ☎ 93 215 30 10, Passeig de Gràcia 78)* n'a pas pignon sur rue : il faut pénétrer sous le porche, prendre l'escalier dans la cour intérieure et monter au premier étage. Là vous découvrirez un formidable petit club qui ouvre ses portes à l'heure du déjeuner pour un solide *menú del día* à 9 €. Parmi les spécialités des Asturies, la traditionnelle *fabada* (sorte de cassoulet à base de haricots) contentera les gros appétits pour 11,40 € tandis que la non moins classique *bacalao al cabrales* coûte 7,50 €. Le patio intérieur à ciel ouvert offre un cadre agréable, mais on peut aussi manger à l'intérieur. Le restaurant est fermé le dimanche.

De nombreux élèves cuisiniers viennent apprendre le métier au *Restaurant de l'Escola de Restauració i Hostalatge (carte 2, ☎ 93 453 29 03, Muntaner 70-72)* et en général, ils l'apprennent bien ! Le menu du marché change tous les jours, selon les saisons et l'inspiration. A la carte, vous pourrez goûter de savoureux poireaux confits avec fèves et crevettes à 6,90 €. Les poissons varient entre 9 et 16 € tandis que les amateurs pourront se régaler d'un tournedos sur feuillage avec champignons et foie pour 15 €. Attention, le restaurant de l'école est fermé le samedi et le dimanche.

La *Cervecería catalana (carte 2, ☎ 93 216 03 68, Mallorca 236, presque à l'angle de la Rambla Catalunya)* c'est un peu la caverne d'Ali Baba des tapas, fritures fumantes extra fraîches sur le bar de gauche, déclinaison de classiques à en perdre son latin sur le bar de droite. Pour vous aider à faire votre budget, voici quelques exemples de prix : montadito jabugo (tranche de pain avec du jambon jabugo) à 1,20 €, thon à l'escabèche à 2,35 €, anchois à l'escalivada à 2,40 €, ou petits calamars à la romaine à 3,50 €. Les amateurs de produits de la mer accorderont une attention particulière à l'ardoise des montaditos du jour. Le décor n'a rien d'exceptionnel, le service, efficace, est assuré en continu tous les jours, ce qui laisse aussi la possibilité de venir en dehors des horaires des repas espagnols où l'affluence est un gage de qualité mais ne laisse pas facilement la possibilité d'approcher les bars.

En marge des modes, *Bauma (carte 2, ☎ 93 4569 05 66, Roger de Lluria, 124)* reste une valeur sûre et un véritable classique de la capitale catalane. Installé sur la grande banquette rouge, derrière la non moins grande baie vitrée de la partie moderne du café ou encore en terrasse, vous pourrez vous restaurer des différentes tapas, des *entrepans*, comme ceux aux anchois de l'Escala à 3 €, ou *torrades* (tartines de pain de campagne grillées), mais aussi de plats d'une cuisine simple (plats du jour autour de 5,40 €). Notre coup de cœur va aux *truitas* (omelettes) absolument hors pair, de la classique "pomme de terre et oignons" à de plus savantes, notamment celle d'asperges à l'ail doux (4,50 €). Fermé le samedi. Ce restaurant constitue un excellent choix pour le dimanche.

La Palmera (carte 2, ☎ 93 453 23 38, Enric Granados 57, à l'angle de Mallorca), est une adresse comme on les aime : accueillante, avec ses petites tables bistrot, ses murs en brique ou tapissés d'étagères de bouteilles de vin et qui met en avant ses bons produits avec son comptoir de vente. Le menu dégustation (10,25 €) se compose de 3 entrées et de 3 plats à choisir (difficilement !) parmi les 6 proposés dans chaque catégorie. Mention spéciale aux aubergines farcies et au croustillant de brandade de

morue. Parmi les choix à la carte, les salades tièdes dont celle d'asperges, de crevettes, jambon et parmesan (*tibia de esparragos...*) est un pur régal. Pour les vins, laissez-vous guider, il y a d'innombrables découvertes à explorer. Comptez 18 € pour un repas complet à la carte. Fermé le dimanche.

Gràcia

La *Taverna El Glop (carte 2, ☎ 93 213 70 58, Carrer de Sant Lluís 24)* est à recommander tout spécialement aux amateurs de *carnes a la brasa* (viandes grillées). Forte de son succès même si ce n'est plus une adresse dans l'air du temps, quatre nouveaux restaurants ont ouvert dans Barcelone sous la même enseigne avec la même carte. La *ración* d'agneau grillé, bien servie, coûte 8,40 €, le demi-lapin 6,50 € et la butifarra 4,10 €. La taverne propose également les traditionnels escargots à 8,40 €, des salades ou du poisson. Pour un repas avec boisson, comptez de 15 à 18 €. La taverne ferme le lundi.

La Singular (carte 2, ☎ 93 237 50 98, Carrer de Franciso Giner 50) propose de fantastiques salades (avec saumon, thon ou pâté) en plat unique. Ajoutez-y quelques tapas en apéritif, un café ensuite, et vous vous en sortirez pour 15 € par tête. Le restaurant est fermé le mercredi.

A deux pas de la trépidante plaça del Sol, situé au-dessus de la salle du célèbre théâtre, le *Bar-restaurant del Teatre Lliure (carte 2, ☎ 93 218 67 38, Carrer Montseny 47)* vous accueille chaleureusement avec une carte ou un menu à 13,70 €, que l'on peut composer d'un remarquable *tartar d'escalivada tebi amb una mousse de bacallà* : tartare de poivrons et d'aubergines grillés tièdes avec une mousse de morue délicieusement relevée d'anchois et d'olives, suivi par exemple de canard ou de morue et conclu en beauté par un traditionnel *mató* (fromage frais) accompagné non pas de miel mais d'une compote de pommes savamment caramélisées ou encore par un sorbet à la cannelle avec une crème de riz au lait. Dans son décor simple, cette salle aux beaux volumes avec son estrade et son balcon-terrasse est un lieu pas comme les autres. Elle reste incontournable

Belles brochettes à Los Caracoles

De l'écume à la mousse

Les Barcelonais aiment à picorer leurs tapas à même le comptoir

Dîner en terrasse est l'un des plaisirs incontournables à Barcelone

Jolie bouteille, sacrée bouteille…

Els Quatre Gats fut le fief des modernistas avant d'être celui de Picasso

Los Caracoles, un établissement qui a bien peu changé depuis son ouverture au XIXe siècle

pour les amateurs de théâtre qui verront les comédiens après les représentations. Fermé le lundi toute la journée, ouvert les mardi, mercredi, jeudi et vendredi pour le déjeuner et le dîner, le samedi pour le dîner, et dimanche soir uniquement en café.

La Barceloneta

Jouxtant le Palau de Mar, s'alignent une série de restaurants de spécialités de la mer al fresco. L'un des meilleurs est *La Gavina (carte 5, ☎ 93 221 05 95)*, où il faut compter 24 € par personne pour un repas accompagné de vin. Quand les chefs tiennent la forme, la *fideuá* est un délice. La magnifique terrasse sur le port sera peut-être un argument de taille pour y jeter son dévolu.

La Barceloneta compte quelques bons restaurants de poisson. La plupart, comme *El Rey de la Gamba (carte 5 ; ☎ 93 221 64 17, Passeig de Joan de Borbó 46)*, sont installés face à Port Vell, sur la route du bord de mer. En général, les plats de résistance valent de 6 à 12 €, IVA non comprise. Le *Puda Can Manel (carte 5, ☎ 93 221 50 13, Passeig de Joan de Borbó 60-61)* se détache du lot, avec une bonne paëlla à 8,40 €. La crema catalana servie au dessert manque un peu de goût. L'ensemble vous reviendra grosso modo à 21 € par personne. Le restaurant ferme le lundi.

Fondé en 1836, le *Restaurant Set (7) Portes (carte 6, ☎ 93 319 30 33, Passeig d'Isabel II 14)* est plus qu'un classique. La patine du temps est soulignée par les lambris qui tapissent les murs, la faïence, les miroirs et les plaques portant le nom des personnalités (Orson Welles, la Calas) qui se sont attablées ici. La paëlla (de 9,20 à 14,40 € pour celle de poissons et fruits de mer) est l'une des spécialités du lieu. Un repas composé par exemple d'une salade de fèves, suivi de côtelettes d'agneau et conclu par un *mel i mató*, arrosé d'un priorat, vin rouge corsé, vous reviendra à 24 € par personne.

Poble Sec

A proximité de la foire de Montjuïcet du marché aux fleurs, le *Funicular (carte 7, ☎ 93 325 85 38, carrer Vallhonrat 28)* est

une vraie *marisqueria* de quartier qui propose ses spécialités de fuits de mer et poissons que l'on peut déguster au format tapas ou *raciones*. L'*esquixada de bacalao* morue marinée à l'huile d'olive est comme il se doit bien relevée à l'ail (2,25/4,50 €). Le *pulpo a la gallega* (poulpe à l'huile et au paprika) est tout simplement un régal à accompagner de *pedrots* (petits poivrons verts frits). Le vin blanc de la *casa* est frais et fruité mais vous pouvez aussi choisir un verre de cava pour 2,10 €. Comptez 15 ou 18 € pour un repas complet où vous serez certain que simplicité, qualité et fraîcheur seront de la partie. Fermé le dimanche soir et le lundi.

OÙ SE RESTAURER – CATÉGORIE SUPÉRIEURE

Nous abordons dans cette rubrique des restaurants où un repas revient à s'alléger d'au moins 27 €. Dans certains cas, en composant avec une attention particulière aux prix, vous parviendrez à réduire un peu l'addition.

Barri Gòtic

Los Caracoles (carte 6, ☎ 93 302 31 85, Carrer dels Escudellers 14) fut d'abord une taverne au XIXᵉ siècle. C'est aujourd'hui l'un des restaurants les plus renommés de Barcelone, même s'il est vrai que l'on y croise plus de touristes que de vedettes, dont les photos tapissent les murs. Néanmoins, cette bonne table à l'atmosphère animée reste une excellente adresse, avec un large choix de poisson, fruits de mer, riz et viande. Les fèves à la catalane (6,60 €) ou les anchois de l'Escala (6,90 €) suivi d'un lapin grillé (9,60 €) ou d'un parmi les nombreux poissons puis d'une coupe glacée composeront un repas d'environ 30 €. Pour les amateurs ce restaurant est le mieux nommé pour goûter les escargots.

Dans l'élégant décor début de siècle d'*El Gran Café (carte 6, ☎ 93 318 79 86, Carrer d'Avinyó 9)*, la cuisine catalane parsemée de touches françaises est à l'honneur. En entrée, les épinards sautés avec des pignons et des raisons secs ou les légumes grillés sont des choix délibérément catalans

La bohème des Quatre Chats

L'aventure moderniste a touché tous les domaines de l'art catalan. Elle correspond à un véritable mouvement de pensée et reflète un état d'esprit qu'a parfaitement incarné le cabaret Els Quatre Gats.

Fortuné, le peintre Ramon Casas finance l'achat de la taverne Els Quatre Gats. C'est une maison moderniste, la première commande importante faite à Josep Puig i Cadafalch, dans le Carrer de Montsió. La gestion est confiée à Romeu, qui ouvre, le 12 juin 1897, une taverne-cabaret, (qui n'est pas sans rappeler le fameux cabaret du Chat noir à Montmartre) haut lieu de l'avant-garde moderniste. En catalan, l'expression Els Quatre Gats signifie "quelques rares personnes" (un peu comme "pas un chat"). En fait, ils sont "quatre chats", Casas, Rusiñol, Romeu et Utrillo, de bons peintres mais sans grande postérité, à organiser toutes sortes de manifestations culturelles. En 1900, le jeune Picasso, que l'on compte parmi les fidèles et reconnu par eux comme "un grand", y fait sa première exposition. Des compositeurs novateurs comme Isaac Albéniz et Enric Granados y donnent des concerts ; Romeu présente des spectacles d'ombres chinoises. De ces réunions naît l'idée de s'exprimer dans des revues au ton non conventionnel comme *Pèl y Ploma* (Papier et Crayon) qui publia un article sur Picasso en 1901.

MICK WELDON

Ce fut une période faste, mais de courte durée. En effet, Els Quatre Gats ferma en 1903. L'établissement fut ensuite racheté par un cercle artistique plus conservateur et subit quelques métamorphoses pour devenir ce qu'il est actuellement, un restaurant relativement cher, où l'on cultive un passé largement idéalisé. ***Els Quatre Gats*** (carte 6, ☎ 93 302 41 40, Carrer de Montsió 3 bis) propose des spécialités catalanes ; un repas coûte environ 30 €. Vous pouvez ne prendre qu'un verre, histoire de humer l'histoire et l'atmosphère. L'établissement ferme le dimanche midi.

pour 4,80 et 5,35 €. A la carte, un plat principal vaut de 7,20 à 21 €. Le restaurant spacieux avec ses deux étages, dont l'ambiance n'est pas sans rappeler certaines belles brasseries parisiennes, ferme le dimanche.

L'Eixample

Il serait dommage de passer à côté du ***Tragaluz*** (carte 2, ☎ 93 487 01 96, Passatge de la Concepció 5), alors engagez-vous bien dans le passage qui donne dans le passeig de Graciá presque en face de la Pedrera. Au rez-de-chaussée, on sert de très

bons snacks autour de 6 € (salades, risotto...). Le restaurant, plutôt tendance, se situe à l'étage dans un décor exceptionnel, design et chaleureux tout à la fois, sous une magnifique verrière (d'où son nom : littéralement "l'avale-lumière"). La carte, variée, propose un carpaccio de bœuf avec mousse de foie gras, de nombreux poissons et des plats diététiques. Vin compris, l'addition s'élève à 30 € environ à moins que vous vous réserviez pour le menu dégustation qui revient à 45 €. Les succulents desserts valent à eux seuls le déplacement : que diriez-vous d'une tarte aux pommes avec boule de glace à la confiture de lait ou encore d'un crocantis de fromage blanc et compote de tomate ? Juste en face, *El Japonés* est l'annexe japonaise du Tragaluz, version décor zen.

Dans un style résolument plus classique, le *Gargantúa i Pantagruel (carte 4, ☎ 93 453 20 20, Carrer d'Aragó 214)* sert une cuisine catalane du terroir de qualité dans des salles distribuées en petits salons en sous-sol. La viande est grillée devant vous sur une immense parillada circulaire. On vous proposera un vrai menu gastronomique à 31,60 € qui compte deux entrées, un poisson, une viande et dessert. Si vous composez votre repas à la carte (en fait aux cartes puisqu'il y a une carte de "toujours" et une carte de saison), il pourra vous en coûter 24 €. Fermé le dimanche soir.

En plus de compter parmi les bonnes tables de la ville, la *Casa Calvet (carte 2, ☎ 93 413 40 12, Casp 48)* est un lieu tout à fait exceptionnel : le restaurant occupe un ancien magasin conçu et décoré par Gaudí. Plaisir d'une cuisine méditerranéenne d'une grande créativité dans l'assiette mêlé à celui incomparable de cette proximité du génie du maître moderniste. Comptez 30 € pour le prix moyen d'un repas. Fermé le dimanche.

Réputé être une véritable oasis de paix, le *Restaurant Roig Robí (carte 2, ☎ 93 218 92 22, Carrer de Seneca 20)* compte parmi les lieux les plus sélects de la ville. Demandez une table près de la baie vitrée ou, l'été, dans la cour intérieure. Les *mandonguilles de merluza amb bolets i sipia* (boulettes de viande et de morue aux champignons et à la seiche) sont un délice. Un repas complet vous reviendra, au bas mot, à 42 €.

Gràcia

Le *Botafumeiro (carte 2, ☎ 93 218 42 30, Carrer Gran de Gràcia 81)* serait, selon certains, le restaurant qui servirait les meilleurs fruits de mer de la ville. Espérons-le, car ce plaisir vous coûtera au moins 48 € par personne ! L'un des points forts pour les visiteurs fortunés, amateurs de poissons et de crustacés, est le service continu de 13h à 24h.

Bien plus modeste, et néanmoins grand classique de la cuisine catalane à Barcelone (goûtez la *botifarra amb mongetes*, boudin aux haricots blancs frits), le *Cal Juanito (carte 2, ☎ 93 213 30 43, Carrer de Ramon i Cajal 3)* est un lieu où l'on se sent bien. Dans ce décor de céramiques, poutres en bois et murs couverts d'assiettes signées par des personnalités qui se sont un jour attablées ici, vous mangerez pour 27 €, tous les jours sauf le dimanche soir et le lundi.

La Barceloneta

Si vous avez envie de vivre un grand moment de gastronomie, choisissez le *Can Solé (carte 5, ☎ 93 221 50 12, Carrer de Sant Carles 4)*. La cuisine traditionnelle met en valeur les excellents produits de la mer, les desserts, comme le *puding de naranja* (gâteau à l'orange), méritent qu'on leur garde une petite place et les serveurs sont aux petits soins. Vous débourserez environ 30 € pour un repas, le *suquet de pescadores* (sorte de bouillabaisse) vaut 23,40 €. Le restaurant ferme le dimanche soir et le lundi.

Au bout du Port Vell, le *Barceloneta (carte 5, ☎ 93 221 21 11, L'escar, 22 au bout du Moll dels Pescadors)* est installé dans le même bâtiment très récent que la marina Port Vell. La taille de l'établissement, s'étirant à l'étage tout le long d'une grande baie vitrée donnant sur le port, est impressionnante et l'activité incessante pendant le service. Les Barcelonais ont adopté ce restaurant proposant la classique gastronomie catalane de la mer pour une addition flirtant avec les 30 €. Clovisses, palourdes, langoustines et praires sont au rendez-vous. Les gambas grillées dont la chair reste ferme et légèrement transparente après la cuisson savamment dosée vous laisseront un souvenir savoureux pour 21 € ; comptez 42 € pour un homard. En partant, avant de redescendre l'escalier, prenez le temps de jeter un œil sur la magnifique et immaculée cuisine offerte au regard.

Agua (carte 1, ☎ 93 225 12 72, Passeig Maritim 30) est une alchimie très réussie. Celle d'un site d'exception (la plage de la

Barceloneta et ses palmiers), d'une cuisine très agréable (bases classiques plutôt tournées vers la mer à côté d'une bonne place faite aux plats végétariens, toute similitude avec le Tragaluz ne serait pas fortuite car les deux restaurants appartiennent au même groupe) et d'une déco jouant sur les matières (bois massif, vaisselle en terre émaillée bleu et jaune…) et la sculpture. Bref, le lieu est tendance et très couru tout en restant convivial. En arrivant faites-vous le plaisir des succulents petits beignets d'artichauts *(alcachofas)* surtout si vous commandez les spécialités de riz (autour de 10,80 €) pour lesquelles on vous demandera une attente d'une bonne vingtaine de minutes avant qu'elles n'arrivent toute fumantes et copieuses dans leur cassolette. Un repas complet revient à 24 €. Fermé le dimanche soir.

Poble Nou

Installé sur une petite place de Poble Nou, encore entouré de maisons de pêcheurs, le *Restaurant Els Pescadors (carte 1, ☎ 93 225 20 18 , Plaça de Prim 1)* est recommandé aux amateurs de poisson et de crustacés. Le menu de la mer est excellent et les gourmets viennent de loin pour dîner dans cet établissement, malgré l'environnement pourtant peu attrayant de cette partie post-industrielle de la ville. L'addition pour un repas complet s'élève environ à 27 €.

Sarrià

El Vell Sarrià (carte 1, ☎ 93 205 45 41, Major de Sarrià 93) a tout le charme des maisons du XVIIIe siècle de ce village de Sarrià quand il n'était pas encore le quartier résidentiel de Barcelone qu'il est aujourd'hui. Dans une ambiance de type auberge (mais pas espagnole du tout, ici la carte est en catalan !) avec poutres et cheminée, azulejos en prime au rez-de-chaussée, on vous servira une cuisine classique *mar i muntanya* où poissons et viandes sont aussi bien représentés. L'*amanida tebie de bolets* est un mélange de champignons servis légèrement croquants (dont les fameux rossinyols) sur un lit de foie. Attention les sept variétés de riz (de 10,20 à 11,70 €) de la carte sont servies pour deux personnes minimum. Le budget moyen à prévoir pour un repas tourne autour de 27 €.

Où sortir

Pour être au fait de ce qui se passe à Barcelone, achetez le *Guía del Ocio* (0,75 €), journal local qui recense les événements de la semaine. Il n'est certes pas exhaustif, mais représente néanmoins un bon point de départ.

D'autres publications, gratuites ou non, distribuées dans certains bars, vous en diront plus sur les bars et clubs branchés de Barcelone. Parmi elles, citons *Micro* et *Go Barcelona*, tous deux bien plus instructifs que le *Guía del Ocio* quant aux boîtes de nuit et aux concerts.

BARS

On pourrait consacrer tout un ouvrage aux cafés et bars de Barcelone. Caves aux murs lambrissés, grandes terrasses donnant sur la mer ou cafés branchés dessinés par les designers en vogue. Barcelone abrite tous les établissements possibles et imaginables. Et chacun est unique. Certains font très couleur locale, d'autres sont envahis de touristes. Ici, c'est le quartier général des étudiants, là celui des gens bon chic bon genre. Les uns proposent de la bonne musique, les autres offrent un lieu idéal pour converser tranquillement.

L'animation bat généralement son plein entre 23h et 2 ou 3h du matin, en particulier du jeudi au samedi. Et chacun aura tôt fait de découvrir son (ses) café(s) du coin favori(s). Selon l'endroit et l'heure, les prix varient, une bière peut coûter jusqu'à 3 €, un cocktail, 2,40 € au minimum.

La Rambla

En face de l'opéra de Liceu, le ***Cafè de l'Òpera*** *(carte 6 ; La Rambla 74)* est l'établissement le plus chic et le plus animé d'une artère où le mauvais goût prédomine. Fondé en 1876, il fait partie des incontournables de Barcelone depuis 1929. C'est le lieu idéal pour prendre un verre le soir avant de passer aux choses sérieuses. Reportez-vous au chapitre *Où se restaurer* pour plus de détails.

Plaça de Catalunya

Sur la place, le ***Café Zurich*** *(carte 6, tél. 93 317 91 53, Carrer de Pelai 39)* a ressuscité après des années de fermeture. Ce café à l'ancienne, formidable pour venir lire son journal le matin ou pour se donner un rendez-vous, est un peu plus cher que la moyenne.

Barri Gòtic

Petit bistrot plein de cachet, le ***Bar del Pi*** *(carte 6 ; Plaça de Sant Josep Oriol)* attire une clientèle locale variée. Allez y siroter un apéritif en début de soirée en terrasse, sur l'une des plus jolies places du Barri Gòtic.

Le ***Bar Pilarica*** *(carte 6 ; Carrer de la Dagueria 26)* est sans doute le plus petit bar de Barcelone, mais il serait dommage de le bouder. Entrez, ne serait-ce que pour boire un verre en passant.

Dans le magnifique palais qui abrite le musée Tèxtil, vous pourrez vous soustraire à l'agitation de la rue au ***Tèxtil Cafè*** *(carte 6, tél. 93 268 25 98, Carrer Montcada 22)*. C'est le lieu rêvé pour prendre un petit déjeuner, un repas léger ou un verre tout en goûtant la fraîcheur de la pierre dans le patio gothique. Fermé le lundi.

Au ***B.O.2*** *(carte 6 ; ☎ 93 317 02 66, Carrer de Sant Domènec del Call 14)*, il flotte une odeur de drogue à couper au couteau. Pourtant, si vous avez envie de boire une bière en visionnant de vieux concerts de rock, ce petit bar vous accueillera dans un cadre agréable jusqu'à 3h du matin. Très différent, ouvert lui aussi jusqu'à 3h, mais seulement du mercredi au samedi, le ***Paradise*** *(carte 6 ; Carrer del Paradis)* privilégie le reggae.

Le soir, le ***Glaciar*** *(carte 6 ; ☎ 93 302 11 63, Plaça Reial 3)* se remplit de jeunes, étrangers et Barcelonais, et ne ferme qu'à 2h ou 3h. A l'angle opposé de la place, le ***Bar Reixas*** *(carte 6)* est moins chic, mais tout aussi apprécié. Vous pouvez aussi vous désaltérer à prix modiques juste à côté, au *Restaurante Senshe Tawakal (carte 6)* ; reportez-vous au chapitre *Où se restaurer.*

Le minuscule *Bar Malpaso (carte 6 ; Carrer d'En Rauric 20)*, tout près de la Plaça Reial, attire dès la nuit tombée une foule jeune et décontractée. On y passe généralement de la musique latino et africaine, mais il arrive que les DJs choisissent un thème musical et il faut alors plus de temps pour chauffer la salle. Autre lieu prisé, tout aussi peu éclairé, le *Schilling (carte 6 ; ☎ 93 317 67 87, Carrer de Ferran 23)* bénéficie d'une clientèle composite, en partie gay. Dans ces deux établissements, comptez 4,20 € pour un cocktail.

Le *Al Limón Negro (carte 6 ; Carrer dels Escudellers Blancs 3)* ne cesse de changer de décor, mais il reste un lieu décontracté pour boire quelques verres jusque tard dans la nuit.

Plus près du front de mer, le *Shanghai (carte 6 ; Carrer de N'Aglá 9)* est bruyant, mais confortable pour boire une bière... ou du saké.

Ambiance sénégalaise au *Thiossan (carte 6 ; Carrer del Vidre 3)*, où vous pourrez manger un morceau ou vous détendre en écoutant des rythmes africains tout en laissant la bière faire son œuvre.

Le *Zoo (carte 6 ; ☎ 93 302 77 28, Carrer dels Escudellers 33)* est une petite oasis pleine d'animation au cœur du Barri Gòtic. La *sangría* qui coule à flots est surtout destinée aux touristes, mais la clientèle compte également quelques Barcelonais. A l'arrière, un intéressant petit restaurant vous accueillera si la faim l'emporte sur la soif.

Le *Dot (carte 6 ; Carrer Nou de Sant Francesc 7)* compte parmi les établissements les plus branchés de cette partie de la ville. Ouvert jusqu'à 3h du matin, un peu plus tard les vendredi et samedi, il propose chaque soir un thème musical différent : "space funk" le vendredi, "drum 'n' bass" le samedi, simple musique d'ambiance le dimanche.

A l'angle de Carrer d'Avinyó et de Carrer de Milans, vient de s'ouvrir un *bar* assez branché destiné aux amoureux du style grunge. Quelques pas en direction de l'ouest vous mèneront sur la Plaça de George

Orwell, entourée de petits bars qui donnent le meilleur d'eux-mêmes l'été, lorsque les terrasses entrent en action.

Le *Parnasse (carte 6 ; ☎ 93 310 12 47, Carrer d'En Gignàs 21)* est perdu dans l'une des venelles qui entourent la poste centrale. Le choix des boissons, immense, va du pur malt aux "Screaming Orgasms".

Le *Bar Center Point (carte 6 ; ☎ 619 35 39 45, Passeig de Colom 11)* est un drôle de petit bar situé près du vieux port et ouvert jusqu'à 3h du matin en semaine, 6h les vendredi et samedi. Un DJ officie quelquefois et il arrive que la soirée se prolonge jusque bien après le lever du soleil.

Si vous avez besoin d'un coup de fouet pour démarrer la journée tôt le matin (ou d'un dernier verre avant d'aller vous coucher), entrez au *Bar Los de Extremadura (carte 6 ; Carrer Ample 51)* qui présente un seul avantage : ouvrir dès 6h le matin.

El Raval

Ce quartier conserve plusieurs cafés aux allures de bars à matelots : sombres, lambrissés et dépouillés, avec pour seul décor le miroir placé derrière le bar et où se reflètent quantité de bouteilles de toutes sortes. Ces anciens lieux de débauche et de beuveries attirent désormais une clientèle bohème qui apprécie ce cadre pittoresque.

A quelques pas de là, aux alentours de La Rambla, tout est différent. En passant devant le *Boadas (carte 6 ; ☎ 93 318 88 26, Carrer dels Tallers 1)*, il est peu probable que vous ayez l'idée de pousser la porte. Faites-le : à l'intérieur, vous découvrirez l'un des meilleurs et des plus anciens bars à cocktails de la ville. Les serveurs en nœud papillon qui s'activent en ce lieu servent des martinis dry et autres poisons depuis 1933. Joan Miró, entre autres, fréquentait l'établissement. La consommation s'élève à 4,20 € environ.

Rien de comparable à *L'Ovella Negra (carte 6 ; ☎ 93 317 10 87, Carrer de les Sitges 5)*, ou The Black Sheep pour les anglophones. Animée, voire bruyante, cette taverne aux allures de hangar accueille une foule jeune venue jouer au billard ou au futbolín (baby-foot).

A ne pas manquer, le *Bar Marsella (carte 6 ; Carrer de Sant Pau 65)* a ouvert ses portes en 1820 et se spécialise encore dans l'absenta (absinthe), boisson devenue introuvable en raison de ses propriétés supposées narcotiques. Le verre d'absinthe est servi avec un morceau de sucre, une fourchette et une petite bouteille d'eau minérale. Posez le sucre sur la fourchette, que vous tenez au-dessus du verre, et versez doucement l'eau sur le sucre. Celui-ci se dissout peu à peu dans l'absinthe, qui devient jaune. Résultat : une sensation de douce chaleur en vous et une atmosphère joviale dans l'établissement... Le week-end, l'endroit est bondé.

Non loin, *The Quiet Man (carte 6 ; ☎ 93 412 12 19, Carrer del Marquès de Barberà 11)* est un pub irlandais décontracté où se côtoient touristes et Barcelonais. Certains soirs, des musiciens se produisent. Autre établissement irlandais en ville, le *Shamrock (carte 4, ☎ 93 412 46 36, Carrer dels Tallers 72)*.

Ne manquez pas de faire un tour à la *Casa Almirall (carte 6 ; Carrer de Joaquim Costa 33)*, présent depuis les années 1860. Ce bar étrange et sombre (il l'est un peu moins depuis sa rénovation, début 2000) de style moderniste, attire une clientèle composite. C'est l'un des lieux les plus animés de Barcelone. Jetez un coup d'œil au *Granja de Gavà (carte 6 ; Carrer de Joaquim Costa 37)* pour découvrir la gigantesque statue d'une grosse dame tenant une banane. C'est dans cette ancienne bodega (cave à vin) transformée en petit bar décontracté, qu'est né l'écrivain barcelonais Terenci Moix en 1942. Juste à côté, le *Benidorm (carte 6 ; Carrer de Joaquim Costa 39)* donne l'impression de se trouver replongé dans les années 70. Une boule miroir suspendue au plafond projette des éclairs sur les murs rouges d'une salle qui pourrait être le salon d'un particulier. L'établissement passe de la bonne musique qui attire un mélange d'étrangers et d'étudiants d'une école de journalisme toute proche. Il ferme vers 2h30 du matin.

Le *Café Que Pone Muebles Navarro (carte 6 ; ☎ 907 18 80 96, Carrer de la Riera Alta 4-6)* abrite une galerie d'art, un salon et un bar où l'on déguste un succulent cheese-cake. Artistes, étudiants et jeunes branchés s'y retrouvent jusqu'à minuit, voire plus (fermé le lundi). Chose étonnante, le nom de l'établissement signifie : "café dont l'enseigne indique meubles navarrais".

Le *Salsitas (carte 6 ; ☎ 93 318 08 40, Carrer Nou de la Rambla 22)* — voir aussi Où se restaurer — est plus qu'un restaurant : un DJ le transforme chaque soir en bar à musique jusqu'à 3h du matin. L'atmosphère est un peu kitsch, mais l'établissement est ouvert à tous.

Le *Bar Pastís (carte 6 ; ☎ 93 318 79 80, Carrer de Santa Mònica 4)* est un vieux bistrot minuscule aux allures de cabaret français (les chansons de Piaf passent en musique de fond). Créé à la fin de la Seconde Guerre mondiale, il a connu des hauts et des bas. Le mardi soir est dédié au tango : arrivez avant 21h pour avoir des chances d'être assis, d'approcher du bar ou au moins de profiter de l'ambiance.

Si vous avez encore soif vers 2h30, lorsque tout est fermé ou presque, et que vous ne voulez pas aller dans une boîte ou une discothèque, le meilleur choix reste l'incontournable *London Bar (carte 6 ; ☎ 93 318 52 61, Carrer Nou de la Rambla 36)*. Fermé le dimanche, il ouvre jusqu'à 5h du matin les autres jours. Il propose parfois des concerts ; la bière en bouteille coûte environ 3 €. Ce grand classique du barri (quartier) existe depuis 1909. S'il fut d'abord le rendez-vous des gens du cirque, il doit sa renommée à des clients aussi illustres que Picasso, Miró ou Hemingway, venus chercher là un peu de couleur locale.

Tout en longueur, le *Kentucky (carte 6 ; Carrer de l'Arc del Teatre)*, un bar américain, attire toutes sortes de Barcelonais qui se mêlent à quelques rares touristes. La bière est à 1,80 €. Ringard à souhait et toujours comble !

Pas encore satisfait ? Ou envie d'un dernier verre après une nuit en boîte ? Rendez-vous au *Bar Aurora (carte 6 ; ☎ 93 442 30 44, Carrer de l'Aurora 7)*, qui commence à accueillir ses fidèles dès 6h du matin le week-end.

La Ribera

A côté, la magnificence baroque du *Palau de Dalmases (carte 6 ; Carrer de Montcada 20)* n'a d'égal que son luxueux intérieur à la Peter Greenaway. Vous serez presque tenté de vous coiffer d'une perruque poudrée pour siroter votre cocktail. Le jeudi soir, des musiciens jouent de la musique classique en fond. Seul point noir : les prix ! Un verre de vin très quelconque vous coûtera 6 € (le cocktail est à 9 €).

El Nus (carte 6 ; Carrer dels Mirallers 5), petit bar sombre et chic situé dans les vieilles ruelles proches de l'Església de Santa Maria del Mar, est tapissé de portraits de son propriétaire, qui a le physique d'un Maharishi. Il est parfait pour prendre un verre au calme après dîner.

Le Passeig del Born, qui relie l'Església de Santa Maria del Mar et l'ancien marché d'El Born, et ses alentours, comporte une multitude de bars. Pour les cocktails, essayez *El Copetín (carte 6 ; Passeig del Born 19)*. Pour la bière, choisissez le *Miramelindo (carte 6 ; Passeig del Born 15)*, une spacieuse taverne où l'on peut discuter (et même s'entendre) autour d'un verre.

Il est très agréable de siroter du vin en grignotant quelques en-cas, installé à une petite table à la lueur d'une bougie, sous les voûtes de briques de *La Tinaja (carte 6 ; Carrer de l'Esparteria 9)*. Cet entrepôt reconverti est ouvert tous les jours de 17h à 2h.

Le Mudanzas (carte 6 ; Carrer de la Vidrieria 15) occupe un bâtiment plus ancien encore. Ce petit bar très populaire offre souvent de la musique live. A quelques pas, la Plaça de les Olles est une charmante place ombragée, parfaite en été lorsque les cafés sortent leurs tables.

Tout proche, le bar à vin *La Vinya del Senyor (carte 6 ; Plaça de Santa Maria del Mar)* occupe une place à part. Venez là pour goûter un bon choix de vins et de cavas, accompagnés de tapas tout aussi simples que délicieuses.

Difficile de faire entrer l'*Abaixadors 10 (carte 6 ; Carrer dels Abaixadors 10)* dans une catégorie. Vous montez l'escalier et débouchez sur une salle divisée en plusieurs espaces : un bar-théâtre à peine éclairé, où vous écouterez de la bonne musique jusqu'à 3h30 du matin, et un bar plus lumineux associé à un restaurant. Jadis, l'endroit était consacré à la danse. L'établissement ouvre du mercredi au dimanche et son principal défaut réside dans l'entrée payante pouvant aller jusqu'à 6 € (consommation comprise).

En poursuivant vers le nord après le Passeig del Born, rien n'incite à s'engager dans le Carrer del Rec. N'hésitez pas à le faire cependant : vous découvrirez le *Borneo (carte 6 ; Carrer del Rec 49)*, un bar aux larges baies donnant sur la rue, puis le *Gimlet (carte 6 ; Carrer del Rec 24)*, un peu plus haut, en face, dont les cocktails valent le détour (comme dans bien d'autres bars, ils coûtent environ 4,50 €).

Plus près du Parc de la Ciutadella, le *Suborn (carte 6 ; ☎ 93 310 11 10, Carrer de la Ribera 18)* ne se cantonne pas dans une activité unique. Restaurant à la cuisine originale en début de soirée, il se transforme ensuite en petit bar très branché où l'on danse sur des rythmes sélectionnés par le DJ placé aux commandes. L'établissement reste ouvert jusqu'à 2h30 au minimum, sauf le lundi, jour de fermeture.

Tibidabo

Arrêtez-vous Plaça del Doctor Andreu, au pied du funiculaire de Tibidabo, avant de monter ou en redescendant de Tibidabo, et attablez-vous au *Mirablau* ou au *Mirabé* voisin *(carte 1)*. C'est depuis l'un de ces deux bars que vous aurez assurément une des plus belles vues sur la ville, de jour comme de nuit.

Les plages et Port Olímpic

Chaque plage possède son (ou ses) *chiringuito*, une petite échoppe qui vend des boissons, des glaces, et parfois même des en-cas, et ferme vers 20h. L'un des plus en vogue du moment, que l'on appelle, semble-t-il, le *DJ Zone* (mais aucune enseigne ne l'atteste), occupe l'extrémité sud de la Platja de Mar Bella (carte 1).

Le port de plaisance Port Olímpic est jalonné de bars et de discothèques qui ont tous leurs tables à l'extérieur. Certains passent de la bonne musique. Malheureusement, le quartier reste artificiel et touristique.

L'Eixample

Il est clair que ce domaine du XIXe siècle que constitue l'Eixample se prête peu à la vie nocturne. Une ou deux exceptions viennent cependant confirmer la règle.

La Bodegueta (carte 2 ; Rambla de Catalunya 100) est un bar à vins typique. Bouteilles et fûts s'alignent le long des murs et des tabourets de bois entourent les tables de marbre.

Création design, *La Fira (carte 2 ; Carrer de Provença 171)* possède un indéniable cachet. L'accès se fait par un couloir tapissé de miroirs déformants, qui débouche sur une salle aux allures de grand bazar. L'établissement fait très kitsch, mais l'ambiance est sympathique.

Gràcia

Citons avant tout deux bars très animés de Gràcia : le *Café del Sol (carte 2 ; ☎ 93 415 56 63, Plaça del Sol 16)* et le *Mirasol (carte 2 ; ☎ 93 238 01 13, Plaça del Sol 4)*. Le premier, qui accueille une clientèle plutôt bohème, sert des tapas à déguster de préférence en terrasse. Les tables à l'extérieur doivent être libérées à 2h du matin, mais vous pourrez rester encore une heure à l'intérieur. Tout près de la place, *La Ñola (carte 2 ; Carrer del Planeta 39)* est un autre bar de quartier très vivant.

Le plus grand café de la Plaça de Rius i Taulet, le *Bar Chirito de Oro (carte 2)*, est très plaisant.

Le *Café Salambó (carte 2 ; Carrer de Torrijos 51)* est conçu comme un bar de village, avec bancs et tables basses. On joue au billard au premier étage et l'on peut manger : le menu, composé de trois plats, coûte 6,90 €.

Plus haut sur la colline, vers l'angle de Carrer de Torrijos et Carrer de la Perla, les *bars* et *cafés* sont tous aussi engageants les uns que les autres. A une rue de là, côté nord, le *Café la Virreina (carte 2 ; ☎ 93 237 98 80, Plaça de la Virreina)* attire une clientèle de tous âges avec sa musique rock

des années 70, ses *bocadillos* (petits pains fourrés) tout chauds et ses tables installées à l'ombre des grands arbres de la place.

A l'ouest de Gràcia/Avinguda Diagonal

Les alentours de Carrer de Marià Cubí se peuplent de Barcelonais le week-end. L'atmosphère est un peu *pijo* (bon chic bon genre), ce qui ne l'empêche pas d'être sympathique... et vous ne risquez pas de croiser beaucoup de touristes ! Ne venez pas en semaine, quand le quartier est mort.

Le *Mas i Mas (carte 3 ; ☎ 93 209 45 02, Carrer de Marià Cubí 199)* est l'un des bars les plus connus du secteur. Autre incontournable, l'*Universal (carte 3 ; ☎ 93 201 35 96, Carrer de Marià Cubí 182)* ouvre du lundi au samedi jusqu'à 4h30 du matin, avec des concerts de temps à autre. La rue devrait vous tenir occupé une nuit entière, car plusieurs bars de genres divers y côtoient quelques discothèques (voir *Discothèques*, plus loin dans ce chapitre).

Poble Nou

Autre secteur qui n'attire guère les touristes, le Carrer de Zamora (métro Marina ou Bogatell) n'est pas dénué d'intérêt. Si vous aimez les entrepôts aménagés en bars, entrez à la *Megataverna Ovella Negra (carte 1 ; ☎ 93 309 59 38, Carrer de Zamora 78)*, ouvert du jeudi au samedi jusqu'à 3h du matin. Tout autour, d'autres bars vous tendent les bras.

CONCERTS

Un bon choix de concerts est offert à peu près tous les soirs. Beaucoup de salles de spectacles font aussi bar ou boîte de nuit. Dans ce dernier cas, le billet pour la représentation permet de profiter sans supplément de la piste de danse ensuite. Les musiciens débutent rarement avant 22h, plus souvent aux alentours de minuit. L'entrée varie de zéro à 9 € environ. Les prix les plus élevés incluent souvent une consommation.

Pour les groupes célèbres, espagnols ou étrangers, les billets coûtent plus cher. Les stars se produisent dans de grandes salles comme le Palau Sant Jordi de Montjuïc, d'une capacité de 17 000 spectateurs, ou au Teatre Mercat de les Flors (en bas de Montjuïc).

Pour connaître les concerts prévus, consultez la partie "Música" du *Guía del Ocio* et repérez les affiches et prospectus dans des établissements comme le bar Glaciar, sur la Plaça Reial. Nous vous proposons ci-dessous une sélection de salles choisies pour leur programmation et leur ambiance.

Barri Gòtic

Des musiciens de jazz se produisent généralement au *Barcelona Pipa Club (carte 6 ; Plaça Reial 3)* du jeudi au samedi à partir de minuit. L'entrée coûte 6 €. L'établissement ferme vers 2h ou 3h du matin. Ici, on a l'impression de se retrouver dans un appartement. D'ailleurs, pour entrer, il faut sonner, puis monter deux étages.

Le *Harlem Jazz Club (carte 6 ; ☎ 93 310 07 55, Carrer de la Comtessa de Sobradiel 8)* est un lieu incontournable pour le jazz à Barcelone, même s'il arrive que d'autres musiques soient à l'honneur (en particulier rock et latino). Ici, on peut venir écouter de la musique tous les soirs sauf lundi, de 23h à 2h. En général, l'entrée est gratuite, sauf les vendredi et samedi, où la première consommation (obligatoire) coûte environ 4,20 €.

Le *Jamboree (carte 6 ; ☎ 93 301 75 64, Plaça Reial 17)* accueille des concerts jazz et funk presque tous les soirs. L'entrée (consommation comprise) coûte jusqu'à 12, € et la salle se transforme en discothèque à la fin du concert. L'établissement ferme parfois le dimanche.

Mitoyen au Jamboree, le *Sala Tarantos (carte 6)* propose parfois de bons concerts de flamenco, souvent les vendredi et samedi à 24h. L'entrée s'élève à 9 €.

Juste derrière la Plaça Reial, le *Sidecar (carte 6 ; ☎ 93 302 15 86, Carrer de Heures 4-6)* présente divers groupes de rock et de pop music plusieurs soirs par semaine. Les concerts débutent vers 23h et se prolongent jusqu'à 3h. L'entrée se situe aux alentours de 6 €.

La Ribera

Pour le jazz, le tango ou d'autres musiques, essayez *El Foro (carte 6 ; ☎ 93 310 10 20, Carrer de la Princesa 53)*, ouvert du mercredi au dimanche à partir de 23h. Restaurant et bar se trouvent à l'étage, le club lui-même est en bas. Le tout attire une large clientèle d'habitués résolus à s'amuser. Le prix de l'entrée dépend de la nature de l'événement.

Poble Sec

Pour la world music (surtout africaine, latino et espagnole), c'est le *Club Apolo (carte 5 ; ☎ 93 441 40 01, Carrer Nou de la Rambla 113)* qu'il faut choisir. L'établissement ouvre plusieurs soirs par semaine à 22h30 et l'entrée coûte 12 € pour des groupes célèbres. Les concerts sont suivis de musique salsa live ou, les vendredi et samedi, d'une soirée dansante. Ces jours-là, la discothèque prend le nom de *Nitsaclub* et l'entrée coûte de 9 à 11 € selon le DJ.

Gràcia

Certains soirs seulement, le *Teatreneu (carte 2 ; ☎ 93 284 77 33, Carrer de Terol 26)* propose des concerts allant de la musique techno à l'acid-jazz. Consultez le programme.

A l'ouest de Gràcia/Avinguda Diagonal

Les deux premiers établissements cités ici se trouvent à proximité de l'Avinguda Diagonal ; les arrêts les plus proches sont Diagonal (métro), Hospital Clínic (métro) et Gràcia (FGC).

Plusieurs soirs par semaine, à minuit, *La Boîte (carte 3 ; ☎ 93 419 59 50, Avinguda Diagonal 477)* programme du jazz et du blues, parfois même des jam-sessions (7 à 15 €). Après le concert, l'endroit se transforme en discothèque.

Le *Luz de Gas (carte 2 ; ☎ 93 209 77 11, Carrer de Muntaner 246)* propose soul-music, country, salsa, rock, jazz ou pop presque tous les soirs de la semaine. L'entrée est gratuite, mais pas les consommations ! Le premier cocktail peut coûter

OÙ SORTIR

jusqu'à 9,60 €, les suivants sont à 3,60 €. Pour s'y rendre, le taxi reste le meilleur mode de transport. L'établissement ouvre du mardi au dimanche.

El Clot

Le *Savannah (carte 1 ; ☎ 93 231 38 77, Carrer de la Muntanya 16, métro Clot)* compte parmi les principaux établissements de la ville qui accueillent des groupes de rock plusieurs soirs par semaine. Les concerts débutent vers 22h30, l'entrée coûte entre 6 et 8 €.

DISCOTHÈQUES

A Barcelone, c'est vers 2 ou 3h du matin qu'il commence à y avoir de l'ambiance en discothèque et ce, jusqu'à 5 ou 6h. Bien sûr, l'atmosphère est à son comble les vendredi et samedi soirs. Vers minuit, les musiciens chauffent la salle dans les discothèques où se donnent des concerts (reportez-vous ci-dessus à la rubrique *Concerts*). L'entrée peut être gratuite ou atteindre la somme de 18 €. Sachez que le prix dépend souvent de l'affluence comme de l'impression que vous ferez aux videurs à l'entrée. En arrivant tôt, vous aurez une chance de payer moins. Les boissons sont chères, bien sûr : une bière peut valoir 4,80 €. Une tenue correcte est de rigueur dans certaines discothèques, qui vous refuseront l'entrée si, par exemple, vous portez des tennis.

Le *Guía del Ocio* énumère un grand nombre de boîtes de nuit dans sa rubrique "Tarde & Noche". Comme partout ailleurs, la vogue évolue vite. Voici toutefois quelques *de tota la vida* (indétrônables).

Barri Gòtic

Après le concert de jazz (voir ci-dessus la rubrique *Concerts*), vers 1h30, le *Jamboree (carte 6)* ouvre deux pistes de danse, l'une réservée aux rythmes latino, l'autre au rock, qui restent bondées jusqu'à 5h du matin. Comtez 9 € au maximum, mais vous ne paierez peut-être rien.

Ouvert de 23h à 4h du matin, le *Karma (carte 6 ; ☎ 93 302 56 80, Plaça Reial 10)* est une salle en sous-sol fréquentée par des jeunes, surtout étudiants, avec une pro-

grammation musicale de qualité. Les 6 € généralement réclamées à l'entrée comprennent une boisson. Dans cette salle souvent comble, on a peine à se mouvoir, mais heureusement, l'endroit est climatisé.

El Raval

Bonne ambiance au *Moog (carte 6 ; ☎ 93 318 59 66, Carrer de l'Arc del Teatre 3)*, qui passe à l'étage des succès latino et des tubes disco qui peuvent remonter aux années 70. En bas, lumière stroboscopique et musique techno sont à l'honneur. L'établissement reste ouvert jusqu'à 7h du matin le week-end. L'entrée coûte 6 € (de même que les consommations).

Les DJs du Bongo Lounge du *Paloma (carte 4 ; ☎ 93 301 68 97, Carrer del Tigre 27)* officient depuis peu les jeudi et vendredi soir à partir de 2h30 environ. Cette remarquable salle d'un autre âge est l'un des derniers dancings à l'ancienne de la ville, mais ces nuits-là, une étrange métamorphose s'y opère quand les big bands cèdent la place aux platines des DJs. L'entrée ne coûte que 4,80 €, mais il faut débourser non moins de 6 € pour une boisson. Les spots s'éteignent vers 6h du matin.

La Ribera

On danse des salsas endiablées au *Luz de Luna (carte 6 ; ☎ 93 310 75 42, Carrer del Comerç 21)*. En milieu de semaine, l'établissement commence à se remplir vers 2h, mais ferme aux alentours de 4h. Les vendredi et samedi soirs, en revanche, vous pourrez vous déhancher sur la piste de danse au décor criard jusqu'à 6h. Le cocktail vaut 3,60 €.

Plus conventionnel, le *Magic (carte 6 ; ☎ 93 310 72 67, Passeig de Picasso 40)* est ouvert du mercredi au dimanche de 23h à 5h. Des orchestres se produisent parfois, mais il s'agit essentiellement d'une discothèque.

Le *Woman Caballero (carte 6 ; ☎ 93 300 40 17)* est la dernière réincarnation d'un classique de Barcelone, l'ancien Fellini, installé dans la cave de l'Estació França. Les danseurs occupent la Sala 02 les vendredi, samedi et veilles de fête à partir de 2h du matin. Ici, des DJs venus des quatre coins du pays et même de l'étranger passent tous les genres, de la techno au "minifunk" et au "minimalisme industriel". L'entrée coûte 12 €. Dans la Sala Gran Dadà et la Sala Privé, vous pourrez voir toutes sortes de représentations, des spectacles de danse aux tours de magie.

Poble Sec

Styles tout aussi variés au *Club Apolo* *(carte 5)*, qui propose musique ethnique, funk, house, soul et rythm'n blues à partir de 1h30 les vendredi et samedi. Selon l'orchestre ou le DJ, l'entrée varie de 9 à 11 €. Voir aussi *Concerts*, plus haut dans ce chapitre.

Port Vell

Dans le complexe Maremàgnum, de nombreux bars et discothèques restent ouverts jusqu'au petit matin. En juillet et août, c'est ici, le long de la mer, que se concentre le gros de l'animation. Ne manquez pas la *Boîte Nayandei (carte 5 ; ☎ 93 225 80 10)*, ouverte tous les soirs jusqu'à 5h.

Plusieurs autres possibilités s'offrent à vous, allant du pub irlandais aux clubs de salsa comme le *Mojito Bar (carte 5 ; ☎ 93 225 80 14)*. Étant donné le nombre de ces établissements, vous pourrez passer de l'un à l'autre sans problème, bien que les tarifs d'entrée se révèlent parfois dissuasifs. Quoi qu'il en soit, sachez que la foule qui se presse dans les discothèques les plus bruyantes est souvent très jeune, mais que les gens ayant quelques années de plus se sentiront à l'aise dans les clubs plus traditionnels. Là, les cocktails débutent à 4,80 €, la bière à 3 € (certains établissements délivrent des bons pour une deuxième boisson gratuite).

L'Eixample

Grand bar design des années 80, le *Nick Havanna (carte 2 ; ☎ 93 215 65 91, Carrer del Rosselló 208)* abrite désormais l'un des meilleurs clubs de la ville, le Row. Les DJs du Row mixent de la house music d'avant-garde du jeudi au samedi et leurs programmations attirent tous les noctambules de Barcelone. L'ambiance est généralement assurée jusqu'à 5h du matin. L'entrée est gratuite, mais les boissons hors de prix.

Le *Satanassa (carte 4 ; ☎ 93 451 00 52, Carrer d'Aribau 27)* donne dans le genre "anti-design". Il attire une clientèle d'allure androgyne (beaucoup d'homosexuels) dans un décor de fresques érotiques très tape-à-l'œil. Il ouvre de 23h à 4 ou 5h du matin et l'entrée est gratuite.

Petit bar et discothèque élégante inspirée du film *Blue Velvet*, le *Velvet (carte 2 ; ☎ 93 217 67 14, Carrer de Balmes 161)* passe de la musique des années 60 pour une foule nombreuse et plutôt dans la norme. L'entrée est gratuite.

Le *Zoo Club (carte 4 ; ☎ 93 323 68 20, Carrer de Balmes 51)* est relativement récent sur la scène barcelonaise. On y entend surtout de la house music, mais ce club très accessible attire une clientèle hétérogène et excitée. Il ouvre du mercredi au samedi de 23h30 à 5h environ. L'entrée coûte généralement 12 € et comprend la première consommation.

Ancien dancing appelé le Sala Cibeles, le *Mond Club (carte 2 ; ☎ 93 457 38 77, Carrer de Còrsega 363)* organise chaque vendredi une nuit indienne.

Le *Fuse (carte 2, ☎ 93 481 31 74, Carrer de Roger de Llúria 40)* est en passe de devenir l'une des boîtes de nuit les plus populaires de Barcelone. Les DJs programment un mélange éclectique de house music et de rythmes proches. Le week-end, il peut vous arriver d'en émerger aux alentours de... 10h du matin.

Montjuïc

Le Poble Espanyol compte plusieurs bars très animés le soir. Le plus original est le *Torres de Ávila (carte 7 ; ☎ 93 424 93 09)*, installé à l'intérieur même des hautes tours. Créé par le grand architecte barcelonais Javier Mariscal (à qui l'on doit la mascotte Cobi des Jeux Olympiques de 1992), il compte plusieurs étages et une infinité de touches surréalistes, dont une pièce en forme d'œuf et des ascenseurs de verre dans lesquels vous craindrez sans doute de vous retrouver propulsé dans les nuages. L'établissement ouvre de 22h à 4h et l'entrée coûte 6 €.

Dès que l'ambiance commence à faiblir, passez au *Terrazza (carte 7 ; ☎ 93 423 12 85, Avinguda del Marquès de Comillas)*, l'une des pistes de danse les plus populaires de la ville en été. Ouvert les vendredi et samedi soirs, il se trouve à l'arrière du Poble Espanyol. L'hiver, on danse à l'intérieur, et l'établissement s'appelle *Discothèque*.

Aux alentours de l'Avinguda Diagonal

A l'ouest de Via Augusta, l'*Otto Zutz (carte 2 ; ☎ 93 238 07 22, Carrer de Lincoln 15)* est réservé aux "beautiful people" (ce sont les videurs qui décident si vous en faites partie) et aux noctambules vêtus de noir. L'entrée est à 12 €, la consommation à 4,80 €.

La *Boîte (carte 3)* devient une boîte de nuit après le concert de jazz ou de blues (voir *Concerts*, plus haut dans ce chapitre).

Plus à l'ouest, *The Music Box (carte 3 ; ☎ 93 209 35 89, Avinguda Diagonal 618)* recueille les habitués des bars de Carrer de Marià Cubí (voir *Bars*, plus haut dans ce chapitre). Dans cette discothèque aux rythmes frénétiques, l'ambiance bat son plein le week-end de 2h à 5h (en semaine, l'atmosphère est un peu décevante).

Si vous êtes un fervent amateur de salsa, n'hésitez pas à vous rendre au *Fiesta Bori (carte 3 ; ☎ 93 414 54 61, Carrer de Bori i Fontestà)*. Vous y prendrez des cours de danse en ligne de 23h à 1h, puis pratiquerez jusqu'au petit jour (fermé le dimanche).

Le *Up & Down (carte 3 ; ☎ 93 205 51 94, Carrer de Numància 179)* est ouvert du mardi au samedi, avec une soirée un peu particulière le mercredi, puisque les *sevillanas* (danse folklorique du Sud de l'Espagne, de type flamenco) est à l'honneur. Il n'y a guère d'intérêt à arriver ici avant 1h. L'étage est réservé à une clientèle plus âgée, tandis que les jeunes pousses barcelonaises foncent tout droit dans la salle du bas et passent leur temps à rivaliser les uns avec les autres.

Gràcia

Aménagé dans un ancien entrepôt, le *KGB (carte 1 ; ☎ 93 210 59 06, Carrer de Ca l'Alegre de Dalt 55)* est l'un des bastions du hard-rock à Barcelone. Il reste ouvert jusqu'à 8h du matin pour les acharnés.

Tibidabo

Vue magnifique et piste de danse minuscule au *Mirablau (carte 1 ; Plaça del Doctor Andreu)*, où l'ambiance se maintient jusqu'à 5h du matin.

El Clot

Antre de la dance music, le *Savannah (carte 1)* reste ouvert jusqu'à minuit le dimanche, 3h du mardi au jeudi et 5h les vendredi et samedi. Voir aussi *Concerts*, plus haut dans ce chapitre.

COMMUNAUTÉ HOMOSEXUELLE

Au nombre des bonnes adresses, figurent trois bars pratiquement voisins : le *Punto BCN (carte 4 ; ☎ 93 453 61 23, Carrer de Muntaner 63-65)*, le *Dietrich (carte 4 ; Carrer del Consell de Cent 255)* et l'*Este Bar (carte 4 ; Carrer del Consell de Cent 257)*, à l'angle. Le Punto BCN offre une atmosphère décontractée où se retrouvent les plus de 30 ans, tandis que l'Este Bar est un tantinet plus guindé. Le Dietrich s'apparente davantage à un café-théâtre, avec des spectacles qui ne sont pas toujours de bon goût. L'établissement, néanmoins vaste et sympathique, ne ferme que vers 3h. Cette concentration de bars (et de discothèques, voir plus bas) a valu au quartier le sobriquet de "Gaixample".

Le *Café de la Calle (carte 2 ; Carrer de Vic 11)* est un lieu de rencontre confortable pour homosexuels hommes et femmes. La librairie gay *Antinous (carte 6 ; ☎ 93 301 90 70, Carrer de Josep Anselm Clavé 6)* abrite aussi un café.

S'il fallait donner un thème au *Bar La Concha (carte 6 ; Carrer de la Guàrdia 14)* d'El Raval, ce serait l'actrice castillane Sara Montiel. Le lieu lui est dédié, avec plus de 250 photos d'elle sur les murs. Ici, la clientèle est surtout gay ou travestie et la musique va du paso doble aux tubes espagnols du moment. Le bar ferme vers 3h.

Pour les femmes, le sympathique ***Bahía*** (*carte 2 ; Carrer de Seneca 12*) reste ouvert jusqu'à 2h30. Tout près, se trouve le ***Member's*** (*carte 2 ; ☎ 93 237 12 04, Carrer de Seneca 3*). Ces deux établissements sont ouverts à tous. ***La Rosa*** (*carte 3 ; ☎ 93 414 61 66, Passatge de Brusi 39*), en revanche, est plus exclusivement destiné aux lesbiennes.

Discothèques (clubs)

Les deux principales discothèques gays sont le ***Metro*** (*carte 4 ; ☎ 93 323 52 27, Carrer de Sepúlveda 185*), près de la Plaça de la Universitat, et le ***Martin's*** (*carte 2 ; ☎ 93 218 71 67, Passeig de Gràcia 130*). Le Metro attire des homosexuels hommes et femmes, ainsi que quelques hétéros. Il est bondé le lundi, jour des spectacles de cabaret. Le Martin's est réservé aux gays. Ces deux établissements ouvrent de minuit à 5h et disposent de salles sombres.

L'***Arena*** (*carte 4 ; ☎ 93 487 83 42, Carrer de Balmes 32*) est fréquentée par une clientèle plus jeune venue pour draguer. Il abrite une salle sombre, ouvre à minuit et ferme à 5h. A l'angle, l'***Arena Clasic*** (*carte 4 ; ☎ 93 487 83 42, Carrer de la Diputació 233*) accueille une clientèle un peu plus pondérée. A l'***Arena VIP*** (*carte 4 ; Gran Via de les Corts Catalanes 593*), la population est mélangée, mais reste en majorité homosexuelle. L'établissement ouvre à minuit ; vous n'en repartirez probablement qu'à l'aube.

Autre bonne adresse, où l'on commence à s'amuser vraiment vers 3h, le ***Salvation*** (*carte 5 ; ☎ 93 318 06 86, Ronda de Sant Pere 19-21*) ouvre les vendredi et samedi.

MUSIQUE CLASSIQUE ET OPÉRA

En ce qui concerne la musique classique, le *Guía del Ocio* peut être utile, mais le mensuel *Informatiu Musical* reste la meilleure source. Prenez-le à l'office du tourisme ou au centre d'information des beaux-arts du Palau de la Virreina (carte 6 ; ☎ 93 301 77 75), La Rambla de Sant Josep 99. Là, vous pourrez aussi acheter des billets pour les spectacles. Vous constaterez que les récitals sont donnés partout dans la ville et aux alentours : dans des théâtres, des musées, des monastères, etc.

C'est en grande pompe qu'a rouvert le magnifique opéra de Barcelone, le ***Gran Teatre del Liceu*** (*carte 6 ; ☎ 93 485 99 13, La Rambla 51-59*) en septembre 1999, soit plus de cinq ans après l'incendie qui l'avait ravagé. Sa reconstruction a coûté la somme rondelette de 17 milliards de pesetas, mais ses responsables affirment qu'il compte désormais parmi les théâtres les plus modernes du monde sur le plan technologique.

Outre l'opéra, des compagnies de danse de renommée internationale se produisent ici, et vous pourrez assister à des concerts classiques et à des récitals. Les places débutent entre 3 et 6 € pour les plus éloignées, et montent jusqu'à 66 € pour les mieux situées, lors d'une représentation très prisée. Pour les grands spectacles, il importe de réserver longtemps à l'avance, par exemple, auprès de Servi-Caixa (☎ 902 33 22 11). Jetez un coup d'œil au site web du Liceu, au www.liceu-barcelona.com.

La salle favorite des amateurs de musique classique et de chant est le ***Palau de la Música Catalana*** (*carte 6 ; ☎ 93 295 72 00, Carrer de Sant Pere més alt 11*), à La Ribera, qui propose des programmes nombreux et variés. Assister à un concert vous permettra d'admirer le somptueux intérieur de cet édifice moderniste. Pour les spectacles les plus prestigieux, les places vont de 30 à 90 €.

A la fin des années 90, ***L'Auditori*** (*carte 1 ; ☎ 93 247 93 00, Carrer de Lepant 50*) a ouvert ses portes. Cette salle impressionnante (mais certes fade comparée au Palau) est devenue le nouveau rendez-vous des mélomanes. Concerts symphoniques, musique de chambre, musique religieuse et autres se succèdent tout au long de l'année. Vous pourrez écouter de magnifiques concerts (musique baroque catalane de Jordi Savall, par exemple) pour 12 à 18 € environ.

Le *Palau Sant Jordi (carte 7)* de Montjuïc est voué aux grands concerts, tandis que le *Teatre Mercat de les Flors (carte 7 ; ☎ 93 318 85 99, Carrer de Lleida 59)*, au pied de Montjuïc, accueille diverses représentations de musique, de danse et de théâtre.

Pour acheter des billets pour les salles ci-dessus, ainsi que pour tous les théâtres de la ville, le plus simple est le service Tel-Entrada de la Caixa de Catalunya (☎ 902 10 12 12), ou par Internet (www.telentrada.com). Des guichets de vente (*venta de localidades*) se trouvent également au rez-de-chaussée du Corte Inglés, Plaça de Catalunya, ou encore à la FNAC située sur cette même place.

Certains billets sont vendus à moitié prix au guichet de la Caixa de Catalunya, à l'office du tourisme de la Plaça de Catalunya. Pour en bénéficier, vous devez venir les acheter en personne moins de trois heures avant le début de la représentation choisie. Le système s'appelle Tiquet-3. Dans le journal *Guía del Ocio*, les spectacles qui bénéficient de cette promotion sont signalés par un astérisque.

CINÉMAS

Les films étrangers sous-titrés sont suivis de la mention "v.o." (*versión original*) sur les programmes. Ils passent notamment dans les salles suivantes :

Alexis (carte 2 ; ☎ 93 215 05 06, Rambla de Catalunya 90)

Arkadín (carte 2 ; ☎ 93 405 22 22, Travessera de Gràcia 103)

Casablanca (carte 2 ; ☎ 93 218 43 45, Passeig de Gràcia 115)

Icària-Yelmo (carte 1 ; ☎ 93 221 75 85, Carrer de Salvador Espriu 61)

Maldà (carte 6 ; ☎ 93 317 85 29, Carrer del Pi 5)

Renoir-Les Corts (carte 3 ; ☎ 93 490 55 10, Carrer de Eugeni d'Ors 1)

Verdi (carte 2 ; ☎ 93 237 05 16, Carrer de Verdi 32)

La *Filmoteca (carte 3 ; ☎ 93 410 75 70, Avinguda de Sarrià 3)* propose souvent des festivals consacrés à un metteur en scène,

un style ou une époque. Pour voir de grands classiques en version originale, choisissez le *Méliès Cinemes (carte 4 ; ☎ 93 451 00 51, Carrer de Villarroel 102)*.

Une place de cinéma vaut de 3,60 à 4,50 €, mais la plupart des salles ont institué un *día del espectador* (jour du spectateur) par semaine, souvent le lundi ou le mercredi, où l'on ne paie que 2,40 à 3,60 €.

THÉÂTRE

Les pièces se jouent presque toutes en catalan ou en espagnol (la langue est spécifiée dans le *Guía del Ocio*). Pour connaître les programmes, renseignez-vous au bureau d'informations culturelles du Palau de la Virreina, sur La Rambla. Consultez les nombreux prospectus, ainsi que le guide mensuel de théâtre intitulé *Teatre BCN*.

Le *Teatre Lliure (carte 2 ; ☎ 93 218 92 51, Carrer de Montseny 47)*, installé à Gràcia, ne présente que des pièces en catalan. La programmation va des grands classiques aux créations d'avant-garde. Les spectateurs entourent la scène, placée au centre. A Montjuïc, le Palau de l'Agricultura (face au Museu d'Arqueologia) est en cours de restructuration en vue d'abriter un jour une annexe du Teatre Lliure.

L'*Artenbrut (carte 2 ; ☎ 93 457 97 05, Carrer del Perill 9-11)* est davantage axé sur les jeunes metteurs en scène talentueux. Les représentations sont données en catalan, parfois en castillan. Le petit *Teatre Malic (carte 6 ; ☎ 93 310 70 35, Carrer de la Fusina 3)* propose un programme très dense incluant musique et théâtre alternatif, avec des artistes locaux à succès et de futures vedettes.

Outre un répertoire contemporain qui fait sa spécificité, le *Teatre Tantarantana (carte 5 ; ☎ 93 285 79 00, Carrer de les Flors 22)* présente des spectacles pour enfants comme de la pantomime, des marionnettes, etc. Ceux-ci débutent à 18h.

Prévu à l'origine pour devenir le haut-lieu du théâtre catalan, le très néo-classique *Teatre Nacional de Catalunya (carte 1 ; ☎ 93 306 57 06, Plaça de les Arts 1, métro Glòries)* de Ricard Bofill date de 1997. Jusqu'à présent, sa programmation éclectique

Pyramides humaines

Quand on n'est pas catalan, il est difficile de savoir s'il faut considérer les pyramides humaines comme un sport à part entière. Pour un Catalan, cela ne fait aucun doute !

Les *castells* (châteaux humains) sont particulièrement populaires dans le Centre et le Sud de la Catalogne, et le nombre d'adeptes ne cesse d'augmenter. Il existe un peu partout en Catalogne des *colles* (équipes) qui participent à des concours en été. Les *festes majors* (fêtes locales) vous fourniront l'occasion de voir les castellers à l'œuvre.

La construction d'échafaudages humains ne date pas d'hier. Son âge d'or remonte aux années 1880, lorsque les castellers les plus audacieux formaient des tours humaines de neuf étages. A l'heure actuelle, 62 équipes sont enregistrées par la Coordinadora de Colles Castelleres, dont deux, la Vella et la Jove dels Xiquets de Valls, ont plus d'un siècle, tandis que la plus récente, les Castellers de Badalona (ville située au nord de Barcelone), s'est constituée en 1997. Elles ont fait des émules à Majorque, en France, et jusqu'au Mexique et en Argentine.

Il s'agit, pour l'essentiel, d'un sport amateur. Le club couvre les frais de déplacements de l'équipe et fournit aux membres un maillot, mais c'est tout. Pas question de rémunération. Les castells étaient autrefois l'apanage des hommes, mais aujourd'hui les femmes représentent jusqu'à un quart de certaines équipes.

Les "châteaux"

Il s'agit de "bâtir" les étages d'un "château" humain, puis de les défaire sans que le tout ne s'effondre. Le premier niveau du *tronco* (tronc) consiste en une mêlée humaine compacte et large, appelée *pinya*. Quand les équipes les plus renommées "jouent" dans leur ville, un millier de personnes peuvent se presser pour participer à la pinya !

C'est sur cette fondation que se construit le château. Le summum est généralement un *quatre de nou* ou *tres de nou*, quatre par neuf ou trois par neuf – autrement dit neuf étages humains comptant trois ou quatre personnes aux premiers étages, deux personnes, puis une au sommet de la tour. Souvent la *pinya* ne fournit pas une base suffisamment stable, et il est alors possible d'en constituer une seconde au deuxième niveau : c'est ce qu'on appelle le *folre*. Ainsi, l'on obtiendra, par exemple, un *quatre de nou amb folre* (quatre par neuf avec folre). Les équipes qui se passent de folre n'en auront que plus de mérite. Parfois, une équipe ajoutera un nouveau soubassement au troisième étage (*manilles*). Un castell bâti sans aucune assise supplémentaire est qualifié de *net* (propre).

Si tout se passe bien, la structure finale est couronnée par un enfant (*anxaneta*) qui sert de pinacle, ou *agulla*. Lorsque l'anxaneta lève les bras, le castell est terminé. S'il est démantelé sans encombres, le castell est *descarregat*.

Les variantes sont plus nombreuses que l'agencement d'un château de pierre. Les équipes se concentrent parfois sur un étage, disons le septième, allant du *nou de set* (neuf par sept) aux

n'a pas toujours suscité l'enthousiasme, mais il serait dommage de le négliger.

Le ***Teatre Victòria*** (carte 5 ; ☎ 93 443 29 29, *Avinguda del Paral.lel 67-69*) présente souvent des spectacles de danse classique et contemporaine, mais aussi des troupes renommées, comme le Tricicle. Ce trio de mimes comiques tient l'affiche depuis 20 ans grâce à son sens de "l'humour intelligent".

Ces spectacles (muets) offrent l'avantage de supprimer les barrières de la langue.

Longtemps fermé, le ***Teatre Principal*** (carte 6 ; ☎ 93 301 47 50, *La Rambla 27*) a rouvert ses portes en 1998. On y voit le meilleur comme le pire en matière de théâtre et de comédies musicales.

Si vous en avez l'occasion, ne manquez pas d'assister à l'une des excentriques (sinon

Pyramides humaines

étagements plus délicats d'une ou de deux personnes. Les constructions comptant deux castellers par étage sont appelées *torres* (tours) et celles qui n'en comptent qu'un sont des *pilars* (piliers). Tours ou piliers dépassent rarement les six ou sept étages. Les castellers sont encouragés au son de la *gralla*, instrument proche du chalumeau.

On serait tenté de penser que le ciel est la seule limite aux exploits des castellers, mais ce sont sans doute, plus prosaïquement, la force et la résistance humaines qui se trouvent impliquées. Pratiquement impensable, le *castell de deu* (dix étages) n'a pas été réalisé entre le XIXe siècle et 1998. Parmi les autres défis à relever, citons le *quatre de nou sense folre* (quatre par neuf sans folre), que l'on a pas vu une seule fois en cent ans, et le *tres de vuit aixecat per sota*. Ce dernier est difficile dans la mesure où les niveaux supérieurs sont formés d'abord, puis soule-

JANE SMITH

vés par les trois équipes qui forment la base. En 1999, aucune équipe n'y était encore parvenue depuis le XIXe siècle.

Où et quand ?

Les castellers se produisent rarement à Barcelone, quoique certaines équipes se réunissent sur la Plaça de Catalunya en juin pour des représentations hors compétition (l'office du tourisme vous indiquera les dates exactes) et occasionnellement pour des festes de quartier. L'une des meilleures équipes, Els Castellers de Vilafranca del Penedès, se produit à des festes dans l'ensemble de la Catalogne. A Vilafranca, la principale fête se déroule vers la fin du mois d'août.

Lors d'une compétition classique, trois équipes vont se mesurer, chacune ayant quatre châteaux à bâtir, ce qui va leur prendre environ trois heures d'efforts. Le spectacle se déroule habituellement sur une grande place et il suffit de se glisser dans la foule. La saison s'étend approximativement de février à décembre. Tous les deux ans, une journée de championnat est organisée dans les arènes de Tarragona, généralement aux alentours d'octobre. La prochaine rencontre doit se tenir en 2002.

déjantées) représentations de La Fura dels Baus. Cette troupe barcelonaise remporte un succès mondial pour son théâtre original, voire acrobatique, qui sollicite souvent le public pour l'entraîner dans son chaos.

Le **Teatre Romea** (carte 6 ; ☎ 93 317 71 89, Carrer de l'Hospital 51) a connu un nouveau souffle en 2000 en présentant tout un répertoire en catalan et en espagnol.

Cette année-là, une version catalane d'*Un Tramway Nommé Désir* a ainsi succédé à un classique espagnol, *La Vida es Sueño*, de Calderón de la Barca.

DANSE
La sardane

Chaque semaine (sauf parfois au mois d'août), on danse la *sardana*, la danse catalane nationale, sur la Plaça de la Seu, devant la cathédrale, le samedi à 18h30 et le dimanche à midi, et sur la Plaça de Sant Jaume, le dimanche à 18h. Il ne s'agit nullement d'un spectacle destiné aux touristes. C'est simplement l'un des passe-temps favoris des Catalans. Les danseurs se tiennent par la main et forment des cercles s'élargissant sans cesse, au milieu desquels ils placent leur sac ou manteau. Il s'agit d'une danse complexe mais non ostentatoire, à la manière catalane. Les pas, ainsi que l'accompagnement musical des cuivres et des instruments à anche, sont plutôt calmes, tantôt joyeux, tantôt mélancoliques, s'animant parfois à la faveur d'un crescendo, puis ralentissant de nouveau. Pour plus de détails, reportez-vous à l'encadré *On la danse tous en rond...* dans le chapitre *Présentation de Barcelone.*

Le flamenco

Certains des plus grands musiciens et danseurs de flamenco ont certes grandi dans les gitano barrios de Barcelone. Pourtant, les bonnes représentations de cette spécialité essentiellement andalouse se comptent sur les doigts de la main. Quelques *tablaos* sans attrait sont disséminés dans la ville : on y dîne devant des spectacles de flamenco parfois de qualité, mais il faut être un connaisseur pour faire un choix. Le plus souvent, il s'agit d'artistes médiocres qui se produisent pour les touristes. *El Tablao de Carmen (carte 7 ; ☎ 93 325 68 95, Carrer dels Arcs 9)* se trouve dans le Poble Espanyol, tandis que le *Tablao Cordobés (carte 6 ; ☎ 93 317 66 53)* se situe au n°35 de La Rambla. Réservez à l'avance.

Autre salle de spectacle à garder en tête, la *Sala Tarantos* (carte 6 ; voir *Concerts*, plus haut dans ce chapitre).

CASINO

Le *Gran Casino de Barcelona (carte 1 ; ☎ 93 225 78 78, Carrer de la Marina 19-21)*, à Port Olímpic, est à fréquenter si vous sentez que la chance vous sourit ou s'il vous semble que le fisc n'y a pas été de main morte avec vous. Outre les traditionnelles machines à sous et les jeux de hasard moins frustes, l'établissement abrite des restau-

rants, des bars et une discothèque. Il ouvre tous les jours de 13h à 5h du matin.

MANIFESTATIONS SPORTIVES
Football

Le FC Barcelone, plus couramment appelé le Barça, est l'une des meilleures équipes d'Europe. Ses joueurs ont la chance d'avoir pour stade l'un des plus beaux qui soit, le Camp Nou et ses 120 000 places à l'ouest de la ville (métro Collblanc). La presse quotidienne annonce les rencontres prévues. Pour peu que l'équipe adverse soit à la hauteur, vous ne serez pas déçu du match. Les billets, disponibles au stade ou dans certaines agences bancaires, valent de 18 à 48 € (pour la somme la plus modeste, vous serez debout et placé en haut, même très haut au-dessus de la pelouse !) Pour plus de renseignements, composez le ☎ 93 496 36 00. L'autre club de la ville, l'Espanyol, joue à l'Estadi Olímpic de Montjuïc (carte 7). Club de première division également, il est en général relégué à l'arrière-plan par rapport au Barça (bien que, récemment, son jeu se soit amélioré). Un match opposant ces deux équipes, ou mieux encore, les Barcelonais à l'ennemi de toujours, le Real Madrid, est un spectacle à ne pas manquer si vous parvenez à obtenir un billet.

Corridas

La *Mort dans l'après-midi*, pour reprendre le titre de l'ouvrage d'Hemingway sur la corrida, ne figure pas parmi les activités favorites des Catalans. On peut néanmoins assister à des courses de taureaux en été le dimanche après-midi sur la Plaça Monumental, à l'angle de Gran Vía de les Corts Catalanes et de Carrer de la Marina (métro Monumental). D'ordinaire, le spectacle commence à 18h. On achète son billet à l'arène du mercredi au samedi de 10h30 à 14h et de 18h à 19h, le dimanche à partir de 10h. On peut aussi le réserver par téléphone en appelant le ☎ 902 33 22 11. Les plus mauvaises places coûtent 15 €, mais au premier rang et à l'ombre il faut compter 72 €.

Pour en savoir plus sur les organisations pouvant vous fournir plus d'informations sur les corridas, reportez-vous au paragraphe

OÙ SORTIR

la naissance du Barça

En 1895, un groupe de résidents britanniques donna le coup d'envoi à un tournoi de football local à Barcelone. Cette singulière activité, importée de la Perfide Albion, fut rapidement adoptée. En 1898, un premier club local fut fondé, le Palamós (il joue actuellement en deuxième division). Le 29 novembre de l'année suivante naquit le FC Barcelone.

Les compétitions ne commencèrent vraiment qu'en 1900. Trois nouvelles équipes furent constituées : l'Hispània, l'Irish et la Societat Espanyola de Futbol (dont le nom n'a cessé de changer, la seule constante étant le mot "Espanyol"). Curieusement, cette dernière était la seule à n'accepter que des joueurs espagnols. En effet, les joueurs du FC Barcelone étaient pour la plupart anglais, allemands et suisses, les Catalans faisant figure d'exception (les choses ont-elles véritablement changé aujourd'hui ?). L'Irish regroupait des Irlandais, et l'Hispània, comme son nom ne l'indique pas, se composait essentiellement d'Écossais. En novembre 1900, une douzaine d'équipes se constituèrent en ligue, avec quatre clubs (dont le FC Barcelone) en première division. Un mois plus tard, les Écossais de l'Hispània remportaient la Copa Macaya, premier championnat de Catalogne. Tels furent les débuts du football catalan. Entre-temps, ce sport s'était développé dans le reste du pays. En 1902, lors de la première Coupe d'Espagne, les Barcelonais s'inclinèrent face à la Biscaye 2-1.

En 1910, le FC Barcelone était le premier club d'une ligue locale en plein essor. Les couleurs bleues et grenat étaient déjà célèbres, et les premiers signes de professionnalisation apparaissaient : transferts de joueurs moyennant finances, entrée payante aux matches disputés par l'Espanyol. Le Barça comptait alors quelque 560 supporters (contre 110 000 environ aujourd'hui), qui eurent l'occasion de se réjouir puisque leur équipe remporta, cette année-là, la Coupe d'Espagne.

La rivalité entre le FC Barcelone catalan et l'Espanyol castillan (sans parler de la première équipe de Madrid, le Real Madrid) a souvent donné lieu à des explosions de violence avant la guerre civile (les supporters du FC Barcelone vous diront qu'ils devaient lutter en permanence contre les décisions tendancieuses de la ligue nationale). L'arrivée de Franco au pouvoir, en 1939, a maintenu cette situation. Mais, dans les années 1950 et 1960, des flux massifs d'immigrés renouvelèrent l'équipe et les supporters, le football étant une manière pour les arrivants de s'intégrer à la communauté locale.

Le Barça demeure l'une des grandes équipes espagnoles, la seule, avec le Real de Madrid et l'Atlético de Bilbao, à n'avoir jamais été reléguée en deuxième division. Depuis 1928 (date des véritables débuts de la ligue), le Barça a remporté 16 coupes (dont le championnat de 1998), ne le cédant qu'à l'ennemi juré, le Real de Madrid, 27 fois vainqueur. A elles deux, ces équipes ont quasiment monopolisé la scène footballistique nationale, seules six autres équipes sont parvenues à gagner la coupe en 60 ans de compétition.

En plus du championnat de première division, Barcelone se distingue comme le club le plus médaillé d'Espagne. Elle a mis à son actif 24 Copas del Rey (le Real Madrid en a remporté 17), quatre coupes de l'UEFA (deux pour le Real Madrid) et quatre Coupes des Champions (ce trophée reste un objectif pour le Real Madrid). La Ligue européenne des Champions a causé plus de difficultés au club, puisque, si celui-ci fut vainqueur du titre en 1998, il demeure encore loin derrière le Real Madrid, huit fois couronné.

La fin de la saison 1999-2000 a été très frustrante pour les fans du Barça : le club a terminé second de la ligue et s'est vu évincé par Valence en demi-finale de la Ligue des Champions. A cette défaite a succédé le départ de l'entraîneur hollandais Louis van Gaal ; l'incertitude plane désormais sur le club et l'on ignore si certaines grandes pointures du football international qui en font partie vont rester ou non.

Sévices sur animaux dans le chapitre *Présentation de Barcelone*.

Toro, Toro, Toro. Aux yeux de certains, la corrida relève de la barbarie, tandis que pour d'autres, il s'agit d'un combat loyal. Les aficionados soutiennent que le taureau préfère mourir de la main du *matador* (le torero chargé de la mise à mort) que dans le *matadero* (l'abattoir). La corrida n'en implique pas moins une bonne dose de cruauté, et des risques pour les toreros. C'est un sport sanglant et il n'est rien de pire que de voir la mise à mort tourner à la boucherie.

La corrida s'inscrit dans une longue tradition. Les enjeux sont multiples : braver la mort, prouver son courage, accomplir des prouesses. La *lidia*, autre nom de la course de taureaux, a sa source dans les anciens jeux romains, mais s'est codifiée, sous la forme qu'on lui connaît aujourd'hui, dans l'Espagne du XVIIIᵉ siècle. Dans les années 1830, Pedro Romero, le plus grand torero de son temps fut, à l'âge de soixante-dix-sept ans, nommé directeur de l'Escuela de Tauromaquia de Séville, première école nationale de tauromachie. C'est vers cette époque également que les éleveurs mirent au point la première race fiable de *toros bravos* (taureaux de combat).

Le combat. La course commence généralement à 18h. La règle consiste à inscrire trois matadors et six taureaux à l'affiche. Si l'un d'entre eux n'est pas jugé à la hauteur, il est hué et sifflé jusqu'à ce qu'il quitte l'arène (le président déploie alors un mouchoir vert) et soit remplacé. Chaque combat dure généralement de quinze à vingt minutes.

A l'instar de la boxe, la corrida a attiré maints jeunes hommes rêvant de renommée et de fortune. La plupart ont dû déchanter. Seuls les matadors émérites font fortune, tandis que les autres travaillent parfois à perte, car le matador doit louer ou acheter son costume et son équipement, acquitter le droit de combattre un taureau et payer son équipe, la *cuadrilla* (quadrille).

Plus la corrida est importante, plus l'équipe est nombreuse. Il y a d'abord plusieurs *peones*, jeunes toreros placés sous les ordres du matador. Les peones interviennent pour distraire le taureau à l'aide de grandes capes, l'amener à la position désirée, etc.

Viennent ensuite des cavaliers, les *picadores*. Lorsque le taureau se rue vers le cheval (qui de nos jours a les yeux bandés et est fortement caparaçonné) pour tenter de l'éventrer, le picador lui assène des coups de pique, en visant le garrot. Les peones reviennent alors pour mesurer leur courage face au taureau qui charge (dans le meilleur des cas).

Peu après les picadors, les *banderilleros* entrent en scène. Deux banderilleros courent l'un après l'autre vers le taureau pour tenter de planter, toujours dans le garrot, deux *banderillas* (les banderilles sont des dards ornés de bandes multicolores). L'animal réagit et le matador tente d'en profiter pour exécuter de nouvelles figures savantes.

Le costume du matador conviendrait parfaitement à un danseur de flamenco. Les plus extravagants *trajes de luces* (habits de lumière) sont d'extraordinaires combinaisons de couleurs éclatantes et scintillantes. Tous les toreros, à l'exception parfois du matador, portent la *montera* noire (qui évoque irrésistiblement les oreilles de Mickey !). L'équipement de base du torero comprend l'*estoque* ou *espada* (épée) et la lourde *capa* (cape) de soie et de percale. Vous remarquerez toutefois que le matador – et lui seul – utilise une cape différente : plus petite et tendue sur un court bâton, cette *muleta* lui sert à exécuter un certain nombre de passes, les *faenas*.

L'adresse du matador se mesure souvent aux cris de la foule. Les différentes passes doivent être exécutées dans trois parties distinctes de l'arène : le *medio* (centre), le *tercio* (partie intermédiaire entre le centre et la zone des barrières) et la *tabla* (zone des barrières).

Lorsque le taureau paraît avoir donné le meilleur de lui-même, le matador choisit le moment de la mise à mort. Il affronte le taureau et cherche à porter l'*estocada*, l'estocade de front où il doit planter son épée dans le garrot de l'animal de façon extrêmement précise afin qu'une mort rapide s'ensuive. C'est, hélas, plus facile à dire qu'à faire.

La carcasse de la malheureuse bête est ensuite emportée par des chevaux de trait, et le sable est ratissé en vue du prochain combat. La viande finit chez le boucher.

Achats

Barcelone se situe peut-être un cran en dessous de Londres, Paris ou Milan, mais elle n'en reste pas moins l'une des villes les plus chic d'Europe et les plus à la mode. Les consommateurs les plus exigeants ne seront pas déçus.

Les boutiques vendent de tout : livres, bijoux, haute couture (espagnole mais aussi internationale), meubles design, *cava* ou préservatifs. En outre, plusieurs marchés se tiennent sur les places du centre-ville.

L'Avinguda Diagonal, entre la Plaça de Joan Carlos I jusqu'à la Plaça de la Reina Maria Cristina (en particulier sur le tronçon qui commence à la Plaça de Francesc Macià), regorge de boutiques où vous pourrez délester votre compte en banque. La ligne Tombbus (T1) a été prévue pour les inconditionnels du shopping (reportez-vous au chapitre *Comment circuler*) et un tram circule également le long de l'Avinguda Diagonal.

Dans le centre, le quartier commerçant comprend : le Passeig de Gràcia et les rues situées au sud-ouest, dont la galerie marchande du Bulevard Rosa (carte 2, au nord du Carrer d'Aragó) ; certaines rues du Barri Gòtic, telles que le Carrer de la Portaferrissa, le Carrer de la Boqueria, le Carrer del Call, le Carrer de la Llibreteria et le Carrer de Ferran ; les alentours de la Plaça de Sant Josep Oriol (carte 6).

Pour les amateurs, les soldes d'hiver commencent officiellement vers le 10 janvier et celles d'été vers le 5 juillet.

Les grands magasins, comme El Corte Inglès, et les centres commerciaux, comme El Triangle, ouvrent généralement du lundi au samedi de 9h ou 10h à 21h ou 22h. Les commerces plus modestes ferment souvent à l'heure du déjeuner (de 14h à 16h).

ANTIQUITÉS

Si vous avez du mal à vous arracher à la vieille ville, commencez par le Carrer de Banys Nous, dans le Barri Gòtic (carte 6), la rue des antiquaires. Les rues adjacentes, notamment le Carrer de la Palla, abritent aussi un grand nombre de magasins d'antiquités. Si vous flânez dans cette rue, jetez un œil au n°21, où fut fondé en 1462 l'Hospital de Sant Saver.

Mais il existe d'autres tentations. Le Bulevard dels Antiquaris, Passeig de Gràcia 55 (carte 2, dans la galerie marchande du Bulevard Rosa), porte bien son nom. La plupart des boutiques offrent de tout (meubles, peintures, bibelots divers), mais certaines sont spécialisées : Brahuer vend des bijoux, Govary's des poupées en porcelaine, Dalmau des cadres en bois et Victory de la cristallerie.

GALERIES D'ART

Les galeries d'art ne manquent pas. Vous en trouverez plusieurs le long du Carrer de Montcada (carte 6), la principale étant la Galeria Maeght, au n°25. Visitez aussi la Galeria Surrealista, près du Museu Picasso, la Sala Montcada de la Fundació La Caixa au n°16, la Galeria Beaskoa, juste à côté, et la Galeria Montcada (près du Palau Dalmases).

On ne s'étonnera guère d'apprendre que, depuis l'installation du Museu d'Arte Contemporàni de Barcelona à El Raval, le quartier s'est découvert une âme d'artiste. Vous découvrirez plusieurs petites galeries et boutiques de design sur le Carrer del Doctor Dou, le Carrer d'Elisabets et le Carrer dels Àngels (carte 6).

Une dizaine de galeries, parmi les plus prestigieuses, sont concentrées dans le tronçon du Carrer del Consell de Cent compris entre la Rambla de Catalunya et le Carrer de Balmes (carte 2). Parmi elles, la Galeria Victor Saavedra (carte 2, ☎ 93 238 51 61), Carrer d'Enric Granados 97, est dirigée par un artiste, Saavedra, qui assure la promotion de différents créateurs européens depuis la fin des années 80.

Le *Guía del Ocio* (pour plus de renseignements sur cette inestimable publication, reportez-vous au chapitre *Où sortir*) propose une liste restreinte de galeries d'art.

GRAVURES ET POSTERS

La reproduction d'une toile de Miró ou l'affiche d'un tableau de Picasso font d'excellents cadeaux. La Fundació Joan Miró (carte 7), le Museu Picasso (carte 6) et le Museu d'Art Contemporàni de Barcelona (MACBA, carte 6) en proposent une grande variété. Les boutiques de souvenirs situées dans l'office du tourisme principal et au Palau de la Virreina , La Rambla de Sant Josep 99 (carte 6) offrent, quant à elles, une sélection plus limitée.

Si vous êtes à la recherche de belles cartes postales ou reproductions de Barcelone, allez à l'Estamperia d'Art (carte 6, ☎ 93 318 68 30), Plaça del Pi 1.

BARÇA

Si vous êtes passionné de foot, ne manquez pas de vous rendre à La Botiga del Barça (carte 1, près du Museu del Futbol au stade Camp Nou), Carrer de Arístides Maillol s/n, ou à son autre boutique (☎ 93 225 80 45), située dans le complexe de Maremàgnum (carte 5). Vous y trouverez des maillots, des porte-clés, des ballons de football, et tout ce qui tourne autour des célèbres couleurs bleu et grenat.

LIVRES

Les bonnes librairies ne manquent pas à Barcelone, mais les productions locales ne sont pas données en raison des coûts élevés de l'impression en Espagne. Les catalophones trouveront bien entendu leur bonheur. Les librairies spécialisées ne manquent pas et plusieurs diffusent également des ouvrages d'intérêt général en différentes langues européennes.

La Rambla

Llibreria & Informació Cultural de la Generalitat de Catalunya (carte 6, ☎ 93 302 64 62), Rambla dels Estudis 118. Bonne documentation de base sur la Catalunya, bien que de nombreux ouvrages soient très spécialisés et techniques.

Llibreria de la Virreina (carte 6, ☎ 93 301 77 75), Palau de la Virreina, La Rambla de Sant Josep 99. Vaste choix de livres d'art, d'architecture ou d'histoire de l'art, concernant en partie Barcelone.

Barri Gòtic et El Raval

Antinous (carte 6, ☎ 93 301 90 70) Carrer Josep Anselm Clavé 6. Agréable café-librairie homosexuel.

Cómplices (carte 6, ☎ 93 412 72 83) Carrer de Cervantes 2. Livres gais et lesbiens.

Documenta (carte 6, ☎ 93 317 25 27) Carrer del Cardenal Casañas 4. Romans en anglais et en français, et cartes routières.

MACBA (carte 6, ☎ 93 412 08 10) Plaça dels Àngels. Excellente source de documentation sur les arts visuels et l'architecture.

Próleg (carte 6, ☎ 93 319 24 25) Carrer de la Dagueria 13. Librairie de femmes.

Quera (carte 6, ☎ 93 318 07 43) Carrer de Petritxol 2. Spécialisé dans les cartes routières et les guides, notamment de randonnée et de trekking.

L'Eixample

Alibri (carte 4, ☎ 93 317 05 78) Carrer de Balmes 26. L'une des meilleures librairies générales de la ville, avec un choix très riche et des ouvrages en langues étrangères.

Altaïr (carte 2, ☎ 93 454 29 66) Carrer de Balmes 71. Excellente librairie de voyages proposant cartes, guides et littérature appropriée.

Come In (carte 2, ☎ 93 453 12 04) Carrer de Provença 203. Spécialisé dans les manuels d'enseignement de l'anglais, propose aussi des romans et des livres sur l'Espagne en français et en anglais.

The English Bookshop (carte 4, ☎ 93 425 44 66) Carrer de Entença 63. Bon choix de littérature, de manuels d'enseignement et de livres pour enfants, en anglais.

Happy Books (carte 2, ☎ 93 317 07 68) Passeig de Gràcia 77. Sélection très éclectique d'ouvrages présentant l'avantage, si vous trouvez votre bonheur, d'être à prix réduits. Autre magasin Carrer de Pelai 20 (carte 4).

Laie (carte 2, ☎ 93 518 17 39) Carrer de Pau Claris 85, propose des romans et des ouvrages sur l'architecture, les beaux-arts et le cinéma, en français, anglais, espagnol et catalan.

Llibreria Bosch (carte 4, ☎ 93 317 53 08) Ronda de la Universitat 11. L'une des incontournables librairies de Barcelone.

Librería Francesa (carte 2, ☎ 93 215 14 17) Passeig de Gràcia 91. Nombreux romans et guides en français.

Gràcia

Acció Llibres (carte 2, ☎ 93 237 17 15) Carrer de Xiquets de Valls 2. Quelques ouvrages consacrés aux sports d'aventure.

Bookstore (carte 1, ☎ 93 237 95 19) Carrer de la Granja 13. Livres d'occasion en anglais.

MATÉRIEL DE CAMPING ET DE PLEIN AIR

L'une des meilleures adresses pour vous équiper en matériel de camping et de marche est La Tenda (carte 2, ☎ 93 488 33 60), Carrer de Pau Claris 118-120. Le magasin offre tout un choix de cartes de randonnées en Catalunya, mais aussi dans d'autres régions.

BOUGIES

Même si la lumière des bougies ne vous tente guère, poussez tout de même la porte de la Cereria Subirà, (carte 6, ☎ 93 315 26 06), Baixada de la Llibreteria 7 : vous pourrez ainsi dire que vous avez été dans la plus vieille boutique de Barcelone (elle a ouvert ses portes en 1761).

CÉRAMIQUE

Vous dénicherez quelques jolis magasins de poteries et de céramique au nord de la cathédrale. Ceràmiques i Terrisses Cad (carte 6, ☎ 93 317 73 85), Carrer de les Magdalenes 23, propose un vaste choix d'assiettes, de pots, etc. Si les propriétaires ne sont pas là, essayez leur autre boutique sur le trottoir d'en face, Cerámica.

VÊTEMENTS ET TISSUS

Les couturiers ont élu domicile du côté de l'Avinguda Diagonal (cartes 2 et 3) : Calvin Klein est au n°484 (carte 2), Giorgio Armani aux n°490 (carte 2) et 620 (carte 3), Gianni Versace au n°606 (carte 3) et Gucci au n°415 (carte 2). Au n°469, Jean-Pierre Bua propose les vêtements de grands créateurs comme Jean-Paul Gaultier ou Helmut Lang. Si vous ne jurez que par Max Mara (carte 2, ☎ 93 488 17 77), courez vite au Passeig de Gràcia 23.

Vous y trouverez aussi les grands noms de la mode espagnole. Fondé en 1846, Loewe (carte 3, ☎ 93 216 04 00), Avinguda Diagonal 570, est l'une des plus anciens et des plus célèbres. Sa seconde boutique, inaugurée en 1943, bénéficie du décor moderniste de la Casa Lleó Morera, Passeig de Gràcia

(carte 2). Spécialiste de robes du soir en prêt-à-porter, Ortiga (carte 3) se trouve Carrer de Bori i Fontestà 10. Autres créateurs renommés : Adolfo Domínguez, Passeig de Gràcia 32 (carte 2), et, pour la mode masculine, Gonzalo Comelier, à l'angle du Passeig de Gràcia et du Carrer de Caps.

Zara, autre grand nom de la mode espagnole, est une chaîne dont vous trouverez plusieurs boutiques dans la ville, notamment dans le centre commercial de l'Illa del Diagonal (reportez-vous à la rubrique *Grands magasins* ci-dessous), Avinguda Diagonal 584 (carte 3), Passeig de Gràcia 16 (carte 5) et Avinguda del Portal de l'Àngel 24 (carte 6). Spécialiste des fibres naturelles et légères, Antonio Miró, Carrer del Consell de Cent 349 (carte 2), habille les hommes et les femmes. Ses vêtements sont élégants et décontractés, les vestes méritent une mention spéciale. Jeanne Weis (carte 6, ☎ 93 301 04 12), Carrer d'En Rauric 8, au nord du Carrer de Ferran (dans le Barri Gòtic), est une minuscule boutique qui décline une jolie gamme de tissus africains, chemises et coussins.

PRÉSERVATIFS

Dans ce domaine, Barcelone réunit plusieurs boutiques assez originales. La Condoneria (carte 6, ☎ 93 302 77 21), Plaça de Sant Josep Oriol 3, qui se trouve sur l'une des plus jolies places du Barri Gòtic, vend des préservatifs de toutes les formes et couleurs imaginables.

ARTISANAT

Pour vous familiariser avec l'artisanat (*artesania*) catalan et éventuellement puiser quelque inspiration pour vos futurs achats, visitez le Centre Català d'Artesania (carte 2, ☎ 93 467 46 60), Passeig de Gràcia 55. Il se consacre à la promotion et au maintien des traditions artisanales catalanes.

Nature Selection (carte 2, ☎ 93 488 19 72), Carrer del Consell de Cent 304 (dans l'Eixample), possède un vaste stock d'objets artisanaux : sacs (en cuir ou en toile), bijoux, pots, tambours, gravures, verrerie, paniers, nappes, tapis, etc. Casa Miranda (carte 6, ☎ 93 301 83 29), Carrer de Banys Nous 15, vend des paniers de toutes formes.

Ètnia (carte 6, ☎ 93 268 32 39), Carrer del Rec 51, importe de beaux objets d'artisanat des quatre coins de la planète.

DESIGN

Tout près de La Pedrera de Gaudí, la boutique Vinçon (carte 2, ☎ 93 215 60 50), Passeig de Gràcia 96, est réputée pour son mobilier et ses objets design, tant espagnols qu'importés. Ce bâtiment appartenait au peintre Ramon Casas, l'un des fondateurs du mouvement des Quatre Gats (voir l'encadré La bohème des quatre chats dans le chapitre Où se restaurer).

Bd Ediciones de Diseño (carte 2, ☎ 93 458 69 09), Carrer de Mallorca 291, mérite un coup d'œil, même si vous avez laissé vos cartes de crédit à la maison. Vous y admirerez des objets de décoration intérieure conçus par certains des plus grands designers barcelonais. Ouvert en 1972, ce magasin, déjà primé, est installé dans une maison moderniste construite par Domènech i Montaner et restaurée en 1979.

En flânant dans La Ribera, les amateurs de design n'oublieront pas de s'arrêter à Aspectes (carte 6, ☎ 93 319 52 85), Carrer de Rec 28, afin d'admirer les meubles et les divers accessoires Art déco. La salle d'exposition Art*quitect*, (carte 6, ☎ 93 268 23 86) Carrer del Comerç 31, intéressera les amateurs de design architectural.

ALIMENTATION ET BOISSONS

Les amateurs de vins pétillants se rendent au Xampany (carte 4, ☎ 606 33 60 42), Carrer de València 200, qui conserve plus de cent types et marques de *cavas* différents, et tous les ustensiles imaginables nécessaires à la dégustation.

En plein cœur de la vieille ville, la vila Viniteca (carte 6, ☎ 93 268 32 27 et info@vilaviniteca.es) Agullers 7 propose une excellente sélection de vins catalans et espagnols.

Si vous préférez le café, sachez qu'El Magnífico (carte 6, ☎ 93 319 60 81), Carrer de l'Argenteria 64, torréfie du café depuis près d'un siècle. Quant à la Casa Gispert

(carte 6, ☎ 93 319 75 35), Carrer dels Somberers 23, elle propose des fruits secs et des amandes grillées depuis 1851.

Pour le plaisir des papilles mais aussi des yeux, dans son magnifique décor à l'ancienne, Foix de Sarrià (carte 1) sur la plaça de Sarrià est une visite indispensable. Pâtisseries, petits fours, chocolats ou Bunyols de l'Emporda (beignets) ? Il est bien difficile de faire son choix.

Xocolateria Valor (carte 2, ☎ 93 487 62 46), Rambla de Catalunya 46, n'est pas installé depuis longtemps à Barcelone, mais ce confiseur originaire d'Alicante a plus d'un siècle d'expérience. Vous pourrez consommer sur place ou emporter glaces et milkshakes.

MOBILIER

Il est peu probable que vous cherchiez à acheter du mobilier durant votre séjour à Barcelone, mais si c'est le cas, entrez à La Maison Coloniale (carte 4, ☎ 93 443 22 22), Carrer de Sant Antoni Abat 61. Les meubles de style colonial sont superbes, tout comme le magasin lui-même, installé dans les vestiges de l'Església de Sant Antoni Abat, église gothique du XVe siècle en grande partie détruite durant la guerre civile.

BIJOUX

Pour les pierres précieuses, la Joyería Bagués (carte 2, ☎ 93 216 01 74), Passeig de Gràcia 41, dans la Casa Amatller, est une adresse sérieuse. Plus internationale, la boutique Cartier (carte 2, ☎ 93 488 00 62) se trouve Carrer del Consell de Cent 351. Vasari (carte 2), Passeig de Gràcia 73, est réputé pour ses bijoux en or.

Le long du Carrer de Montcada, en plein quartier des musées, sont installés plusieurs orfèvres spécialisés dans l'argent. Platamundi, sur la plaça Santa Maria del Mar propose de très jolis bijoux fantaisie en argent à des prix abordables.

LLADRÓ ET MAJORICA

Il s'agit, sans conteste, des deux marques espagnoles les plus connues. La porcelaine de Lladró est aussi recherchée que les perles de Majorica, qui la côtoient sur les présentoirs de plusieurs magasins de Barcelone. García (carte 5, ☎ 93 302 69 89), La Rambla 4, vous propose une sélection de ces deux marques.

Pour les bijoux, vous aurez davantage de choix à la boutique Majorica (carte 2, ☎ 93 416 09 06), à l'angle de l'Avinguda Diagonal et du Carrer de Còrsega.

MUSIQUE

Planet Music (carte 2, ☎ 93 451 42 88), l'un des plus grands magasins de disque, avec plus de 50 000 CD, vous accueille Carrer de Mallorca 214.

Vous trouverez plusieurs magasins spécialisés dans les labels indépendants ou des musiques particulières le long ou autour du Carrer de les Sitges, notamment sur le Carrer dels Tallers (dans El Raval), qui abrite une dizaine de boutiques de disques. Aux n°3 (musique classique), 7 et 79, Castelló (cartes 4 et 6, ☎ 93 318 20 41) est une vaste entreprise familiale qui existe depuis 1935. Avec ses sept magasins, elle totaliserait un cinquième des ventes de disques dans toute la Catalogne. Rock & Blues (carte 6, ☎ 93 412 59 86), au n°10, fait la joie des amateurs de vinyls ou d'enregistrements rares. Non loin, CD-Drome (carte 4, ☎ 93 317 46 46), Carrer de Valldonzella 3, est spécialisé dans la house-music, le hip-hop, le trip-hop etc. Daily Record (carte 6, ☎ 93 301 77 55), Carrer de Sitges 9, ne manque pas d'intérêt non plus.

Si vous appréciez la musique médiévale ou baroque, rendez-vous chez Eutherpe (carte 6, ☎ 93 412 63 05), Carrer de Elisabets 11, dans El Raval. Cette agréable boutique mêle les CD à une collection alléchante de livres d'art.

INSTRUMENTS DE MUSIQUE

Le Barri Gòtic abrite depuis 1834 New-Phono (carte 6, ☎ 93 315 12 04), Carrer Ample 37. Ce magasin, installé dans les anciennes écuries d'un hôtel de la noblesse, vend des instruments de musique de toutes marques.

PARFUMS

Regia (carte 2, ☎ 93 216 01 21), Passeig de Gràcia 55, passe pour l'une des meilleures parfumeries de la ville.

PHOTO

Arpi (carte 6, ☎ 93 301 74 04), La Rambla 38, consacre cinq étages à tout ce qui concerne l'image (fixe ou animée, vidéo comme cinéma). Il est le passage obligé pour les professionnels. Si vous recherchez du matériel d'occasion, rendez-vous au Casanova (carte 4, ☎ 93 302 73 63), Carrer de Pelai 18.

CHAUSSURES

L'Avinguda del Portal de l'Àngel, qui part de la Plaça de Catalunya (carte 6), abonde en magasins de chaussures relativement bon marché. Camper (carte 2, ☎ 93 215 63 90), Carrer de València 249, une rue donnant sur le Passeig de Gràcia, chausseur classique en Espagne, propose une bonne sélection.

SOUVENIRS

La Rambla comblera les amateurs de souvenirs et autres gadgets kitsch. Avant de sortir votre carte de crédit, allez faire un tour dans la boutique de souvenirs Barcelona Original, installée dans l'Oficina d'Informació Turisme de Barcelona, Plaça de Catalunya. Elle propose une large gamme de produits de qualité : céramiques, montres, gravures, beaux livres, etc. La plupart des grands musées et galeries d'art abritent des boutiques où vous trouverez les incontournables tee-shirts et des souvenirs plus substantiels.

OÙ ACHETER
Grands magasins

Quoi que vous recherchiez, c'est au grand magasin El Corte Inglés (carte 5, ☎ 93 306 38 00), Plaça de Catalunya, que vous avez le plus de chances de trouver. Il existe deux autres magasins du même nom, l'un Plaça de la Reina Maria Cristina, au nord-ouest de la ville, l'autre Avinguda Diagonal (tous deux carte 3).

Marks & Spencer (☎ 93 419 94 36) a ouvert ses portes Plaça de Catalunya (carte 6) et possède une succursale Avinguda Diagonal 545 (carte 3).

Quelques dizaines de mètres plus bas, Avinguda Diagonal 549, se trouve la FNAC (carte 3), spécialiste français en CD, cassettes, vidéo et librairie. Ces deux derniers magasins font partie d'une immense galerie marchande, l'Illa del Diagonal (carte 3), qui passe pour l'une des plus belles réussites architecturale depuis les jeux Olympiques.

Plaça de Catalunya, l'un des plus récents centres commerciaux de la ville, El Triangle (carte 5), a enfin ouvert ses portes. Il abrite notamment un autre magasin FNAC (carte 5).

Si vous aimez les grands centres commerciaux, le Centre de les Glòries (carte 1), près de l'énorme rond-point et de l'arrêt du métro du même nom, devrait faire votre bonheur. Il est installé dans les 250 000 m² de l'ancienne usine Hispano Olivetti. Entre deux achats, vous pourrez faire une pause à l'un de ses bars ou de ses restaurants.

Ouverture nocturne

Le concept du magasin ouvert 24h/24 n'a pas encore fait son chemin ici, mais l'enseigne madrilène VIPS, Rambla de Catalunya 5 (carte 4), ouverte de 8h à 20h du lundi au jeudi, ferme à 3h du matin le reste de la semaine. Les Barcelonais affirment toutefois qu'il ne rencontre guère de succès dans leur ville, alors qu'il fait fureur à Madrid. Le magasin 7-Eleven situé Carrer de Roger de Llúria 2 (carte 2) est ouvert tous les jours de 7h à 3h.

MARCHÉS

Le vaste marché aux puces d'Els Encants Vells ("charmes désuets"), également appelé le Fira de Bellicaire, a lieu les lundi, mercredi, vendredi et samedi de 8h à 19h (20h en été) près de la Plaça de les Glòries Catalanes (Carte 1, métro Glòries). Au début du XXᵉ siècle, il se tenait sur l'Avinguda Mistral, près de la Plaça d'Espanya, mais a été transféré en août 1928 en vue de l'Exposition universelle de 1929. Il n'est pas exclu qu'il soit de nouveau déplacé en 2002 - cette fois sur la Ronda de Dalt, à Vall d'Hebron, à la limite de la ville. Vous y trouverez de tout à des *preus de ganga* (prix de brocante).

Dans le Barri Gòtic, le marché de la Plaça de Sant Josep Oriol (jeudi et vendredi) attire les amateurs d'artisanat, celui de la Plaça Nova (jeudi) les chineurs, tandis que le dimanche matin le marché aux timbres et monnaies anciennes de la Plaça Reial (carte 6) fait le bonheur des numismates et des philatélistes. A l'extrémité ouest d'El Raval, le Mercat de Sant Antoni (carte 4, métro Sant Antoni) étale, le dimanche matin, ses stands de vieilles cartes géographiques, de timbres, de livres et de cartes postales.

Excursions

La Catalunya, région autonome dont Barcelone est la capitale, se présente sous des aspects extrêmement variés : des stations balnéaires au charme un peu tapageur comme des plages isolées au pied des falaises, des pistes de ski et des sentiers de randonnée, une multitude de petites villes et de villages où se cachent des merveilles de l'art roman ou gothique, des vestiges antiques au nord et au sud de Barcelone, ou encore une des scènes homosexuelles les plus animées d'Europe. Les suggestions ci-dessous vous donneront un aperçu des endroits accessibles lors d'excursions d'une journée au départ de la capitale catalane. Le guide *Spain* (uniquement en anglais) de Lonely Planet vous renseignera sur des destinations plus éloignées.

Les tarifs ferroviaires indiqués dans ce chapitre s'appliquent aux allers simples en seconde classe.

HÉBERGEMENT

Ce chapitre concerne des excursions d'une journée et aucun hébergement n'est indiqué. Si vous projetez de passer une ou plusieurs nuits sur place, renseignez-vous dans les offices du tourisme de chaque lieu.

Sachez que 26 établissements membres du réseau officiel d'auberges de jeunesse de la Catalunya, la Xarxa d'Albergs de Joventut, partagent une centrale de réservations (☎ 93 483 83 63, fax 93 483 83 50) au Turisme Juvenil de Catalunya, Carrer de Rocafort 116-122, Barcelone (carte 4).

Ces auberges de jeunesse vous demanderont toutes la carte Hostelling International (HI). A quelques rares exceptions près, toutes fonctionnent de manière identique : pour les moins de 25 ans et les titulaires d'une carte ISIC, la nuit avec petit déjeuner coûte 10/12/14 € en basse/moyenne/haute saison. Les autres paient respectivement 13/15,/17€. Comptez en outre 5 € pour déjeuner ou dîner et 2 € pour les draps. En rajoutant 1,80 €,

vous pourrez profiter de l'établissement durant la journée.

La Catalunya dispose d'un vaste réseau de *cases de pagès*. Il s'agit de fermes et autres habitations rurales qui procurent un hébergement de qualité assez économique à la campagne. Un guide complet de ces gîtes ruraux est à votre disposition à l'office du tourisme du Palau Robert à Barcelone.

NORD DE BARCELONE
Girona
Code postal 17080 • 71 858 habitants
La plus grande ville du Nord de la Catalunya, Girona (Gerona en castillan, Gérone en français), est située au fond d'une vallée, à 36 km de Palafrugell à l'intérieur des terres. Le centre médiéval, sur une colline qui domine le Riu Onyar de façon impressionnante, vaut à lui seul un détour.

La cité romaine de Gerunda fut fondée le long de la via Augusta, la voie qui reliait Rome à Cádiz (conservée sur une partie du trajet du Carrer de la Força, dans la cité médiévale). Prise aux Musulmans par les Francs en 797, Girona devint la capitale d'un des comtés les plus importants de Catalunya avant de passer sous la domination de Barcelone à la fin du IXe siècle.

Renseignements. Installé au sud de la vieille ville, l'office de tourisme (☎ 972 22 65 75), Rambla de la Llibertat 1, ouvre ses portes du lundi au vendredi de 8h à 20h, le samedi de 8h à 14h puis de 16h à 20h, et le dimanche de 9h à 14h.

Catedral. La superbe façade baroque de la cathédrale s'élève au sommet d'un majestueux escalier qui surplombe la Plaça de la Catedral. La plus grande partie de l'édifice remonte en fait bien plus loin dans le temps. Reconstruite et modifiée au cours des siècles, cette cathédrale possède la nef gothique la plus large d'Europe (23 m). Le musée, auquel on accède par une porte indi-

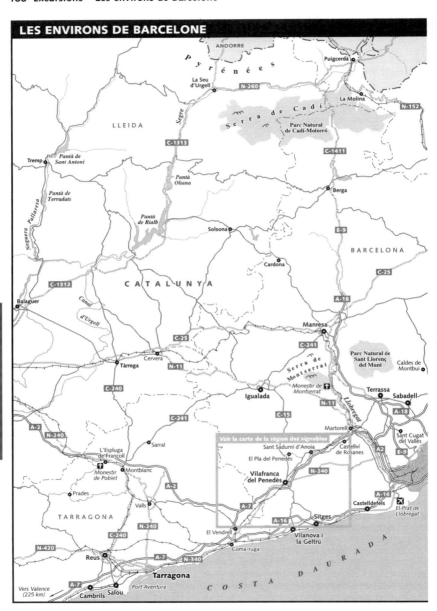

LES ENVIRONS DE BARCELONE

LES ENVIRONS DE BARCELONE

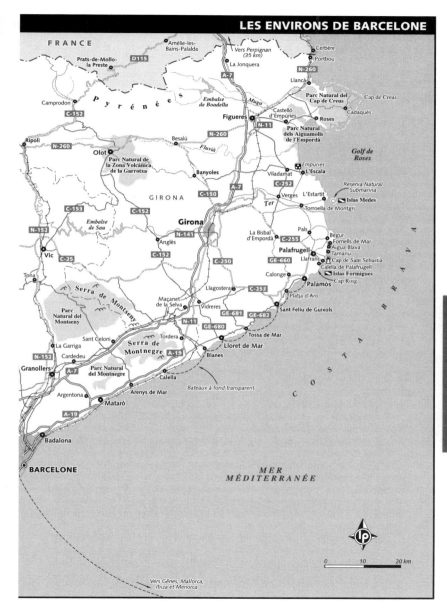

FRANCE

Amélie-les-Bains-Palalda

Vers Perpignan (35 km)

Cerbère
Portbou

Prats-de-Mollo-la-Preste

D115

La Jonquera

N-260

A-7

Llançà

Camprodon

P y r é n é e s

Embalse de Boadella

Muga

Parc Natural del Cap de Creus

Cap de Creus

Cadaqués

C-152

Figueres

Castelló d'Empúries

N-II

Roses

Ripoll

N-260

Besalú

Fluvià

N-260

Parc Natural dels Aiguamolls de l'Empordà

Golf de Roses

Olot

Parc Natural de la Zona Volcánica de la Garrotxa

Banyoles

Viladamat

Empúries

L'Escala

GIRONA

C-150

A-7

Verges

C-252

L'Estartit

Reserva Natural Submarina

Islas Medes

C-153

C-152

Ter

Torroella de Montgri

Embalse de Sau

Girona

N-141

La Bisbal d'Empordà

Pals

Begur

N-152

C-255

Fornells de Mar

Anglès

Aigua Blava

Vic

C-25

C-152

C-250

Palafrugell

Tamariu

Cap de Sant Sebastià

GE-660

Llafranc

Calella de Palafrugell

Tona

Calonge

Islas Formigues

Palamós

Cap Roig

Serra de Montseny

Llagostera

C-253

Platja d'Aro

Parc Natural del Montseny

Maçanet de la Selva

Vidreres

GE-681

GE-682

Sant Feliu de Guixols

Sant Celoni

Tordera

N-II

GE-680

Tossa de Mar

C
O
S
T
A

B
R
A
V
A

La Garriga

N-152

Cardedeu

Serra de Montnegre

A-19

Lloret de Mar

Granollers

A-7

Parc Natural del Montnegre

Blanes

Calella

Argentona

Arenys de Mar

Bateaux à fond transparent

Mataró

A-19

Badalona

BARCELONE

MER MÉDITERRANÉE

0   10   20 km

Vers Gênes, Mallorca, Ibiza et Menorca

EXCURSIONS

quant "Claustre Tresor", abrite une pièce exceptionnelle, le *Tapís de la Creació* (la tapisserie de la Création). Les 3 € demandées à l'entrée du musée permettent de visiter également le magnifique cloître roman du XIIe siècle.

Autres curiosités. Voisin de la cathédrale, installé dans le Palau Episcopal édifié entre le XIIe et le XVIe siècles, le **Museu d'Art** abrite une collection allant de sculptures sur bois romanes à des peintures du début du XXe siècle. Il est ouvert du mardi au samedi de 10h à 18h (jusqu'à 19h en été), et les dimanches et jours fériés de 10h à 14h (entrée 1,80 €).

Seconde plus belle église de Girona, l'**Església de Sant Feliuà** est située en contrebas de la cathédrale. La façade principale du XVIIIe siècle, dominée par un fin clocher gothique (classé), donne sur la Plaça de Sant Feliu, mais l'entrée se fait sur le côté. La nef fut commencée au XIIIe siècle. Sur la base romane sont venus se greffer les étages supérieurs gothiques, du XIVe au XVIe siècle.

Bien qu'inspirés des anciennes maisons de bains musulmanes et romaines, les **Banys Àrabs** (bains arabes), Carrer de Ferran Catòlic, ont en fait été construits dans le style roman par les chrétiens au XIIe siècle. En été, ils sont ouverts du mardi au samedi de 10h à 19h, les dimanche et jours fériés de 10h à 14h ; le reste de l'année, on y accède du mardi au dimanche de 10h à 14h (entrée 1,20 €).

Face aux Banys Àrabs, un escalier mène aux ravissants jardins qui longent les remparts de la ville jusqu'à la porte du XVIIIe siècle, Portal de Sant Cristòfol, d'où vous pouvez redescendre vers la cathédrale. Ce raccourci s'appelle le **Passeig Arqueològic**.

De l'autre côté du modeste Riu Galligants, le **Monestir de Sant Pere de Galligants,** monastère roman des XIe et XIIe siècles, renferme un autre joli cloître. Le monastère abrite le Museu Arqueològic de Girona, ouvert du mardi au samedi de 10h30 à 13h30 et de 16h à 19h (en hiver de 10h à 14h et de 16h à 18h), ainsi que les dimanches et jours fériés de 10h à 14h (entrée 1,80 €).

Jusqu'en 1492, Girona a abrité la seconde communauté juive du Moyen Age (après Barcelone). Le **quartier juif** (Call) avait pour cœur le Carrer de la Força. Pour avoir une idée de ce qu'étaient la vie et la culture juives à cette époque, allez visiter le **Centre Bonastruc Ça Porta**, auquel on accède par une étroite ruelle en haut du Carrer de la Força. Il doit son nom à l'une des personnalités juives les plus illustres du XIIIe siècle, un philosophe mystique de la Cabbale. Composé d'un labyrinthe de salles et d'escaliers autour d'une cour, le centre organise des expositions et dispose d'un café. Il est ouvert du lundi au samedi de 10h à 20h (jusqu'à 18h en hiver), les dimanches et jours fériés de 10h à 15h (entrée 1,20 €).

Il est possible de se promener sur les remparts de la ville en empruntant le **Passeig de la Muralla** à partir de la Plaça de Josep Ferrater i Mora, située au sud du bâtiment de l'Universitat de Girona en haut de la vieille ville, qui mène à la Plaça del General Marvá, près de la Plaça de Catalunya.

Où se restaurer. Un grand choix de tapas à partir de 2 € est proposé au *Tapa't (Carrer de la Cort Reial)*. *La Polenta (Carrer de la Cort Reial 6)* est un restaurant végétarien, offrant des plats à moins de 8 €.

Excellente adresse, le *Zanpanzar (☎ 972 21 28 43, Carrer de la Cort Reial 10-12)*, petite taverne basque, est généralement bondé. Les habitués viennent se régaler de *pintxos* (tapas basques) et de succulentes spécialités de viande. Pour terminer en beauté, commandez une *goxua intxaursaltsarekin*, tarte basque faite de biscuit, de pommes et d'une exceptionnelle crème aux noisettes. Comptez environ 18 € par personne.

La Crêperie Bretonne (☎ 972 21 81 20, Carrer de la Cort Reial 14) est la petite sœur d'un restaurant populaire de Perpignan, dans le Sud de la France. Difficile de résister aux savoureuses crêpes sucrées, servies jusqu'à minuit tous les jours sauf le dimanche.

Avec son escalier, qui figure parmi les plus pittoresques de la vieille ville, le *Café Le Bistrot (☎ 972 21 88 03, Pujada de Sant Domè-*

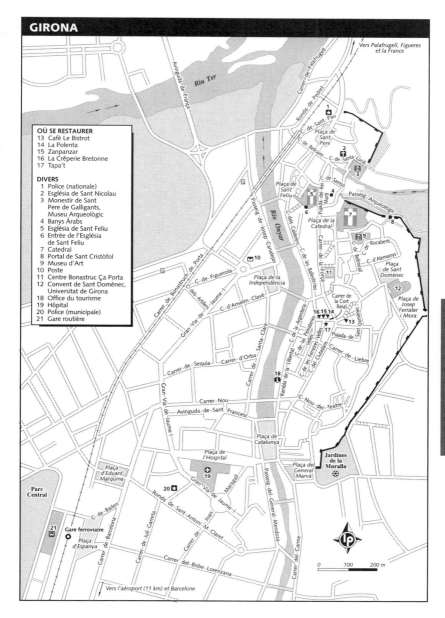

GIRONA

OÙ SE RESTAURER
13 Cafè Le Bistrot
14 La Polenta
15 Zanpanzar
16 La Crêperie Bretonne
17 Tapa't

DIVERS
1 Police (nationale)
2 Església de Sant Nicolau
3 Monestir de Sant
   Pere de Galligants,
   Museu Arqueològic
4 Banys Àrabs
5 Església de Sant Feliu
6 Entrée de l'Església
   de Sant Feliu
7 Catedral
8 Portal de Sant Cristòfol
9 Museu d'Art
10 Poste
11 Centre Bonastruc Ça Porta
12 Convent de Sant Domènec,
   Universitat de Girona
18 Office du tourisme
19 Hôpital
20 Police (municipale)
21 Gare routière

EXCURSIONS

nec) est un lieu magique. Dans une atmosphère vaguement bohême, vous dégusterez salades, *pizzes de pagès* (petites pizzas à base de pain) et crêpes pour 3 à 4,50 €.

Comment s'y rendre. Les Barcelona Bus (☎ 972 20 24 32) relient l'Estació del Nord de Barcelone (1 heure 15, 8,75 €) et Figueres (50 minutes, 3,50 €) de trois à sept fois par jour. Les bus de la compagnie SARFA (☎ 972 20 17 96) desservent la plupart des villes de la Costa Brava.

Girona est située sur la ligne de train qui relie Barcelone à Portbou, à la frontière française, en passant par Figueres. Une vingtaine de trains desservent chaque jour Figueres (de 30 à 40 minutes, 2 à 2,30 €) et Barcelone (1 heure 30, de 4,75 à 5,50 €). Une quinzaine de train circulent tous les jours jusqu'à Portbou et/ou Cerbère (3,10 à 3,60 €).

Figueres
Code postal 17600l • 33 600 habitants
A 40 km au nord de Girona par l'autopista A-7, Figueres (Figueras) est associée à un nom : celui de Salvador Dalí. Dans cette ville où il naquit, l'artiste créa, dans les années 60 et 70, l'extraordinaire Teatre-Museu Dalí.

Renseignements. L'office du tourisme (☎ 972 50 31 55), installé sur la Plaça del Sol, est ouvert du lundi au samedi de 9h à 21h et le dimanche de 9h à 15h, de juin à mi-septembre ; le reste de l'année, du lundi au vendredi de 9h30 à 15h de 16h30 à 19h30, et le samedi de 9h30 à 13h30 et de 15h30 à 19h30.

Teatre-Museu Dalí. Salvador Dalí est né en 1904 à Figueres où il a effectué sa scolarité. Bien que sa carrière l'ait entraîné par la suite à Madrid, à Barcelone, à Paris et aux États-Unis, il est toujours resté fidèle à ses racines et a passé plus de la moitié de sa vie à Port Lligat, sur la côte, près de Cadaqués, à l'est de Figueres. Entre 1961 et 1974, Dalí a reconverti l'ancien théâtre municipal, dévasté par un incendie à la fin de la guerre civile, en Teatre-Museu Dalí.

Dès l'extérieur, le bâtiment est assez surprenant : une collection de sculptures insolites est installée à l'entrée, sur la Plaça de Gala i Salvador Dalí, et sur le mur rose qui longe la Pujada del Castell est alignée une rangée de formes ovales oniriques et de figures féminines.

A l'intérieur, le rez-de-chaussée (niveau 1) comprend un jardin semi-circulaire, sur l'emplacement des anciens fauteuils d'orchestre. Au centre trône un petit chef-d'œuvre de bizarrerie, intitulé *Taxi Plujós* (Taxi pluvieux), qui se compose d'une vieille Cadillac – censée avoir appartenu à Al Capone –, et d'un entassement de pneus de tracteur surmonté d'une statue, sur laquelle est posé un bateau de pêche en équilibre précaire. Si vous mettez une pièce dans la fente, de l'eau envahit l'habitacle de la voiture.

La Sala de Peixateries (la salle des Poissons) renferme une collection de peintures à l'huile de Dalí, notamment les célèbres *Autoretrat tou amb tall de bacon fregit* (Autoportrait mou avec bacon frit) et *Retrat de Picasso* (Portrait de Picasso). Au pied de l'ancienne scène de théâtre s'ouvre la crypte qui abrite la tombe du maître.

La partie correspondant à la scène (niveau 2) est coiffée d'un dôme géodésique en verre. Dalí en a fait sa chapelle Sixtine. L'immense toile de fond – œuf, tête, rochers, arbres, – faisait partie du décor qu'il réalisa pour un ballet – contribuer aux arts du spectacle fut un de ses grands soucis. Preuve s'il en faut de son sens aigu de l'absurde, la toile *Gala mirando el Mar Mediterráneo* (Gala regardant la Méditerranée) n'est autre qu'un portrait d'Abraham Lincoln si on la regarde à travers l'une des longues vues (à pièces) installées à l'autre bout de la salle.

Un étage plus haut (niveau 3), vous traverserez la salle Mae West, un salon dont les divers éléments, considérés sous un certain angle, dessinent un portrait de l'actrice – un sofa pour les lèvres, deux cheminées en guise de narines et deux peintures impressionnistes pour les yeux.

Autres curiosités. Le **Museu de l'Empordà**, qui rassemble des découvertes archéologiques issues des civilisations grecque, romaine et médiévale et une vaste

Le flamenco peut aussi s'admirer à Barcelone

Quand la bière est tirée…

Quand le soleil se couche, la fête commence

Méfiez-vous de la traîtresse sangría !

Les mélomanes se pressent au Gran Teatre del Liceu

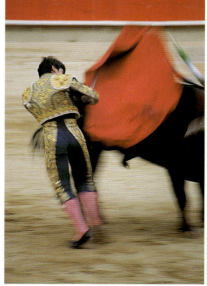

Belle *faena*, exécutée Plaça de Braus Monumental

Lèche-vitrines sur les grands boulevards de l'Eixample

Céramiques catalanes

Gourmands, sus aux Xocolaterias !

Dans les boutiques de luxe, vous pourrez choisir parmi plus de 100 types de *cava* différents

collection d'œuvres d'art, se trouve Rambla 2. De mi-juin à mi-septembre, il ouvre du mardi au samedi de 11h à 19h, les dimanches et fêtes de 10h à 14h ; le reste de l'année, il ouvre du mardi au samedi de 11h à 13h30 et de 15h à 19h, et le dimanche de 11h à 13h30. L'entrée coûte 1,80 €.

Le Museu de Joguets, Rambla 10, est le seul musée du jouet d'Espagne. Il abrite plus de 3 500 jouets fabriqués en Catalunya et à Valence, depuis l'ancêtre de la Barbie, apparue au XIXᵉ et début du XXᵉ. Il ouvre toute l'année sauf de mi-janvier à fin février du lundi au samedi de 10h à 13h et de 16h

à 19h (sauf le mardi), le dimanche et les jours fériés de 11h à 13h30 (et de 17h à 19h de juillet à septembre). L'entrée coûte la coquette somme de 4,50 €.

Vous pouvez également visiter l'impressionnant **Castell de Sant Ferran,** construit au XVIIIᵉ siècle, qui se dresse sur une petite colline à 1 km au sud-ouest du centre.

Où se restaurer. Le Carrer de la Jonquera, au bas de l'escalier qui descend à l'est du Teatre-Museu Dalí, abonde en restaurants bon marché, dont le **_Restaurant España (n°20)_**, le Restaurant Versalles

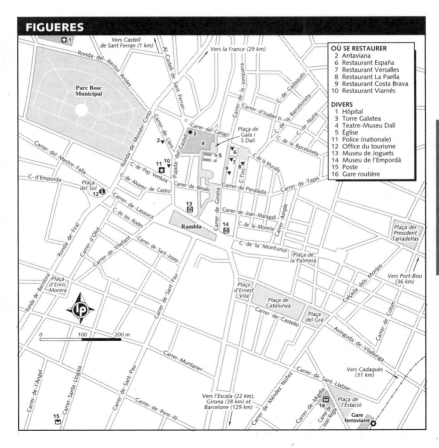

FIGUERES

OÙ SE RESTAURER
2 Antaviana
6 Restaurant España
7 Restaurant Versalles
8 Restaurant La Paella
9 Restaurant Costa Brava
10 Restaurant Viarnés

DIVERS
1 Hôpital
3 Torre Galatea
4 Teatre-Museu Dalí
5 Église
11 Police (nationale)
12 Office du tourisme
13 Museu de Joguets
14 Museu de l'Empordà
15 Poste
16 Gare routière

EXCURSIONS

(n°18) et le *Restaurant Costa Brava (n°10)*, qui proposent de classiques menús (entrée-plat-dessert) à partir de 7 €. Le *Restaurant La Paella*, situé deux rues plus à l'est, sur Carrer de Tins, sert un menú à 7,50 €. Vous ne ferez pas d'expériences culinaires inoubliables, mais vous mangerez vite et simplement.

Dans sa cuisine locale traditionnelle, le *Restaurant Viarnés (☎ 972 50 07 91, Pujada del Castell 23)* met l'accent sur les produits de la mer. Les plats de résistance vont de 9 à 15 €. Tout proche, l'*Antaviana (☎ 972 51 03 77, Carrer de Llers 5)* se consacre comme beaucoup d'autres aux spécialités méditerranéennes. Il propose un menu à 7,25 € à l'heure du déjeuner.

Comment s'y rendre. Les Barcelona Bus (☎ 972 50 50 29) relient Girona (50 minutes, 3 €) sept fois par jour et Barcelone (2 heures 15, 10,50 €) six fois dans la journée.

Figueres se trouve sur la ligne de chemin de fer Barcelone-Girona-Portbou, à la frontière française. La ville est donc régulièrement reliée à Girona (30 à 40 minutes, 2 à 2,30 €) et à Barcelone (2 heures 15, 6,75 à 7,75 €).

Costa Brava

La belle et sauvage Costa Brava s'étend de Blanes (60 km environ au nord-est de Barcelone) à la frontière française. Bien qu'une partie du littoral soit envahie par des stations balnéaires vraiment affreuses – gorgées de touristes en mal de soleil, de plage et de boissons (Lloret de Mar est l'exemple type à éviter) –, plusieurs endroits tout à fait délicieux ont été préservés.

Si vous disposez d'un véhicule, vous pourrez choisir n'importe quelle station balnéaire le long de la côte pour y passer une journée. Les voyageurs qui utilisent les transports en commun trouveront probablement plus sage de prévoir un minimum d'une nuit sur place. N'oubliez pas que juillet et août sont les mois les plus courus, et qu'il est alors difficile de se loger.

Tossa de Mar. Marc Chagall l'appelait "le Paradis bleu". Ce petit village blanc niché au fond d'une baie, que délimite une péninsule protégée par des remparts et des tours du Moyen Age, est la première escale vraiment agréable sur la route de la Costa Brava. En été, des bateaux à fond transparent vous emmèneront dans de petites criques aux plages enchanteresses, disséminées au nord et au sud de la Platja Gran (la grand-plage).

La gare routière est toute proche de la Plaça de les Nacions sense Estat (Place de la Nation sans État), à deux pas de l'office de tourisme (☎ 972 34 01 88).

Près de l'église, dans la vieille ville, le *Restaurant Marina* (☎ 972 34 07 57, Carrer de Tarull 6) propose un assez bon menú à 8,50 €, ainsi que des formules, comprenant par exemple poulet, frites, salade et bière pour 3 €. Plus haut dans la même rue, au n°5, le *Es Molí* (☎ 972 34 14 14) sert une cuisine locale plus raffinée. A la carte, figurent crevettes roses et fideuá (sorte de paella à base de pâtes), à déguster dans un patio ombragé. Les menús sont à 16,25 €, mais il en existe une version gastronomique à 29 €.

SARFA (☎ 972 34 09 03) assure dix liaisons quotidiennes depuis/vers l'Estació del Nord de Barcelone (1 heure 15, 6,50 €). En été, vous pouvez voyager par le rail et emprunter les *rodalies/cercanías* jusqu'à Blanes (voir le chapitre Comment circuler), puis prendre un bateau jusqu'à Tossa. Les compagnies maritimes Crucetours (☎ 972 37 26 92), Viajes Marítimos (☎ 608 93 64 76) et Dolfi-Jet (☎ 972 37 19 39) effectuent cette traversée.

Palafrugell et ses environs. La côte qui s'étire de part et d'autre de Palafrugell est l'une des plus spectaculaires de la Costa Brava. Vous découvrirez plusieurs petites stations balnéaires discrètes et charmantes. Situé légèrement à l'intérieur des terres, Palafrugell concentre tous les moyens de transport de la région. De là, vous pourrez rejoindre **Calella de Palafrugell**, **Llafranc**, **Tamariu**, **Aigua Blava** et **Fornells de Mar**.

Les bus SARFA (☎ 972 30 06 23) partent jusqu'à neuf fois par jour (un peu plus l'été) de l'Estació del Nord de Barcelone (2 heures, 10 €) en direction de Palafrugell. Vous pouvez également passer par Girona et prendre une correspondance.

En été, des bus relient toutes les 30 minutes Palafrugell à Calella et à Llafranc. Mais seuls trois ou quatre bus desservent chaque jour Tamariu.

Pour gagner les autres plages, vous devrez d'abord vous rendre à Begur. Trois des services Barcelone-Palafrugell poursuivent leur route jusqu'à Begur.

Fornells de Mar et Aigua Blava. Un service de Bus Platges (bus des plages) fait la navette entre Plaça de Forgas, à Begur, Fornells et Aigua Blava, de fin juin à mi-septembre.

L'Escala et Empúries. L'Escala est une plaisante station balnéaire de taille moyenne qui s'étend sur le rivage sud du Golf de Roses, près de l'ancienne ville d'Empúries (Ampurias en castillan).

Fondée aux alentours de 600 av. J.-C., Empúries fut probablement la première, et en tout cas l'une des plus importantes colonies grecques de la péninsule ibérique. La colonie prit le nom d'Emporion, qui signifie "comptoir maritime". En 218 av. J.-C., des légions romaines accostèrent sur la péninsule afin de bloquer l'avancée des armées de ravitaillement d'Hannibal au cours de la Seconde Guerre punique. Au début du Ier siècle de notre ère, les établissements grecs et romains fusionnèrent pour constituer Emporiae, comme on l'appelait alors. Elle fut désertée à la fin du IIIe siècle, après l'invasion des tribus germaniques. Plus tard, une basilique et un cimetière paléochrétiens ont occupé l'ancien emplacement de la ville grecque. Par la suite, après une existence de plus d'un millénaire, le site a complètement disparu. Ce n'est qu'au tournant du XXe siècle que les archéologues ont découvert ce très important site antique.

La plupart des vestiges exhumés aujourd'hui ne dépassent pas la hauteur du genou. Il vous faudra donc un peu d'imagination – et peut-être l'aide d'un commentaire enregistré (1,80 € au guichet des billets) – pour savourer pleinement l'intérêt du site.

De juin à septembre, le site est ouvert de 10h à 20h. On peut s'y rendre à pied en passant par la promenade qui longe le front de mer en face des ruines – suivez la côte en partant de L'Escala. Le reste du temps, le site ferme à 18h. La seule façon d'y accéder est de venir en voiture par la route de Figueres, à 1 km environ du centre de L'Escala. L'entrée coûte 2,40 €.

L'Escala est réputée pour ses *anchoas* (anchois) et ses poissons. Les restaurants du front de mer pratiquent des tarifs conséquents. Si votre bourse vous le permet, essayez **Els Pescadors** (☎ 972 77 07 28, *Port d'En Perris 5*), sur la baie à l'ouest de La Platja (5 minutes à pied), qui prépare de fameux poissons et fruits de mer cuits au four ou au grill, du *suquet (casserole de fruits de mer)* et différents plats de riz. Il vous en coûtera de 18 € à 24 € par personne, à moins que vous n'optiez pour le menú del día à 13,25 €. **L'Olla** et le **Volanti**, également sur Port d'en Perris, proposent des pizzas coûtant de 4,20 € à 5,70 €.

En semaine, la compagnie SARFA affrète un bus quotidien au départ de Barcelone (*via* Palafrugell (1 heures 30) et trois le dimanche. Cinq services desservent quotidiennement Figueres (50 minutes) et deux Girona (1 heure).

Cadaqués. L'extrémité septentrionale de la Costa Brava présente un aspect plus sauvage et, pour certains, plus impressionnant encore que son littoral sud. Le village blanc de Cadaqués s'étend presque démesurément. C'est un lieu à ne pas manquer. Salvador Dalí a effectué ici de longs séjours – ainsi qu'à Port Lligat, tout proche – et drainé dans son sillage de nombreuses personnalités.

Le joli centre-ville mérite qu'on s'y attarde. Vous trouverez en outre quelques musées exploitant le thème Dalí. Ainsi, à vingt minutes de marche de Cadaqués, à Port Lligat, vous pourrez visiter la **Casa Museu Dalí**. Il faut cependant réserver (☎ 972 25 80 63), ce qui vous donne droit à trente minutes en compagnie (obligatoire) d'un guide. La maison est ouverte de mi-juin à mi-septembre de 10h30 à 21h, le reste de l'année du mardi au dimanche de 10h30 à 18h. Fermée de mi-janvier à mi-mars. L'entrée coûte 7,80 € (4,80 € pour les étudiants et les seniors).

Le *Restaurant Es Racó* (☎ *972 15 94 80, Carrer del Dr Callis 3*) prépare une bonne parrillada de pescado (assortiment de poissons grillés) à 13,25 € par personne. Le balcon, qui donne sur la partie ouest de la plage, bénéficie d'une brise agréable.

Dans un petit patio paisible proche du Carrer del Call, *La Sirena* (☎ *972 25 89 74*) offre un cadre romantique. Le joli décor bleu et blanc imprime au lieu une atmosphère typiquement méditerranéenne. L'établissement ferme le jeudi, sauf en pleine saison.

La SARFA (☎ *972 25 87 13*) assure la liaison par bus avec Barcelone (2 heures 15, 13,25 €) deux à cinq fois par jour.

OUEST DE BARCELONE
Montserrat

Le Montserrat (la "montagne en dents de scie"), 50 km au nord-ouest de Barcelone, culmine à 1 236 m. Cet ensemble de colonnes rocheuses doit ses formes vraiment curieuses à l'érosion (vent, pluie et gel combinés). Il y a bien longtemps, ces conglomérats de calcaire, de cailloux et de sable se trouvaient sous la mer. Le Benedictine Monastir de Montserrat, perché à 725 m à flanc de montagne, est l'un des hauts lieux de pèlerinage de Catalunya. On y vient aisément et avec grand plaisir de Barcelone pour la journée.

La façon la plus spectaculaire d'y accéder est de prendre le téléphérique, qui se balance très haut au-dessus de la vallée du Llobregat, à la gare de Montserrat-Aeri, que desservent régulièrement des trains venant de Barcelone. Par temps clair, vous apercevrez du sommet les Pyrénées, le mont Tibidabo à Barcelone et même, si vous avez de la chance, l'île de Mallorca. La température est souvent nettement plus fraîche à Montserrat qu'à Barcelone.

Orientation et renseignements. Le téléphérique partant de la gare de Montserrat-Aeri arrive juste en dessous du monas-

tère. L'office du tourisme (☎ 93 877 77 77), situé sur la route qui passe au-dessus de la gare, est ouvert tous les jours de 10h à 18h, et procure gratuitement une brochure intéressante sur la montagne et le monastère. Au-delà de ce point, une route secondaire descend vers la gare du Funicular de Sant Joan. La route principale la contourne en montant vers la droite, passe devant les bâtiments de Cel.les (où il est possible de passer la nuit) et débouche sur la Plaça de Santa Maria, au centre du monastère.

Monestir de Montserrat. Le monastère a été fondé en 1025 afin de commémorer une apparition de la Vierge au sommet de la montagne. Dévasté par les troupes de Napoléon en 1811, puis abandonné dans les années 1830 au moment de la sécularisation des biens de l'Église, il a été reconstruit à partir de 1858. Aujourd'hui, le monastère abrite une communauté d'environ 80 moines. De nombreux pèlerins viennent de très loin vénérer la Vierge noire (La Morenata), une vierge romane à l'enfant du XIIᵉ siècle. La Morenata est la sainte patronne de la Catalunya depuis 1881.

Sur la Plaça de Santa Maria, le **Museu de Montserrat**, composé de deux parties, renferme une très belle collection, notamment une momie égyptienne, des retables gothiques ainsi que des peintures d'El Greco, de Monet, de Degas et de Picasso. Il est ouvert tous les jours de 9h30 à 18h (entrée 3,60 €, 2,40 € au tarif étudiant).

De la Plaça de Santa Maria, vous entrerez dans la cour de la **basilica** du XVIᵉ siècle, l'église du monastère. Malgré sa maçonnerie en plâtre typique du XVIᵉ siècle, la façade, ornée de sculptures du Christ et des douze apôtres, date de 1900. Vous pourrez faire la queue pour admirer l'image de la Vierge noire, placée au-dessus du maître-autel. Il faut pour cela suivre les panneaux menant au Cambril de la Mare de Déu, à droite de l'entrée principale de la basilique. L'église ouvre tous les jours de 9h à 20h (de 8h à 20h le dimanche) de juillet à septembre, mais ferme généralement plus tôt le reste de l'année.

Le **Chœur d'enfants de Montserrat**, la fameuse Escolania, connue pour être la plus ancienne école de musique en Europe, chante dans la basilique du lundi au samedi à 13h et à 19h, et le dimanche à 13h, sauf en juillet. L'église se remplit rapidement, aussi est-il préférable d'arriver en avance. C'est un moment exceptionnel, dans la mesure où la chorale se produit rarement en dehors de Montserrat – cinq concerts par an et une tournée mondiale tous les deux ans.

En ressortant, allez jeter un coup d'œil dans la salle située de l'autre côté de la cour, en face de l'entrée de la basilique : elle rassemble les divers ex-voto déposés par les fidèles qui attribuent les heureux événements de leur vie à l'intervention de la Vierge de Montserrat. Vous y verrez aussi bien des moulages en plâtre que des robes de mariée.

La montagne. Vous pourrez explorer les hauteurs qui surplombent le monastère en empruntant le réseau de sentiers qui mènent à différents sommets et à treize ermitages aujourd'hui désertés et en assez mauvais état. Le **Funicular de Sant Joan** (3,50/5,60 € l'aller simple/l'aller-retour) vous emmènera à 250 m au-dessus du monastère. Si vous préférez marcher, la route qui passe devant la gare inférieure du funiculaire vous conduira en serpentant jusqu'à la gare supérieure en 1 heure environ (3 km).

De la gare supérieure de Sant Joan, il faut compter 20 minutes à pied (le chemin est signalisé) jusqu'à l'**ermitage Sant Joan** qui offre une vue splendide vers l'ouest. Il est néanmoins plus intéressant d'envisager une randonnée d'une heure en direction du nord-ouest, le long d'un sentier balisé ici et là par des marques de peinture jaune. Ce chemin vous mènera jusqu'au plus haut sommet, **Sant Jeroni**, bordé au nord par un précipice abrupt et impressionnant. Vous franchirez plusieurs crêtes et observerez de près quelques piliers rocheux aux formes étranges. Plusieurs d'entre eux ont reçu un surnom : en montant vers Sant Jeroni, vous verrez sur votre droite La Prenyada (la femme enceinte), La Mòmia (la momie), L'Elefant (l'éléphant), le phallique Cavall Bernat, et El Cap de Mort (la tête de mort).

Comment s'y rendre. Un bus de la compagnie Julià (☎ 93 490 40 00) part tous les jours de l'Estació d'Autobusos de Sants à Barcelone. Le départ a lieu à 9h (à 8h en juillet et en août). Le retour se fait à 17h (8,40 € l'aller-retour).

Une autre solution combine train et funiculaire. Les trains FGC desservent Montserrat-Aeri au départ de la gare de Plaça d'Espanya, à Barcelone, jusqu'à 18 fois par jour. Préférez le train R5. Le billet aller-retour, à 11,50 €, comprend le trajet en funiculaire entre la gare de Montserrat-Aeri et le monastère, assuré toutes les 15 minutes environ du lundi au samedi de 9h25 à 13h45 et de 15h à 18h45. Comptez un peu plus d'une heure en tout. Le funiculaire seul revient à 3,80/5,75 € (aller simple/aller-retour).

Les FGC proposent plusieurs formules, dont un aller-retour à 16,90 € incluant le train, le téléphérique jusqu'à Montserrat-Aeri et retour, deux trajets en métro et un accès illimité aux funiculaires. Pour 24,75 €, vous bénéficierez de tout cela, ainsi que d'une entrée au musée et d'un modeste dîner dans un restaurant self-service.

La route la plus directe pour venir en voiture de Barcelone passe par l'Avinguda Diagonal, la Via Augusta, le Túnel de Vallvidrera et la A--18. Il faut ensuite tourner juste après Terrassa, pour emprunter la BP-1213 sur 18 km vers le nord-est. Au croisement avec la C-1411, obliquez sur cette route pour Monistrol de Montserrat, à 2 km. De là, une route monte au monastère en serpentant sur 7 km.

La région des vignobles (Alt Penedès)

Quelques-uns des meilleurs vins d'Espagne proviennent de la région située autour des villes de Sant Sadurní d'Anoia et de Vilafranca del Penedès. A une demi-heure de train à l'ouest de Barcelone, Sant Sadurní d'Anoia est la capitale du *cava*, le "champagne" espagnol. Vilafranca del Penedès, 12 km plus au sud, est le berceau du Penedès DO, un vin blanc léger remarquable. Plusieurs caves ouvrent leurs portes aux visiteurs – la dégustation d'un verre de vin est souvent comprise dans la visite, et il est possible d'acheter des bouteilles sur place. Les visites

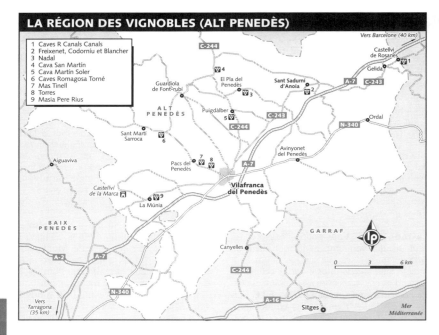

LA RÉGION DES VIGNOBLES (ALT PENEDÈS)

1 Caves R Canals Canals
2 Freixenet, Codorníu et Blancher
3 Nadal
4 Cava San Martín
5 Cava Martín Soler
6 Caves Romagosa Torné
7 Mas Tinell
8 Torres
9 Masia Pere Rius

se faisant en général à la demande, il est nécessaire d'appeler à l'avance pour réserver.

Pour savoir où vous adresser avant de vous embarquer dans une grande tournée des caves, reportez-vous à la rubrique *Vilafranca del Penedès*, un peu plus loin.

Sant Sadurní d'Anoia. Une centaine de caves des environs de Sant Sadurní produisent chaque année 140 millions de bouteilles de cava – ce qui représente approximativement 85% de la production nationale. Le cava, dont la méthode de fabrication est la même que le champagne français, gagne peu à peu du terrain sur les marchés internationaux. D'après les producteurs catalans, les exportations auraient même augmenté de 30% en 1997 ! Si vous passez dans la région en octobre, vous pourrez profiter de la Mostra de Caves i Gastronomia, une fête du cava et des produits gastronomiques qui se tient tous les ans depuis 1997. C'est l'occasion de goû-

ter les vins d'un grand nombre de caves concurrentes.

Vilafranca del Penedès. Plus grande que Sant Sadurní, Vilafranca est en outre beaucoup plus intéressante. L'office du tourisme (☎ 93 892 03 58), Plaça de la Vila, vous accueille du mardi au vendredi de 9h à 13h et de 16h à 19h, ainsi que le samedi de 10h à 13h (en été, il ouvre également le samedi de 17h à 20h et le dimanche de 10h à 13h). C'est un bon endroit pour se renseigner sur les caves des alentours. Le personnel vous indiquera plusieurs adresses en dehors des grands producteurs, ce qui vous permettra de voir comment sont faits les vins et le cava et de déguster un verre ou deux à la fin de la visite.

Vous pourrez aussi acheter une brochure, *L'Alt Penedès* (5 €), qui répertorie l'ensemble des caves de la région ouvertes au public.

La Celler Cooperatiu Vilafranca del Penedès (☎ 93 817 10 35), Carrer del Bisbe

Du bon usage de l'étiquette

Si l'appellation DO (*denominación de origen*) figure sur l'étiquette de votre bouteille, vous allez boire à coup sûr un vin de bonne qualité. Elle est réservée aux vignobles qui ont réussi à maintenir une qualité constante sur une longue période. En Catalunya, neuf régions viticoles bénéficient de l'appellation DO. Seuls quelques vins de La Rioja, la plus grande région vinicole d'Espagne, ont droit à une appellation de catégorie supérieure – DOC, ou *denominación de origen calificada*. Néanmoins, ces appellations ne sont à prendre qu'à titre indicatif car il arrive qu'elles ne figurent pas sur d'excellents vins.

Citons par ordre décroissant les catégories inférieures : *denominación de origen provisional* (DOp), *vino de la tierra*, *vino comarcal* et *vino de mesa* (vin de table ordinaire).

Le *vino joven* est un vin à boire immédiatement, alors que le *vino de crianza* est à faire vieillir un certain temps. La *reserva* doit avoir séjourné en cuve un minimum de trois ans pour un vin rouge et de deux ans pour un blanc ou un rosé. On accorde l'appellation *gran reserva* à des crus particulièrement savoureux. Ces vins, rouges pour la plupart, doivent avoir passé au moins deux années en cuve et trois en bouteille.

Les neuf crus catalans portant l'appellation DO proviennent de différentes régions. Néanmoins, la région de Penedès produit chaque année à elle seule presque 2 millions d'hectolitres. Les huit autres vignobles bénéficiant de l'appellation DO – qui s'étendent depuis Empordá, vers Figueres au nord, jusqu'à la Terra Alta autour de Gandesa au sud-ouest – réalisent ensemble une production équivalant plus ou moins à la moitié de celle de Penedès.

Le gouvernement régional catalan a décidé en 1998 d'introduire une nouvelle appellation plus générique, VCPRD (*vinos de calidad producidos en una región determinada* ou vins de qualité produits dans une région déterminée) pour qu'une plus grande souplesse d'appellation permette de concurrencer les importations. En effet, les règles actuelles rendent quasiment impossible le mélange de variétés de raisins de zones différentes.

Comme toujours, les choses sont plus compliquées qu'il paraît. Certains grands producteurs étaient favorables à un tel changement, tandis que d'autres ont lutté contre d'arrache-pied, affirmant que les petits viticulteurs en feraient les frais, écrasés qu'ils seraient sous une avalanche de médiocrité générique. La polémique a mis l'industrie viticole catalane en ébullition et les affaires ne cessent de se succéder devant les tribunaux, mettant en cause des pratiques frauduleuses, la production d'un cava de qualité médiocre sous des noms connus et autres malversations. L'initiative du VCPRD a été également soumise à la justice qui, apparemment peu sensible aux arguments relatifs à la qualité des vins de Catalunya, a décidé de donner le feu vert à l'appellation.

Ses partisans sont convaincus qu'elle n'affectera en rien la qualité, mais qu'elle fournira en revanche aux viticulteurs catalans la marge de manœuvre dont disposent leurs concurrents australiens et californiens. La nouvelle réglementation n'était pas encore en vigueur à l'heure où nous écrivions ces lignes.

Pour obtenir des informations en ligne sur le cava et les vins catalans, tapez www.interceller.com (site en catalan et en castillan). De là, vous pourrez ensuite explorer différents liens vers des sites traitant de sujets apparentés ou les sites de petits producteurs.

EXCURSIONS

A l'ombre du vieux chêne

En 1498, lorsque Javier Codorníu acheta la terre sur laquelle il allait planter les premières vignes de Sant Sadurní d'Anoia, son domaine ne comportait en tout et pour tout qu'un vieux chêne centenaire.

Au cours des siècles suivants, nombre d'affaires traitées dans les environs vinrent se conclure solennellement à l'ombre du vieil arbre gigantesque. On raconte qu'une poignée de main échangée sous sa frondaison devant témoins était alors la plus solide garantie qu'on pût espérer.

A l'époque où le premier cava fut mis en bouteilles, en 1872, le chêne était devenu le symbole du domaine de Can Codorníu et de la famille Raventós i Blanc qui le dirige aujourd'hui. Pour Manuel Raventós, petit-fils du premier producteur de cava sur le domaine, protéger le vieux chêne a pris le pas sur le métier de viticulteur. Six cents ans ont passé, et non seulement le vieux chêne majestueux de Can Codorníu est en excellente santé, mais il continue à pousser !

Morgades 18-24, est une bonne adresse pour vous familiariser avec les vins locaux. Elle se trouve à cinq minutes à pied de l'office du tourisme.

Une rue au nord de l'office du tourisme, la **Basilica de Santa Maria,** en grande partie gothique, fait face au **Museu de Vilafranca** et au **Museu del Vi** (musée du Vin) sur la Plaça de Jaume I.

Pour vous informer plus amplement sur l'activité viticole de la région, contactez la Penedès Denominació d'Origen (☎ 93 890 48 11, fax 93 890 47 54), Plaça de l'Agora, près de l'autoroute A-7 en allant vers Tarragona. Cette association regroupe tous les producteurs DO des alentours.

Visites des caves. Pour faire le tour de la région, vous devrez disposer de votre propre moyen de locomotion. Comme nous l'avons déjà mentionné plus haut, ne vous attendez pas à pouvoir entrer dans la première cave venue. Beaucoup, sinon toutes,

n'ouvrent leurs portes au public que pendant des heures limitées le week-end.

Les producteurs les plus enthousiastes vous feront faire un tour de leur domaine, vous donneront un aperçu du processus de vinification et vous offriront un verre ou deux en fin de visite. Le cava étant le seul grand produit de la région, la plupart des caves ouvertes au public sont donc spécialisées dans ce vin pétillant plutôt que dans d'autres variétés de vin. La liste suivante n'est en rien exhaustive, mais devrait pouvoir vous aider :

Blancher
(☎ 93 818 32 86), Plaça del Pont Romà 5, Sant Sadurní d'Anoia. Tout près de la principale rue de la ville, La Rambla de la Generalitat, cette cave très grande existe depuis 1955. Le week-end, de 10h30 à 13h30, des visites guidées permettent de découvrir l'établissement ainsi que le petit musée installé sur place. En semaine, il faut réserver. Pour être autorisé à pique-niquer sur place, il faut acheter une bouteille de cava.

Cava Martín Soler
(☎ 93 898 82 20). Installée à Puigdàlber, à 8 km au nord de Vilafranca, dans une belle ferme entourée de vignobles, cette exploitation ne produit que quelques variétés de cava. Les visites sont possibles du lundi au vendredi de 9h à 13h et de 14h30 à 19h, le week-end et les jours fériés de 10h à 14h.

Cava San Martín
(☎ 93 898 82 74). Juste à la sortie de la C-244, à environ 10 km au nord de Vilafranca, cette petite cave accueillante produit plusieurs variétés de vins – blancs, rouges et rosés. Toutefois, là encore, la plus grande fierté est le cava. Il faut téléphoner pour réserver.

Caves R Canals Canals
(☎ 93 775 54 46). A Castellví de Rosanes, juste après la sortie 25 sur l'A-7 au sud de Barcelone, ces caves se visitent les samedi et dimanche matin sur réservation par téléphone.

Caves Romagosa Torné
(☎ 93 899 13 53). Ce vignoble de Finca La Serra se trouve sur la route de Sant Martí Sarroca. Ici encore, le cava est à l'honneur, même si la maison produit d'autres vins. L'établissement ouvre du lundi au samedi de 9h à 13h et de 16h à 20h, dimanche et jours fériés de 10h à 14h. Si vous passez-là, tâchez de pousser encore un peu plus loin pour visiter la charmante bourgade de Sant Martí Sarroca.

Codorníu
(☎ 93 818 32 32). La première mise en bouteilles a eu lieu en 1872, et elle reste l'une des

meilleures caves des environs. Le siège de Codorníu, un bâtiment moderne à l'entrée de Sant Sadurní quand on arrive par la route de Barcelone, reçoit des visiteurs gratuitement du lundi au vendredi de 9h à 17h et les samedi et dimanche de 9h à 13h. Son site web : www.cordoniu.es.

Freixenet
(☎ 93 891 70 00). La cave la plus réputée pour ce qui est du cava (bien que tout le monde ne s'accorde pas sur la qualité de sa production) est située près de la gare ferroviaire de Sant Sadurní d'Anoia, Carrer de Joan Sala 2. Elle fait partie de la vingtaine de caves à Sant Sadurní même à ouvrir ses portes de temps à autre aux visiteurs (mais dans la plupart des cas il est nécessaire de prévenir de sa visite par téléphone). Des visites gratuites sont proposées du lundi au jeudi (ainsi que le vendredi matin, le samedi et le dimanche en décembre) à 9h, 10h, 11h30, 15h30 et 17h. Son site web : www.freixenet.es.

Mas Tinell
(☎ 93 817 05 86). C'est de cette cave que provenaient les bouteilles servies au mariage de l'Infanta Cristina. Mas Tinell, qui produit aussi des vins non pétillants, est ouvert au public en principe du lundi au samedi de 9h à 12h et de 15h à 18h, mais il est préférable d'appeler pour réserver.

Masia Pere Rius
(☎ 93 891 82 74). Cette ravissante petite ferme est située à la sortie de La Múnia, sur la B-212, à 5 km au sud-ouest de Vilafranca. Là, vous suivrez le processus de fabrication du "champagne" du lieu, que vous pourrez goûter, de même que certains vins. L'établissement est ouvert du lundi au samedi de 10h à 20h, le dimanche et les jours fériés de 10h à 15h.

Nadal
(☎ 93 898 80 11). Nadal se trouve à la sortie du hameau El Pla del Penedès et produit du cava depuis 1943. Dans cette superbe *masia* (ferme catalane), vous pourrez vous familiariser avec la culture de la vigne, les vendanges et l'ensemble du processus de vinification dont résulte le vin pétillant. Les visites se terminent par une dégustation. Elles se déroulent à 10h, 11h, 12h, 16h, 17h et 18h en semaine, et de 10h30 à 12h30 le samedi.

Torres
(☎ 93 817 74 87). A 3 km au nord-ouest du centre-ville de Vilafranca sur la route BP-2121, près de Pacs del Penedès, vous vous retrouverez au cœur d'un des plus grands crus. La tradition vinicole de la famille Torres remonte au XVIIe siècle, mais l'entreprise telle qu'elle existe actuellement a été fondée en 1870. Dans les années 60, elle a révolutionné la viticulture espagnole en introduisant une nouvelle technologie de cuve en acier inoxydable à température contrôlée et des variétés de grappes françaises qui ont permis de produire des vins plus légers que les vins espagnols souvent lourds. Devenue l'un des plus grands noms dans le monde du vin, l'entreprise Torres s'est installée en Californie et au Chili. Elle produit une gamme très étendue de rouges et de blancs de qualités différentes à base de nombreux cépages : Chardonnay, Sauvignon Blanc, Merlot, Cabernet Sauvignon, Pinot Noir, ainsi que des cépages locaux, comme le Parellada, le Garnacha et le Tempranillo. Torres est ouverte aux visiteurs du lundi au samedi de 9h à 18h, dimanche et jours fériés de 9h à 13h.

Comment s'y rendre. Jusqu'à trois trains rodalies relient toutes les heures Barcelona Sants à Sant Sadurní (40 minutes, 2 €) et à Vilafranca (50 minutes, 2,50 €). En voiture, prenez la A-2, puis la A-7, et suivez ensuite les panneaux indiquant les sorties.

Conca de Barberà

Ce coin vallonné et verdoyant de l'arrière-pays offre un contraste aussi saisissant qu'agréable avec les plaines monotones du Sud-Ouest de la Catalunya. Les vignes et les bois se succèdent entre les collines parsemées ici et là de villages et de monastères du Moyen Age.

Monestir de Poblet. Les remparts qui entourent cette abbaye consacrée à Santa Maria avaient certes une fonction défensive, mais ils symbolisaient aussi l'isolement des moines et leur détachement des vanités du monde extérieur. Une grille donne accès à la Plaça Major, longue place accidentée flanquée de plusieurs dépendances, dont une petite chapelle romane, la **Capella de Santa Caterina**. Non loin, la Porta Daurada doit son nom à l'or dont on recouvrit ses panneaux de bronze pour impressionner favorablement l'empereur Felipe II, venu visiter l'endroit en 1564.

Après avoir passé la **Porta Reial** (porte royale), flanquée de puissantes tours octogonales, vous parviendrez au grand cloître, bâtisse d'origine romane, mais de style surtout gothique. Vous entrerez ensuite dans l'église, afin d'admirer la magnificence sculpturale du retablo (retable) d'albâtre et du Panteón de los Reyes (panthéon des rois). Dans les cercueils, en albâtre eux aussi, reposent les dépouilles de grands de ce monde, comme Jaume I (conquérant de Mallorque et de Valence) et Pere III.

Le monastère est ouvert tous les jours de 10h à 12h30 et de 15h à 18h (jusqu'à 17h30 en hiver). L'entrée coûte 3 € (1,80 € pour les étudiants), et des visites guidées (en catalan et/ou en castillan) d'une heure partent toutes les 15 à 30 minutes.

Si vous avez le temps, nous vous conseillons d'aller explorer les environs, notamment la ville fortifiée de **Montblanc**, à 8 km.

Des trains effectuent une liaison régulière entre Barcelone et Tarragona *via* Reus (ligne régionale Ca4) ; ils s'arrêtent à Montblanc et à L'Espluga de Francolí, d'où il vous faudra marcher 40 minutes pour rejoindre le monastère.

SUD DE BARCELONE
Sitges
Code postal 08870 • 17 600 habitants

Sitges attire aussi bien la jet-set que les jeunes voyageurs, les couples en lune de miel que les familles en week-end ou les noctambules de Barcelone.

La plage de sable est immense, la vie nocturne bat son plein jusqu'à l'aube et les nombreuses boutiques branchées permettent, si besoin est, de renouveler sans peine sa garde-robe. Sitges s'assoupit quelque peu en hiver. Mais, au moment du *carnaval*, elle se réveille pour la grande fête spectaculaire organisée par la communauté homosexuelle.

Au tournant du XXe siècle, Sitges est devenue le grand rendez-vous des artistes d'avant-garde et, depuis les années 60, c'est l'une des stations balnéaires les moins conventionnelles de toute l'Espagne.

Orientation. Le principal monument est l'Església de Sant Bartomeu i Santa Tecla. Cette église paroissiale se dresse au sommet d'un petit promontoire rocheux, qui sépare la grande plage (qui s'étire sur 2 km) au sud-ouest de la Platja de Sant Sebastià, au nord-est, plus petite et plus tranquille. La partie ancienne de la ville monte en pente douce derrière le quartier de l'église. La gare ferroviaire se trouve à environ 500 m vers l'intérieur des terres, en haut de l'Avinguda d'Artur Carbonell.

Renseignements. L'office du tourisme (☎ 93 894 42 51, fax 93 894 43 05), Carrer de Sínia Morera 1, est ouvert tous les jours de 9h à 21h en juillet et août ; le reste de l'année, du lundi au vendredi de 9h à 14h et de 16h à 18h30, et le samedi de 10h à 13h. Pour réserver un hébergement à l'avance, vous pouvez aussi appeler (d'Espagne) le ☎ 902 10 34 28. L'office du tourisme dispose également d'un site web en espagnol (des sites en français et en anglais sont en cours de création à l'heure où nous écrivons ces lignes) à www.sitgestur.com.

Musées. Carrer de Fonollar, le **Museu Cau Ferrat** rappelle les années 1890. C'est ici que le peintre Santiago Rusiñol, l'un des quatre fondateurs du cabaret Els Quatre Gats à Barcelone, installa sa maison-atelier, attirant nombre d'artistes à Sitges.

A côté, le **Museu Maricel del Mar** présente des objets d'art et d'artisanat allant du Moyen Age au XXe siècle. Le Palau Maricel (1910), qui l'abrite, est dû à la fantaisie d'un autre des quatre compères, Miquel Utrillo. Le **Museu Romàntic**, Carrer de Sant Gaudenci 1, recrée le style de vie d'une famille catalane de propriétaires fonciers et abrite une collection de plusieurs centaines de poupées anciennes.

Ces trois musées sont ouverts du mardi au vendredi de 10h à 13h30 et de 15h à 18h30, le samedi de 10h à 19h et le dimanche de 10h à 15h. L'entrée coûte 3 € pour chacun, ou 5,50 € pour les trois.

Plages. Une série de digues découpent la plage principale en différentes parties qui portent chacune un nom. Une promenade piétonne longe le rivage d'une extrémité à l'autre. Sitges possède également deux plages naturistes – dont l'une exclusivement gay – nichées à environ 20 minutes de marche derrière l'Hotel Terramar, tout au bout de la plage principale.

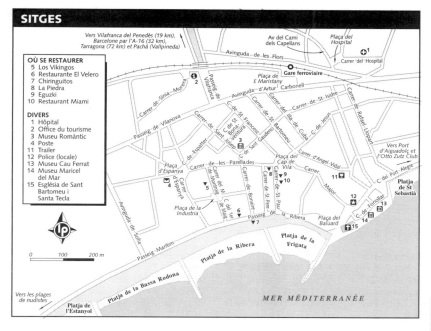

SITGES

Vers Vilafranca del Penedès (19 km),
Barcelone par l'A-16 (32 km),
Tarragona (72 km) et Pachá (Vallpineda)

Av del Camí
dels Capellans

Plaça del
Hospital

Avinguda de les Flors

Carrer del Hospital

OÙ SE RESTAURER
5 Los Vikingos
6 Restaurante El Velero
7 Chiringuitos
8 La Piedra
9 Eguzki
10 Restaurant Miami

DIVERS
1 Hôpital
2 Office du tourisme
3 Museu Romàntic
4 Poste
11 Trailer
12 Police (locale)
13 Museu Cau Ferrat
14 Museu Maricel
del Mar
15 Església de Sant
Bartomeu i
Santa Tecla

Gare ferroviaire

Plaça de
E Maristany

Carrer de Sínia-Morera

Passeig de Vilafranca

Avinguda Carrer d'Artur Carbonell

Carrer del Illa de Cuba

Carrer de St-Isidre

Carrer de St-Josep

Carrer de St-Bonaventura

Carrer de St-Francesc

Carrer de St-Gaudenci

Carrer de St-Bartomeu

C. de Jesus

Carrer de St-Pau

Carrer de St-Pere

Carrer de Bonaire

Carrer d'Angel Vidal

Plaça del
Cap de
Vila

Carrer

Carrer de Rafael Llopart

Vers Port
d'Aiguadolç et
l'Otto Zutz Club

Passeig de Vilanova

Carrer de Espalter

Plaça
d'Espanya

Carrer de les Parellades

Carrer del M. de Montroig

Plaça de la
Industria

C. del 1er de Maig

Passeig de la Ribera

Plaça del
Baluard

Platja
de St
Sebastià

C. de Fonollar

C. del Port Alegre

Avinguda de Sofia

Passeig-Maritim

Platja de la Bassa Rodona

Platja de la Ribera

Platja de la
Frigata

Vers les plages
de nudistes

Platja de
l'Estanyol

MER MÉDITERRANÉE

0   100   200 m

Où se restaurer. Difficile de trouver un menu à moins de 7,25 € ! En plein cœur de l'action, le self-service ***Los Vikingos*** (☎ *93 894 96 87, Carrer del Marques de Montroig 7-9)* propose des pâtes, des pizzas et des plats de poisson passables à partir de 5,10 €.

Sur Carrer de Sant Pau, se succèdent plusieurs bons établissements, dont le restaurant basque ***Eguzki*** (☎ *93 811 03 20)* au n°3, où les tapas sont délicieuses et où la carte mixte comporte poissons et viandes. Les plats varient de 6 à 11 €. Au n°11, le ***Restaurant Miami*** (☎ *93 894 02 06)* sert un menú décent de quatre plats à 11,30 €. L'établissement ferme le mardi.

L'atout majeur de ***La Piedra*** (Carrer de les Parellades 7) est sa grande terrasse à l'arrière. La cuisine est correcte, sans plus.

Plus chic, le ***Restaurante El Velero*** (☎ *93 894 20 51, Passeig de la Ribera 38)* s'est fait une spécialité du poisson et des fruits de mer. Comptez au moins 9 €

pour un plat principal. Le restaurant ferme le dimanche soir et le mercredi.

Pour un vrai dîner de produits de la mer, vous irez vous régaler de tapas assez chères dans les deux chiringuitos du Passeig de la Ribera.

Où sortir. La vie nocturne se concentre sur une seule ligne piétonnière perpendiculaire à la mer. L'été, une foule compacte se presse jusqu'à l'aube à proximité du Passeig de la Ribera qui borde le rivage (Carrer del 1er de Maig, Plaça de la Industria et Carrer del Marques de Montroig). Dans le Carrer del 1er de Maig, appelé aussi Calle del Pecado (la rue du péché), une dizaine de discothèques rivalisent à coups de décibels.

Si vous souhaitez changer de secteur, engagez-vous dans le Carrer de les Parellades, le Carrer de Bonaire ou le Carrer de Sant Pere, où l'atmosphère est tout aussi survoltée sinon plus.

EXCURSIONS

Le Carrer de Sant Bonaventura regroupe toute une série de bars gays retranchés derrière des portes souvent closes. Le ***Trailer** (Carrer del Àngel Vidal 36)* est une discothèque très appréciée par la clientèle homosexuelle.

Un peu à l'écart du centre-ville, vous trouverez de grandes discothèques, comme le ***Pachá** (☎ 93 894 22 98)*, à Vallpineda, ou la branche locale de l'***Otto Zutz Club*** de Barcelone, à Port d'Aiguadolç. Là, de nombreux bars se succèdent également en bord de mer.

Comment s'y rendre. Toutes les heures, de 6h à 22h environ, quatre trains rodalies relient Estació-Sants à Sitges en 30 minutes. Le trajet coûte 1,90 € (2,10 € le week-end). Par la route, le plus rapide depuis Barcelone consiste à emprunter l'autoroute à péage A-16.

Tarragona
Code postal 43080 • 112 795 habitants

Fondée en 218 av. J.-C. par les Romains, Tarragona s'appelait alors Tarraco. En 27 av. J.-C., l'empereur Auguste en fit la capitale de la province de Tarraconensis – la Tarraconaise couvrait une grande partie de ce qui est l'Espagne actuelle – et s'y établit jusqu'en 25 av. J.-C. durant les campagnes de Cantabria et des Asturias. Peu de temps après naquit l'enfant le plus célèbre de Tarragona, Ponce Pilate. La ville fut abandonnée à l'arrivée des musulmans en 714, avant de renaître en 1089, lorsqu'elle devint le siège d'un archevêché chrétien. Aujourd'hui, c'est une ville moderne, très imprégnée de son passé. Ses importants vestiges antiques et sa superbe cathédrale médiévale lui confèrent une beauté surprenante.

Orientation. La rue principale, la Rambla Nova, s'étire vers le nord-ouest en partant du sommet d'une falaise qui domine la Méditerranée. Quelques rues plus à l'est, la Rambla Vella, qui lui est parallèle, marque le début de la vieille ville. Elle n'est autre que l'antique Via Augusta, la voie romaine qui reliait Rome à Cádiz.

La gare ferroviaire est située à 500 m au sud-ouest de la Rambla Nova, près du front de mer, et la gare routière à environ 2 km à l'intérieur des terres, Plaça Imperial de Tarraco.

Renseignements. L'office de tourisme principal (☎ 977 24 50 64), Carrer Major 39, ouvre du lundi au vendredi de 10h à 14h et de 16h30 à 19h, ainsi que de 10h à 14h les samedis, dimanches et jours fériés (les horaires s'allongent de juillet à septembre).

Catedral. La cathédrale de Tarragona est un pur joyau. Érigée entre 1171 et 1331 sur l'emplacement d'un temple romain, elle témoigne parfaitement du passage du roman au gothique. La façade principale, sur la Plaça de la Seu, illustre merveilleusement cette transition. L'entrée se fait par le cloître, du côté nord-est de l'édifice.

Sous les voûtes gothiques du cloître, vous admirerez de beaux chapiteaux romans sculptés. Les salles alentour abritent le Museu Diocesà, dont l'importante collection comprend aussi bien des épingles à cheveux romaines que de ravissantes vierges en bois polychrome allant du XIIe au XIVe siècle.

L'intérieur de la cathédrale, qui mesure plus de 100 m de long, est de style roman au nord-est et de style gothique au sud-ouest.

La cathédrale est ouverte au public tous les jours de 10h à 19h (sauf les dimanches et fêtes), de juillet à mi-octobre ; de 10h à 13h et de 16h à 19h d'avril à juin et de mi-octobre à mi-novembre ; et de 10h à 14h le reste de l'année. Le prix d'entrée de 1,80 € comprend un petit guide détaillé.

Museu d'Història de Tarragona. Ce musée comprend quatre sites romains dispersés à travers la ville et une belle demeure du XIVe siècle qui abrite aujourd'hui le **Museu Casa Castellarnau**, Carrer dels Cavallers 14.

Commencez la visite par le **Pretori i Circ Romans** de la Plaça del Rei, constitué d'une partie des voûtes du cirque romain où se disputaient les courses de chars. Ce cirque s'étirait sur 300 m jusqu'à la Plaça de la Font. Près de la plage, l'**Amfiteatre Romà** est très bien conservé. C'est là que les gla-

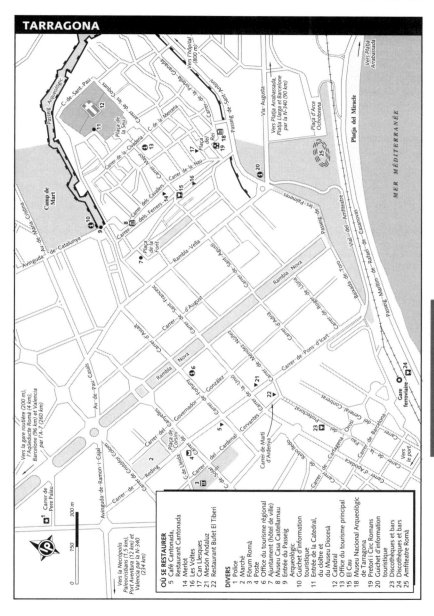

TARRAGONA

EXCURSIONS

OÙ SE RESTAURER
5 Café Cantonada,
   Restaurant Cantonada
14 Merlot
16 Les Voltes
17 Can Llesques
21 Mesón Andaluz
22 Restaurant Bufet El Tiberi

DIVERS
1 Police
2 Marché
3 Fòrum Romà
4 Poste
5 Office du tourisme régional
6 Ajuntament (hôtel de ville)
7 Museu Casa Castellarnau
8 Entrée du Passeig
   Arqueologíc
10 Guichet d'information
   touristique
11 Entrée de la Catedral,
   du cloître et
   du Museu Diocesà
12 Catedral
13 Office du tourisme principal
15 El Cau
18 Museu Nacional Arqueologíc
   de Tarragona
19 Pretori i Circ Romans
20 Guichet d'information
   touristique
23 Discothèques et bars
24 Discothèques et bars
25 Amfiteatre Romà

diateurs s'affrontaient ou luttaient jusqu'à la mort contre des animaux sauvages. Dans ces arènes, subsistent les vestiges d'églises des VIe et XIIe siècles, construites pour commémorer le martyre de l'évêque chrétien Fructuosus et de deux diacres, dont on raconte qu'ils furent brûlés vif en 259.

Carrer de Lleida, les vestiges du **Fòrum Romà** sont dominés par plusieurs colonnes imposantes. La moitié nord-ouest de ce site était occupée par une basilique judiciaire (où étaient tranchés les litiges) ; de là, le reste du forum descend vers le sud-ouest. Relié au site par une passerelle, une autre zone de fouilles a révélé une rue romaine. Dans la ville romaine, le forum servait de centre de la vie publique, mais il était moins important, et bien plus petit, que le forum provincial, noyau de toute la province de Tarraconensis.

Le Passeig Arqueològic contourne une partie de la vieille ville entre deux murailles d'enceinte : celle de l'intérieur date surtout de l'époque romaine, l'autre fut édifiée par les Britanniques durant la guerre de la Succession d'Espagne. C'est une promenade paisible et agréable.

De juin à septembre, tous ces sites sont ouverts du mardi au samedi de 9h ou 10h à 21h, et les dimanches et jours fériés de 9h à 15h. Le reste de l'année, les horaires sont réduits : du mardi au samedi de 10h à 13h30 et de 16h à 18h30 ; les dimanches et jours fériés de 10h à 14h. L'accès à chacun d'eux coûte 1,80 €.

Museu Nacional Arqueològic de Tarragona.

Situé Plaça del Rei, ce musée présenté avec soin donne une bonne vision du Torraco romain. Malheureusement, les explications sont surtout en catalan et en castillan. Vous découvrirez une partie des enceintes de la ville romaine, des fresques, des sculptures et des poteries. L'une des plus belles œuvres exposées est la Mosaic de Peixos de la Pineda, grande mosaïque presque complète représentant poissons et créatures marines. Dans la partie consacrée à la vie quotidienne, sont exposés des fétiches antiques favorisant la fertilité, comme cet immense pénis de pierre qui symbolise le dieu Priapus. Le musée est ouvert du mardi au samedi de 10h à 20h en été ; de 10h à 13h30 et de 16h à 19h le reste de l'année ; et de 10h à 14h les dimanches et jours fériés, quelle que soit l'époque. L'entrée coûte 2,40 € et donne accès au musée de la **Necròpolis Paleocristians**. Ce vaste cimetière chrétien de la fin de l'époque romaine, puis de la période wisigoth, est situé Passeig de la Independència, en bordure occidentale de la ville. Certaines sépultures sont étonnamment raffinées. Malheureusement, seul le petit musée est ouvert au moment où nous écrivons ces lignes.

Plages. La plage municipale, la **Platja del Miracle**, est relativement propre mais souvent noire de monde. La **Platja Arrabassada**, 1 km au nord-est du cap, est plus vaste et la **Platja Llarga**, qui commence 2 km plus loin, s'étire sur environ 3 km. Toutes deux sont desservies par les bus n°1 et n°9 qui partent de l'arrêt Balcó sur la Via Augusta (0,70 €). Vous pouvez également prendre ces bus sur la Rambla Vella et la Rambla Nova.

Où se restaurer. Les amateurs de cuisine catalane se retrouvent à l'élégant *Restaurant Bufet El Tiberi (Carrer de Martí d'Ardenya 5)*, qui propose un buffet à volonté pour 8,75 € par personne tous les jours sauf dimanche soir et lundi.

Non loin, dans une petite rue, le *Mesón Andaluz (Carrer de Pons d'Icart 3)* remporte un franc succès parmi les locaux, avec un bon menu composé de trois plats à 9 €. Le *Café Cantonada (Carrer de Fortuny 23)* prépare des tapas corrects. A côté, le Restaurant Cantonada propose pizzas et pâtes à partir de 5 €.

Si vous aimez le fromage, choisissez-en un assortiment (*taula de formatges*) au *Can Llesques (☎ 977 22 29 06, Carrer de Natzaret 6)*. D'autres plats sont également servis dans cet établissement agréable qui donne sur la Plaça del Rei.

Et si vous dîniez sous les voûtes de l'antique cirque romain ? *Les Voltes (☎ 977 23 06 51, Carrer de Trinquet Vell 12)* a installé ses tables sur différents niveaux. Le rapport qualité/prix est médiocre, mais le menú del día à 9 € n'est pas mauvais.

L'élégance discrète du **Merlot** *(☎ 977 22 06 52, Carrer dels Cavallers 6)* fait de cet établissement l'un des plus chics de Tarragona. Une cuisine inventive, élaborée à partir de grands classiques de la région, est servie dans un cadre rafraîchissant. Les murs de pierre sont rehaussés de peintures et de décorations diverses. Un repas ici vous délestera de quelque 24 €. Il est fermé le dimanche et le lundi midi.

Où sortir. Sous une voûte du cirque romain, *El Cau (Carrer de Trinquet Vell)* attire une clientèle décontractée, mais la vie nocturne se concentre surtout en bord de mer, derrière la gare, ainsi que dans certaines rues qui en partent, comme le Carrer de la Pau del Protectorat.

Comment s'y rendre. Près de 40 trains régionaux ou longue distance relient la ville à la gare de Passeig de Gràcia, à Barcelone, via Sants. Le billet le plus économique coûte 4 € et le trajet dure de une heure à une heure trente. Seuls trois trains s'arrêtent à Sitges (à une heure de Tarragona). Il existe aussi des bus, mais le train reste plus simple.

Port Aventura

A 7 km à l'ouest de Tarragona, Port Aventura (☎ 902 20 22 20) est le plus grand et le meilleur parc d'attractions d'Espagne. Si vous êtes en fonds (l'entrée coûte 27,75 € pour les adultes et 20,50 € pour les 5 à 12 ans), vous passerez une journée amusante, surtout si vous êtes accompagné d'enfants. En 1998, les studios Universal Pictures ont racheté le parc et commencé à l'américaniser. Ainsi Woody Woodpecker est-il devenu la mascotte de ce "monde d'amusements pour petits et grands". De même, Rocky et Bullwinkle, célèbre couple de héros catalans, ont été catapultés au rang de stars. Le parc comporte de multiples attractions en tous genres. La dernière en date est un sous-marin virtuel, dont la fabrication a coûté la coquette somme de 4,5 millions de pesetas.

Port Aventura est ouvert de Pâques à fin octobre de 10h à 20h (jusqu'à 22h le week-end, et jusqu'à minuit de mi-juin à mi-septembre). Des billets "nocturnes", valables à partir de 19h, sont en vente à 20,50 €.

Plusieurs fois par jour, des trains en provenance de Tarragona et de Barcelone (7,85 € l'aller-retour) desservent la gare de Port Aventura, située à 1 km du site. Par la route, prenez la sortie 35 de l'A7, ou la N-340 si vous venez de Tarragona. Prévoyez 3,60 € pour le parking.

EXCURSIONS

Langue

Barcelone est une ville bilingue, où le catalan et l'espagnol (plus précisément le castillan – *castellano*) sont parlés par tous (les Catalans !). Il est certain que les panneaux d'indication ou les menus sont plus souvent en catalan qu'en espagnol.

Personne ne vous en voudra de ne parler que quelques mots de castillan, vos efforts au contraire seront très appréciés. Si en plus, vous tentez de parler catalan, vous marquerez encore des points.

Castillan (espagnol)

Les noms espagnols ont un genre (masculin ou féminin) et les adjectifs s'accordent avec le genre du nom auquel ils se rapportent. Pour les noms et phrases indiqués ci-dessous, les deux formes sont données si nécessaire – le masculin se terminant généralement par un "o", le féminin par un "a".

Prononciation
Voyelles

Chaque voyelle a sa prononciation, qui ne varie pas. la présence d'un accent aigu (comme dans *días*) ne modifie en rien la prononciation, elle marque simplement l'accent tonique. Accentuées ou non, les voyelles sont toujours prononcées clairement, même à la fin d'un mot.

a, **i** et **o** se prononcent comme en français.
e   se prononce é.
u   se prononce ou.

Consonnes

A quelques exceptions près, la prononciation des consonnes se rapproche de celle du français. L'alphabet espagnol contient en plus la lettre **ñ**. Encore récemment, **ch**

et **ll** étaient officiellement considérés comme des consonnes à part entière ; vous les rencontrerez traités comme tels dans plusieurs contextes – par exemple dans les listes alphabétiques et les dictionnaires.

b   se prononce entre b et v ; ou, moins fréquemment, comme le b français, quand il est placé au début d'un mot ou précédé d'une nasale comme m ou n.

c   sa prononciation change selon la lettre qui le suit. Se prononce **s**, en mettant la pointe de la langue entre les dents, devant **e** et **i**, et **c** dur devant **a**, **o** et **u** comme en français.

ch   comme dans *tchin-tchin*.

d   prononcé souvent très légèrement ou parfois pas prononcé du tout.

g   lorsqu'il est placé au début d'un mot ou devant **a**, **o** et **u** se prononce comme *gogo* ; lorsqu'il précède un **e** ou un **i**, il se prononce de manière gutturale et aspirée, comme la *jota*.

h   toujours muet.

j   la célèbre *jota* se prononce comme un **r** très guttural.

ll   **l** mouillé comme dans *paille*.

ñ   nasalisé comme dans *pagne*.

q   comme dans *coq* ; toujours suivi d'un **u** muet puis d'un **e** (comme dans *que*) ou d'un **i** (comme dans *aquí*).

r   roulé ; plus long et plus accentué lorsqu'il est en début de mot ou lorsqu'il est doublé à l'intérieur d'un mot.

s   ne se prononce souvent pas du tout, notamment à la fin d'un mot ; ainsi, *pescados* (poissons) est prononcé *pecao* en Andalousie.

v   comme **b**.

x   comme dans *taxi* lorsqu'il est placé entre deux voyelles et comme le **s**

de *soie* quand il précède une consonne.

z se prononce **s** mais avec la langue entre les dents. Le son est proche du **th** anglais.

Salutations et formules de politesse

Salut, bonjour	*¡Hola!*
Au revoir	*¡Adiós!*
Oui	*Sí*
Non	*No*
S'il vous plaît	*Por favor*
Merci	*Gracias*
Je vous en prie	*De nada*
Pardon	*Perdón/Perdone*
Excusez-moi	*Lo siento/Discúlpeme*

Phrases utiles

Parlez-vous français?	*¿Habla francés?*
Quelqu'un parle-t-il français ?	*¿Hay alguien que hable francés?*
Je (ne) comprends (pas).	*(No) Entiendo.*
Une minute	*Un momento.*
Pourriez-vous, l'écrire s'il vous plaît ?	*¿Puede escribirlo, por favor?*
Combien cela coûte-t-il ?	*¿Cuánto cuesta/vale?*

Circuler

A quelle heure part/arrive le… ?	*¿A qué hora sale/llega el…?*
bateau	*barco*
bus urbain	*autobús/bus*
bus routier	*autocar*
train	*tren*
métro	*metro*
prochain	*próximo*
premier	*primer*
dernier	*último*
Je voudrais un billet	*Quisiera un billete…*
aller	*sencillo*
aller-retour	*de ida y vuelta*
1re classe	*primera clase*
2de classe	*segunda clase*

Où est l'arrêt de bus ?	*¿Dónde está la parada de autobús?*
Je veux aller à...	*Quiero ir a...*
Pouvez-vous me le montrer (sur la carte) ?	*¿Me puede indicar (en el mapa)?*
Allez tout droit	*Siga/Vaya todo derecho.*
Tournez à gauche.	*Gire a la izquierda.*
Tournez à droite.	*Gire a la derecha.*
près/proche	*cerca*
loin	*lejos*

En ville

Je cherche...	*Estoy buscando...*
une banque	*un banco*
le centre-ville	*el centro de la ciudad*
l'ambassade	*la embajada*
mon hôtel	*mi hotel*
le marché	*el mercado*
la police	*la policía*
la poste	*los correos*
les toilettes publiques	*los aseos públicos*
un téléphone	*un teléfono*
l'office du tourisme	*la oficina de turismo*
la plage	*la playa*
le pont	*el puente*
le château	*el castillo*
la cathédrale	*la catedral*
l'église	*la iglesia*
l'hôpital	*el hospital*
le lac	*el lago*
la place principale	*la plaza mayor*
la mosquée	*la mezquita*
la vieille ville	*la ciudad antigua*
le palais	*el palacio*
les ruines	*las ruinas*
la mer	*el mar*
la place	*la plaza*
la tour	*el torre*

Hébergement

Où y a-t-il un hôtel bon marché ?	*¿Dónde hay un hotel barato?*

Quelle est l'adresse ?	¿Cuál es la dirección?
Pourriez-vous l'écrire s'il vous plaît ?	¿Puede escribirla, por favor?
Avez-vous des chambres libres ?	¿Tiene habitaciones libres?

Je voudrais...	Quisiera ...
un lit	una cama
une chambre individuelle	una habitación individual
une chambre double	una habitación doble
une chambre avec bain	una habitación con baño
partager un dortoir	compartir un dormitorio

Combien cela coûte-t-il…?	¿Cuánto cuesta ...?
par nuit	por noche
par personne	por persona

Puis-je la voir ?	¿Puedo verla?
Où est la salle de bain?	¿Dónde está el baño?

Alimentation

petit déjeuner	desayuno
déjeuner	almuerzo/comida
dîner	cena

Je voudrais le menu du jour.	Quisiera el menú del día.
Le service est-il compris ?	¿El servicio está incluido?
Je suis végétarien(ne).	Soy vegetariano/ vegetariana.

Temps et dates

Quelle heure est-il ?	¿Qué hora es?
aujourd'hui	hoy
demain	mañana
hier	ayer
du matin	de la mañana
de l'après-midi	de la tarde
du soir	de la noche

Urgences

Au secours!/A l'aide!	¡Socorro!/¡Auxilio!
Appelez un médecin!	¡Llame a un doctor!
Appelez la police!	¡Llame a la policía!
Où sont les toilettes ?	¿Donde están los servicios?
Allez-vous-en!	¡Váyase!
Je suis perdu(e)	Estoy perdido/a

lundi	lunes
mardi	martes
mercredi	miércoles
jeudi	jueves
vendredi	viernes
samedi	sábado
dimanche	domingo
janvier	enero
février	febrero
mars	marzo
avril	abril
mai	mayo
juin	junio
juillet	julio
août	agosto
septembre	setiembre/septiembre
octobre	octubre
novembre	noviembre
décembre	diciembre

Santé

Je suis…	Soy...
diabétique	diabético/a
épileptique	epiléptico/a
asthmatique	asmático/a

Je suis allergique aux (à)…	Soy alérgico/a a...
antibiotiques	los antibióticos
la pénicilline	la penicilina

antiseptique	antiséptico
aspirine	aspirina
préservatifs	preservativos/ condones
contraceptif	anticonceptivo
diarrhée	diarrea

médicament	medicamento
nausée	naúsea
crème solaire	crema protectora
	contra el sol
tampons	tampones

Nombres

0	cero	10	diez
1	uno, una	11	once
2	dos	12	doce
3	tres	13	trece
4	cuatro	14	catorce
5	cinco	15	quince
6	seis	16	dieciséis
7	siete	17	diecisiete
8	ocho	18	dieciocho
9	nueve	19	diecinueve
20	veinte	50	cincuenta
21	veintiuno	60	sesenta
22	veintidós	70	setenta
23	veintitrés	80	ochenta
30	treinta	90	noventa
31	treinta y uno	100	cien/ciento
40	cuarenta	1 000	mil
un million			un millón

Catalan

Prononciation

Contrairement à l'espagnol, la prononciation des voyelles varie selon qu'elles sont accentuées ou non. L'accent écrit, grave ou aigu, a une valeur tonique et phonétique à la fois.

Voyelles

a lorsqu'il est accentué, se prononce comme le **a** français ; quand il n'est pas accentué, le son est plus proche du **e** de *nœud*

e se prononce **é** lorsqu'il est accentué, mais **e** quand il n'est pas accentué

i comme un **i** long

o quand il est accentué, il se prononce **o** ; quand il n'est pas accentué, il se prononce **ou**

u se prononce **iou**

Consonnes

b se prononce **p** quand il est placé à la fin d'un mot

c comme en français, se prononce c dur devant **a**, **o** et **u** et **s** devant **e** et **i**

ç se prononce **s**

d se prononce comme un **t** quand il est placé à la fin d'un mot

g comme en français, se prononce **gu** devant **a**, **o** et **u** (comme *gant*) et **j** devant **e** et **i** (comme *jeu*)

h toujours muet

j comme dans en français

r très atténué au milieu d'un mot, muet à la fin et roulé lorsqu'il est placé au début d'un mot

rr se prononce comme le **r** français

s se prononce **s** lorsqu'il est en début de mot, et comme *zoo* au milieu

v se prononce **b** à Barcelone et **v** dans certaines régions

x se prononce souvent comme *taxi*, mais aussi parfois **ch**

Les autres lettres se prononcent à peu près comme le français. Voici quelques combinaisons particulières :

l.l le **l** doublé se prononce de façon appuyée

tx comme dans *tchin-tchin*

qu comme en français

Salutations et formules de politesse

Salut!	*Hola!*
Au revoir	*Adéu!*
Oui.	*Sí.*
Non.	*No.*
S'il vous plaît.	*Sisplau/Si us plau.*
Merci (beaucoup).	*(Moltes) gràcies.*
Je vous en prie.	*De res.*
Excusez-moi.	*Perdoni.*
Puis-je ?/	*Puc?/Em permet?*
Permettez-moi…	
Pardonnez-moi.	*Ho sento/Perdoni.*

La guerre des mots

Le catalan appartient au groupe des langues romanes issues du latin, tout comme l'italien, le français, le castillan, le portugais et le roumain. Dès le XIIᵉ siècle, le catalan est une langue clairement établie. Les premiers manuscrits datent de cette époque.

Une histoire tumultueuse

La survie ou la prédominance d'une langue sont souvent étroitement liées à des événements politiques et sociaux remontant à des siècles en arrière, et le catalan a connu bien des fortunes dans son histoire.

La langue romane la plus proche du catalan est la langue d'oc, une des langues principales de la France médiévale, dont l'héritage le plus direct se retrouve aujourd'hui dans le provençal, peu usité.

Avant la défaite de Muret en 1213 (reportez-vous à la rubrique *Histoire* du chapitre *Présentation de Barcelone*), le territoire de la Catalunya englobait le Roussillon et touchait aux confins de la Provence. Le catalan était alors aussi parlé, ou tout du moins compris, dans toutes ces contrées.

La perte des territoires outre-Pyrénées fut compensée par la construction de l'Empire méditerranéen et la langue catalane se répandit au sud, dans la région de Valencia ; à l'ouest, en Aragón ; et à l'est, dans les Islas Baleares (îles Baléares). Elle a laissé des traces en Sicile, à Naples et dans la ville d'Alghero, en Sardaigne.

Les dialectes

Le catalan a ses dialectes. On distingue avant tout le catalan de l'ouest de celui de l'est. Le premier est parlé en Andorre, dans l'Ouest et l'extrême Sud de la Catalunya, ainsi que dans les régions catalophones d'Aragón et de Valencia. Ailleurs, on parle le catalan de l'est. Les oreilles expertes recensent encore 12 sous-dialectes !

Selon des estimations optimistes, les catalophones seraient environ 10 millions en Espagne et en France réunies, mais la réalité se situe un peu en deçà. De nombreux habitants de Valencia préfèrent en fait le castillan au catalan et le "pancatalanisme" prêché par certains milieux barcelonais a même le don de profondément les irriter. Il est vrai qu'en dehors de la Catalunya, des terres intérieures septentrionales de la province de Valencia et de l'Andorre, on parle aussi bien le castillan que le catalan.

A Barcelone même et aux alentours, une grande partie de la population est originaire d'autres régions d'Espagne, et même si la seconde génération a appris le catalan à l'école, le castillan reste souvent la première langue. En Sardaigne et en France, l'italien et le français ont respectivement pris le pas sur le catalan.

Le renouveau

Depuis 1714, le catalan a été interdit à maintes reprises. La dernière fois qu'il a été bâillonné remonte au régime de Franco.

Le mouvement de la Renaixença, à la fin du XIXᵉ siècle, a été le premier à réveiller l'intérêt pour cette langue dans les milieux intellectuels ; son usage n'avait jamais vraiment disparu, du moins dans les campagnes. Dans les années 60, un certain assouplissement s'est fait ressentir, mais, jusqu'à la mort du dictateur, en 1975, l'enseignement dans les écoles catalanes s'est exclusivement fait en castillan.

Depuis qu'elle a pris le contrôle de la Generalitat en 1980, la coalition nationaliste Convergència i Unió (CiU) de Jordi Pujol fait campagne pour "normaliser" l'usage du catalan. D'après

La guerre des mots

les estimations de la Generalitat, 93 % de la population régionale comprend le catalan et 68 % le parle. A Valencia, près de la moitié de la population le parle, contre 67 % dans les Islas Baleares.

Mais la pratique écrite, véritable test de la maîtrise d'une langue, est une autre affaire! On estime que 39 % seulement de la population de la Catalunya écrit correctement le catalan.

A la télévision locale, il n'est pas rare que des interviewés répondent en castillan à des questions posées en catalan.

Le catalan aujourd'hui

La campagne de la CiU a été si efficace qu'il est aujourd'hui quasiment impossible d'obtenir un emploi dans le service public si on ne parle pas couramment le catalan, et cette nécessité fait de plus en plus loi dans le secteur privé. Si Franco avait fait remplacer toutes les signalisations et autres publicités en catalan par des panneaux en castillan, il devient de plus en plus rare d'en voir aujourd'hui, bien que les deux langues aient le même statut légal.

En 1998, Jordi Pujol a franchi un pas de plus dans la "catalanisation", en faisant adopter sa *Llei de Política Lingüística* (loi sur la politique linguistique) par la Generalitat. Les socialistes et les conservateurs de Catalunya et des autres régions d'Espagne l'ont accusé de tenter d'imposer un régime monolingue catalan.

S'il ne semble pas excessif de demander aux enseignants, aux agents publics et aux fonctionnaires de parler catalan, cette législation empêche les professeurs d'université, les enseignants et les professionnels des autres régions d'Espagne de solliciter un poste en Catalunya – ce qui, aux yeux des Castillans, représente un cas flagrant de discrimination. Début 2000, le recteur d'une université de Tarragona s'est retrouvé devant un tribunal après avoir pénalisé deux enseignants qui avaient distribué des examens en castillan. Le ministère public a statué que toute atteinte au droit des étudiants (et de qui que ce soit d'autre) de passer des examens ou d'avoir à traiter en castillan était anticonstitutionnel.

Par certains aspects, la loi de 1998 de la CiU frise le donquichottisme. La seconde "Disposition supplémentaire" fait référence au "devoir" de la Generalitat "d'assurer la promotion, l'usage et la protection du catalan et d'en étendre l'apprentissage et l'usage" dans tous les territoires catalans (à savoir, tous ceux mentionnés ci-dessus). On est en droit de s'interroger sur le bien-fondé d'une justification historique de l'usage du catalan à Alghero, par exemple, où il fut en premier lieu imposé aux habitants par un acte impérialiste non moins flagrant que tous ceux dont les Castillans peuvent être accusés !

Comment t'appelles-tu ?	*Com et dius ?*	parler en castillan s'il vous plaît ?	*sisplau?*
Comment vous appelez-vous ?	*Com es diu?*	Je (ne) comprends (pas).	*(No) ho entenc.*
Je m'appelle…	*Em dic…*	Pourriez-vous répéter ?	*Pot repetir-ho?*
D'où venez-vous ?	*D'on ets?*	Pouvez-vous l'écrire, s'il vous plaît ?	*Pot escriure-ho, sisplau?*
Phrases utiles		Comment dites-vous… en catalan ?	*Com es diu… en català?*
Parlez-vous français ?	*Parla francès?*		
Pourriez-vous	*Pot parlar castellà*		

Circuler

A quelle heure part…?	*A quina hora surt...?*
l'avion	*vol*
le train	*tren*
le bus	*autobús*

Je voudrais un billet…	*Voldria un bitllet ...*
aller	*d'anada*
aller-retour	*d'anar i tornar*

Où est…?	*On és...?*
la gare routière	*l'estació d'autobusos*
le centre-ville	*el centre de la ciutat*
la gare ferroviaire	*l'estació de tren*
l'office du tourisme	*l'oficina de turisme*
la station de métro	*la parada de metro*

Comment puis-je aller…?	*Com puc arribar a ...?*
Je voudrais aller…	*Vull anar a...*
Pourriez-vous me dire quand nous arrivons à…	*Pot avisar-me quan arribem a...?*

livraison des bagages	*recollida d'equipatges*
départs	*sortides*
change	*canvi*
quai	*andana*

En ville

Je cherche…	*Estic buscant...*
une banque	*un banc*
le centre-ville	*el centre de la ciutat*
la police	*la policia*
la poste	*correus*
les toilettes publiques	*els lavabos públics*
un restaurant	*un restaurant*
le central téléphonique	*la central telefònica*
l'office du tourisme	*l'oficina de turisme*

A quelle heure ouvre/ferme…?	*A quina hora obren/tanquen?*
Je voudrais changer…	*Voldria canviar ...*
de l'argent	*diners*
des chèques de voyage	*txecs de viatge*

Hébergement

Y a t-il un camping/ un hôtel près d'ici ?	*Hi ha algun càmping/hotel a prop d'aqui?*
Avez-vous des chambres libres ?	*Hi ha habitacions lliures?*
Je voudrais…	*Voldria...*
une chambre simple	*una habitació individual*
une chambre double	*una habitació doble*
partager un dortoir	*compartir un dormitori*

Je veux une chambre avec…	*Vull una habitació amb ...*
salle de bains	*cambra de bany*
lit double	*llit de matrimoni*
douche	*dutxa*

Combien cela coûte-t-il par …? nuit/personne	*Quant val per nit/persona?*
Le petit déjeuner est-il compris ?	*Inclou l'esmorzar?*
Y a-t-il des chambres moins chères ?	*Hi ha habitacions més barates?*

Je vais rester (une semaine)	*Em quedaré (una setmana).*
Je pars aujourd'hui.	*Me'n vaig ara.*

Alimentation

(Se reporter également au début du chapitre *Où se restaurer*)

petit déjeuner	*esmorzar*
déjeuner	*dinar*
dîner	*sopar*
desserts	*postres*
une boisson	*una beguda*

Bon appétit/Santé !	*Salut/Bon profit!*
Puis-je voir le menu, s'il vous plaît ?	*Puc veure el menú, sisplau?*
Je voudrais le menu du jour.	*Voldria el menú del dia, sisplau.*
L'addition, s'il vous plaît.	*El compte, sisplau.*

Boissons

sirop d'orgeat	*orxata*
jus de fruit	*suc*
eau minérale (plate)	*aigua mineral (sense gas)*
eau du robinet	*aigua de l'aixeta*
boissons non alcoolisées	*refrescs*
café…	*cafè…*
avec liqueur	*carajillo (cigaló dans le Nord de la Catalunya)*
avec un peu de lait	*tallat*
avec du lait	*amb llet*
café noir	*cafè sol*
café long noir	*doble*
café glacé	*cafè gelat*
café décaféiné	*cafè descafeinat*
thé	*te*

La Catalunya est célèbre pour son *cava*, le champagne local.

une bière	*una cervesa*
un cava	*un cava*
un rhum	*un rom*
un whisky	*un whisky*
muscat	*moscatell*
ratafia (liqueur)	*ratafia*
un verre de vin …	*un vi …*
rouge	*negre*
rosé	*rosat*
pétillant	*d'agulla*
blanc	*blanc*

Achats

Où puis-je acheter…?	*On puc comprar ...?*
J'aimerais acheter ...	*Voldria comprar ...*
Combien cela coûte-t-il ?	*Quant val això?*
Où est le/la… le plus proche…	*On és la/el... més propera/proper?*
librairie	*llibreria*
magasin de photo	*botiga de fotos*
grand magasin	*grans magatzems*
marchand de fruits et légumes	*botiga de verdures (ou fruiteria)*
laverie	*bugaderia*
marché	*mercat*
marchand de journaux	*quiosc*
pharmacie	*farmàcia*
supermarché	*supermercat*
agence de voyages	*agència de viatges*
carte géographique	*mapa*
cartes postales	*postals*
crème à raser	*crema d'afaitar*
crème solaire	*crema solar*
dentifrice	*pasta de dents*
déodorant	*desodorant*
enveloppe	*sobre*
journaux	*diaris*
lames de rasoir	*fulles d'afaitar*
magazines	*revistes*
mouchoirs en papier	*mocadors de paper*
papier hygiénique	*paper higiènic*
préservatifs	*preservatius/ condons*
savon	*sabó*
serviettes hygiéniques	*compreses*
shampooing	*xampú*
stylo à bille	*bolígraf*
tampons	*tampon*
timbre	*segell*

Temps, dates et heures

Pour demander l'heure en catalan, on exprime les minutes après les heures en minutes avant l'heure suivante. Ainsi, 2h30 se dit *dos quarts de tres* (deux quarts d'heure avant 3h) et 9h40 se dit *un quart i cinc de deu* (un quart d'heure et 5 minutes avant 10h). De même 4h50 se dit *tres quarts i cinc de cinc* (trois quarts d'heure et 5 minutes avant 5h).

Quelle heure est-il?	*Quina hora és?*
Il est 1h	*És la una.*

Il est 2h	*Són les dues.*	2	*dos, dues*
Il est 8h15	*Són dos quarts*	3	*tres*
	de nou.	4	*quatre*
		5	*cinc*
lundi	*dilluns*	6	*sis*
mardi	*dimarts*	7	*set*
mercredi	*dimecres*	8	*vuit*
jeudi	*dijous*	9	*nou*
vendredi	*divendres*	10	*deu*
samedi	*dissabte*	11	*onze*
dimanche	*diumenge*	12	*dotze*
		13	*tretze*
janvier	*gener*	14	*catorze*
février	*febrer*	15	*quinze*
mars	*març*	16	*setze*
avril	*abril*	17	*disset*
mai	*maig*	18	*divuit*
juin	*juny*	19	*dinou*
juillet	*juliol*	20	*vint*
août	*agost*	30	*trenta*
septembre	*setembre*	40	*quaranta*
octobre	*octubre*	50	*cinquanta*
novembre	*novembre*	60	*seixanta*
décembre	*desembre*	70	*setanta*
		80	*vuitanta*

Nombres

0	*zero*	90	*noranta*
1	*un, una*	100	*cent*
		1000	*mil*

Glossaire

Les termes qui suivent ont été répertoriés à la fois en castillan (espagnol) et en catalan. Dans certains cas, seuls les termes espagnols (E) ou catalans (C) apparaissent, soit parce que les deux langues utilisent le même mot, soit parce que l'une des deux formes est plus courante. Il arrive aussi que seule la formule espagnole soit donnée dans le cas où le catalan utilise la même forme (quelquefois avec une différence d'accentuation).

abierto – (E) ouvert
aigua/agua – eau
ayuntamiento/ajuntament – hôtel de ville
alberg de joventut/albergue juvenil – auberge de jeunesse ; à ne pas confondre avec *hostal*
alcalde – (C et E) maire
allioli – (C) sauce à l'huile d'olive et à l'ail (et parfois au jaune d'œuf)
altar mayor/major – maître-autel
amanides – (C) salades
anyell – (C) agneau
apartat de correus/apartado de correos – boîte aux lettres
arribada – (C) arrivée
arròs/arroz – riz
artesonado – (E) terme d'architecture *mudéjar* : plafond à caissons (ou charpente en bois) décoré de lambris en bois tourné
autonomía – (E) communauté ou région autonome : il y a en Espagne 50 *provincias* regroupées en 17 régions autonomes dont la Catalunya
autopista – (C et E) autoroute à péage
autovía – (E) route à quatre voies d'accès gratuit

bakalao – (E) musique techno espagnole (à ne pas confondre avec *bacalao*, la morue)
Barcelonin – (C) habitant ou natif de Barcelone

barri/barrio – district, quartier de Barcelone
BCN – abréviation pour Barcelone
biblioteca – (C et E) bibliothèque
bikini – (C) sandwich toasté au jambon et au fromage
Bocadillo – (E) petit pain garni
bodega – (E) littéralement, une cave (à vin) ; ce terme désigne aussi une propriété vinicole ou un bar à vin
botiga – (E) boutique
bústia/buzon – boîte aux lettres

caixer automàtica/cajero automático – distributeur automatique de billets
call – (C) quartier juif de la Barcelone médiévale (ou d'une autre ville catalane)
canvi/cambio – monnaie (dans le sens d'appoint ou rendre la monnaie), mais aussi change de devises étrangères
canya/caña – un petit verre de bière
cap de setmana – (C) week-end
capella major/capilla mayor – chapelle abritant le maître-autel d'une église
capella/capilla – chapelle
capgròs – (C) "grosse tête" : personnage grotesque portant une grosse tête, qui parcourt les rues pendant les fêtes traditionnelles
carn/carne – viande
Carnestoltes/Carnaval – Carnaval, la période des défilés déguisés et des festivités ; il s'achève un mardi, quarante-sept jours avant le lundi de Pâques
carrer/calle – rue
carretera – (C et E) autoroute
carta – (C et E) carte ou menu dans un restaurant
casa de pagès/casa rural – maison dans un village ou à la campagne, ou ferme faisant chambre d'hôtes
castellers – (C) équipiers des pyramides humaines

catedral – (C et E) cathédrale
cercanías – (E) trains locaux qui desservent l'aéroport de Barcelone, la banlieue et certaines villes de la région relativement proches
cerdo – (E) porc
cerrado – (E) fermé
cerveseria/cervecería – brasserie
chiringuito – (E) bar de plage
churros con chocolate – (E) beignet avec chocolat chaud
claustre/claustro – cloître
comarca – (C et E) division administrative urbaine rassemblant plusieurs *municipalités*
comedor – (E) salle de restaurant
comida – (E) déjeuner, nourriture
comissaria/comisaría – commissariat
compte/cuenta – addition (note)
comte/conde – compte
consigna – (C et E) consigne à bagages
copes/copas – boissons (littéralement, verres) ; *anar de copes/ir de copas* signifie "aller prendre un verre"
cor/coro – chœur (d'une église), souvent situé au centre la nef
correfoc – (C) course au feu, qui fait partie des nombreuses *festes* catalanes : une immense cavalcade à travers les rues où des dragons, entre autres monstres, poursuivent les assistants en crachant des flammes (des pétards)
Correus i Telègrafs/Correos y Telégrafos – poste
costa – (C et E) côte

desayuno – (E) petit déjeuner
dinar – (C) déjeuner
duro – (C et E) dur ; mais aussi le surnom de la pièce de 5 ptas

ensalada – (E) salade
entero(a) – (E) entier (entière)
entrada – (C et E) entrée
entremeses – (E) hors-d'œuvre
entrepans – (C) petits pains garnis
església – (C) église
esmorzar – (C) petit déjeuner
estació d'autobusos/estación de auto-

buses – gare routière
estancs/estancos – bureaux de tabac vendant aussi des timbres

ferrocarril – (C et E) chemin de fer
festa/fiesta – fête, jour férié ou soirée/réception
FGC – (C) Ferrocarrils de la Generalitat de Catalunya, réseau local de trains fonctionnant en liaison avec le métro de Barcelone
fin de semana – (E) week-end
fira/feria – foire (commerciale)
flamenc/flamenco – flamant, l'oiseau, personne d'origine flamande ou flamenco, danse et musique andalouses
futbolín – (E) baby-foot

garum – (latin) sauce épicée, riche en vitamines, à base de viscères de poissons saumurées ; son origine remonte aux Romains
gegant – (C) géant défilant lors des *festes,* qui s'inspire généralement des rois, des reines et des chevaliers d'antan
gelats – (C) glace
gitano – (C et E) issu du peuple de Rome, anciennement appelé gitan
granissat/granizado – fruits glacés pilés

havaneres – (C) chants nostalgiques et chansons de marins
helados – (E) glace
horchata – (E) sirop d'orgeat
hostal – (C et E) établissement hôtelier de catégorie de une à trois étoiles ; à ne pas confondre avec alberg de joventut/*albergue juvenil*
huevos – (E) œufs

iglesia – (E) église
infusión de hierbas – (E) infusion de plantes
IVA – *impost sobre el valor afegit/impuesto sobre el valor añadido,* équivalent de la taxe sur la valeur ajoutée (TVA)

llegada – (E) arrivée
llet/leche – lait
llibreria ou llibreteria/librería – librairie

llista de correus/lista de correos – poste restante
llitera/litera – couchette ou wagon-lit

mariscs/mariscos – fruits de mer
marisquería – (E) restaurant de poisson et fruits de mer
marxa/marcha – action, vie ou la scène où se déroule la vie nocturne
media – (E) moitié
menjador – (C) salle à manger, restaurant où l'on mange assis
menú – (E) version abrégée de menú del día
menú del día – (E) menu du jour proposé à l'heure du déjeuner et plus rarement le soir
mercat/mercado – marché
Modernisme – (C) style artistique et architectural proche de l'Art nouveau et parfois connu comme modernisme catalan, dont le principal représentant a été Antoni Gaudí
Modernista – (C et E) représentant du *modernisme*
moll/muelle – quai ou jetée
Mudéjar – (E) musulman qui vit sous l'autorité chrétienne dans l'Espagne médiévale ; ce terme désigne un style d'architecture décoratif de l'époque chrétienne marqué par des apports islamiques
museu/museo – musée

obert – (C) ouvert
oca – **(E) oie**
oficina de turisme/turismo – office du tourisme
orxata – (C) sirop d'orgeat
ous – (C) œufs

parrillada de pescado – (E) grillade de poisson et fruits de mer
peix/pescados – poissons
penya/peña – club, généralement de flamenco ou de supporters de football
pica pica – (C) – en-cas
pinxos/pinchos – terme basque pour *tapas/tapes*
plaça de braus/plaza de toros – arène
plat combinat/plato combinado – littérale-

ment "plat combiné", à savoir une confortable portion de viande, de poisson ou d'omelette, servie avec accompagnement
platja/playa – plage
poble/pueblo – village
pollastre/pollo – poulet
pont/puente – pont
porta/puerta – portail ou porte
porto/puerto – **port**
provincia – (C et E) province (il en existe 50 en Espagne)

ración – (E) portion plus importante de tapas
REAJ – (E) Red Española de Albergues Juveniles, branche espagnole des auberges de jeunesse HI
Realisme – mouvement artistique apparu en Catalunya au milieu du XIXe siècle, cherchant à dépeindre la réalité.
Reconquista – la Reconquête, période de l'histoire espagnole du VIIIe au XVe siècle, durant laquelle les chrétiens ont repris aux musulmans les territoires de la péninsule Ibérique
refrescs/refrescos – boissons non alcoolisées
Refugi/refugio – abri ou refuge, notamment en montagne, où les randonneurs peuvent trouver un hébergement rudimentaire
RENFE – (E) Red Nacional de los Ferrocarriles Españoles, réseau de chemin de fer national
retaula/retablo – retable
riu/río – fleuve ou rivière
rodalies – (C) voir cercanías
romesco – (C) sauce à base d'amandes, de tomate, d'huile d'olive, d'ail et de vinaigre

samfaina – (C) sauce obtenue en faisant revenir oignon, tomate, ail, poivron rouge, aubergine ou courgette
sandwich mixto – (E) sandwich toasté au jambon et au fromage
sardana – (C) danse folklorique catalane traditionnelle
Setmana Santa/Semana Santa – Semaine sainte, qui précède le dimanche de Pâques
sida – (C et E) sida

sidreria – (E) bar à cidre
sofregit – (C) sauce à base d'oignons, de tomates et d'ail frits
sopa – soupe
sopar – (C) dîner
sortida/salida – sortie ou départ

tancat – (C) fermé
tapes/tapas – en-cas servis dans les bars
taquilla – (C et E) guichet
targeta de crèdit/tarjeta de crédito/– carte de crédit
tarjeta telefónica – (E) carte téléphonique
tascas – (E) snack bars
ternera – (E) bœuf
tienda – (E) boutique
torrada – (C) sandwich ouvert toasté

tostada – (E) toast beurré
turisme/turismo – signifie à la fois tourisme et berline ; *el turismo* peut aussi signifier office du tourisme
turrón – (E) nougat

urbanització/urbanización – développement de logements en banlieue

vall/valle – vallée
vedella – (C) bœuf
venta de localidades – (S) guichet
verdures/verduras – légumes
vi/vino– vin

xurros amb xocolata – (C) beignets avec cholocat chaud

LONELY PLANET

GUIDES DE VOYAGE EN FRANÇAIS

Le catalogue de nos guides en français s'étoffe d'année en année : aux traductions de destinations lointaines comme l'Inde ou la Chine, s'ajoutent aujourd'hui des créations françaises avec des guides sur Tahiti, Madagascar, la Corse, Marseille ou encore le Restoguide Paris. Nos guides sont disponibles dans le monde entier et vous pouvez les commander en librairie. Pour toute information complémentaire, vous pouvez consulter notre site lonelyplanet.fr, nous contacter par email à bip@lonelyplanet.fr ou par courrier au 1 rue du Dahomey, 75011 Paris.

Afrique australe
Amsterdam
Andalousie
Athènes et les îles grecques
Australie
Barcelone
Brésil
Cambodge
Chine
Corse
Côte bretonne et les îles
Croatie
Cuba
Guadeloupe et Dominique
Guatemala et Belize
Inde
Iran
Indonésie
Itinéraires de marche en France
Itinéraires à vélo en France
Laos
Lisbonne
Londres
Louisiane
Madagascar
Malaisie et Singapour
Maroc
Marseille et sa région

Martinique, Dominique
et Sainte-Lucie
Mexique le Sud
Myanmar (Birmanie)
Namibie
Népal
New York
Nouvelle-Calédonie
Ouest américain
Pérou
Pologne
Prague
Provence
Québec
Restoguide Paris 2002
Réunion et Maurice
Rome
Sénégal
Sri Lanka
Tahiti et la Polynésie française
Thaïlande
Turquie
Vietnam
Yémen
Zimbabwe et Botswana

LES GUIDES DE PLONGÉE LONELY PLANET

Nos guides de plongée tout en couleur explorent les plus beaux sites de plongée du monde. La description de chaque site comprend des informations sur le niveau conseillé, la profondeur, la visibilité et également sur la faune marine. D'autres sites exceptionnels à travers le monde sont couverts par nos guides en anglais.

En vente en librairie en français :

Guide de plongée Tahiti et la Polynésie française
22,71 € - $C 39.95 – L19.99- US$ 31.99

Guide de plongée Mer rouge
24,24 € - $C 39,95 – L20.99- US$ 33.99

LONELY PLANET

CITIZ

Découvrez le meilleur des villes avec CITIZ, le guide malin et bien renseigné. Critiques avisées, conseils, cartes détaillées : il rassemble dans un format pratique toutes les informations utiles au voyageur éclairé, qu'il séjourne une journée ou une semaine, pour affaires ou pour son plaisir.

Titres disponibles : Paris et New York Citiz – Mars 2002
                    Barcelone, Londres et Venise Citiz – Juin 2002

RESTOGUIDE PARIS 2002 : 500 restaurants et bars sélectionnés par des auteurs de Lonely Planet

Du brunch au dîner en terrasse, cette deuxième édition de notre guide sur les restaurants, bars et cafés à Paris vous donne encore davantage le choix. Chaque endroit a été sélectionné pour une cuisine ou un service de qualité, à des prix abordables et également pour l'ambiance, le décor ou le petit plus qui font de chaque endroit une adresse à retenir et surtout à partager.

* 20 plans des arrondissements de Paris
* un index original par critères : sortir avec des enfants, dîner en terrasse, manger seul(e), ouvert tard, ouvert le dimanche, où jouer au billard, les meilleurs bars à bières, où se séparer ou se réconcilier !
* une sélection de bars et cafés par arrondissement
* un large choix d'adresses, du bistrot aux cuisines du monde
* des adresses de cafés pour se donner rendez-vous à la sortie du métro

En vente en librairie
12,04 € - \$C 21,95 – UKL 10,99 – US\$ 16,99

WWW.LONELYPLANET.FR

Notre site web, constamment actualisé, offre de plus en plus d'informations pour préparer et réussir ses voyages : plus d'une centaine de destinations passées au crible (cartes et photos), des conseils pratiques, des dépêches d'actualité, notre catalogue et des mises à jour en ligne de guides sur certains pays. Il permet également à la communauté des voyageurs d'échanger, de débattre grâce aux forums, à la rubrique controverse et au courrier des lecteurs.

LE JOURNAL

Afin de partager notre passion du voyage et les impressions ou renseignements que vous nous envoyez quotidiennement, nous publions Le Journal, un trimestriel gratuit.
Vous y trouverez des conseils de lecteurs, des informations pratiques liées à la santé comme aux habitudes culturelles à respecter, des articles sur des destinations ou événements à découvrir dans le monde entier ou encore sur des sujets d'actualité avec la volonté de promouvoir toujours davantage un tourisme responsable.
Pour vous abonner, écrivez-nous au 1 rue du Dahomey, 75011 Paris, France

LONELY PLANET

GUIDES DE VOYAGE EN ANGLAIS

Leader mondial en édition de guides de voyage, Lonely Planet publie également plus de 500 titres en anglais et couvre presque la terre entière.
Les différentes collections : Les **travel guides** explorent des pays, des régions ou des villes, et s'adressent à tous les budgets, les **shoestring guides** couvrent l'ensemble d'un continent et s'adressent plutôt aux voyageurs qui ont plus de temps que d'argent, les **condensed guides** sont des guides de poche tout en couleurs, avec des photos et de nombreux plans, pour les séjours brefs dans une capitale, les **phrasebooks** sont de précieuses méthodes de conversation, les **walking guides et cycling guides** s'adressent aux marcheurs et cyclistes, les **world food guides** dressent une présentation exhaustive de l'art culinaire de certains pays, les **Out to Eat guides** recommandent les meilleurs restaurants et bars de quelques villes internationales, les **diving & snorkeling guides** donnent un descriptif complet des plus belles plongées d'une région ou d'un pays.
Existent également des **Atlas** routiers et des **cartes** des grandes villes du monde.
Pour vous procurer ces ouvrages, n'hésitez pas à vous adresser à votre libraire.

EUROPE : Amsterdam • Amsterdam City Map • Amsterdam Condensed • Andalucía • Athens • Austria • Baltic States phrasebook • Barcelona • Barcelona City Map • Belgium & Luxembourg • Berlin • Berlin City Map • Britain • British phrasebook • Brussels, Bruges & Antwerp • Brussels City Map • Budapest • Budapest City Map • Canary Islands • Catalunya & the Costa Brava • Central Europe • Central Europe phrasebook • Copenhagen • Corfu & the Ionians • Corsica • Crete • Crete Condensed • Croatia • Cycling Britain • Cycling France • Cyprus • Czech & Slovak Republics • Czech phrasebook • Denmark • Dublin • Dublin City Map • Dublin Condensed • Eastern Europe • Eastern Europe phrasebook • Edinburgh • Edinburgh City Map • England • Estonia, Latvia & Lithuania • Europe on a shoestring • Europe phrasebook • Finland • Florence • Florence City Map • France • Frankfurt City Map • Frankfurt Condensed • French phrasebook • Georgia, Armenia & Azerbaijan • Germany • German phrasebook • Greece • Greek Islands • Greek phrasebook • Hungary • Iceland, Greenland & the Faroe Islands • Ireland • Italian phrasebook • Italy • Kraków • Lisbon • The Loire • London • London City Map • London Condensed • Madrid • Madrid City Map • Malta • Mediterranean Europe • Milan, Turin & Genoa • Moscow • Munich • Netherlands • Normandy • Norway • Out to Eat – London • Out to Eat – Paris • Paris • Paris City Map • Paris Condensed • Poland • Polish phrasebook • Portugal • Portuguese phrasebook • Prague • Prague City Map • Provence & the Côte d'Azur • Read This First: Europe • Rhodes & the Dodecanese • Romania & Moldova • Rome • Rome City Map • Rome Condensed • Russia, Ukraine & Belarus • Russian phrasebook • Scandinavian & Baltic Europe • Scandinavian phrasebook • Scotland • Sicily • Slovenia • South-West France • Spain • Spanish phrasebook • Stockholm • St Petersburg • St Petersburg City Map • Sweden • Switzerland • Tuscany • Ukrainian phrasebook • Venice • Vienna • Wales • Walking in Britain • Walking in France • Walking in Ireland • Walking in Italy • Walking in Scotland • Walking in Spain • Walking in Switzerland • Western Europe • World Food France • World Food Greece • World Food Ireland • World Food Italy • World Food Spain Travel Literature: After Yugoslavia • Love and War in the Apennines • The Olive Grove: Travels in Greece • On the Shores of the Mediterranean • Round Ireland in Low Gear • A Small Place in Italy

AMÉRIQUE DU NORD : Alaska • Boston • Boston City Map • Boston Condensed • British Columbia • California & Nevada • California Condensed • Canada • Chicago • Chicago City Map • Chicago Condensed • Florida • Georgia & the Carolinas • Great Lakes • Hawaii • Hiking in Alaska • Hiking in the USA • Honolulu & Oahu City Map • Las Vegas • Los Angeles • Los Angeles City Map • Louisiana & the Deep South • Miami • Miami City Map • Montreal • New England • New Orleans • New Orleans City Map • New York City • New York City City Map • New York City Condensed • New York, New Jersey & Pennsylvania • Oahu • Out to Eat – San Francisco • Pacific Northwest • Rocky Mountains • San Diego & Tijuana • San Francisco • San Francisco City Map • Seattle • Seattle City Map • Southwest • Texas • Toronto • USA • USA phrasebook • Vancouver • Vancouver City Map • Virginia & the Capital Region • Washington, DC • Washington, DC City Map • World Food New Orleans Travel Literature: Caught Inside: A Surfer's Year on the California Coast • Drive Thru America

AMÉRIQUE CENTRALE ET CARAÏBES : Bahamas, Turks & Caicos • Baja California • Belize, Guatemala & Yucatán • Bermuda • Central America on a shoestring • Costa Rica • Costa Rica Spanish phrasebook • Cuba • Cycling Cuba • Dominican Republic & Haiti • Eastern Caribbean • Guatemala • Havana • Healthy Travel Central & South America • Jamaica • Mexico • Mexico City • Panama • Puerto Rico • Read This First: Central & South America • Virgin Islands • World Food Caribbean • World Food Mexico • Yucatán

LONELY PLANET

AMÉRIQUE DU SUD : Argentina, Uruguay & Paraguay • Bolivia • Brazil • Brazilian phrasebook • Buenos Aires • Buenos Aires City Map • Chile & Easter Island • Colombia • Ecuador & the Galapagos Islands • Healthy Travel Central & South America • Latin American Spanish phrasebook • Peru • Quechua phrasebook • Read This First: Central & South America • Rio de Janeiro • Rio de Janeiro City Map • Santiago de Chile • South America on a shoestring • Trekking in the Patagonian Andes • Venezuela

AFRIQUE : Africa on a shoestring • Botswana • Cairo • Cairo City Map • Cape Town • Cape Town City Map • East Africa • Egypt • Egyptian Arabic phrasebook • Ethiopia, Eritrea & Djibouti • Ethiopian Amharic phrasebook • The Gambia & Senegal • Healthy Travel Africa • Kenya • Malawi • Morocco • Moroccan Arabic phrasebook • Mozambique • Namibia • Read This First: Africa • South Africa, Lesotho & Swaziland • Southern Africa • Southern Africa Road Atlas • Swahili phrasebook • Tanzania, Zanzibar & Pemba • Trekking in East Africa • Tunisia • Watching Wildlife East Africa • Watching Wildlife Southern Africa • West Africa • World Food Morocco • Zambia • Zimbabwe, Botswana & Namibia

ASIE DU NORD-EST : Beijing • Beijing City Map • Cantonese phrasebook • China • Hiking in Japan • Hong Kong & Macau • Hong Kong City Map • Hong Kong Condensed • Japan • Japanese phrasebook • Korea • Korean phrasebook • Kyoto • Mandarin phrasebook • Mongolia • Mongolian phrasebook • Seoul • Shanghai • South-West China • Taiwan • Tokyo • Tokyo Condensed • World Food Hong Kong • World Food Japan

ASIE CENTRALE ET MOYEN-ORIENT : Bahrain, Kuwait & Qatar • Central Asia • Central Asia phrasebook • Dubai • Farsi (Persian) phrasebook • Hebrew phrasebook • Iran • Israel & the Palestinian Territories • Istanbul • Istanbul City Map • Istanbul to Cairo • Istanbul to Kathmandu • Jerusalem • Jerusalem City Map • Jordan • Lebanon • Middle East • Oman & the United Arab Emirates • Syria • Turkey • Turkish phrasebook • World Food Turkey • Yemen

SOUS-CONTINENT INDIEN : Bangladesh • Bengali phrasebook • Bhutan • Delhi • Goa • Healthy Travel Asia & India • Hindi & Urdu phrasebook • India • India & Bangladesh City Map • Indian Himalaya • Karakoram Highway • Kathmandu City Map • Kerala • Madagascar • Maldives • Mauritius, Réunion & Seychelles • Mumbai (Bombay) • Nepal • Nepali phrasebook • North India • Pakistan • Rajasthan • Read This First: Asia & India • South India • Sri Lanka • Sri Lanka phrasebook • Tibet • Tibetan phrasebook • Trekking in the Indian Himalaya • Trekking in the Karakoram & Hindukush • Trekking in the Nepal Himalaya • World Food India Travel Literature: The Age of Kali: Indian Travels and Encounters • Hello Goodnight: A Life of Goa • In Rajasthan • Maverick in Madagascar • A Season in Heaven: True Tales from the Road to Kathmandu • Shopping for Buddhas • A Short Walk in the Hindu Kush • Slowly Down the Ganges

ASIE DU SUD-EST : Bali & Lombok • Bangkok • Bangkok City Map • Burmese phrasebook • Cambodia • Cycling Vietnam, Laos & Cambodia • East Timor phrasebook • Hanoi • Healthy Travel Asia & India • Hill Tribes phrasebook • Ho Chi Minh City (Saigon) • Indonesia • Indonesian phrasebook • Indonesia's Eastern Islands • Java • Lao phrasebook • Laos • Malay phrasebook • Malaysia, Singapore & Brunei • Myanmar (Burma) • Philippines • Pilipino (Tagalog) phrasebook • Read This First: Asia & India • Singapore • Singapore City Map • South-East Asia on a shoestring • South-East Asia phrasebook • Thailand • Thailand's Islands & Beaches • Thailand, Vietnam, Laos & Cambodia Road Atlas • Thai phrasebook • Vietnam • Vietnamese phrasebook • World Food Indonesia • World Food Thailand • World Food Vietnam

AUSTRALIE ET PACIFIQUE : Aboriginal Australia & the Torres Strait Islands •Auckland • Australia • Australian phrasebook • Australia Road Atlas • Cycling Australia • Cycling New Zealand • Fiji • Fijian phrasebook • Healthy Travel Australia, NZ & the Pacific • Islands of Australia's Great Barrier Reef • Melbourne • Melbourne City Map • Micronesia • New Caledonia • New South Wales • New Zealand • Northern Territory • Outback Australia • Out to Eat – Melbourne • Out to Eat – Sydney • Papua New Guineai • Pidgin phrasebook • Queensland • Rarotonga & the Cook Islands • Samoa • Solomon Islands • South Australia • South Pacific • South Pacific phrasebook • Sydney • Sydney City Map • Sydney Condensed • Tahiti & French Polynesia • Tasmania • Tonga • Tramping in New Zealand • Vanuatu • Victoria • Walking in Australia • Watching Wildlife Australia • Western Australia

ÉGALEMENT DISPONIBLE : Antarctica • The Arctic • The Blue Man: Tales of Travel, Love and Coffee • Brief Encounters: Stories of Love, Sex & Travel • Buddhist Stupas in Asia: The Shape of Perfection • Chasing Rickshaws • The Last Grain Race • Lonely Planet … On the Edge: Adventurous Escapades from Around the World • Lonely Planet Unpacked • Lonely Planet Unpacked Again • Not the Only Planet: Science Fiction Travel Stories • Ports of Call: A Journey by Sea • Sacred India • Travel Photography: A Guide to Taking Better Pictures • Travel with Children • Tuvalu: Portrait of an Island Nation

Nos guides sont également disponibles en **espagnol** et en **italien**.
Vous pouvez les commander auprès du bureau Lonely Planet Royaume-Uni et Irlande : 10 A Spring Place, London NW5 3BH – ☎ (020) 7428 4800 , Fax (020) 7428 4828 e-mail : go@lonelyplanet.co.uk

Index

Texte

Encadrés

Gastronomie
Chaînes de restauration 152
Petit lexique des cuisines d'aujourd'hui 149
Tout ce que vous avez toujours voulu
    savoir sur les tapas 155

Histoire
Buffalo Bill à Barcelone 117
Le capitaine Nemo de Barcelone 103
Histoire du droit catalan 14-15
Naissance du Barca 179
Né dans le sang 12
La pomme de la discorde 119
Sainte Eulalie au supplice 92

Culture et patrimoine
A l'ombre du vieux chêne 200
Attention au métrage 107

Barcelone à lire 60
Du bon usage de l'étiquette 199
Entre Borges et Barcelone, rien ne va
    39
Gaudi hors circuit 97
Gaudi, l'architecte de Dieu 124-125
La bohème des Quatre Chats 162
La guerre des mots 212-213
On la danse tous en rond… 42
Pyramides humaines 176-177

Pratique
Des adresses pas vraiment nettes 25
Mille et une façons de perdre son porte
    feuille 67
Mise en place de l'euro 51
Téléphones mobiles 56
Trouver une adresse 55

Cadaqués, qui étend démesurément ses maisons blanches sur la Costa Brava, draine une foule de célébrités

La chambre de Dalí

Teatre-Museu Dalí, Figueres

Habitations bariolées à Girona

Le Teatre-Museu Dalí, conçu pour surprendre

Le quartier juif médiéval de Girona

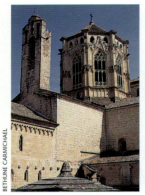

BETHUNE CARMICHAEL

Le Monestir de Poblet

VERONICA GARBUTT

Sitges, la station balnéaire la moins conventionnelle de toute l'Espagne

ANDERS BLOMQVIST

L'élégante cathédrale médiévale, bâtie entre 1171 et 1331, domine les toits de Tarragona

BETHUNE CARMICHAEL

Perché dans les montagnes en dents de scie, le Monestir de Montserrat

DAMIEN SIMONIS

Fresque murale à Tarragona

CARTE 1

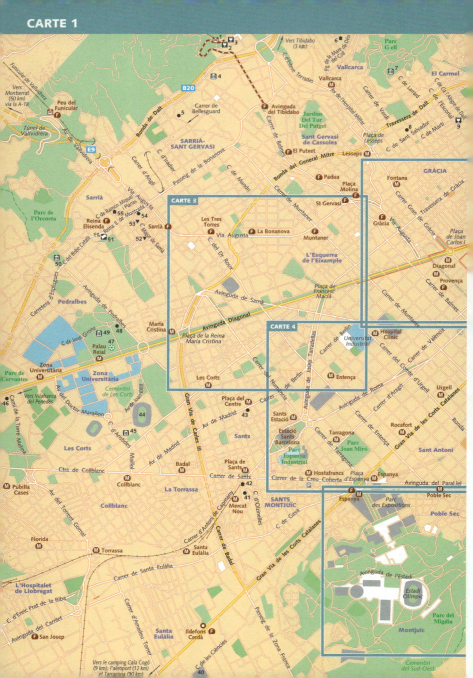

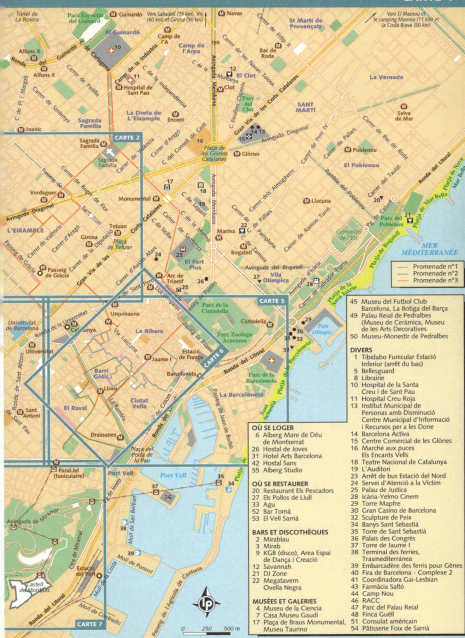

CARTE 1

OÙ SE LOGER
6 Alberg Mare de Déu de Montserrat
26 Hostal de Joves
31 Hotel Arts Barcelona
42 Hostal Sans
55 Alberg Studio

OÙ SE RESTAURER
20 Restaurant Els Pescadors
27 Els Pollos de Llull
33 Agu
52 Bar Tomà
53 El Vell Sarrià

BARS ET DISCOTHÈQUES
3 Mirablau
2 Mirab
9 KGB (disco), Area Espai de Dança i Creació
12 Savannah
21 DJ Zone
22 Megatavern Ovella Negra

MUSÉES ET GALERIES
4 Museu de la Ciencia
7 Casa Museu Gaudí
17 Plaça de Braus Monumental, Museu Taurino

45 Museu del Futbol Club Barcelona, La Botiga del Barça
49 Palau Reial de Pedralbes (Museu de Ceràmica, Museu de les Arts Decoratives)
50 Museu-Monestir de Pedralbes

DIVERS
1 Tibidabo Funicular Estació Inferior (arrêt du bas)
5 Bellesguard
8 Librairie
10 Hospital de la Santa Creu i del Sant Pau
11 Hospital Creu Roja
13 Institut Municipal de Personas amb Disminució Centre Municipal d'Information i Recursos per a les Done
14 Barcelona Activa
15 Centre Comercial de les Glòries
16 Marché aux puces Els Encants Vells
18 Teatre Nacional de Catalunya
19 L'Auditori
23 Arrêt de bus Estació del Nord
24 Servei d'Atenció a la Víctim
25 Palau de Justica
26 Icaria-Yelmo Cinem
29 Torre Mapfre
30 Gran Casino de Barcelona
32 Sculpture de Peix
34 Banys Sant Sebastià
35 Torre de Sant Sebastià
36 Palais des Congrès
37 Torre de Jaume I
38 Terminal des ferries, Trasmediterránea
39 Embarcadère des ferris pour Gènes
40 Fira de Barcelona - Complexe 2
41 Coordinadora Gai-Lesbian
43 Farmàcia Saltó
44 Camp Nou
46 RACC
47 Parc del Palau Reial
48 Finca Güell
51 Consulat américain
54 Pâtisserie Foix de Sarrià

Promenade n°1
Promenade n°2
Promenade n°3

0   250   500 m

CARTE 2

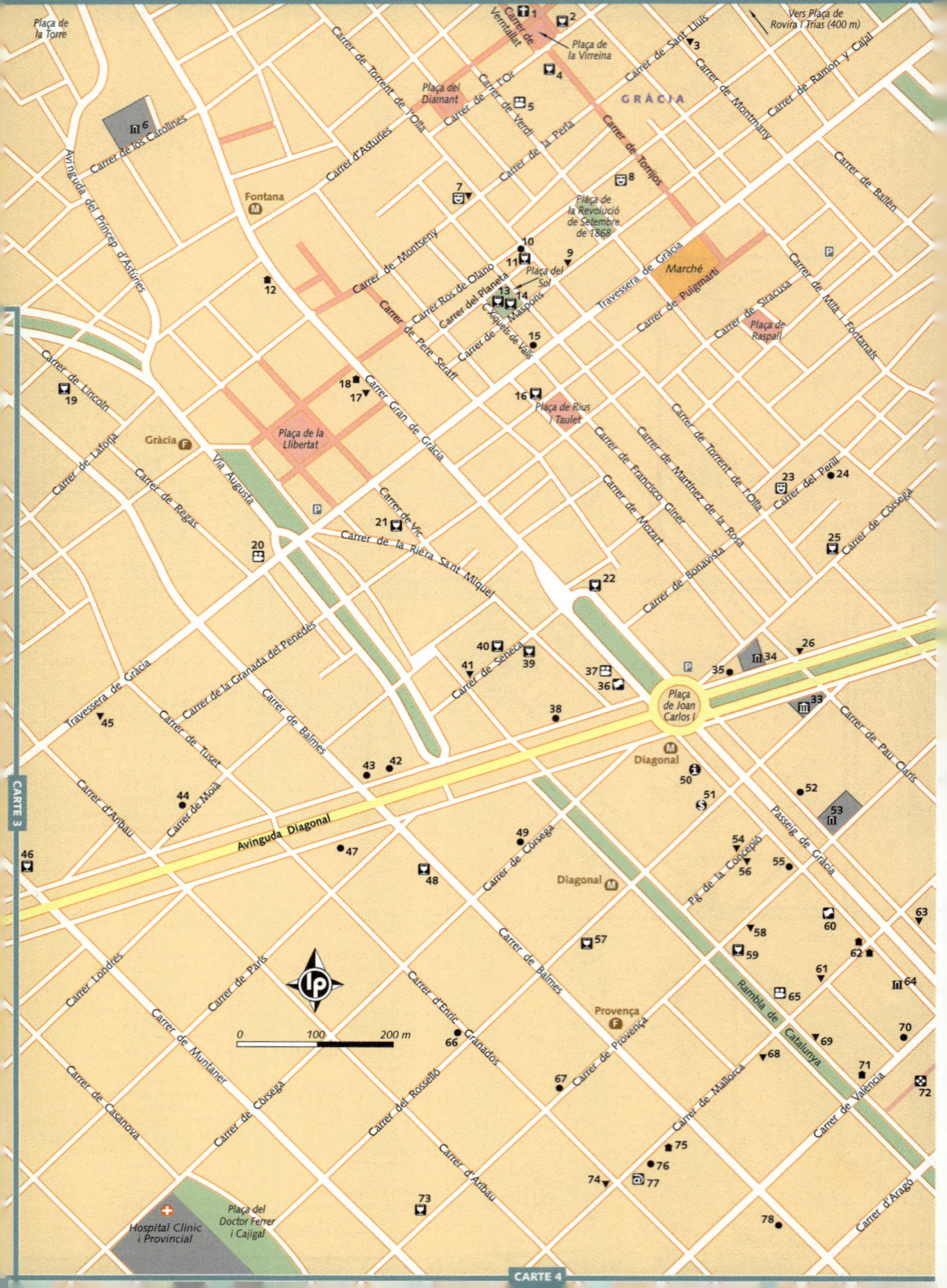
Plaça de la Torre
Carrer de Verntallat
Plaça de la Virreina
Carrer de Sant Lluís
Vers Plaça de Rovira i Trias (400 m)
Carrer de Torrent de l'Olla
Plaça del Diamant
Carrer de l'Or
Carrer de Verdi
GRÀCIA
Carrer de Montmany
Carrer de Ramon y Cajal
Carrer de los Carolines
Carrer d'Astúries
Carrer de la Perla
Carrer de Torrijos
Carrer de Bailèn
Avinguda del Príncep d'Astúries
Fontana
Plaça de la Revolució de Setembre de 1868
Carrer de Montseny
Plaça del Sol
Travessera de Gràcia
Marché
Carrer de Puigmartí
Carrer de Milà i Fontanals
Carrer Ros de Olano
Carrer del Planeta
C. Xiquets de Valls
Carrer de Maspons
Carrer de Siracusa
Plaça de Raspall
Carrer de Pere Serafí
Carrer Gran de Gràcia
Carrer de Lincoln
Plaça de Rius i Taulet
Plaça de la Llibertat
Gràcia
Carrer de Laforja
Carrer de Regàs
Via Augusta
Carrer de Francisco Giner
Carrer de Martínez de la Rosa
Carrer de Torrent de l'Olla
Carrer del Perill
Carrer de Mozart
Carrer de Vic
Carrer de la Riera Sant Miquel
Carrer de Còrsega
Carrer de Bonavista
Carrer de la Granada del Penedès
Travessera de Gràcia
Carrer de Balmes
Carrer de Sèneca
Plaça de Joan Carlos I
Carrer de Pau Claris
Carrer de Tuset
Diagonal
Carrer d'Aribau
Carrer de Molà
Passeig de Gràcia
Avinguda Diagonal
Carrer de Còrsega
Pg. de la Concepció
Diagonal
Carrer Londres
Carrer de París
Carrer de Balmes
Rambla de Catalunya
Carrer d'Enric Granados
Provença
Carrer de Muntaner
0
100
200 m
Carrer de Provença
Carrer de Mallorca
Carrer de València
Carrer de Casanova
Carrer de Còrsega
Carrer del Rosselló
Carrer d'Aribau
Carrer d'Aragó
Hospital Clínic i Provincial
Plaça del Doctor Ferrer i Cajigal
CARTE 3
CARTE 4
1
2
3
4
5
6
7
8
9
10
11
12
13
14
15
16
17
18
19
20
21
22
23
24
25
26
33
34
35
36
37
38
39
40
41
42
43
44
45
46
47
48
49
50
51
52
53
54
55
56
57
58
59
60
61
62
63
64
65
66
67
68
69
70
71
72
73
74
75
76
77
78

La Sagrada
Família

Avinguda de Gaudí

Plaça de
Gaudí

Carrer de Lepant

Sagrada
Família Ⓜ

28 ▼

29

30 ▼

Carrer de Marina

Plaça de
la Sagrada
Família

31 @

Carrer de Sardenya

Carrer de València

Carrer d'Aragó

Plaça de
Pablo Neruda

Carrer de Sant Antoni Maria Claret

Carrer de la Indústria

Carrer de Nàpols

Carrer de Sicília

Carrer de Rosselló

Carrer de Roger de Flor

Carrer de Còrsega

Carrer de Grassot

Passeig de Sant Joan

Carrer de Provença

Carrer de Roger de Flor

Carrer de Mallorca

Avinguda   Diagonal

Passeig de Sant Joan

Ⓜ
Verdaguer

Plaça Mossèn
Jacint
Verdaguer

Carrer de Ballén

Carrer de Rosselló

Carrer d'Aragó

Carrer del Consell de Cent

Verdaguer
Ⓜ

27
血

Avinguda   Diagonal

Passeig de Sant Joan

32 ●

Carrer de la Diputació

Carrer de Provença

Carrer de Mallorca

Carrer d'Aragó

Carrer de Girona

Carrer de Ballén

Ⓜ Tetuan

Plaça
de Tetuan

L'EIXAMPLE

Carrer de València

Carrer del Bruc

Girona
Ⓜ

P

79 ●
80 ●

81 ▼

85
82 ● 血83
84

86 ●

88 ●

Ⓜ Passeig
de Gràcia
89 ●

91 ▼

92
血

93 血
95 ▼
94 ●

96 ▼
97 ●
98 ●

99 ●
100 ●

101 ●

102 ●

Carrer d'Aragó

Plaça de Mendez-Vigo

87 ●

Carrer de Roger de Llúria

116 ●

115

114

117 ●
118 ●

Gran Via de les Corts Catalanes

119 ●
120 ▼

110 ▼

121 ●

122 ●
123 ●

Carrer de Casp

Carrer d'Ausiàs Marc

Carrer de Girona

Carrer del Bruc

Carrer de Roger de Llúria

Carrer de Casp

Ronda de Sant Pere

Passeig de Gràcia

Carrer del Consell de Cent

Carrer de Pau Claris

Rambla de Catalunya

90 ●

112 ●
111 ●

113 ●

103 ●
105 ●

104

106 ●
107 ▼

108 ●

109 ●

CARTE 6

CARTE 5

CARTE 2

OÙ SE LOGER

- 12 Hostal San Medín
- 18 Pensión Norma
- 62 Comtes de Barcelona Hotel ;
  Vasari
- 71 Hotel Regente
- 75 Hotel Balmes
- 79 Hotel Claris
- 82 Hotel Majèstic
- 100 Hostal Neutral
- 103 Hostal Oliva ;
  Adolfo Domínguez
- 104 St Moritz Hotel
- 108 Hotel Gran Via
- 113 Hostal Palacios
- 119 Hotel Ritz

OÙ SE RESTAURER

- 3 Taverna El Glop
- 7 Bar Restaurant del Teatre
  Lliure
- 9 Cal Juanito
- 17 Botafumeiro
- 26 Bauma
- 28 La Baguetina Catalana
- 30 Celler del Trabucaire
  (La Casa del Jamón)
- 41 Restaurant Roig Robí
- 45 Pastafiore
- 54 El Japonés
- 56 Tragaluz
- 61 Lizarran
- 58 Pastafiore ;
  Pans & Company
- 63 Centro Asturiano
- 68 Cerveseria Catalana
- 69 Bocatta
- 74 La Palmera
- 81 FrescCo
- 86 L'Hostal de Rita
- 89 Restaurant Madrid
  Barcelona
- 91 Cerveseria Tapa Tapa
- 95 Pans & Company
- 109 Restaurant Laie
- 107 Quasi Quevíures (Qu Qu)
- 110 El Café de Internet
- 120 Casa Calvet
- 122 Casa Alfonso

BARS ET DISCOTHÈQUES

- 2 Café la Virreina
- 4 Café Salambó
- 11 La Ñola
- 13 Café del Sol
- 14 Mirasol
- 16 Bar Chirito de Oro
- 19 Otto Zutz
- 21 Café de la Calle
- 22 Martin's
- 25 Mond Club (Sala Cibeles)
- 39 Member's
- 40 Bahía
- 46 Luz de Gas
- 48 Velvet
- 57 Nick Havanna
- 59 La Bodegueta
- 73 La Fira
- 114 Fuse

MUSÉES ET GALERIES

- 33 Palau Quadras
  (Museu de la Música)
- 83 Fundación Francisco Godia
- 84 Museu Egipci
- 92 Fundació Antoni Tàpies

DIVERS

- 1 Església de Sant Josep
- 5 Cinéma Verdi
- 6 Casa Vicenç
- 7 Teatre Lliure
- 8 Teatreneu
- 10 Laverie automatique
- 15 Acció Llibres Bookshop
- 20 Cinéma Arkadín
- 23 Artenbrut
- 24 Poliesportiu Perill
  (courts de squash)
- 27 Casa de les Punxes
  (Casa Terrades)
- 29 Sagrada Família ;
  Museu Gaudí
- 31 Inet.center
- 32 Hertz
- 34 Casa Comalat
- 35 Majorica
- 36 Consulat allemand
- 37 Cinéma Casablanca
- 38 Cambra Oficial de Comerç,
  Indústria i Navegació

- 42 Calvin Klein
- 43 Giorgio Armani
- 44 Institut Français
  de Barcelona
- 47 Gucci
- 49 Avis
- 50 Office du tourisme régional
  (Palau Robert)
- 51 American Express
- 52 Vinçon
- 53 La Pedrera (Casa Milà)
- 55 Librería Francesa
- 66 Galeria Victor Saavedra
- 67 Librairie Come In
- 60 Consulat canadien ;
  Happy Books
- 64 Casa Enric Batlló
- 65 Cinéma Alexis
- 76 Planet Music
- 77 Cyber Play
- 78 Librairie Altaïr
- 70 Camper
- 72 Bulevard Rosa ; Lufthansa ;
  Centre Català d'Artesania
- 80 La Casa Elizalde
- 85 Conéctate
- 87 Istituto Italiano di Cultura
- 88 Poste
- 90 La Tenda
- 93 Casa Batlló
- 94 Casa Amatller ;
  Joyería Bagués
- 96 Regia et Museu del Parfum
- 97 Casa Lleo Morera, Cartier
  et Loewe
- 98 Antonio Miró
- 99 Xocolateria Valor
- 101 Natura Selection
- 102 Max Mara
- 105 Iberia
- 106 Pharmacie ouverte
  24h/24
- 109 Librairie Laie
- 111 Café Interlight
- 112 Halcón Viatges
- 115 Consulat belge
- 116 TWA
- 117 Pullmantur
- 118 Europcar
- 121 Ca la Dona
- 123 7-eleven

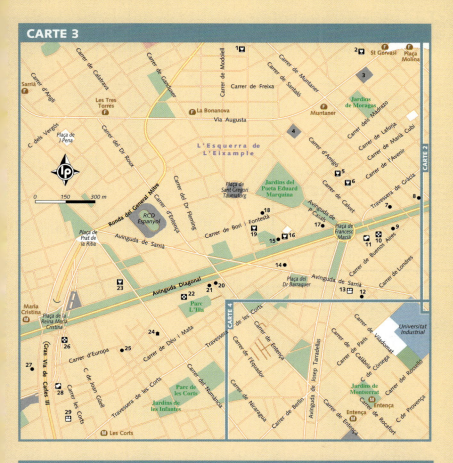

CARTE 3

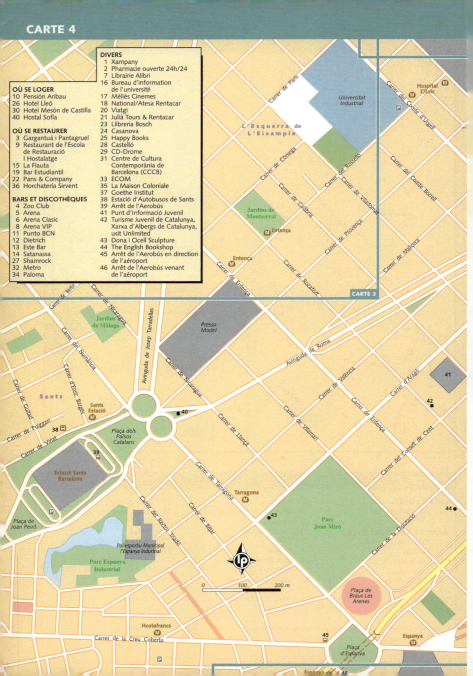

DIVERS
1 Xampany
2 Pharmacie ouverte 24h/24
7 Librairie Alibri
16 Bureau d'information
   de l'université
17 Méliès Cinemes
18 National/Atesa Rentacar
20 Viatgi
21 Julià Tours & Rentacar
23 Llibreria Bosch
24 Casanova
25 Happy Books
28 Castelló
29 CD-Drome
31 Centre de Cultura
   Contemporània de
   Barcelona (CCCB)
33 ECOM
35 La Maison Coloniale
37 Goethe Institut
38 Estació d'Autobusos de Sants
39 Arrêt de l'Aerobús
41 Punt d'Informació Juvenil
42 Turisme Juvenil de Catalunya,
   Xarxa d'Albergs de Catalunya,
   usit Unlimited
43 Dona i Ocell Sculpture
44 The English Bookshop
45 Arrêt de l'Aerobús en direction
   de l'aéroport
46 Arrêt de l'Aerobús venant
   de l'aéroport

OÙ SE LOGER
10 Pensión Aribau
26 Hotel Lleó
30 Hotel Mesón de Castilla
40 Hostal Sofía

OÙ SE RESTAURER
3 Gargantuá i Pantagruel
9 Restaurant de l'Escola
   de Restauració
   I Hostalatge
15 La Flauta
19 Bar Estudiantil
22 Pans & Company
36 Horchatería Sirvent

BARS ET DISCOTHÈQUES
4 Zoo Club
5 Arena
6 Arena Clasic
8 Arena VIP
11 Punto BCN
12 Dietrich
13 Este Bar
14 Satanassa
27 Shamrock
32 Metro
34 Paloma

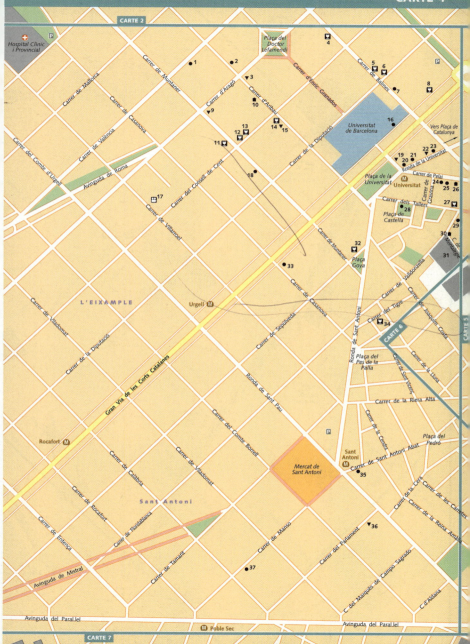

CARTE 4

CARTE 2

Hospital Clínic i Provincial

Carrer de Mallorca
Carrer de Muntaner
Carrer de Casanova
Carrer de València
Carrer del Comte d'Urgell
Avinguda de Roma
Carrer del Consell de Cent
Carrer de Villarroel
Carrer d'Aragó
Carrer d'Aribau
Carrer d'Enric Granados
Carrer de Balmes
Carrer de la Diputació
Carrer de Muntaner

Plaça del Doctor Letamendi

Universitat de Barcelona
Plaça de la Universitat
Vers Plaça de Catalunya
Ronda de la Universitat
Carrer de Pelai
Universitat
Carrer de Gravina
Carrer dels Tallers
Plaça de Castella
C. de Montalegre

L'EIXAMPLE

Plaça Goya

Urgell

Carrer de Viladomat
Carrer de la Diputació
Carrer de Sepúlveda
Carrer de Casanova
Ronda de Sant Antoni
Carrer de Valldonzella
Carrer del Tigre
Carrer de Joaquín Costa

Plaça del Pes de la Palla

Carrer de Sant Vicenç
Carrer de la Lluna
Carrer de la Riera Alta

CARTE 6
CARTE 5

Rocafort

Carrer de Calàbria
Carrer de Viladomat
Carrer del Comte Borrell
Gran Via de les Corts Catalanes
Ronda de Sant Pau

Mercat de Sant Antoni

Sant Antoni

Plaça del Pedró
Carrer de Sant Antoni Abat
Carrer de la Cera
Carrer de les Carretes
Carrer de la Reina Amàlia

Sant Antoni

Carrer d'Enfança
Carrer de Rocafort
Carrer de Floridablanca
Carrer de Tamarit
Carrer de Manso
Carrer del Parlament

Avinguda de Mistral
Avinguda del Paral·lel

C. del Marquès de Campo Sagrado
C. d'Aldana

Avinguda del Paral·lel

Poble Sec

CARTE 7

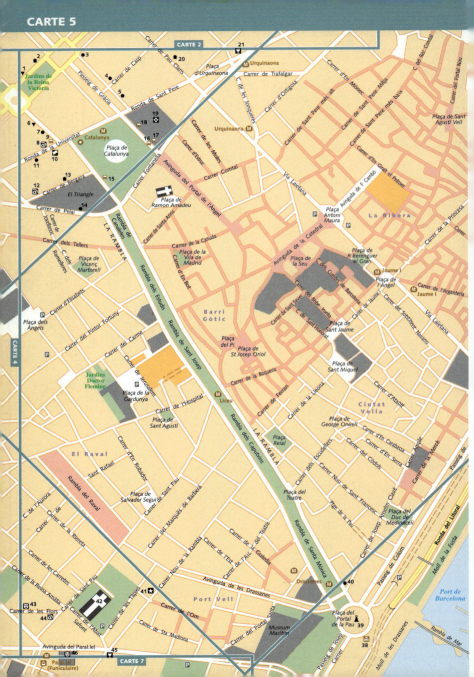

CARTE 2

Jardins de la Reina Victòria

Plaça d'Urquinaona

Urquinaona
Carrer de Trafalgar

Carrer de Caspe
Passeig de Gràcia
Carrer del Pau Clars
Carrer de Casp

Ronda de Sant Pere

Carrer d'Ortigosa

Carrer de Sant Pere més alt
Carrer de Sant Pere Mitjà
Carrer de Sant Pere més baix

Plaça de Sant Agustí Vell

Catalunya

Plaça de Catalunya

Urquinaona

Carrer d'En Giralt el Pellisser

Carrer de les Moles

Avinguda de F. Cambó

Ronda de la Universitat

Carrer d'Estuc

Carrer Comtal

Via Laietana

Plaça Antoni Maura

La Ribera

El Triangle

Carrer de Bergara

Carrer Fontanella

Avinguda del Portal de l'Àngel

Plaça de Ramon Amadeu

Carrer de Santa Anna

Carrer de la Princesa

Carrer de Pelai

Carrer de Santa Anna

Plaça de R. Berenguer el Gran

Carrer de l'Argenteria

Carrer dels Tallers

Rambla de Canaletes

Carrer de la Canuda

Avinguda de la Catedral

Plaça de la Seu

Jaume I

Plaça de l'Àngel

Jaume I

Plaça dels Elisabets

LA RAMBLA

Plaça de Vicenç Martorell

Plaça de la Vila de Madrid

Carrer d'En Bot

Carrer del Comtes de Barcelona

Carrer del Sotstinent Navarro

Via Laietana

Plaça dels Àngels

Carrer del Pintor Fortuny

Rambla dels Estudis

Barri Gòtic

Carrer del Bisbe Irurita

Carrer de Sant Sever

Carrer de Sant Honorat

Plaça de Sant Jaume

Carrer del Carme

Rambla de Sant Josep

Plaça del Pi

Plaça de St Josep Oriol

Plaça de Sant Miquel

Carrer d'Ataülf

Jardins Doctor Fleming

Carrer de Jerusalem

Plaça de la Garduña

Carrer de la Boqueria

Ciutat Vella

Liceu

Carrer de l'Hospital

Plaça de Sant Agustí

Carrer de Ferran

Carrer de la Lleona

Plaça de George Orwell

Carrer d'En Carabassa

Carrer d'En Serra

Carrer d'Avinyó

El Raval

Sant Rafael

Carrer d'En Robador

Rambla del Raval

Plaça Reial

Carrer del Codols

Carrer de la Mercè

Passeig de Colom

C. de l'Aurora

Carrer de la Riereta

Carrer de Sant Pau

Plaça de Salvador Seguí

Carrer del Marquès de Barberà

Plaça del Teatre

LA RAMBLA

Rambla de Santa Mònica

Carrer de Josep Anselm Clave

Plaça del Duc de Medinaceli

Ronda del Litoral

Moll de la Fusta

Carrer de les Carretes

Carrer de la Reina Amàlia

Carrer de Sant Pau

Carrer de l'Abat Sifont

Carrer Nou de la Rambla

Carrer de l'Est

Carrer de l'Arc del Teatre

Avinguda de les Drassanes

Drassanes

Port de Barcelona

Carrer de les Flors

Carrer de l'Om

Carrer de Sta. Madrona

Port Vell

Museu Marítim

Plaça del Portal de la Pau

Rambla de Mar

Avinguda del Paral·lel

Paral·lel (Funiculaire)

CARTE 7

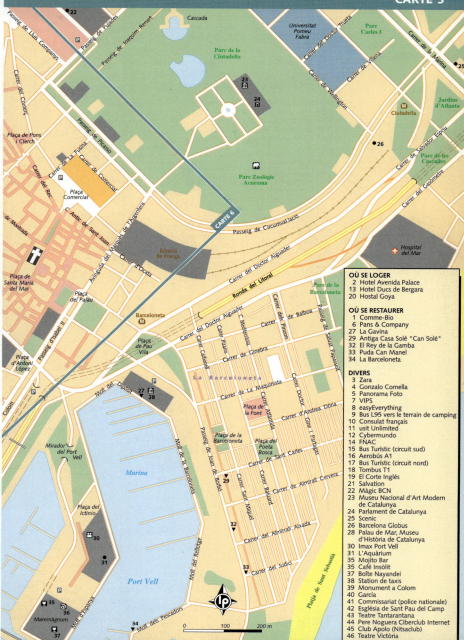

Cascada

Parc de la Ciutadella

Universitat Pompeu Fabra

Parc Carles I

Passeig de Lluís Companys
Passeig de Pujades
Passeig de Joaquim Renart
Carrer del Doctor Trueta
Carrer de la Marina

Carrer de Wellington
Carrer de Villena

Carrer del Comerç

Jardins d'Atlanta

Ciutadella

Plaça de Pons i Clerch

Passeig de Picasso

Parc de les Cascades

Carrer de Salvador Espriu

Carrer de la Fusina
Carrer de Comercial
Carrer del Rec

Plaça Comercial

Parc Zoològic Acurama

Carrer del Gasòmetre

C. Antic de Sant Joan
de Montcada

CARTE 6

Avinguda del Marquès de l'Argentera
Carrer d'Ocata

Estació de França

Passeig de Circumval·lació

Hospital del Mar

Plaça de Santa Maria del Mar

Carrer del Doctor Aiguader

Ronda del Litoral

Parc de la Barceloneta

Plaça del Palau

Barceloneta

Carrer dels Balboa
Passeig de Salvat Papasseit

Carrer Isabel II

Plaça de Pau Vila

Carrer del Doctor Aiguader
Carrer Pizarro
Carrer Cabanes

Carrer Pinzón
Medinaceli

Carrer de Cinebra

La Barceloneta

Carrer de La Maquinista

Carrer Doctor Giné i Partagás

Plaça d'Antoni López

Colom

Carrer de Sant Carles

Plaça de la Font

Carrer d'Andrea Dòria

Mirador del Port Vell

Moll de Dipòsit

Plaça de la Barceloneta

Plaça del Poeta Bosca

Carrer de l'Atlàntida

Marina

Plaça del Ictinio

Passeig de Joan de Borbó

Carrer Sant Miquel
Carrer Ballard
Carrer de Sant Carles

Carrer de Almirall Cervera

Moll de la Barceloneta

Port Vell

Moll del Rellotge

Carrer del Almirall Aixada

Carrer del Judici

Platja de Sant Sebastià

Maremàgnum

Moll d'Espanya

Moll dels Pescadors

0   100   200 m

LP

OÙ SE LOGER
2 Hotel Avenida Palace
13 Hotel Ducs de Bergara
20 Hostal Goya

OÙ SE RESTAURER
1 Comme-Bio
6 Pans & Company
27 La Gavina
29 Antiga Casa Solé "Can Solé"
32 El Rey de la Gamba
33 Puda Can Manel
34 La Barceloneta

DIVERS
3 Zara
4 Gonzalo Comella
5 Panorama Foto
7 VIPS
8 easyEverything
9 Bus L95 vers le terrain de camping
10 Consulat français
11 usit Unlimited
12 Cybermundo
14 FNAC
15 Bus Turístic (circuit sud)
16 Aerobús A1
17 Bus Turístic (circuit nord)
18 Tombus T1
19 El Corte Inglés
21 Salvation
22 Màgic BCN
23 Museu Nacional d'Art Modern
   de Catalunya
24 Parlament de Catalunya
25 Scenic
26 Barcelona Globus
28 Palau de Mar, Museu
   d'Història de Catalunya
30 Imax Port Vell
31 L'Aquàrium
35 Mojito Bar
35 Café Insòlit
37 Boîte Nayandei
38 Station de taxis
39 Monument a Colom
40 García
41 Commissariat (police nationale)
42 Església de Sant Pau del Camp
43 Teatre Tantarantana
44 Pere Noguera Ciberclub Internet
45 Club Apolo (Nitsaclub)
46 Teatre Victòria

OÙ SE LOGER
12 Pensión Noya
17 Hotel Nouvel
18 Hotel Continental
23 Hostal Fontanella
28 Hostal Lausanne ; Zara
30 Hostal Campi
31 Le Meridien
37 Hostal Galerias Maldà ;
    Maldà Cinema
38 Hostal-Residencia Rembrandt
39 Hotel Colón
59 Hotel Call
60 Pensión Fernando
62 Albergue Arco
66 Hotel Jardi
72 Hostal Paris
78 Hotel San Agustín
80 Hotel Principal
82 Hotel Joventut
83 Hostal La Terrassa
84 Hotel Peninsular
85 Hotel España ; Fonda Espanya
86 Hostal Residencia Opera
87 Hostal Mare Nostrum
90 Pensión Europa
91 Pensión Bienestar
97 Hotel Rey Don Jaime I
104 Hotel Suizo
110 Hostal Levante
121 Pensión Villanueva
122 Pensió Colom 3 ;
    Disco-Bar Real
124 Hotel Oriente
139 Hotel Cuatro Naciones
141 Youth Hostel Kabul
145 Hotel Roma Reial
152 Casa Huéspedes Mari-Luz
153 Alberg Juvenil Palau
156 Pensión Alamar
159 Hotel Barcelona House
160 Hotel Comercio
167 Hostal El Cantón
168 Hostal Marítima ; García
169 Hostal Nilo
189 Pensión Lourdes
209 Hotel Triunfo

OÙ SE RESTAURER
10 Bar Kasparo
27 Els Quatre Gats
32 Bar Ra
33 Escriba (patissier chocolatier)
42 Restaurant L'Econòmic
44 Lluna Plena
45 Comme-Bio (La Botiga)
65 Xocolateria La Xicra
69 Irati
73 Juicy Jones
76 El Convent
79 Rita Blue
89 Cafè de l'Òpera
98 Santa Clara
103 La Colmena
107 Cafè de l'Acadèmia
111 La Cereria
113 El Gran Café
117 El Taxidermista
118 Les Quinze Nits
127 Salsitas
150 La Verónica
157 Venus Delicatessen
161 La Fonda Escudellers
162 Los Caracoles
174 Restaurant Pitarra
180 Restaurant Set Portes
181 Coses ded menjar
188 Senyor Parellada
186 La Flauta Mágica
197 El Xampanyet
198 Centre Cultural Euskal Etxea
210 Restaurant Hivernacle de la
    Ciutadella
220 Cal Pep

BARS ET DISCOTHÈQUES
1 Benidorm
2 Granja de Gavà
3 Casa Almirall
5 Café Que Pone Muebles
   Navarro
8 L'Ovella Negra
11 Café Zurich
16 Boadas
57 B.O.2
61 Schilling
67 Bar del Pi
81 Bar Aurora
99 Paradise
106 Bar Pilarica
115 Bar Malpaso
116 Sidecar
119 Glaciar
120 Barcelona Pipa Club
125 Bar Marsella
126 The Quiet Man
128 London Bar
130 Bar La Concha
134 Bar Pastís
135 Kentucky
136 Moog
142 Jamboree
143 Sala Tarantos
144 Karma
146 Al Limón Negro
147 Bar Reixas
148 Thiossan
149 Shanghai
155 Harlem Jazz Club
158 Zoo
164 Dot
170 Antinous
173 Bar Center Point
175 Bar (sans enseigne)
176 Parnasse
178 Bar Los de Extremadura
183 La Vinya del Senyor
184 Abaixadors 10
187 El Nus
190 Cafè Tèxtil
201 Miramelindo
202 El Copetín
205 Borneo
206 Gimlet
207 El Foro
208 Luz de Luna
213 Magic
215 Suborn
217 La Tinaja
219 Mudanzas
221 Woman Caballero

MUSÉES ET GALERIES
51 Museu Frederic Marès
56 Museu del Calçat
74 Museu de l'Eròtica
101 Museu d'Història de la Ciutat
    (Casa Padellàs)
190 Museu Tèxtil i d'Indumentària ;
    Museu Barbier-Mueller d'Art
    Precolombí
191 Museu Picasso

DIVERS
4 Centre téléphonique (tarifs
   réduits)
6 Convent dels Àngels
7 Eutherpe
9 Daily Record
13 Rock & Blues
14 Castelló
15 Castelló
19 Drinking Fountain
20 Taxi
21 Banco de España
22 Oficina d'Informació de
   Turisme de Barcelona
24 International House
25 Ceràmiques i Terrisses Cadí
26 Ceramica
29 Roman Tombs
34 Llibreria et Informaciò Cultural
   de la Generalitat de Catalunya ;
   Casa de Comillas
35 Institut Català
   de la Dona
36 Librairie Quera
40 Institut del Teatre
41 Arc de Triomf
43 Capella d'En Marcús
46 Inet.center
47 Capella Reial de Santa Àgata

Pour prendre le poul de la capitale catalane, promenez-vous sur La Rambla, à toute heure du jour ou de la nuit

ANDERS BLOMQVIST

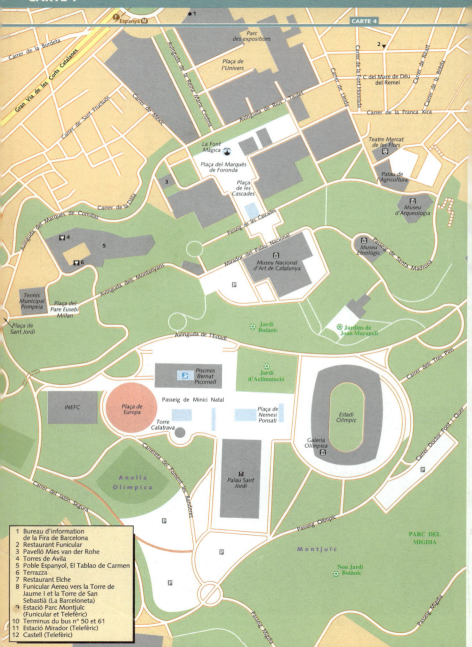

Parc
des expositions

Plaça de
l'Univers

La Font
Màgica

Plaça del Marquès
de Foronda

Plaça
de les
Cascades

Carrer de la Bordeta

Carrer de la Font Honrada

Carrer de Lleida

Carrer de la Franca Xica

Carrer de la França Xica

C del Mare de Déu
del Remei

Carrer de Ricart

Carrer de la Bòbila

Teatre Mercat
de les Flors

Palau de
l'Agricultura

Gran Via de les Corts Catalanes

Avinguda de la Reina Maria Cristina

Carrer de Méxic

Carrer de Sant Fructuós

Avinguda de Rius i Taulet

Passeig de les Cascades

Museu
d'Arqueologia

Avinguda del Marquès de Comillas

Carrer de la Dalia

Mirador del Palau Nacional

Museu Nacional
d'Art de Catalunya

Museu
Etnològic

Passeig de Santa Madrona

Tennis
Municipal
Pompeia

Plaça del
Pare Eusebi
Millan

Plaça de
Sant Jordi

Avinguda dels Montanyans

Jardí
Botànic

Jardins de
Joan Maragall

Carrer dels Tres Pins

Avinguda de l'Estadi

Piscines
Bernat
Picornell

Jardí
d'Aclimatació

Carrer del Jalón Segura

INEFC

Plaça de
Europa

Passeig de Minici Natal

Torre
Calatrava

Plaça de
Nemesi
Ponsati

Estadi
Olímpic

Galeria
Olímpica

Carrer Doctor Font i Quer

Anella
Olímpica

Palau Sant
Jordi

Carrer del Foment de les Banderes

Passeig Olímpic

PARC DEL
MIGDIA

Montjuïc

Nou Jardí
Botànic

Passeig Migdia

1 Bureau d'information
  de la Fira de Barcelona
2 Restaurant Funicular
3 Pavelló Mies van der Rohe
4 Torres de Avila
5 Poble Espanyol, El Tablao de Carmen
6 Terrazza
7 Restaurant Elche
8 Funicular Aereo vers la Torre de
  Jaume I et la Torre de San
  Sebastià (La Barceloneta)
9 Estació Parc Montjuïc
  (Funicular et Telefèric)
10 Terminus du bus n° 50 et 61
11 Estació Mirador (Telefèric)
12 Castell (Telefèric)